Juni 2000

Happy Birthday, Hermann!!

die 4 Langs   2x Weinberger   Familie Bachler

die Zeidlers   Fam. Heinrich   Hero-g Karl

Fam. Pfeiffer

Jutta Besser-Lahtz

DAS VOLLBLUT
DIE VIELSEITIGSTE PFERDERASSE DER WELT

mit Beiträgen von

Albert Darboven:
Das Vollblut im Polosport

Andreas Dibowski:
Das Vollblut in der Military

Monica Theodorescu:
Das Vollblut im Reitsport

JAHR VERLAG HAMBURG

DAS VOLLBLUT

DIE VIELSEITIGSTE PFERDERASSE DER WELT

VORWORT

Das Englische Vollblut wird von vielen geliebt, von allen bewundert und von zu vielen Reitsportlern gemieden. Immer wieder hört man unter Warmblutzüchtern den Ausspruch: „Vorsicht – da ist zuviel Blut drin," was soviel heißt wie „Finger weg vor Pferden mit hohem Vollblutanteil". Daß dieses Vorurteil längst überholt ist, zeigen die Pedigrees erfolgreicher Turnier- und Militarypferde. Bei uns in den USA wurden Vollblüter schon immer im Turniersport eingesetzt. Auch in der Quarter-Horse-Zucht hat das Vollblut prägende Spuren hinterlassen. Diese intelligenten, sensiblen und gelehrigen Pferde sind vielseitiger veranlagt als alle anderen Pferderassen der Welt. Sie sind schnell, können springen, sind im Western- und Distanzreiten sowie im Polosport und auch in der Dressur einzusetzen. Keine andere Pferderasse wurde so konsequent über Jahrhunderte hinweg auf Härte und Leistung durchgezüchtet. Der Rennsport als objektive Leistungsprüfung für Vollblutpferde ist eine der ältesten Sportarten der Welt. Er zieht immer mehr Menschen in seinen Bann. Nicht nur das Tempo, der Wettkampf und das Wetten üben die Faszination aus, sondern auch die Ästhetik dieses Sports. Das Tänzeln der grazilen Pferde vor dem Start, ihr Lospreschen aus der Startbox, die freie Galoppade, die leuchtenden Farben der Jockeys in ihren Renntrikots und die Atmosphäre der Rennbahn übten schon auf die französischen Maler Edgar Degas und Toulouse Lautrec einen großen Reiz aus.

Der Vollblüter hat ein lebhaftes Temperament, aber bei korrekter Behandlung einen guten Charakter. Ich arbeite viel mit diesen Pferden und mache selten schlechte Erfahrung mit ihnen. Also keine Angst vor Vollblütern! Auch der Freizeitreiter wird seine Freude mit ihnen haben, vorausgesetzt, er bringt die nötige Feinfühligkeit mit.

Ich hoffe, daß dieses exzellente Buch über das Vollblut Sie inspirieren wird, mit diesen Pferden zu arbeiten und sie zu lieben – so wie ich es tue.

Monty Roberts

IMPRESSUM

Autorin:
Jutta Besser-Lahtz

außerdem:
Albert Darboven: *Das Vollblut im Polosport*
Gabriele Herpell: *Gestüt Ammerland*
Susanne Klein: *Geschichte des Vollbluts*
Monica Theodorescu: *Arak: Von der Rennbahn ins Dressurviereck*
Klaus Georg Beste: *Das Vollblut in der Anglo-Araberzucht*
Peter Kreinberg: *Das Vollblut in der Quarter-Horse-Zucht*

Redaktionelle Mitarbeit:
Claus Schridde: *Das Vollblut in der Warmblutzucht*
Elisabeth M. Comes: *Die Vollblutgestüte in Irland und Farnkreich*
Andreas Dibowski: *Das Vollblut in der Military*

Schlußredaktion:
Beate Müller, Christa Voss

Grafische Gestaltung und Bildredaktion:
Jutta Besser-Lahtz

Zeichnungen: Jutta Besser-Lahtz/Ilka Ehlers/Annette Lohrengel

Fotos/Abbildungen:
Banstead Manor Stud: Seite 110 –113
Arnim Basche Archiv: Seite 16, 17, 20
Ian Berry/Magnum/Focus: Nachsatz-Doppelseite
J. Besser-Lahtz: Seite Vorsatz-Doppelseite, 4, 8, 9, 28, 64, 65, 66, 69, 96-109, 114, 136 -167, 192 -199, 204, 208, 209, 212, 213, 215 - 219, 231, 233, 236, 246, 255, 257-259, 284, 291, 299
Thierry Boisson: Seite 86
British Jockey Club: Seite 18,19
Mathias Buller: Seite 253
Michael Burns: Seite 220, 221
Bob Caglionese: Seite 181, 245, 248
David Coyle: Seite168
Hugo Czerny: Seite 270
Elisabeth M. Comes: Seite 80 - 85, 271
Coolmore Stud: Seite 130, 133-135
Deutsches Pferdemuseum Verden: Seite 14,15, 21
Werner Ernst: Seite 12, 276, 279, 280, 281, 286, 287
Bernd Eylers: Seite 3, 260, 278, 285
Bill Flakes/Sports Illustrated: Seite 228, 229
Richard Francis/Action Plus/Focus: Seite 207
Four Footed Photography: Seite 226
Gilltown Stud: Seite 124,125,
Timm Hannan: Seite 114, 118, 120, 126, 128, 129, 132
Gabriele Herpell: Seite 73
Japan Racing Association: Seite 252
Irish National Stud: Seite 117
Kenneth Jarecke/Press Images/Focus: Seite 26, 27
National Air Photo: 168
Trevor Jones: Seite 119, 121, 123, 230, 233, 242, 243
Hans-Hermann Lahtz: Seite 264, 265, 312
Beate Langels: Seite 76-79, 89 - 94
Barbara D. Livingston Seite 249
Joe Mann: Seite 250, 251
Michael J. Marten: Seite 247
Hannelore Menzendorf: Seite 22, 30, 31, 32, 36 - 44, 46-48, 51-55, 56 - 60, 62, 68, 274, 275
Frank Nolting: Seite 13, 67, 70,72,127,131,175, 176, 177, 184, 205,227, 237, 242, 244, 249
Marc Rühl: Seite 13, 24, 189, 200, 202
Scuitto: Seite 277
Sinequanon: Seite 89
Frank Sorge: Seite 34,35
Jaques Toffi: Seite 3, 174, 246, 261, 266, 272
Klaus-Jörg Tuchel: Seite 71
Gerard Vandystadt/Agence de Presse: Seite 256
Stefan Warter/Focus: Seite 25, 210, 211, 213, 214
Windfields Farm: Seite 224
Thomas Zimmermann: Seite 2,7,33,45 63,74,178,182,186,187, 201, 203, 206, 234, 235, 238-240, 241, 254, 267, 268, 273

© 1998 Jahr-Verlag, Hamburg
Umschlagentwurf und Foto Vorderseite: Jutta Besser-Lahtz
Fotos Rückseite: J.Besser-Lahtz, Frank Nolting, Marc Rühl, Jaques Toffi

ISBN 3-86132-260-9

Alle Rechte vorbehalten. Kein Teil dieses Buches darf ohne ausdrückliche Genehmigung des Verlages in irgendeiner Form reproduziert oder übermittelt werden, weder in mechanischer noch in elektronischer Form, einschließlich Fotokopie.

Lithografie: Helmut Gass Reprotechnik, Hamburg
Gesamtherstellung: Eurolitho S.r.l., Cesano Boscone (Milano)

INHALT

Vorwort	Seite 5
Charakter und Exterieur des Englischen Vollbluts	Seite 8
Geschichte der Vollblutzucht	Seite 14
Die großen Vollblutgestüte in Europa und Amerika	Seite 24
Das Rennpferd: Galopptraining – die großen Trainingszentralen, Ausbildung, Trainingsmethoden	Seite 174
Jahrhundertvererber Northern Dancer	Seite 220
Der größte Sieger der neunziger Jahre: Cigar	Seite 226
Die Highlights des Rennsports	Seite 230
Das Vollblut im Polosport	Seite 254
Das Vollblut im Reitsport: Military, Dressur, Springen	Seite 260
Das Vollblut in der Warmblutzucht	Seite 272
Das Vollblut in der Anglo-Araberzucht	Seite 284
Das Vollblut in der Quarter-Horse-Zucht	Seite 290
Hengstregister	Seite 294
Index	Seite 300

CHARAKTER UND EXTERIEUR DES VOLLBLÜTERS

1

Das Englische Vollblut steht für Adel, Schönheit und Temperament. Es ist zugleich das schnellste und vielseitigste Pferd der Welt.

CHARAKTER UND EXTERIEUR DES VOLLBLÜTERS

„Der Vollblüter hat das Herz und die Muskulatur eines Marathonläufers und die empfindsame Seele eines Poeten." Diese Beschreibung in dem Buch „Wunderhengst Nijinsky" von Rolf Palm trifft das Wesen dieser Pferde sehr genau. Wer sich einmal mit ihnen angefreundet hat, bleibt ihnen treu. Es gibt unzählige Reiter, die vom Warmblut- auf das Vollblutpferd umsteigen, aber der umgekehrte Fall ist selten.

Die Bezeichnung „Englisches Vollblut" benennt zwar das Herkunftsland dieser Pferderasse, ist ansonsten aber irreführend, denn in diesen Pferden fließt nicht mehr Blut als in anderen. Nicht durch Gene, sondern durch intensives Renntraining erhöht sich die Menge an Blut im Verhältnis zur Körpermasse. Das englische Wort „thoroughbred", auf Deutsch „durchgezüchtet", ist also die treffendere Bezeichnung. Die Franzosen sagen „pur sang", was soviel heißt wie „reines Blut". Alle Vollblutpferde lassen sich hinsichtlich ihrer Abstammung auf drei orientalische Hengste zurückführen. Die Bezeichnung Vollblut steht für die Pferde, die in den international anerkannten Gestütbüchern eingetragen sind und einen Pferdepaß besitzen. Ihre Vorfahren sind ausnahmslos im „Allgemeinen Gestütbuch" aufgeführt, das erstmals 1793 in England herausgegeben wurde.

Die eleganten, ausdrucksvollen Pferde sind das Ergebnis einer fast 300jährigen konsequenten, leistungsbezogenen Auslese, die von Menschen vorgenommen wurde. In allen fünf Erdteilen werden inzwischen Vollblüter gezüchtet – mit immer dem gleichen Erscheinungsbild. Es handelt sich um eine sehr harte, widerstandsfähige Rasse, die sich allen Wetterverhältnissen anpaßt. Ob auf der Rennbahn im 1000-Meter-Sprint, auf der Jagdbahn über sechs Kilometer oder der Geländestrecke einer Military über sieben Kilometer mit halsbrecherischen Hindernissen - das Vollblutpferd hält immer durch und zeigt höchste körperliche Leistungen.

Trotz der Künstlichkeit ihrer Selektion haben sich gerade die Vollblüter ihre Natürlichkeit erhalten. Sie sind auf Schnelligkeit und Leichtigkeit geeicht. Der Fluchtinstinkt, die wirksamste Waffe des Huftieres in der Wildnis, ist zur Basis eines Sports geworden, der zugleich Leistungsprüfung und Zuchtauslese ist. Die raumgreifende, freie Galoppade mit nach vorn gestrecktem Hals ist die natürlichste Fortbewegung des Fluchttieres Pferd. Weder Sporen noch Kandare oder Hilfszügel werden im Rennen verwendet. Die Peitsche ist das einzige Hilfsmittel, das – wie der berühmte amerikanische Pferdekenner und Trainer Monty Roberts sagt – ein Rennpferd letztlich aber auch nicht schneller mache. Man solle ganz darauf verzichten. Daß ein Pferd weiß, wenn es ein Rennen gewonnen hat, ist sicher eine Glorifizierung, aber mit dem Klopfen auf den Hals nach dem Überqueren der Ziellinie spürt das Tier gewiß die Zufriedenheit von Reiter, Trainer und Besitzer. Die Alphatiere, die guten Rennpferde, wollen die Herde in der Flucht anführen, wollen dominieren, und sind deshalb leicht an die Spitze zu reiten. Der Kampf ums Überleben wird zum Kampf um den Pokal. Der Mensch macht sich beim Schnelligkeitswettkampf den natürlichen Fluchtinstinkt des Pferdes zunutze. Dressur und Unterordnung spielen hierbei kaum eine Rolle.

Wie zäh und kämpferisch Vollblutpferde sein können, läßt sich anhand der legendären, unbezwingbaren Stute Kincsem demonstrieren: Die 1874 in Ungarn gezogene Stute blieb zwischen 1876 und 1879 in allen ihren 54 Rennen in Europa ungeschlagen. Aber nicht nur Härte, Stehvermögen und Leistungsbereitschaft sind Kennzeichen dieser Tiere,

Vollblüter sind menschenbezogen und hochsensibel.

Die liebste Gangart des Vollblüters: der Galopp.

VORBILD FÜR EINEN CHAMPION

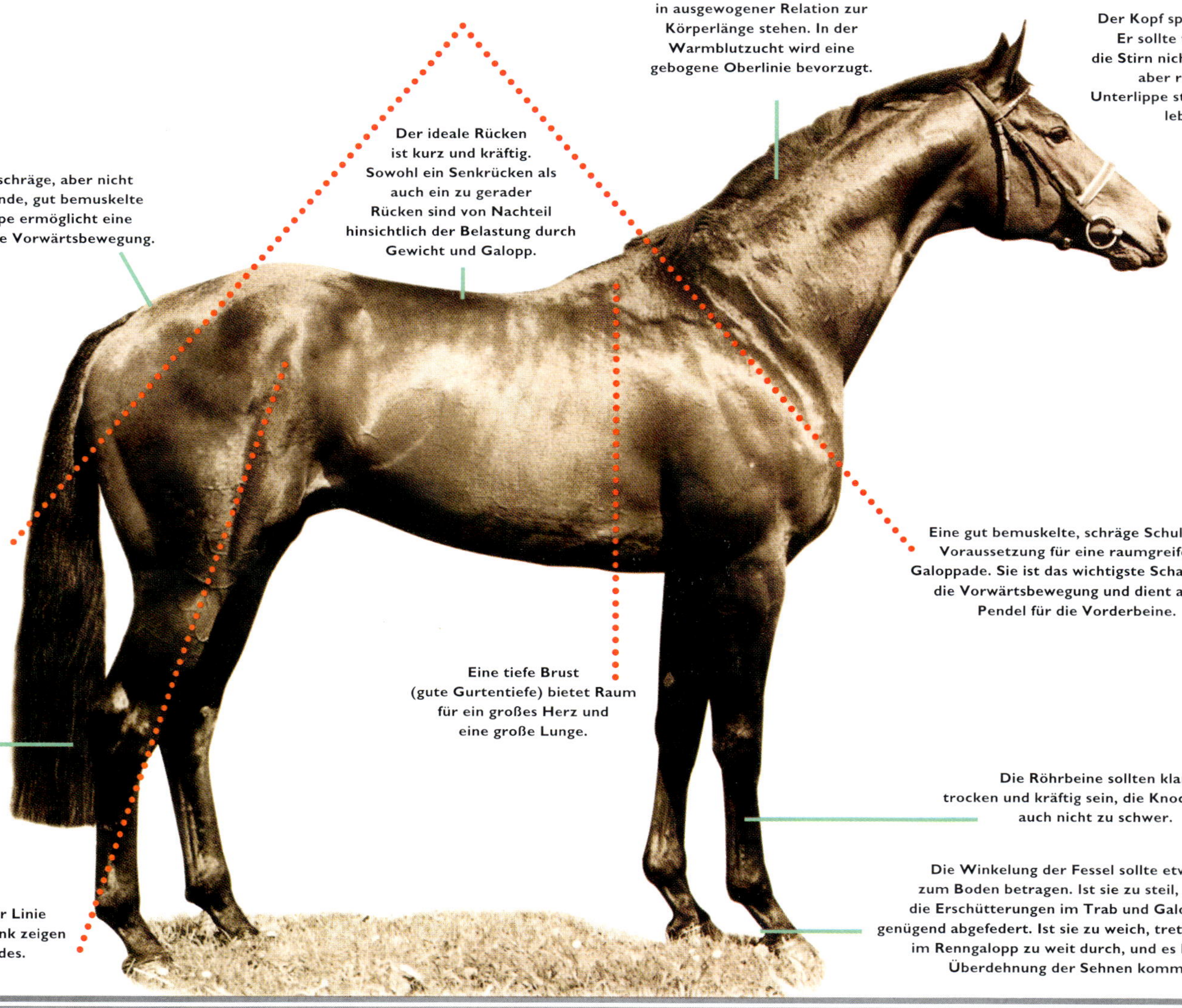

Das wichtigste von allen Rennpferde-Points ist die Balance des Gebäudes: Schulter und Beckenknochen sollten im gleichen Winkel zueinander stehen. Je flacher der Winkel, desto besser.

Balance ist der Schlüssel für eine gute Koordination. Im Renngalopp ist der Hals nach vorne gestreckt und dient als Balancierstange. Er sollte nicht zu kurz sein – in ausgewogener Relation zur Körperlänge stehen. In der Warmblutzucht wird eine gebogene Oberlinie bevorzugt.

Der Kopf spiegelt den Charakter wider. Er sollte trocken und elegant sein, die Stirn nicht zu schmal, der Blick wach, aber ruhig. Eine kurze, feste Unterlippe steht für Intelligenz und einen lebhaften Charakter.

Eine schräge, aber nicht abfallende, gut bemuskelte Kruppe ermöglicht eine kraftvolle Vorwärtsbewegung.

Der ideale Rücken ist kurz und kräftig. Sowohl ein Senkrücken als auch ein zu gerader Rücken sind von Nachteil hinsichtlich der Belastung durch Gewicht und Galopp.

Eine gut bemuskelte, schräge Schulter ist Voraussetzung für eine raumgreifende Galoppade. Sie ist das wichtigste Scharnier für die Vorwärtsbewegung und dient als ein Pendel für die Vorderbeine.

Die Sprunggelenke müssen kräftig genug sein, um einen guten Antritt zu gewährleisten.

Eine tiefe Brust (gute Gurtentiefe) bietet Raum für ein großes Herz und eine große Lunge.

Die Röhrbeine sollten klar, trocken und kräftig sein, die Knochen aber auch nicht zu schwer.

Die Winkelung der Fessel sollte etwa 45° zum Boden betragen. Ist sie zu steil, werden die Erschütterungen im Trab und Galopp nicht genügend abgefedert. Ist sie zu weich, treten die Pferde im Renngalopp zu weit durch, und es kann zur Überdehnung der Sehnen kommen.

Die Winkelung und Länge der Linie zwischen Hüfte und Sprunggelenk zeigen die Antriebskraft des Pferdes.

CHARAKTER UND EXTERIEUR DES VOLLBLÜTERS

sondern auch Anmut, Sensibilität und Sanftheit. Bei guter Behandlung ist der Vollblüter ein dankbarer Partner des Menschen. Im Leistungssport und im Freizeitbereich zeichnen sich diese Pferde durch Gelehrigkeit, Aufmerksamkeit und Menschenbezogenheit aus. Schlechte Erfahrungen prägen diese hochsensiblen Tiere jedoch fürs Leben. Es bedarf großer Ausdauer und Geduld, um ein gestörtes Vertrauensverhältnis wieder aufzubauen. Dann aber bleibt es für immer. Wer einmal mit dieser Pferderasse Bekanntschaft gemacht hat – etwa einen Blüter in der Dressur geritten oder sogar selbst ausgebildet hat – weiß, wie sehr diese Tiere mitdenken. Sie haben eine besonders gute Auffassungsgabe und sind daher schnell auf neue Aufgaben umzustellen.

Das Vollblutpferd, zu einem Teil von Pferden aus der Steppe und Wüste abstammend, braucht viel Licht, Luft und Auslauf. Ohne geregelte Arbeit oder häufigen Koppelgang ist sein Temperament schwer im Zaum zu halten. Ein Mangel an Bewegung, Abwechslung und Zuwendung kann den ehrlichen, liebenswerten Charakter dieser Tiere verderben. Allzu schnell wird dann dem Pferd die Schuld an der Unverträglichkeit gegeben.

Das Exterieur des Vollblüters ist durchweg von Harmonie und Feingliedrigkeit geprägt. Selbst das untrainierte, rohe Pferd wirkt athletischer und eleganter als der Warmblüter. Ein kleiner, trockener Kopf, auf dem sich jeder Knochen und jede Ader abzeichnet, ist das markanteste Merkmal. Die großen, ausdrucksvollen Augen, die kleinen Ohren und die weiten Nüstern haben die Englischen Vollblüter sicher von ihren orientalischen Vorfahren geerbt. Ein langer, schlanker Hals geht im Idealfall in eine kräftige, schräge Schulter und einen ausgeprägten Widerrist über. Der Rücken ist kürzer als beim Warmblüter, aber meist länger als beim Arabischen Vollblut. Vor 180 Jahren besaßen die meisten Vollblüter noch sechs Lendenwirbel, heute sind es nur noch fünf, was für das Tragen des Reitergewichts von Vorteil ist. Eine tiefe Brust bietet Platz für ein großes Herz und eine leistungsstarke Lunge. Eine schräge, kräftige Kruppe sollte in eine stabile Hinterhand übergehen, die den nötigen Antrieb ermöglicht. Sie endet in einem zierlichen, leichten Huf. Nicht immer spielt die Natur mit, das heißt, nicht immer stimmen die Proportionen, aber dennoch sind Vollblüter mit Senkrücken, Plattfüßen und klobigem Schädel eher die Ausnahme. Das Stockmaß liegt selten über 1,65 Meter, und es gibt auch immer wieder Exemplare, die nicht größer als 1,55 Meter werden. Kleine Pferde sind im allgemeinen intelligenter als große. Englische und Arabische Vollblüter besitzen im Verhältnis zu ihrer Körpergröße relativ viel Gehirnmasse. Allerdings wurden auch diese Pferde im Laufe der Jahrhunderte größer. Während Flying Childers 1715 noch 1,45 Meter maß, war Eclipse 1764 schon gut zwölf Zentimeter größer.

Vollblüter zeichnen sich durch Frühreife aus. Bereits als Jährlinge müssen die Pferde im Rennstall ihre ersten Lektionen lernen. Die Karriere im Rennsport ist dafür aber auch meistens im Alter von fünf bis sechs Jahren beendet. Dann gehen die guten Pferde zurück ins Gestüt. Durchschnittsgalopper dagegen müssen länger ihren Hafer verdienen: Sie gehen erst mit acht bis 13 Jahren in Pension. Die gesunden Pferde werden, sofern geeignet, im Reitsport eingesetzt – sei es als Freizeit- oder als Sportpferd. Die Vielseitigkeit der Vollblutpferde macht es möglich, sie in allen reitsportlichen und züchterischen Bereichen zu verwenden.

Der Vollblüter: stets aufmerksam und voller Energie.

Die Grand Military Steeple Chase bei Newmarket: kolorierte Aquatinta von Charles Hunt, 1856.

DIE GESCHICHTE DER VOLLBLUTZUCHT

2

*Die Geschichte des Englischen
Vollbluts ist rund 300 Jahre alt. Durch
systematische Selektion
entstand eine Edelrasse, die überall
auf der Welt und in fast
allen Zuchten präsent ist.*

DIE GESCHICHTE DER VOLLBLUTZUCHT

Die Rekordsumme von 10,2 Millionen Dollar zahlte 1983 Scheikh Mohammed Bin Raschid Al Maktoum, der Kronprinz von Dubai, bei den Keeneland Sales für einen einjährigen Hengst – natürlich ohne zu wissen, wie dieser sich entwickeln würde. Zwar war der Jährling ein Sproß von Northern Dancer, einem Deckhengst, der die Vollblutzucht wie kein anderer geprägt hat, doch dem Scheich aus Dubai half das wenig: Snaafi Dancer bestritt kein einziges Rennen. Der risikofreudige Scheich hatte ein Vermögen verloren (was er als einer der reichsten Männer der Welt verschmerzen konnte), aber es hätte auch anders ausgehen können. Denn wer in die Vollblutpferdezucht und den Galopprennsport investiert, braucht außer Geld und Geduld immer auch Glück. Vielleicht macht gerade das neben der Begeisterung für die schnellsten Pferde der Welt den ganz besonderen Reiz des Sports aus. Nicht umsonst heißt es mit britischem Humor: „breed the best to the best and hope for the best" – paare das Beste mit dem Besten und hoffe auf das beste Ergebnis.

Das hohe Risiko im Spiel mit den Genen hat seine Liebhaber nicht bremsen können. Von England aus eroberte das Vollblutpferd die ganze Welt. An der Spitze stehen unangefochten die USA mit den meisten Stuten und Hengsten (über 51 000), den meisten Cracks und Rennen. Nur in einem Punkt wurden die Amerikaner geschlagen: Das höchstdotierte Rennen trägt seit 1995 das Emirat Dubai aus. Beim Dubai World Cup geht es um 5,4 Millionen Dollar.

Der Siegeszug der Englischen Vollblüter hat eine lange Geschichte – und eine noch viel längere Vorgeschichte. Die Kunstrasse bildete sich in rund 300 Jahren züchterischer Selektion heraus. Dabei gab die Idee, das Rennen zum Prüfstein für die Auslese zu machen, der Zucht den entscheidenden Schub. Das

Godolphin Arabian, der jüngste der drei Urväter des Englischen Vollbluts, war vermutlich ein Berber und zirka 1,50 m im Stockmaß.

„Thoroughbred", das durchgezüchtete Pferd, entstand durch Inzucht. Das Vollblut ist demnach eine Pferderasse, dessen Vorfahren ausnahmslos untereinander gepaart wurden.

Wer aber waren nun diese Vorfahren? Väterlicherseits brachten vor allem Hengste aus Persien, der Türkei und Arabien ihr Blut ein. Die Herkunft der Mütter läßt sich nicht genau angeben, laut gängiger Expertenmeinung war der orientalische Einfluß bei den Stuten aber deutlich geringer. Obwohl es nachweislich auch Exotinnen gab, hatten offenbar englische Landstuten Vorrang, die zum großen Teil der keltischen Rennponyrasse Galloway entstammten. Dieses englische Ur-Rennpferd genießt den Ruf, besonders schnell und robust zu sein.

Nimmt man das erste Allgemeine Gestütbuch (General Stud Book) zur Grundlage, das vor 200 Jahren in England erschien, so lassen sich die heutigen Vollblüter auf nur 43 Stammstuten und drei Urhengste zurückführen. Diese Zahlen spiegeln allerdings nur die letzte, wenn auch entscheidende Phase in der Entstehungsgeschichte des Vollblutpferdes wider. Die Weichen für die neue Rasse wurden schon viel früher gestellt, genau genommen bereits vor 2000 Jahren.

Die frühen Förderer
Den ersten Schritt auf dem langen Weg zum Englischen Vollblut verdanken die Engländer ausgerechnet ihren Besetzern. Es waren die Legionäre Cäsars, die mit ihren Pferden auch die Begeisterung für den Rennsport nach Britannien brachten. Bereits im dritten Jahrhundert n. Chr. trainierten die Soldaten in Yorkshire Pferde und hielten in York Rennen ab. Als die Römer zweihundert Jahre später schließlich abzogen, waren die Engländer der neuen Sportart bereits verfallen: Die Pferderennen bildeten den

Höhepunkt vieler Feier- und Markttage. Sie fanden auf öffentlichen Plätzen oder den Ländereien adliger Herren statt. Der Begeisterung der Briten tat es keinen Abbruch, daß es bei den Wettrennen keine oder nur sehr willkürlich befolgte Regeln gab, als Rennbahn oft nur die nächstbeste Wiese diente und häufig lediglich zwei Pferde an den Start gingen.

Mit ihren Streitrössern hatten die Römer auch einige orientalische Vollblutpferde nach England gebracht. Diese stießen bei den Engländern auf enormes Interesse, denn sie waren zäher und schneller als alle ihnen bis dahin bekannten Pferde. In der Folgezeit kamen immer wieder edle arabische und türkische Pferde auf die Insel. So brachten beispielsweise die Ritter von ihren Feldzügen Pferde mit, die sie von den Arabern erobert hatten, und der Adel kaufte bereits damals gelegentlich Hengste im Orient. Von der planvollen Zucht einer Rennpferderasse kann allerdings noch nicht die Rede sein: Die Fortpflanzung wurde weitgehend dem Zufall überlassen, und auf den Rennbahnen wetteiferten Gebrauchs- und Rennpferde unterschiedlichster Herkunft.

Den ersten Impuls für eine gezielte Auslese gab Heinrich VIII., der ein ambitionierter Züchter und Rennliebhaber war. Da der schwergewichtige König nicht nur Wert auf schnelle, sondern auch auf große Pferde legte, erließ er 1535 eine Verordnung, nach der nur noch Hengste mit einem Stockmaß von mindestens 150 Zentimetern zur Zucht zugelassen waren. Auch Heinrichs Tochter, Elizabeth I., unterstützte den Rennsport. Dennoch wich erst im nächsten Jahrhundert das züchterische Laisser-faire einer zielgerichteten systematischen Zucht. Die immer populärer werdenden Pferderennen folgten ab 1751, seit der Gründung des Jockey Clubs in England, offiziellen Regeln und erhielten neben ihrem Unterhaltungswert noch eine zweite Bedeutung: Die Leistungsprüfung auf der Rennbahn diente der züchterischen Auslese – nur die schnellsten Pferde mit dem größten Durchhaltevermögen sollten ihre Gene weitergeben.

Der größte Förderer dieser neuen Entwicklung war Charles II. In seiner Regierungszeit gab es landesweit bereits zwölf regelmäßige Rennveranstaltungen, darunter eine in Epsom, wo noch heute das englische Derby entschieden wird. Charles II – der einzige Monarch, der an Flachrennen nicht nur teilnahm, sondern sie häufig auch gewann – stiftete 1665 in Newmarket als Preise für die Sieger der Galopprennen kostbare Silberteller, um die Züchter anzuspornen. Die Rennen um die „King's Plates" begünstigten eine neue Elite: War ein Pferd im königlichen Wettkampf erfolgreich, stieg auch sein Wert als Zuchttier.

Zu dieser Zeit verbreitete sich in England aufs neue die Kunde von der außergewöhnlichen Schnelligkeit und Zähigkeit orientalischer Pferde. Zwar hatte sich auch das englische Pferd schon enorm entwickelt und stand zum Teil sogar recht hoch im Blut, doch die Züchter wollten es weiter veredeln. Die Pferde aus dem Orient, deren Anlagen sich durch jahrhundertelange harte Auslese in der Wüste und Steppe herausgebildet hatten, schienen dafür wie geschaffen. Charles II. erkannte das Potential und bereicherte seine königlichen Gestüte um einige Hengste und rund 40 Stuten aus dem Morgenland. Obwohl die Namen der „Royal Mares" und ihrer Beschäler nicht überliefert sind, bilden sie eine bedeutende Vorhut all der Vollblüter, die im darauffolgenden Jahrhundert nach England geholt wurden.

The Darley Arabian war ein Bild von Pferd, nach den Gemälden von J. Wotten und J. Sartorius zu urteilen. Seine Gene prägten die Vollblutzucht.

DIE GESCHICHTE DER VOLLBLUTZUCHT

Die Großen Drei
Das bedeutendste Kapitel unserer Geschichte wurde jedoch erst aufgeschlagen, als drei mittlerweile sagenumwobene Hengste in England eintrafen: The Byerley Turk, The Darley Arabian und The Godolphin Arabian. Bis heute gelten sie als die „Großen Drei" der Vollblutzucht. Die abenteuerliche Geschichte der Urahnen nahezu aller heute lebenden Englischen Vollblüter beginnt im Jahr 1683, als der britische Captain Robert Byerley bei der Schlacht gegen die Türken vor Wien einen braunen Hengst erbeutete. Das orientalische Pferd, das angeblich 1680 geboren wurde, taufte Byerley auf den Namen The Byerley Turk (obwohl es ein Araber war). Er zog mit ihm viele Jahre in den Kampf – nicht ahnend, daß die Vollblutzucht einen unersetzlichen Verlust erlitten hätte, wenn dem Hengst etwas zugestoßen wäre. The Byerley Turk ging später als einer der wertvollsten Deckhengste seiner Zeit in die Annalen ein. Gemeinsam mit Darley Arabian und Godolphin Arabian ist er für eine Nachkommenschaft verantwortlich, ohne die man heute nicht vom Englischen Vollblut sprechen könnte. 97 Prozent aller Vollblüter lassen sich auf diese drei Stammväter, von denen übrigens keiner jemals ein Rennen bestritt, zurückführen.

Der wichtigste Hengst im Dreigestirn war The Darley Arabian, der England 1704 per Kriegsschiff erreichte. Der britische Konsul Thomas Darley hatte den vierjährigen Araber während seiner Dienstzeit in Syrien von Scheikh Mirza erworben. Der Fürst bereute den Handel allerdings schnell und wollte den Hengst nicht herausgeben, was einen englischen Kolonialbeamten wie Thomas Darley jedoch nicht bremsen konnte: Er veranlaßte, daß die Soldaten Ihrer Majestät das edle Tier in einer Nacht-und-Nebel-Aktion aus dem Lager des Scheichs holten und schnell nach England verschifften. Für ein Pferd jener Zeit besaß der dunkelbraune Darley Arabian das überdurchschnittliche Stockmaß von 157 Zentimetern und schien seinem neuen Besitzer daher besonders geeignet für die Zucht. Im Familiengestüt des Konsuls in Ost-Yorkshire zeugte Darley Arabian eine so gelungene Nachkommenschaft, daß über 80 Prozent aller Vollblutpferde der Welt in direkter väterlicher Linie auf ihn zurückgehen. Aus seiner Vererbungslinie stammen unter anderen Flying Childers – der im 18. Jahrhundert als das erste Wunderpferd in die Geschichte des britischen Rennsports einging –, der 1764 geborene, ungeschlagene Eclipse sowie die im 20. Jahrhundert überragenden Hengstlinien von St. Simon, Gainsborough, Dark Ronald, Orby und Nearco.

Als letzten des glorreichen Trios verschlug es The Godolphin Arabian, auch Godolphin Barb genannt, auf die englische Insel. Der Araber-Hengst (es könnte auch ein Berber gewesen sein) wurde 1724 geboren und als Fünfjähriger vom Sultan von Marokko an Ludwig XV. verschenkt. Für die Vollblutzucht ist seine Bedeutung nicht ganz so groß wie die der anderen beiden Hengste, aber er hat die abenteuerlichste Lebensgeschichte. Vom Schicksal des stämmigen Hengstes erzählt eine Anekdote, die auf amüsante Weise Dichtung und Wahrheit vermischt:

„Als ein Geschenk des Beys von Tunis kam dies edle Roß mit einer Reihe anderer Pferde an den Hof Ludwig XV. In Paris angelangt, waren sie von den Strapazen der langen Reise derart mitgenommen, daß sie nur Hohn und Entsetzen im Kreise der französischen Höflinge wachriefen. Man glaubte nicht an Arabians Stammbaum, den er in einem schön gestickten Beutel um den Hals trug, und ver-

Das berühmteste Rennen des 19. Jahrhunderts fand in England zwischen Flying Dutchman und Voltigeur statt.

kaufte ihn kurzerhand an einen Fuhrmann. Da fühlte er sich in seiner Würde sehr gekränkt, schlug alles Geschirr kurz und klein und biß nach seinem Wärter. Schließlich war er durch Hunger und Prügel vollkommen entkräftet. Eines Tages stürzte er auf der glatten Straße vor dem schweren Karren nieder, den er ziehen mußte. Da trat plötzlich ein Wendepunkt in seinem Leben ein: Ein englischer Quäker, der vorüberging, ließ den Peiniger hart an, daß er ein so edles Tier so grausam behandelt hätte. Er kaufte das Pferd auf dem Fleck für 15 Louisdor dem schrecklichen Menschen ab und brachte es zu Schiff nach England. Hier begann ein neues, besseres Leben, zunächst bei einem Londoner Kaffeesieder, aus dessen Händen es nach einigen Monaten in den Besitz des Earl of Godolphin überging. Wenn der Hengst auch gutes Futter erhielt, so hatte doch der Lord keine Vorstellung von dem Wert des Pferdes und seinem edlen Blut und verwandte ihn in der beschämenden Stellung eines Probierhengstes für den Beschäler Hobglobin. Eines Morgens war Hobglobin nicht zu bewegen, die herrliche Stute Roxana zu decken. Nun mußte Godolphin einspringen, und aus dieser Paarung ging Lath hervor, eines der berühmtesten Rennpferde seiner Zeit, das einzige, das den Kampf mit dem als unbezwingbar geltenden Flying Childers aufzunehmen wagte. Nun wurden ihm von allen Seiten Stuten bester Klasse zugeführt, und der Erfolg bewies, daß er die ihm so spät zuteil gewordene Anerkennung wohl verdiente."*

„Die herrliche Stute Roxana" – gäbe es Bemerkungen wie diese nicht, so könnte man meinen, die historische Pferdeprominenz wäre von einer Schar unbedeutender Stuten ausgetragen worden. Die britischen Züchter haben die Bedeutung der Muttertiere offenbar unterschätzt, denn in den Pedigrees wurden sie lange statt mit Namen nur mit einem „daugther of" (Tochter von) verzeichnet. Dabei hatten diese Stuten häufig nicht nur eine ausgezeichnete Abstammung, sie konnten sich in vielen Fällen auch in Rennen profilieren.

Doch auch das männliche Geschlecht ist keine Garantie für angemessene Würdigung: Zwischen 1660 und 1770 holten englische Züchter etwa 160 Araber- und Berber-Hengste ins Land – zu Ruhm und Ehre kamen jedoch nur die „großen Drei". Dennoch tragen die drei Stammväter ihren Titel zu Recht, denn aus der Menge der Konkurrenten ragen sie deutlich heraus. Wie groß das Potential dieser Hengste war, beweisen ihre drei markantesten Nachkommen: Eclipse, Matchem und Herod. Mit diesem zweiten Dreigestirn war das Kunstwerk Vollblut dann weitgehend vollendet. Immer seltener kreuzten die britischen Züchter orientalische Pferde ein, denn am Kern dieser Rasse gab es jetzt kaum noch etwas zu verbessern.

Die „heiße" Phase
1764 wurde, als Urururenkel von The Darley Arabian, das Fuchsfohlen Eclipse geboren. Es kam im Gestüt Windsor Great Park während einer Sonnenfinsternis (englisch: eclipse) zur Welt und wuchs zu einem überbauten Pferd mit außergewöhnlich raumgreifender Galoppade heran. Der unbändige Hengst aus der Zucht des Herzogs von Cumberland ging seinem Jockey häufig durch. Er galoppierte mit gesenktem Kopf seine Gegner gleichsam in Grund und Boden – und blieb in allen 19 Rennen seiner ersten Wettkampfjahre ungeschlagen. Elfmal gewann er die „King's Plates". Wie weit der Hengst seinen Verfolgern überlegen war, belegt der berühmt gewordene Richterspruch „Eclipse Erster – der Rest nirgends", der so manches Mal sogar wörtlich zu nehmen war: Eclipse mußte in sieben Rennen allein laufen, da sich kein Konkurrent

Hyperion: Linienbegründer der modernen Vollblutzucht.

DIE GESCHICHTE DER VOLLBLUTZUCHT

fand, der es mit ihm aufzunehmen wagte. Der knapp 158 Zentimeter große Hengst war derart ungestüm, daß sein Züchter überlegt haben soll, ihn kastrieren zu lassen. Doch das ist zum Glück nicht geschehen, und der Fuchs erwies sich auch in der Zucht als Pferd der Superlative: Er zeugte 335 Sieger und hat sich so nachhaltig verewigt, daß sein Name heute in 90 Prozent der Vollblutpedigrees auftaucht.

Fast ebenso bedeutend für die Zuchtgeschichte der Englischen Vollblüter waren die beiden anderen legendären Nachkommen der „Großen Drei": der Hengst Matchem, 1748 als Enkel von The Godolphin Arabian geboren, und der zehn Jahre jüngere Herod, zu dessen Vorfahren sowohl The Byerly Turk als auch The Darley Arabian zählen.

Zu Lebzeiten von Matchem, Herod und Eclipse verlangte der Wettkampf den Pferden große Ausdauer ab. Während die Derby-Distanz heute bei 2400 Metern liegt, mußten die Tiere im 17. und 18. Jahrhundert Strecken von 6400 bis 9600 Metern bewältigen – und das mit Reitern, die bis zu 76 Kilogramm wogen. Allerdings waren die Rennpferde körperlich ausgereift, denn sie durften erst nach dem vollendeten fünften Lebensjahr an den Start (ihre Karriere währte meist viele Jahre). Auch die Taktik in den Rennen war damals anders als heute: Meist hielten die Jockeys über lange Distanzen eine moderate Geschwindigkeit ein, bis einer der Reiter plötzlich das Tempo anzog. Erst mit solchen Überraschungsangriffen ging der Wettkampf dann in die spannende Hochgeschwindigkeitsphase über.

Mit den züchterischen Erfolgen und dem systematisierten Kräftemessen auf englischen Rennbahnen entwickelte sich allmählich auch eine statistische Erfassung und Auswertung von Rennergebnissen. So kam 1727 der erste offizielle Rennkalender heraus. Mitte des 18. Jahrhunderts erreichte das Rennfieber seinen vorläufigen Höhepunkt: In den englischen Grafschaften fanden jedes Jahr über 100 Meetings statt. Die Situation war so unübersichtlich, daß der neu

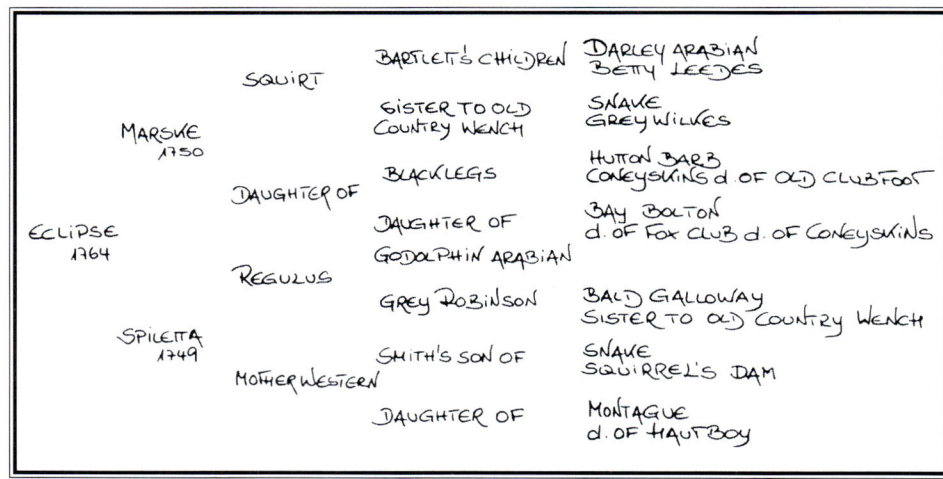

Wunderpferd Eclipse aus der Linie des Godolphin Arabian wurde nach seinem Tod seziert und vermessen. Über die Ergebnisse verfaßte der Veterinär eine Abhandlung.

gegründete britische Jockey Club forderte, die verstreuten Daten über Zuchtergebnisse einzelner Gestüte in einem einzigen, verbindlichen Register zusammenzufassen 1793 war es soweit: James Weatherby, Sekretär des einflußreichen Jockey-Clubs, veröffentlichte das erste Allgemeine Gestütbuch (General Stud Book) mit den Namen und Daten von 5500 Pferden. Daraufhin wurde den britischen Züchtern eine einschneidende und in der Geschichte der Pferdezucht einmalige Beschränkung auferlegt: Das Stutbuch wurde geschlossen, die neue „vollkommen durchgezüchtete" Rasse war definiert. Von nun an fanden nur noch Nachkommen bereits eingetragener Stuten und Hengste Aufnahme in das Stud Book – und bis heute gelten als Englisches Vollblut nur Pferde, deren Ahnenreihe lückenlos auf dieses erste Gestütbuch zurückgeht.

Im 19. Jahrhundert endete die Zeit der Pioniere, und die Vollblutzucht begann in Europa und den USA zu expandieren. Der Vorsprung des Englischen Vollbluts zu seinen orientalischen Vorfahren wurde größer. Durch die konsequente Zuchtauswahl war das Vollblutpferd tragfähiger, frühreifer und bedeutend schneller als seine Urväter geworden.

Zu Beginn des 20. Jahrhunderts stagnierte der Rennsport in England. Die Franzosen, vor allem aber die Amerikaner taten sich in der Vollblutzucht hervor. Auf der Basis erstklassiger europäischer Pferde bauten sie eine Zucht der Superlative auf. Mit ihren differenzierten Trainingsmethoden und der noch heute vorbildlichen, artgerechten Haltung in lichten, luftigen Ställen erlangten sie im internationalen Galopprennsport Weltniveau.

Die deutschen Cracks
Auch in Deutschland hat sich die Vollblutpferdezucht etabliert, wobei England als großes Vorbild galt. Daß der heimische Bestand nicht durch Orientalen, sondern durch geprüfte Englische Vollblüter am schnellsten zu verbessern sei, erkannten als erste die mecklenburgischen Gutsbesitzer Gottlieb und Wilhelm

Das erste Pferderennen in Deutschland wurde am 22. August 1822 im mecklenburgischen Doberan ausgetragen.

DIE GESCHICHTE DER VOLLBLUTZUCHT

von Biel. 1815 begannen die fortschrittlichen Brüder Vollblüter zu importieren und führten später regelmäßig Versteigerungen durch. Auch das erste offizielle Galopprennen, das 1822 im mecklenburgischen Ostseebad Doberan stattfand, ging auf die Initiative der beiden Barone zurück. Zwölf Jahre später läutete in Berlin-Tempelhof die Glocke zum ersten Union-Rennen, das allerdings noch etliche Jahre brauchte, bis es zu einem wirklichen Ereignis wurde. Als 1842 nach englischem Vorbild das erste Allgemeine Deutsche Gestütbuch erschien und knapp 800 Vollblutstuten sowie 400 Vollbluthengste im Verzeichnis führte, hatte sich auch die Zahl der Rennvereine beträchtlich erhöht. Um im politisch zerklüfteten Deutschland gemeinsam etwas für die Professionalisierung des Pferderennsports zu tun, hoben die Vertreter der bedeutendsten Vereine 1867 den Union-Klub aus der Taufe. Schon im Jahr darauf, im Mai 1868, eröffnete der Klub die Berliner Rennbahn Hoppegarten samt dazugehörigem Trainingsquartier, und 1869 fand hier das erste deutsche Derby statt. 1909 entstand der luxuriöse und bei Zuschauern äußerst beliebte Rennplatz in Grunewald. Die Geschichte dieser Rennbahn währte jedoch nur 24 Jahre, dann wurde der Besitz vom Staat enteignet und auf dem Gelände das Olympiastadion gebaut.

Rund einhundert Jahre nach den ersten Vollblut-Importen durch die Gebrüder Biel gab es bereits an die 1000 Thoroughbreds in deutschen Landen, doch eine eigenständige heimische Zucht war noch immer nicht in Sicht. Ob die Betreiber des Königlich Preußischen Hauptgestüts Graditz oder der bedeutenden Privatgestüte der Gründerzeit – alle kauften ihre Vollblüter nach wie vor lieber in England, statt mit selbstgezogenen Pferden weiterzuzüchten. Nur die Brüder von Weinberg waren experimentierfreudig und züchteten im Gestüt Waldfried erfolgreich deutsche Nachkommen des Englischen Vollbluts. Die Weinbergsche Vorgehensweise hatte Vorbildcharakter, und bald schlossen sich das rheinische Traditionsgestüt Schlenderhan und andere der neuen Praxis an.

Der große Durchbruch für die bodenständige Zucht kam jedoch ungewollt – als Konsequenz aus dem Ersten Weltkrieg. Nach dem Zusammenbruch aller Importbeziehungen zu England griffen die Gestüte notgedrungen auf ihre deutschen Beschäler zurück. Was für die Wirtschaft und die Gesellschaft eine Katastrophe war, erwies sich für die Vollblutzucht als Segen: Die in Deutschland geborenen Hengste verbesserten die Rennklasse erheblich und brachten zahlreiche Klassepferde hervor, die sich in den Folgejahren in deutschen Prestige-Prüfungen als ernstzunehmende Gegner für die internationale Konkurrenz erweisen sollten. Allen Cracks des Geläufs voran lief Oleander. Der 1924 im Gestüt Schlenderhan gezogene Hengst war mit 580 000 Reichsmark an Preisgeldern

Die Siegerstute Schwarzgold war ein Juwel der deutschen Vollblutzucht.

lange Zeit das gewinnreichste Pferd auf der Rennbahn und stand neunmal an der Spitze deutscher Deckhengste.

Trotz des Erfolgs der „Inländer" dürfen jedoch zwei „Ausländer" nicht unerwähnt bleiben: die Stute Festa und der Hengst Dark Ronald. Festa wurde 1901 vom Norddeutschen Zuchtverein in Newmarket ersteigert und begründete später auf dem Gestüt Waldfried eine ruhmreiche Linie. Dark Ronald, ein schöner irischer Hengst, kam 1913 ins Gestüt Graditz, wo er seine hervorragenden Anlagen an Hunderte Nachkommen weitergab.

Unterstützt von drei weiteren, neugegründeten großen Gestüten, Röttgen, Ebbesloh und Erlenhof, hatte sich die heimische Vollblutzucht gerade hervorragend zu entwickeln begonnen, als 1929 die Weltwirtschaftskrise hereinbrach. Viele kleinere Züchter mußten aufgeben, und auch die Betreiber großer Gestüte zwang der globale Kollaps in die Knie: Sie mußten ihre Herden drastisch reduzieren. Doch auch diesmal hatte die Notlage ihr Gutes. Da nur die schwächsten Pferde abgestoßen wurden, wuchs der Einfluß der besten, und es kam zu einem unerwarteten Aufschwung in der deutschen Vollblutzucht.

Alchimist, Nereide, Schwarzgold, Magnat und Ticino – diese bekannten Namen krönen eine lange Liste fabelhafter Sieger, die dem deutschen Turf der dreißiger und frühen vierziger Jahre zu Ruhm und Glanz verhalfen. Niemals zuvor hatten Vollblüter aus Deutschland im internationalen Galopprennsport so herausragend abgeschnitten.

Die goldene Zeit der heimischen Vollblüter endete abrupt. Den Zweiten Weltkrieg hat kaum ein Zuchtbetrieb schadlos überstanden: Ställe und Bahnen waren zerstört; und viele östliche Traditionsgestüte wie Graditz verschwanden hinter dem Eisernen Vorhang. In den westlichen Besatzungszonen, dem Gebiet der späteren Bundesrepublik Deutschland, standen nur noch 250 Vollblutstuten und einige wenige Hengste zur Verfügung. Trotz aller Bemühungen dauerte es über 20 Jahre, bis der Bestand zahlenmäßig wieder das Vorkriegsniveau erreicht hatte – und noch heute wirtschaftet die deutsche Vollblutzucht im Vergleich zu anderen europäischen Zuchten in recht bescheidenem Umfang.

Allen Widrigkeiten zum Trotz ging es in puncto Qualität schnell wieder bergauf. 1948 siegte der Hengst Birkhahn im ersten Nachkriegsderby, das in Hamburg-Horn ausgetragen wurde. Hatte die deutsche Zucht bis dahin mit Oleander und Ticino ihre sensationellsten Erfolge verbuchen können, so gehörte nun auch Birkhahn zur ersten Garde. Er gewann die ersten zwölf Rennen seiner Laufbahn und leistete als Deckhengst so gute Arbeit, daß er aus den Pedigrees der heimischen Nachkriegselite nicht mehr wegzudenken ist.

Daß seit 1945 immer wieder hervorragende Vollblüter in Deutschland gezogen wurden und werden (wie etwa Nebos oder Königsstuhl, Acatenango, Lando und Borgia), ist allein dem enormen Engagement großer und kleiner Züchter zu verdanken. Eine staatliche Förderung wie zu Vorkriegszeiten gibt es in der Bundesrepublik nämlich nicht mehr. Wer hierzulande in die kapitalintensive Vollblutbranche investiert, geht ein hohes Risiko ein und wird oft nicht durch Gewinne entschädigt, sondern durch die Liebe zum edelsten und schnellsten Pferd der Welt.

H.J. Köhler: Pferde – Reiter – Pferdesport

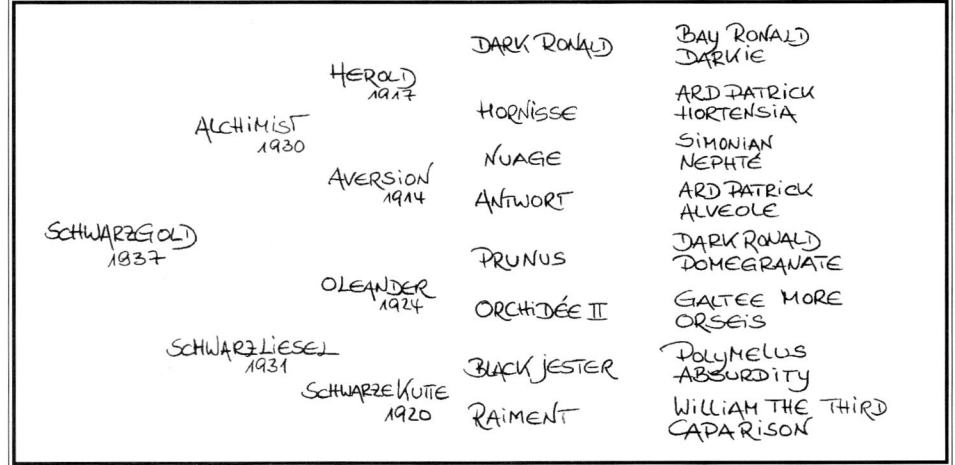

Jährlingsherde auf Gestüt Römerhof im Rheinland.

DIE GROSSEN VOLLBLUTGESTÜTE DER WELT

3

Noble Abstammung – nobles Zuhause.

Die großen Vollblutgestüte in

aller Welt bieten dem

edlen Nachwuchs paradiesische

Lebensbedingungen.

DIE GROSSEN VOLLBLUTGESTÜTE DER WELT

Die Deutschen waren die ersten, die ihre Pferdezucht in Gestütsbetrieben organisierten. Das Preußische Hauptgestüt Neustadt an der Dosse importierte bereits 1788 die ersten Vollblüter. Doch Vorreiter in der deutschen Vollblutzucht waren die Gebrüder Biel, die um 1800 die durchgezüchteten Pferde systematisch und in größerer Zahl aus England importierten. Das Klima und die Bodenbeschaffenheit in Mecklenburg boten gute Voraussetzungen für die Vollblutzucht. Ab Mitte des 19. Jahrhunderts wurden auch im Herzogtum Braunschweig, in Sachsen-Anhalt, im Rheinland und in Schlesien Rennpferde gezüchtet. 1842 erschien nach englischem Vorbild das erste Allgemeine Deutsche Gestütbuch. Darin waren 242 Züchter mit 779 Vollblutstuten eingetragen.

Seit Mitte des 20. Jahrhunderts haben vor allem die Amerikaner zur Modernisierung der Vollblutzucht beigetragen. Auf der Grundlage ihrer Forschungsergebnisse verbesserten sie die Bedingungen für die Haltung und Aufzucht der Pferde, bauten helle Stallungen mit geräumigen Boxen und ausgeklügelten Belüftungssystemen. Außerdem systematisierten sie die Fütterung und das Training. Die neuen, nicht auf Erfahrung, sondern auf wissenschaftlichen Erkenntnissen basierenden Haltungs- und Fütterungsmethoden stießen im Mutterland der Vollblutzucht zuerst auf Skepsis. Aber als die amerikanischen Pferde in den fünfziger Jahren auf den englischen Rennbahnen alle Preise abräumten, begannen auch die konservativen Briten umzudenken. Heute wissen die Züchter in aller Welt, wie wichtig frische Luft für die Gesundheit der Vollblutpferde ist. Das Leben in einem großen Herdenverband und die Möglichkeit, auf weitläufigen Koppeln zu galoppieren, sind für die zukünftigen Rennpferde unerläßlich. Besitzer von weniger als sechs Stuten geben diese meist auf großen Gestüten in Pension, denn die Vollblüter müssen das Kräftemessen miteinander schon im Fohlenalter trainieren. Härte und Ausdauer erlangen die Pferde nicht nur über die Gene ihrer rennerprobten Eltern.

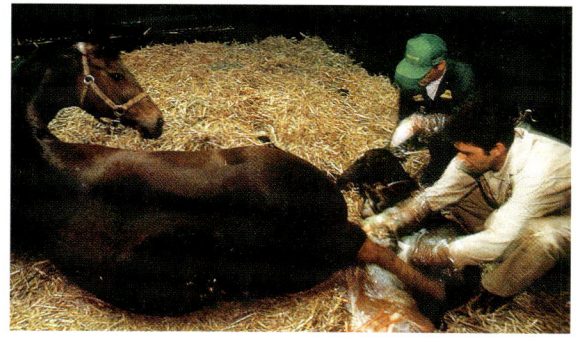

Geburtshilfe für einen potentiellen Derbysieger.

Mitte Februar beginnt in Europa die Decksaison. Bis dahin müssen die Züchter einen Hengst für ihre Stuten ausgesucht haben. Das sind schwerwiegende Entscheidungen. Wer mit wem, welche Zuchtlinien passen zusammen, Inzucht oder Outcross (Pferde ohne gemeinsame Ahnen). Im Juli ist alles entschieden.

Vollblüter werden auf der ganzen Welt gezüchtet. Insgesamt gibt es rund 400 000 eingetragene Vollblutpferde auf der Welt, davon leben allein 250 000 in den USA und 12 000 in Deutschland. Es gibt Regionen, in denen sich die Pferde besonders gut und schnell entwickeln. Ziel der modernen Vollblutzucht ist es, möglichst frühreife Pferde zu züchten, also solche, die bereits im Alter von 17 bis 19 Monaten, wenn Warmblutpferde noch auf der Koppel grasen, in den Rennstall wechseln können. Dafür ist ein ausgeglichenes, mildes Klima förderlich. Vollblüter lieben Sonne und Wärme – schließlich lebte ein Teil ihrer Vorfahren im warmen, trockenen Orient. Es gibt aber immer wieder Ausnahmen, wie etwa die Super-Hengste Northern Dancer und Sohn Nijinsky, die in Kanada, einem Land mit strengen Wintern, aufwuchsen. Auch in Ostpreußen, der Heimat der vollblutgeprägten Trakehner, sind die Winter lang und die Sommer kurz und heiß. Die großen Erfolge in der Zucht kommen dort nur dadurch zustande, daß den Tieren mehr Zeit in ihrer Entwicklung gelassen wird. England, Nordfrankreich und Irland bieten in Europa, durch ihre Nähe zum Golfstrom, ein optimales Klima zur Aufzucht von frühreifen Vollblutpferden. Irland hat darüber hinaus genau die richtige Bodenbeschaffenheit. Die großen Gestüte in England bringen aus diesem Grund ihre Absetzer zur Aufzucht nach Irland, um sie dann im Jährlingsalter, wenn sie ins Training gehen, zurückzuholen.

Im Mutterland des Rennpferdes, in England, gibt es 530 Vollblutgestüte. Die größten und berühmtesten Zuchtstätten (rund 50) befinden sich in Newmarket/Suffolk, der britischen Rennsportzentrale und deren Umgebung. Hier wird nicht nur auf höchstem Niveau

„Man kann sein Geld in viele Dinge investieren. Aber wieviel Dinge sind so schön wie Pferde?" *Sheikh Mohammed*

DIE GROSSEN VOLLBLUTGESTÜTE DER WELT

Der Futtermeister – ein wichtiger Mann im Gestüt.

gezüchtet, sondern auch trainiert. Seit den achtziger Jahren dominieren im englischen Rennsport (der Hindernissport ausgenommen) die arabischen Herrscherfamilien, allen voran die Maktoums aus Dubai, gefolgt von Khalid Abdullah aus Saudi-Arabien. In den neunziger Jahren haben sich die Scheichs außerdem ein Zuchtimperium aufgebaut, das sich über die ganze Welt erstreckt. Sie besitzen 26 Gestüte in England und Irland. Hinzu kommen einige Farmen in den USA und neuerdings auch in Australien. Der Kronprinz von Dubai, Mohammed Al Maktoum, ist stolzer Besitzer von 2500 Pferden mit erlesenen Pedigrees, von denen rund 800 im Training sind.

Viele der alten englischen Gestüte haben nach der Übernahme durch die Araber ihre Identität verloren, so zum Beispiel Beech House Stud in Newmarket, Barton Stud und Woodlands Stud. Sheikh Hamdan Al Maktoum machte aus dem geschichtsträchtigen Gestüt Beech House Stud ein kleines Anhängsel, eine Nebenstelle des Shadwell Stud. Die traditionsliebenden Engländer stimmt das traurig, denn schließlich zeugte an diesem Ort der große Nearco mit der Stute Lady Angela keinen geringeren als Neartic, Vater von Northern Dancer. Der auf der Rennbahn ungeschlagene Nearco wurde zum Jahrhundertvererber. Der damalige Besitzer Martin Benson kaufte den Hengst 1939 von dem italienischen Erfolgszüchter Federico Tesio für die damalige Rekordsumme von 60 000 Pfund und baute ihm im Zweiten Weltkrieg einen eigenen Bunker. Nearcos berühmter Sohn Nasrullah stand im Barton Stud, das 1921 gegründet und im Zweiten Weltkrieg vom alten Aga Khan gepachtet wurde. Hyperion, ebenfalls Begründer einer der erfolgreichsten Zuchtlinien, kam in den Stanleyhouse- und Woodlands Studs zur Welt und prägte die Geschichte dieser zusammengehörigen Gestüte. Sein wertvolles Erbgut verbreitete sich weltweit. Woodlands Stud, 1903 vom 16. Earl of Derby gegründet, war eines der wichtigsten Gestüte in der Geschichte der Vollblutzucht. 16 Sieger in 20 klassischen Rennen wurden hier geboren. Die englische Königin hat als Züchterin für den eigenen Rennstall vier der fünf klassischen Rennen in England gewonnen, aber das Derby fehlt ihr noch. Welch eine Ironie des Schicksals, als sie die Stute Height Of Fashion, in den Royal Studs gezogen, an Sheikh Hamdam Al Maktoum verkaufte, die dann später in seinem Shadwell Stud den Derbysieger Nashwan fohlte.

Ende der achtziger Jahre setzte ein Exodus von erstklassigen amerikanischen und englischen Hengsten nach Japan ein: Ile De Bourbon, Dancing Brave, Northern Taste, Sunday Silence, Lyphard's Wish, Lammtarra, Warning, Forty Niner, Timber Country und Pilsudki sorgten aufgrund ihrer beeindruckenden Verkaufssummen für Schlagzeilen. Timber Country verließ die USA gen Japan für zwölf Millionen Dollar. Sheikh Mohammeds Lammtarra erreichte den schwindelerregenden Preis von 30 Millionen Dollar. Er wurde an ein japanisches Syndikat von 37 Gestüten und elf Besitzern verkauft. Für die Entwicklung im Galoppsport ist der Verkauf von Pferden aus dem Besitz der Ölscheichs an die Japaner bezeichnend. Was die Araber auf dem Vollblutmarkt in den achtziger Jahren waren, sind in den neunziger Jahren die Japaner: die Einkäufer von Spitzenpferden zu Höchstpreisen für den Aufbau einer eigenen hochwertigen Rennpferdezucht.

Im Nachbarland Frankreich ist die Gegend um Deauville das Zentrum der Vollblutzucht und der großen Auktionen. Hier sind auch die bedeutenden Rennsport-Dynastien zu Hause. Der Aga Khan, Baron von Rothschild und die englische Familie Head betreiben in der Normandie ihre feudalen Zuchtstätten. Während einige Traditionsgestüte bedeutungslos geworden sind, haben andere kleinere an Gewicht gewonnen, wie zum Beispiel das Haras du Val Henry und das Haras de la Reboursière et Montaigu.

In Deutschland konzentrieren sich die Gestüte und Rennbahnen in der Hauptsache auf das Rheinland und den Frankfurter Raum. Viele große Gestüte liegen vor den Toren Kölns, der Zentrale des deutschen Galopprennsports. Einzig die namhaften Zuchtstätten Fährhof und Idee liegen in Norddeutschland.

In den USA ist Kentucky – gefolgt von Kalifornien und Florida – das Zentrum der Vollblutzucht. Hier herrschen paradiesische Verhältnisse für Pferde. Man spricht vom Land des „Bluegrass", denn die Weiden schimmern blaugrün. Das Gras ist dicht, von harter Struktur und kräuterhaltig, die Luft ist klar und rein, das Grundwasser sauber. Rund 340 Vollblutgestüte um die Provinzstadt Lexington herum, beherbergen einen Großteil der Galopper-Elite der Welt.

Künstliche Besamung ist in der Vollblutzucht nicht zugelassen. Hiermit will man einer Genverengung entgegenwirken, die durch die Nutzung einiger weniger herausragender Hengste entstehen würde. Außerdem ist zuviel Geld im Spiel – Reagenzgläser lassen sich vertauschen. Die Bedeckung erfolgt also nur über den Natursprung, so daß eine Stute oft Hunderte, manchmal sogar Tausende von Kilometern zu dem für sie ausgesuchten Hengst zurücklegt. Stuten, die zur Bedeckung ins Ausland reisen, verbringen dort meistens die gesamte Decksaison. Einige kehren erst mit Fohlen bei Fuß in die Heimat zurück. Im Alter von drei bis vier Monaten werden die Fohlen von ihren Müttern getrennt und laufen dann als sogenannte Absetzer in Gruppen Gleichaltriger auf der Koppel. Die Weidesaison beginnt in unseren Breitengraden für Stuten, Fohlen und Jährlinge zwischen März und April. Aber auch im Herbst und – wenn das Wetter es zuläßt, im Winter – verbringen die Absetzer und Jährlinge einige Stunden auf einem Auslauf. Denn Rennpferde werden bei Wind und Wetter im Freien trainiert. Verhätschelte Stubenhocker haben keine Chance.

		BAYARDO	BAY RONALD	HAMPTON / BLACK DUCHESS
			GALICIA	GALOPIN / ISOLETTA
	GAINSBOROUGH 1915			
		ROSEDROP	ST. FRUSQUIN	ST. SIMON / ISABEL
			ROSALINE	TRENTON / ROSALYS
HYPERION 1930				
		CHAUCER	ST. SIMON	GALOPIN / ST. ANGELA
			CANTERBURY PILGRIM	TRISTAN / PILGRIMAGE
	SELENE 1919			
		SERENISSIMA	MINORU	CYLLENE / MOTHER SIEGEL
			GONDOLETTE	LOVED ONE / DONGOLA

Das Pöppelmann-Schloß in Graditz: alte Pracht gezeichnet von den Höhen und Tiefen einer langen Geschichte.

GESTÜT GRADITZ

Das Graditzer Gestüt gilt als Wegbereiter der deutschen Vollblutzucht. Heute bemüht man sich in Torgau, an die glanzvollen Jahre anzuknüpfen, die das Gestüt vor dem Zweiten Weltkrieg hatte.

Gestüt Graditz erlebte Aufstieg, Niedergang und Wiederbeginn. Im Jahre 1686 wurde das sächsische Staatsgestüt gegründet, das in seinen besten Zeiten, als die Gestütshöfe Repitz, Kreyschau, Döhlen und Neu-Bleesern dazugehörten, 500 Hektar Weideland besaß. Der berühmte Hofbaumeister Mathäus Daniel Pöppelmann erbaute 1722 das Barockschloß und die angeschlossenen Hauptgebäude für den sächsischen Kurfürsten und König von Polen, August den Starken. Als nach dem Wiener Kongreß 1815 Sachsen an Preußen ging, wurde Graditz Königlich Preußisches Hauptgestüt.

Bereits 1788 importierte das Hauptgestüt Neustadt an der Dosse den ersten Vollblüter, Alfred, der als Veredler in der Warmblutzucht dienen sollte. Den Grundstein für die Vollblutzucht in Graditz aber legten 1833 sechs Vollblutstuten, von denen fünf aus England kamen und eine aus der Zucht von Graf Plessen-Ivenack. Im Jahre 1866 wurde dann der gesamte Bestand der preußischen Vollblutzucht, der zuvor auf Neustadt, Trakehnen und Graditz verteilt war, im Preußischen Hauptgestüt vereinigt.

1872 begann mit dem Sieg des Hengstes Sonntag die große Zeit des Vollblutgestüts Graditz. Den ersten Triumph im Derby brachte 1886 Potrimpos. Insgesamt stellte Graditz bis 1945 zwölf Derbysieger. Sieben dieser Erfolge sind das Verdienst des hervorragenden Gestütsleiters und Pferdefachmanns Georg Graf Lehndorff.

1933 tätigte das Gestüt einen Pferdeimport aus England, der die gesamte deutsche Vollblutzucht prägte. Rund 500 000 Goldmark bezahlte eine deutsche Kommission unter Oberlandstallmeister von Oettingen für den in Irland geborenen Hengst Dark Ronald. Der bildschöne Dunkelbraune, auf der Rennbahn verletzungsbedingt wenig geprüft, bewies seine Qualitäten als Vererber bereits nach drei Jahren. Seine in England gezeugten Nachkommen gewannen 70 Rennen. Als Linienbegründer in der deutschen Vollbutzucht erreichte er einen unschätzbaren Wert. Seine herausragenden Anlagen fanden weite Verbreitung, da die Graditzer Beschäler auch den privaten Züchtern zur Verfügung standen. Dark Ronalds Nachkommen gewannen insgesamt 872 Rennen. Auf ihn gehen über die Derbysieger Herold, Alchimist, Birkhahn und den im Derby verunglückten Literat die heutigen Spitzenbeschäler Surumu, Acatenango und Lando zurück – alle drei ebenfalls ehemalige Derbysieger. Zu den Topbeschälern in Graditz – von Graf Lehndorff importiert – zählten außerdem der in Frankreich geborene Grand-Prix-de-Paris-Sieger Nuage und die englischen Derbysieger Ard Patrick und Galtee More.

Graditz stellte 56mal die Sieger in den fünf klassischen Rennen. Die schwarz-weißen Rennfarben des Gestüts dominierten die deutschen Rennbahnen Ende des 19. Jahrhunderts so stark, daß die privaten Rennstallbesitzer Aufgewicht und Startbeschränkungen für Graditzer Pferde forderten. Nach längeren Verhandlungen wurde beschlossen, daß die Pferde des Staatsgestüts im Rennen zweieinhalb Kilogamm mehr tragen müssen als ihre Gegner. Die kleineren Rennen wurden für Graditzer Pferde gesperrt, und die Anzahl der im Training befindlichen Tiere wurde auf 35 beschränkt.

Das Gestütszeichen.

GESTÜT GRADITZ

40 bis 45 Mutterstuten grasten damals auf den weitläufigen Weiden des Staatsgestüts. Damit der Pferdebestand stabil blieb, wurden jedes Jahr zirka 15 Pferde auf einer Auktion verkauft. Sie kamen zu Höchstpreisen unter den Hammer. Graditz versorgte auch die Kavallerie mit Vollblutpferden. Sie sollten die geforderte Härte und Ausdauer in die Landespferdezuchten von Mecklenburg und Ostpreußen einbringen.

1922 zog die staatliche Vollblutzucht in das Gestüt Altefeld um, wo sie bis 1939 blieb. Der Zweite Weltkrieg beendete die Vormachtstellung des Gestüts im Vollblutsport. 1945 wurde die gesamte Stutenherde von den sowjetischen Besatzern aufgelöst und nach Rußland und Polen verbracht. Der 15 Jahre alte Alchimist, einer der besten Hengste seiner Zeit, wurde geschlachtet und verspeist, als er sich der Verladung widersetzte. Ein großer Verlust: Der Hengst war Vater der herausragenden deutschen Rennpferde Schwarzgold und Birkhahn. Auch der Derbysieger und Linienbegründer Herold wurde im Alter von 28 Jahren beim Einmarsch der Roten Armee erschossen. Viele andere hervorragende Pferde wurden in alle Himmelsrichtungen verstreut. Das bedeutete das vorläufige Ende für das Vollblutgestüt Graditz.

Nach dem Krieg kam es zu enormen Veränderungen. Graditz ging an Sachsen-Anhalt und wurde volkseigener Betrieb. Das bedeutete die Unterordnung unter das zentrale Wirschaftssystem der DDR. Das Gestüt kam wieder in Schwung, allerdings mehr durch Masse als durch Klasse. Zirka 130 Zuchtstuten und ihre Fohlen grasten auf etwa 300 Hektar Land. Das waren zu viele Pferde auf zu wenig Weidefläche. Dennoch brachte Graditz zwischen 1954 und 1989 zusammen mit Gestüt Görlsdorf die besten Pferde der Ostblockländer hervor. 15mal stellte es den Sieger im Derby der DDR.

Das Gestüt wirtschaftete damals völlig autark – mit 56 Angestellten, einer eigenen Schmiede und Sattlerei. Die Futterproduktion für die insgesamt 800 Pferde im Gestüt und im Trainingsstall Hoppegarten konzentrierte sich auf die Graditzer Zuchtstätte. 1949 wurde der Klassehengst Birkhahn als Beschäler aufgestellt. Er hatte 1948 das erste Hamburger Derby nach dem Krieg gewonnen und war in seinen ersten zwölf Rennen ungeschlagen geblieben. Im Graditzer Gestüt zeugte er die erfolgreichen Rennstuten Florentine und Zigeunerkind. Letztere fohlte später den sogenannten Ostblock-Crack Zigeunersohn. Im Jahre 1960 wurde Birkhahn im Tausch gegen den Hengst Asterios an die Zuchtstätte Schlenderhan abgegeben, in der er seinen entscheidenden Einfluß auf die deutsche Vollblutzucht nach dem Krieg fortsetzen konnte.

Nach der Wende 1990 herrschte erst einmal Uneinigkeit über die zukünftigen Besitzverhältnisse. Nach zwei Jahren fiel die Entscheidung: Der Chemiefabrikant und Rennstallbesitzer Markus Buchner erhielt das Gestüt 1992 zur Pacht. Der Unternehmer aus Wolfratshausen bei München ist seit 1986 Vollblutzüchter und hatte bis dahin seine Pferde unter dem Namen Königsforst im Gestüt Röttgen in Pension. Ein 15jähriger Pachtvertrag mit dem Land Sachsen, das seit der Wende Eigentümer ist, sicherte den Fortbestand des Graditzer Traditionsgestüts. Mit der Option auf eine Verlängerung um zweimal weitere fünf Pachtjahre wurde die Basis für eine konstante Entwicklung geschaffen.

Gestütsbesitzer Markus Buchner (links) mit Gestütsleiter Steffen Bothendorf.

Buchner brachte die heruntergekommene Traditionszuchtstätte mit großem finanziellen Einsatz und persönlichem Engagement wieder auf Vordermann. Er ließ die gesamte Anlage mit der Ausbildungseinrichtung für Jährlinge inklusive einer 2000-m-Trainingsbahn renovieren und neue, luftige Stallungen mit 30 Boxen bauen. Mittlerweile haben hier neben den gestütseigenen auch 16 Pensionsstuten – hauptsächlich von Besitzern aus den neuen Bundesländern – ein gepflegtes Zuhause gefunden. Buchners eigene Stutenherde besteht aus

Jeder will der erste sein auf der Koppel und im besten Falle später auch auf der Rennbahn.

GESTÜT GRADITZ

Der große Hoffnungsträger: Deckhengst Chief Singer, geboren 1981, GAG 106, war Sprint Champion in Europa.

20 Tieren. Die hochkarätigen Pferdedamen kaufte er bei Züchtern aus aller Welt. Sie entstammen besten Familien. Try My Luck gehört hierbei zu den Hoffnungsträgerinnen. Die anderen ausländischen Ladies entstammen so prominenten Vererbern wie Acatenango, Caerleon, Kris, Nureyev, Trempolino und Sadler's Wells.

Die Linie der erfolgreichen Stutenfamilie der Alvéole lebte lange über Arborea (v. Priamos a. d. Amethysta) und ihre Tochter Aréole im Gestüt Graditz weiter. Aréole brachte die von Buchner übernommenen geschichtsträchtigen Graditzer Rennfarben gleich auf die Siegerstraße: Sie gewann als Dreijährige das Sanssouci-Rennen in Baden-Baden und ist 1996 eingegangen. Ebenfalls aus deutscher Zucht stammen die Stute Lorelei (v. Cil a. d. Lolita) und die Tochter des Schlenderhaner Hengstes Alpenkönig, Rose Amore. Das Hauptgestüt Graditz ist als ehemalige Einrichtung des Freistaats Sachsen eine Dependance des Landgestüts Moritzburg. In Torgau leben Vollblüter und Warmblüter nicht nur eng nebeneinander, sondern unterstehen zudem einem gemeinsamen Management. Insgesamt 240 Pferde stehen auf dem 290 Hektar großen Gestütsgelände. Die 25 Mutterstuten sind Trakehner, Halb- oder Vollblüter und tragen den erstmals 1815 eingeführten und nach der Wende wieder zugelassenen Graditzer Brand. Die Vollblutstuten in der Warmblutzucht entstammen Graditzer Blutlinien, die zu DDR-Zeiten begründet wurden. Es handelt sich um sehr typvolle Pferde, die aber nur geringe Rennleistungen aufweisen.

Drei Warmblut-Deckhengste stehen mit drei Vollblut-Beschälern unter einem Dach, mit Chief Singer, Zinaad und In A Tiff. Chief Singer, der großrahmige, schwarzbraune Urenkel von Bold Ruler, war Championsprinter und Gruppe-I-Sieger in England. Zinaad, von Sheikh Maktoum Al Maktoum gepachtet, ist ein Sohn des hervorragenden Vererbers Shirley Heights und somit Mill-Reef-Enkel. Er gewann das englische und das irische Derby. Der dritte im Bunde ist In A Tiff. Der braune Hengst, der seine erste Decksaison 1993 in Italien absolvierte, stand in Japan, bevor er ins Gestüt Graditz kam. Der Sieger im italienischen Derby geht über seinen Vater Caerleon auf Nijinsky zurück.

Der 1870 erbaute Stutenstall mit den Abfohlboxen.

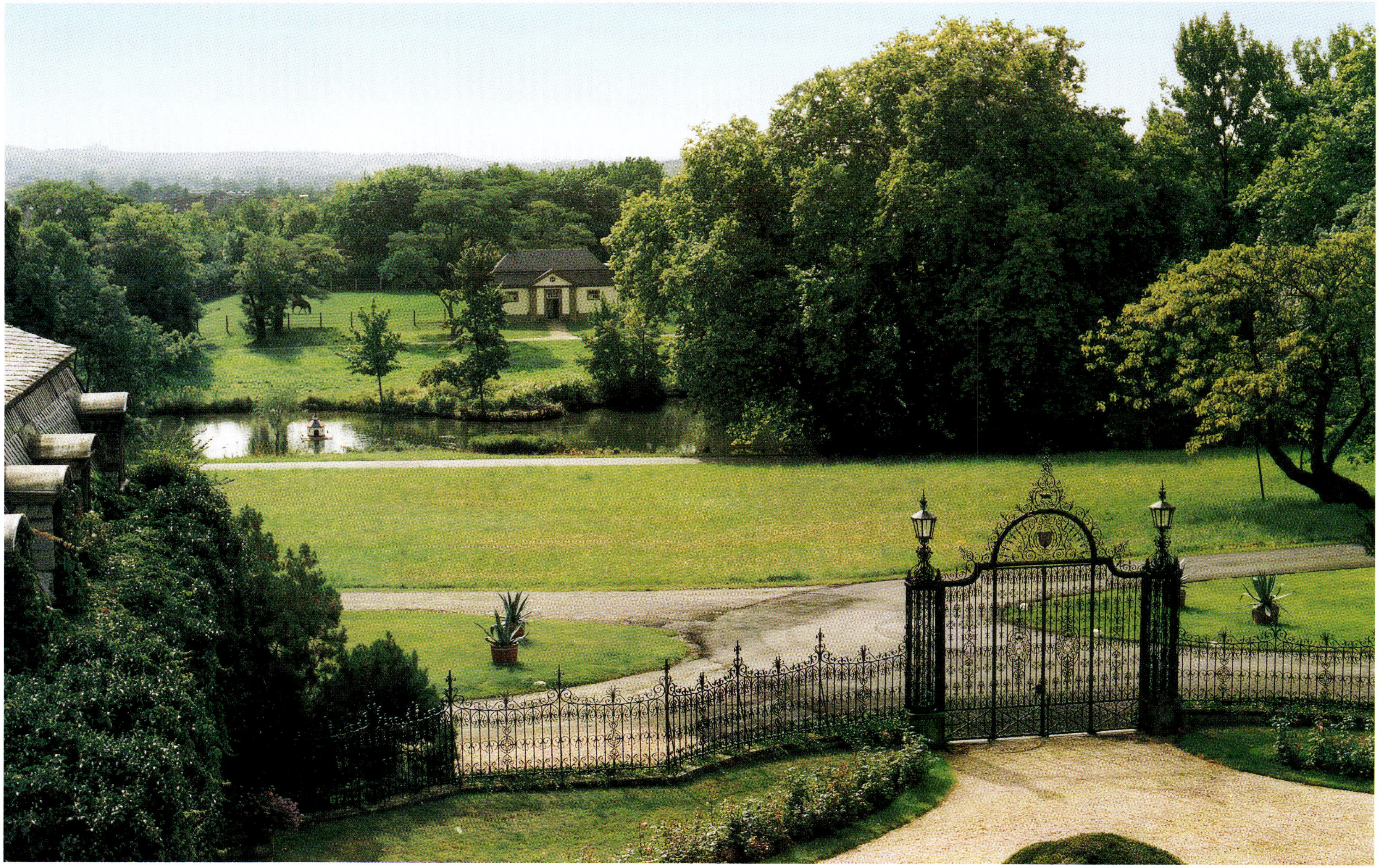

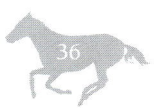

GESTÜT SCHLENDERHAN

Das Privatgestüt Schlenderhan ist eine der ältesten Vollblutzuchtstätten der Welt. Auf dem ehemaligen Rittergut wuchsen Pferdelegenden wie Schwarzgold und Oleander auf.

Der Name Schlenderhan steht in der deutschen Vollblutzucht für eine ungebrochene Familientradition und für eine große Zahl erfolgreicher Rennpferde. Fast 130 Jahre Zuchtgeschichte schreibt das noble Gestüt. Neben dem Schloß mit einer herrlichen Parkanlage liegt ein gepflegter Pferdefriedhof – Zeuge der Ehrfurcht und Dankbarkeit der Gestütsbesitzer gegenüber den Leistungen ihrer Rennbahn-Cracks. Der Friedhof ist nicht nur Gedenk-, sondern auch Grabstätte: Der Hengst Saphir und die Stuten Danubia und Orchidee II, Mutter von Oleander, sind hier begraben.

1908 – noch zu Lebzeiten des Gestütsgründers Baron Eduard von Oppenheim, eines der damals erfolgreichsten Finanzmänner Europas – erzielte das Gestüt Schlenderhahn mit dem Hengst Sieger seinen ersten Derbysieg. Dies sollte für die Geschichte des Gestüts ein gutes Omen sein. Der Bankier Eduard von Oppenheim hatte das Gestüt Schlenderhan vor den Toren Kölns 1869 gegründet. Sein Vater Simon erwarb das ehemalige Rittergut auf einer Versteigerung. Die Familie, seit 1789 Inhaber des Bankhauses Sal. Oppenheim jr. & Cie., nutzte es als Sommerresidenz. Die Gegend um das heutige Schlenderhan in Bergheim bei Köln wurde später zum Zentrum der Vollblutzucht in Deutschland. Von Oppenheims Interesse galt zunächst dem Hindernisrennsport. Er importierte zwei Grand-National-Sieger aus England und baute die erste winterfeste Trainingsanlage in Köln-Fühlingen. Ein züchterisches Konzept entwickelte jedoch erst sein Sohn und Nachfolger Simon Alfred von Oppenheim. Unter seiner Ägide wuchsen die ersten berühmten Schlenderhaner Pferde heran, deren Linien bis heute fortleben. Sie bildeten neben den Graditzer Zuchtlinien den Grundstock für eine hochwertige Vollblutzucht in Deutschland. Die beste Rennstute der damaligen Zeit, Maria, wurde 1883 auf dem Gestüt Schlenderhan gezogen. Die Hengste Prunus und Wallenstein, beide Söhne des berühmten Dark Ronald, brachten dem Rennstall der Familie Oppenheim Anfang des 20. Jahrhunderts erheblichen Aufschwung. Der Mitte der zwanziger Jahre erbaute Schlenderhaner Rennstall in Neuenhagen bei Berlin war eine in Deutschland einmalige Anlage inmitten eines herrlichen Trainingsgebiets, in dem die Rennbahn Hoppegarten das Zentrum bildete. Der Hauptstall bestand aus 25 nebeneinander gelegenen Boxen, gesäumt von einer überdachten Reitbahn von 274 Meter Länge mit zwei Geraden, die jeweils 125 Meter lang waren. Sie ermöglichte ein Erhaltungstraining bei jedem Wind und Wetter, was den Pferden einen großen Vorteil brachte.

Im Inflationsjahr 1923 trat Trainer George Arnull, Angehöriger der ältesten Jockey- und Trainerfamilie der Welt, in Schlenderhans Dienste. Die Zeit während der Weltwirtschaftskrise und der damit verbundenen Futtermittelknappheit war schwer, aber der Erfolg ließ trotzdem nicht lange auf sich warten. In Hoppegarten und später in Köln sattelte Arnull in 29 Jahren 974 Sieger – erst für Simon Alfred von Oppenheim und dann für dessen Sohn Waldemar.

Links: Der Blick vom Barockschloß auf den Hengststall.

Schloß Schlenderhan: Klassik, Adel, große Sieger.

GESTÜT SCHLENDERHAN

Rückkehr eines Lots vom Training in den ehemaligen Rennstall von Schlenderhan in Neuenhagen 1938.

Fachgespräch zwischen den Koppel: Der ehemalige Gestütsleiter Kurt Graf von Sponeck (rechts) mit seinem Nachfolger (links).

Der Hengst Weißdorn, Sohn von Prunus, sorgte für das siebte Besitzerchampionat von Schlenderhan. Er triumphierte unter anderem im Großen Preis von Berlin und siegte sogar auf Englands Rennbahnen.

1924 fohlte die St. Leger-Siegerin Orchidee II, Tochter des Graditzer Beschälers Galtee More, einen der Cracks der deutschen Rennsportgeschichte: Oleander, ebenfalls Sohn von Prunus, brachte Schlenderhan zu Ruhm und Ehren. In 23 Rennen, an denen er teilnahm, blieb er nur einmal unplaziert. Als Zweijähriger ging er aus seinen ersten beiden Rennen als Sieger hervor. Später gewann er das Fürstenberg-Rennen, zweimal den Großen Preis von Berlin und dreimal den Großen Preis von Baden – beides Rennen der höchsten Klasse. Leider konnte der Hengst dreijährig seine Qualitäten nicht in den klassischen Rennen beweisen. Ein Unfall beim Training zwang ihn bereits zweijährig zu einer Pause. Zu seinen herausragendsten Leistungen gehörte der dritte Platz im Prix de l'Arc de Triomphe 1929 in Paris, einem der härtesten Rennen Europas. Auch in der deutschen Vollblutzucht hinterließ Oleander seine Spuren. Neunmal war er Championbeschäler, und sein Einfluß in der Zucht reichte bis ins Ausland, vor allem über Orsenigo und Pink Flower. Zu seinen berühmtesten Nachkommen zählen die Vollgeschwister Sturmvogel und Schwarzliesel (Mutter von Schwarzgold), Contessina, Trollius, Asterios, Periander, Aster, Dornrose, die beiden Vollbrüder Nordlicht und Nuvolari (Mutter: Nereide) und Olympiade.

Der Schlenderhaner Hengst Wallenstein fühlte sich auf jeder Rennstrecke in seinem Element. Er gewann Sprintrennen über 1200 Meter ebenso wie „Steherstrecken" von 2800 Metern. Sein Sohn Alba, der ebenfalls hervorragende Leistungen erbrachte, verunglückte leider auf dem Höhepunkt seiner Karriere. Der

Staatsbesuch in Schlenderhan: Baronin Gabrielle v. Oppenheim 1955 mit dem persischen Kaiserpaar bei einer Gestütsbesichtigung.

Absetzer grasen auf den weitläufigen Wiesen vor der Strohboxkoppel im Jahre 1958.

elffache Sieger großer Rennen brach sich bei der morgendlichen Arbeit ein Bein, kurz vor dem Start zum St. Leger. Diese letzte Hürde hätte er nehmen müssen, um die Triple Crown, die dreifache Krone, zu erringen – dieser Titel wird für die Siege in klassischen Rennen, die für dreijährige Stuten und Hengste offen stehen, vergeben.

Waldemar von Oppenheim übernahm das Gestüt 1935 in dritter Generation. Eines seiner berühmtesten Pferde war die Stute Schwarzgold. Die Tochter des Graditzer Derbysiegers Alchimist war ein Pferd der Sonderklasse. Der Stil ihrer Erfolge war atemberaubend. Schwarzgold blieb nie unplaziert – eine Leistungskonstanz, die bei Stuten selten ist. Bei zwölf Starts verfehlte sie lediglich dreimal den Sieg und errang nur den zweiten Platz. Ihre Auftritte waren ein ganz besonderes Turfereignis. Die langbeinige Stute rannte ihre Gegner mit raumgreifender Galoppade förmlich in Grund und Boden. Wenn sie in vollem Besitz ihrer Kräfte war, hatte keiner ihrer Konkurrenten eine Chance. Mit kraftvollem Antritt pullte sie sich sofort an die Spitze des Feldes und ließ sich – ähnlich wie Eclipse – von dieser Position nicht mehr verdrängen. So errang sie immer klare Start-Ziel-Siege. 1940 gewann Schwarzgold das Derby mit zehn Längen Vorsprung vor elf Hengsten bei insgesamt zwölf Gegnern. Es war einer der überlegensten Siege der deutschen Derbygeschichte. Leider verhinderten die Nazis ein Kräftemessen mit ausländischen Pferden.

Schwarzgold war das Produkt einer gezielten Inzucht in vierter Generation auf den Graditzer Linienbegründer Dark Ronald. In der Zucht war Schwarzgold leider nicht so glücklich. Sie starb bereits 13jährig und brachte nur zwei lebende Fohlen zur Welt. Ihr Herz gehörte eben der Rennbahn, nicht der Nachkommen-

Drei gestandene Kerle: die ehemaligen Schlenderhaner Beschäler Lombard, Priamos und Alpenkönig, der noch immer als Pensionär im Gestüt weilt.

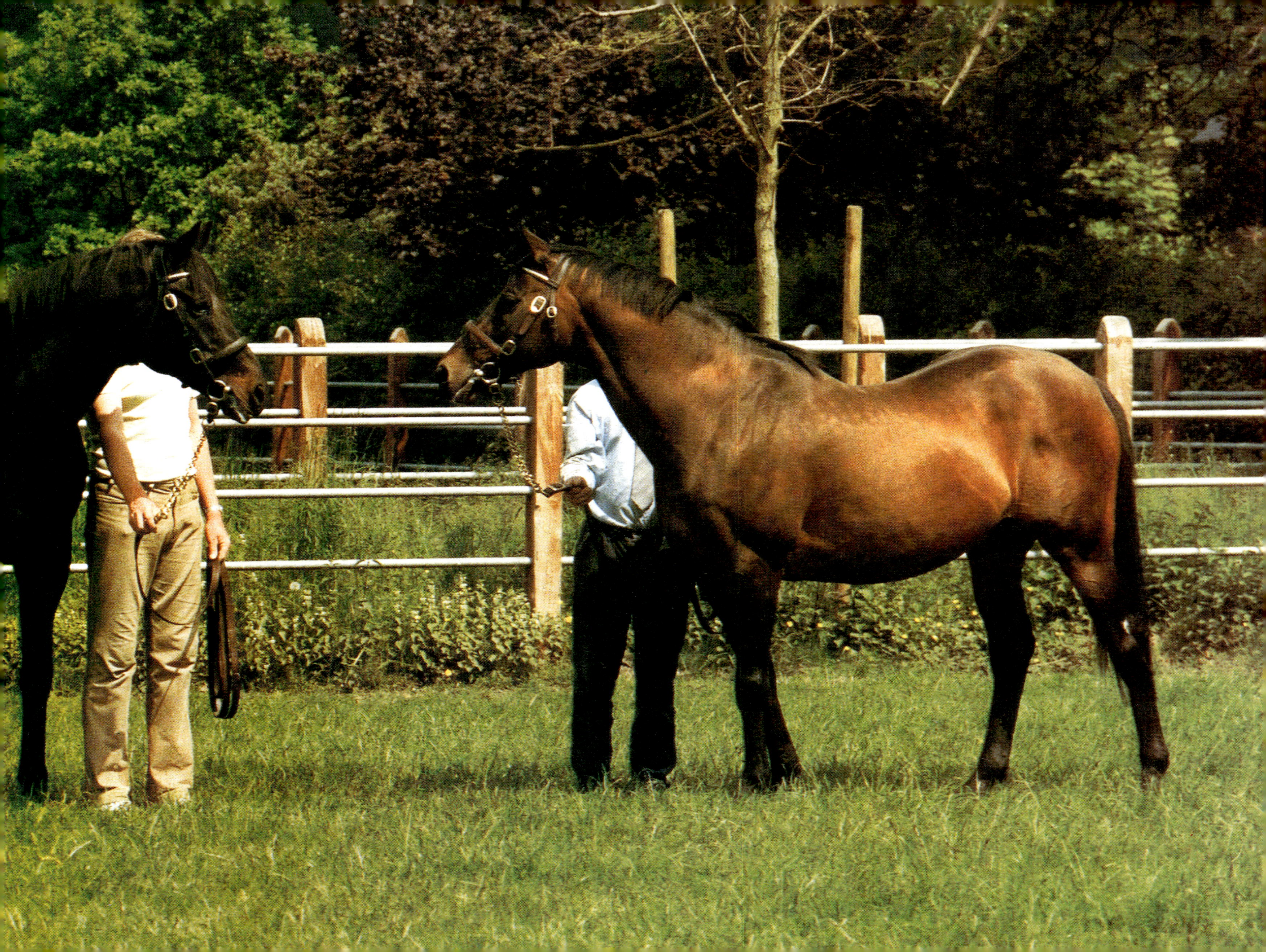

GESTÜT SCHLENDERHAN

schaft. Über ihre Tochter Schwarzblaurot konnten sich ihre Qualitäten jedoch bis nach England, Frankreich und in die USA durchsetzen. Dabei schien ihre Linie lange unbedeutend. Erst 1964 siegte endlich wieder ein Pferd, das der bis heute lebendigen Schlenderhaner S-Linie Ruhm verlieh. Sabera gewann das klassische Stutenrennen, den Preis der Diana. Mit Sarto, Swazi, Derbysieger Stuyvesant, Diana-Siegerin Slenderella und Europa-Preis-Sieger Solon war die Linie der Stute Schwarzgold auch in Deutschland erfolgreich.

Mit der Machtübernahme der Nationalsozialisten begann das tragische Kapitel in der Geschichte des Gestüts Schlenderhan und seiner jüdischen Besitzer. 1942 beschlagnahmte die SS das Gestüt, 1944 wurde Waldemar von Oppenheim verhaftet und im Gestapogefängnis zermürbenden Verhören unterzogen. Die Familie Oppenheim überlebte nur mit Hilfe guter Freunde. Als Oppenheim aus der Haft entlassen wurde, floh die Familie ins Exil nach Schweden. Viele Schlenderhaner Pferde verschwanden für immer. 1943 gewann Allgäu das Derby für das „SS-Gestüt Schlenderhan". Die Nazis brachten den Hengst Pharis, ein Beutepferd aus Frankreich, auf das Gestüt. 1946, nach der Befreiung von der Diktatur, wurde Pharis' berühmte Tochter Asterblüte geboren. Ihr Pferdepaß war noch nach dem Zweiten Weltkrieg von den Praktiken der nationalsozialistischen Machthaber gezeichnet: „§4 – ungeklärte Besitzverhältnisse" hieß es darin.

1947 kehrte die Familie mitsamt ihrer evakuierten Pferde auf das Gestüt Schlenderhan zurück. Erst ein Jahr später, nachdem ihnen die Tiere offiziell wieder zugesprochen wurden, durften sie sie auf die Rennbahnen schicken. Der Neubeginn kam einer Sensation gleich: Die beiden Stuten Asterblüte und Aubergine gewannen 1949 alle fünf klassischen Rennen. Vor allem Asterblüte machte mit ihrem Derby-Triumph Schlagzeilen. Der neue Trainingsstall in Köln erhielt ihren Namen,

Gestütsbesitzerin Karin Baronin v. Ullmann und Sohn Georg.

und in der Zucht sind ihre Spuren bis heute erhalten. Über ihre Ururenkelin Allegretta (v. Lombard) führt ihre Linie zu der Siegerin des Prix de l' Arc de Triomphe Urban Sea (v. Miswaki). Allegretta wurde 1978 in England geboren und später in der dortigen Schlenderhaner Trainingsdependance trainiert.

Die im Gestüt Schlenderhan mühsam aufgebaute wertvolle Stutenherde war durch den Krieg stark dezimiert worden, so daß in den fünfziger und sechziger Jahren große Erfolge auf der Rennbahn eher selten waren. Um die Qualität der deutschen Rennpferde zu verbessern, mußten die in den Kriegsjahren verlorengegangenen Verbindungen zum Ausland wieder aufgebaut werden. Die Kontakte zu dem großen französischen Züchter François Dupré ermöglichten die Paarung der Stute Aralia mit Tantième, dem Sieger des Prix de l' Arc de Triomphe. Aus dieser Verbindung ging Agio hervor. Er gewann den Großen Preis von Nordrhein-Westfalen und das klassische St. Leger. Sein berühmtester Sohn war der Klassehengst Lombard.

Nach dem Tod von Waldemar von Oppenheim übernahm seine Frau Gabrielle 1952 die Leitung des Gestüts. In der ersten Zeit hatte sie es sehr schwer. Erst 1959 begann mit der Ankunft von Championvererber Birkhahn aus Graditz ein Aufschwung in der Schlenderhaner Zuchtstätte. 1948, beim ersten Derby nach dem Krieg, das wieder in Hamburg-Horn stattfand – gleichsam zwischen den Trümmern des Bombenhagels –, hatte der spätere Gestütsleiter von Schlenderhan, Meyer zu Düte, den sogenannten „Löwen aus der Ostzone" ins Visier genommen. Als Düte 1953 die Leitung des Gestüts übernahm, führte er zähe Verhandlungen mit den Besitzern, bis das Geschäft schließlich perfekt war: Asterios, der letzte Sohn von Oleander, wurde 1959 gegen Birkhahn eingetauscht. Mit den Erträgen des Hengstes aus der DDR, beziehungsweise denen seiner Nachkommenschaft, konnte die leere Schlenderhaner Gestütskasse wieder gefüllt werden. Die Gene des Alchimist-Sohnes finden sich in fast allen großen Rennpferden aus deutscher Zucht. Er vererbte vor allem Ausdauer und Härte, allerdings gingen diese Qualitäten immer mit Spätreife einher. Seine Nachkommen werden heute sehr erfolgreich mit frühreifen englischen oder amerikanischen Pferden gepaart, um diesen mehr Speed und Frühreife zu verleihen. Der Crack wurde 21 Jahre alt und starb 1965 – bis heute ist er unvergessen. Sein Skelett steht den Studenten der Veterinärmedizin an der Hochschule in Hannover als Demonstrationsobjekt zur Verfügung.

Priamos war der prominenteste Birkhahn-Sohn und einer der wenigen seiner Nachkommen, die sich auf der Mitteldistanz am wohlsten fühlten. Er war 1970 Championmeiler Europas. Sein Kampfgeist verhalf ihm auch zu Siegen in Rennen über 2400 Meter. Der elegante, dunkelbraune Hengst hatte die Zähigkeit seines Vaters. Bis in sein sechstes Lebensalter ging er an den Start und siegte bei 30 Rennen 14mal. Auch auf den großen Rennplätzen Frankreichs, im Prix Dollar in Longchamp und im Prix Jacques le Marois in Deauville setzte er die Schlenderhaner Farben an die Spitze und bezwang Pferde wie Karabas und den irischen Derbysieger Prince Regent. Mit einem GAG von 106 Kilogramm bezog Priamos nach kurzem Deckeinsatz im Union-Gestüt die Beschälerbox im Heimatgestüt Schlenderhan. Er brachte die genialen Anlagen Birkhahns auf breiter Basis in die deutsche Vollblutzucht ein. Die prominentesten Nachfahren von Priamos waren Stuyvesant – der Derbysieger von 1976 –, Brigida, La Tour, Championstute Trient, Anatas, San Vicente, Kaschira, Lepanto und die auf Gruppe-Ebene in Irland siegreiche Glasson Lady. Die Mutter von Priamos, die Importstute Palazzo, entstammt dem Epsom-Derby-Sieger Dante, der ein Sohn des berühmten Hengstes Nearco war (sie ist ebenfalls Mutter von Pantheon, dem Vater von Schönbrunn). 1980 und '82 war Priamos Championbeschäler und '77, '78, '81

Gedenkstein der Wunderstute Schwarzgold auf dem Schlenderhaner Pferdefriedhof.

und '84 Vize-Champion. Der kräftige, robuste Hengst deckte noch im hohen Alter von 25 Jahren und wurde 31 Jahre alt. Er verbrachte seinen Lebensabend gemeinsam mit den beiden anderen alternden Champions, Alpenkönig und Lombard, im Gestüt. Die beiden Hengste hatten für die ambitionierte Zuchtstätte Anfang der siebziger Jahre große Erfolge erzielt.

1960 bahnte sich mit dem Kauf der Stute Ascona aus der Linie der Alex des Aga Khan ein weiterer Aufwärtstrend an. Ascona fohlte nach der Paarung mit dem Alchimist-Sohn Birkhahn 1962 die Stute Alpenlerche, die später Mutter von Alpenkönig werden sollte, der sich zu einem Tophengst auf der Rennbahn entwickelte.

Seit Anfang der sechziger Jahre trainierte Heinz Jentzsch die Schlenderhaner Pferde. Der 1920 in Neuenhagen geborene 31fache Championtrainer hatte seine größten Erfolge vor allem mit ihnen. Dazu zählen Lombard und Alpenkönig, die im Jährlingsalter gemeinsam über die Koppeln und später als Dreijährige im Derby um die Wette liefen: Zur Überraschung aller kam Alpenkönig als erster vor dem Favoriten und Frontrenner Lombard ins Ziel. Das war 1970, ein Jahr nachdem Don Giovanni das Rennen für Schlenderhan entschieden hatte. Lombard, ein imposanter, eleganter Fuchshengst mit einer großen Blesse, gewann das klassische Henckel-Rennen (heute: Mehl-Mülhens-Rennen) mit sieben Längen Vorsprung, das Fürstenberg-Rennen, das St. Leger, zweimal den Gerling-Preis, den Idee-Hansa-Preis, zweimal den großen Preis von Nordrhein-Westfalen, das Spreti-Rennen, den Europa-Preis, dreimal den Großen Preis von Düsseldorf, den Preis der Düsseldorfer Industrie und Wirtschaft sowie den Olympia-Preis. Mit einer Gewinnsumme von 1 156 120 Mark war er der erste deutsche Millionen-Galopper.

Alpenkönig, der kleine Braune mit dem Kämpferherzen, wurde 1970 zum Publikumsliebling auf den Renn-

GESTÜT SCHLENDERHAN

bahnen. Über ihn wurde sogar ein Buch geschrieben. Er ging aus der Verbindung der Stute Alpenlerche mit dem englischen Hengst Tamerlane hervor. Tamerlane (v. Persian Gulf) brachte über seine Mutter das bewährte Nearco-Blut mit, das in Deutschland sehr selten zu finden war. Der Mittelstreckler mit dem enormen Endspeed bildete die ideale Ergänzung zu den Steherqualitäten der deutschen Stutenlinie. Alpenkönig erbte genau diese Eigenschaften und brachte sie mit seinem Kampfgeist erfolgreich zum Einsatz. Der Kleine war als Dreijähriger einer der ganz Großen. Das hatte Championtrainer Heinz Jentzsch nicht erwartet, als der etwas zu kurz geratene Hengst seine Box im Rennstall bezog. Aber mit fortschreitendem Training zeigte der agile Hengst dann schon bald im Galopp seine Klasse. Alpenkönigs erstes Rennen in Krefeld begann mit einem Sprung über die Hecke der Rennbahnbegrenzung. Der Jockey stieg wieder auf und beendete das Rennen als vierter – allerdings waren auch nur vier Pferde am Start. Alpenkönig avancierte dennoch zum zweitbesten Pferd seines Jahrgangs, hinter seinem Stallgefährten Lombard. Der ganz große Durchbruch kam für den Hengst mit dem Derbysieg. Danach gewann er den Großen Preis von Nordrhein-Westfalen, den Aral-Pokal und den Großen Preis von Baden – alles Rennen der höchsten Klasse (Gruppe I). Alpenkönig machte seinem Namen alle Ehre: Er wurde 1970 zum König, das heißt zum Pferd des Jahres, gewählt.

Das Gestüt Schlenderhan brachte in jener Zeit so hervorragende Rennstuten wie Brigida, Aviatik und Idrissa hervor. Aber Mitte der siebziger Jahre verschärfte sich durch Hinzukommen neuer Gestüte und Rennpferdebesitzer der Konkurrenzkampf auf der Rennbahn, und so bahnten sich schwierige Zeiten für die Schlenderhaner Pferde an. Der letzte Sieger im Blauen Band in den Farben Schwarz-Blau-Rot war im Jahre 1976 der Hengst Stuyvesant. In den Achtzigern kam es immer wieder zu erbitterten Kämpfen zwischen Schlenderhaner Pferden und den Cracks des jungen Gestüts Fährhof. Apollionios und der Fährhofer Lagunas lieferten sich 1984 im Derby ein packendes Duell, das mit Vorteil von Lagunas mit „kurzem Kopf" endete. Astylos und El Salto wetteiferten im Idee-Hansa-Preis 1988 um den Sieg. Das Ergebnis war ein totes Rennen.

Das Traditionsgestüt Schlenderhan ist auch heute noch eine wahre Pracht inmitten der vom Braunkohlebergbau zerklüfteten Gegend im Erftland bei Köln. Leider mußte auch das Gestüt für die wirtschaftliche Erschließung der Region Opfer bringen. 65 Hektar Land mit 15 Hektar Weidefläche wurden vom Bergbau geschluckt. Der berühmte Oleanderstall, der alte rheinische Gutshof, das Forsthaus und einige der wunderschönen Kastanienalleen mußten weichen. Erfreulicher Aspekt: Mit den Entschädigungsgeldern wurde Land erworben, wurden moderne, lichtere Stallungen erbaut und neue Wirschaftsgebäude errichtet.

1988, nach dem Tod der Baronin Gabrielle Oppenheim, nahm ihre Tochter Karin von Ullmann auf dem Gestüt in vierter Generation die Zügel in die Hand. Ihr Sohn Georg von Ullmann war zu dieser Zeit bereits seit Jahren im Rennsport aktiv und mit dem Gestüt vertraut. Vor allem Monsun, Galopper des Jahres 1993, und der englische Klasse-Sprinter Owington liefen erfolgreich für den Londoner Bankier. Mit der Renovierung der Gestütsanlage ging eine Erneuerung in der Zucht einher, wozu die Käufe zahlreicher neuer Pferde auf internationalen Auktionen gehörten. Die Zucht mit den bewähr-

Kings Lake ist ein Sohn des berühmten Nijinsky.

ten klassischen Schlenderhaner Stutenlinien wird fortgesetzt, doch will man durch eine Auffrischung mit ausländischen Stuten endlich wieder zu den ganz großen Erfolgen kommen. Denn obwohl sich das Gestüt mit beeindruckender Konstanz unter den Top Ten in der Züchter- und Besitzerstatistik hielt, so liegt doch der 16. und vorläufig letzte Derbysieg schon 22 Jahre zurück.

Der Hengst Kings Lake ist ein Sohn des englischen Triple-Crown-Siegers und mehrfachen Championvererbers Nijinsky und wurde 1989 für eine siebenstellige Summe vom Coolmore Stud erworben. Kings Lake hat fünf Rennen gewonnen, darunter drei Gruppe-I-Rennen: die Irish 2000 Guineas, die Sussex Stakes und die Joe McGrath Memorial Stakes. Der mittelgroße Braune zeichnete sich vor allem durch seinen Kampfgeist aus, den ihm Vater und Großvater Northern Dancer mitgegeben haben. Zu seinen besten Nachkommen gehören Yellow King, Gulf King, My Style, Kingscote, Wedding Bouquet, Tyrone Bridge, Blessed Event, Lake Champlain, Honorius, Silent Lake und Ajano.

Seit 1996 deckt Monsun in der Zuchtstätte Schlenderhan. Der 1990 im bayerischen Gestüt Isarland geborene Sohn von Königsstuhl entstammt der Stute Mosella von Surumu. Der ausdrucksvolle Hengst gewann in den Farben von Georg von Ullmann drei Gruppe-I- und vier Gruppe-II-Rennen und war viermal auf höchstem Niveau plaziert. Der Dunkelbraune mit dem ausgeglichenen Gemüt gilt neben Lavirco als der hervorragendste Sohn des Triple-Crown-Siegers Königsstuhl. Seine Decktaxe beträgt 1998 10 000 Mark.

83 klassische Rennen gingen auf das Konto des Traditionsgestüts Schlenderhan. Die Erfolge gipfelten in 30 Besitzer- und 35 Züchterchampionaten. Über 50 Pferde befinden sich zur Zeit in Köln bei Peter Schiergen und in Düsseldorf bei Peter Lautner im Training.

1993 eröffnete das Gestüt Schlenderhan eine Dependance in Disternich, das rund 30 Kilometer vom Stammgestüt entfernt liegt. Es ist eine herrliche Gegend am Rand der Eifel. Disternich bietet mehr als nur ein Ausweichquartier, es dient primär der Aufzucht. In der neuen Reithalle wird der Nachwuchs dann auf die Karriere im Rennstall vorbereitet. Rund 80 Pferde bester Abstammung tummeln sich auf den Schlenderhaner Weiden, unter anderem die Stute Schwarzmeer, die der Schwarzgold-Linie angehört. Die jüngste Bestätigung dieser Linie lieferte Zagreb mit dem Sieg im irischen Derby 1996. Der Syndikatshengst geht über seine Mutter Sophonisbe und Southern Seas auf Schönbrunn zurück. Schönbrunn gewann 1970 in Deutschland beide Stutenklassiker, bevor sie nach Frankreich verkauft wurde und 1971 in den Farben des großen Rennstallbesitzers Daniel Wildenstein im Grand Prix de Deauville siegte. Schönbrunns Enkel Sagace landete dann den ganz großen Coup: Er gewann 1984 im Prix de l'Arc de Triomphe. Acht Monate später folgte ein weiterer Höhepunkt, den ein Mitglied der Schwarzgold-Familie zu verantworten hatte: Der Hengst Slip Anchor (a. d. Sayonara / v. Shirley Heights), im Besitz von Lord Howard de Walden, ging erfolgreich aus dem Prestigerennen Europas hervor, dem englischen Derby. Der Hengst Steinlen, ebenfalls ein Schönbrunn-Enkel, erzielte sensationelle Siege in den USA, dem härtesten Rennsportland. Er gewann vier Gruppe-I-Rennen auf Gras, unter anderem 1989 die Arlington Million und anschließend die Breeder's Cup Mile. Heute deckt er im Plantation Stud.

Beschäler Monsun war Galopper des Jahres 1993.

Jährlingsstuten grasen friedlich auf den Koppeln von Gestüt Schlenderhan.

GESTÜT ZOPPENBROICH

Gestüt Zoppenbroich, in den zwanziger Jahren gegründet, ist die Geburtsstätte von Deutschlands einzigem Triple-Crown-Sieger Königsstuhl. Der imposante Hengst zählte auch als Vererber zu den ganz Großen.

Was für das Gestüt Schlenderhan die Familie der Stute Schwarzgold, ist für die Zoppenbroicher Zuchtstätte die Linie der Stute Kaiserwürde. Der berühmten K-Familie entstammt auch Zoppenbroichs Aushängeschild Königsstuhl. Aber bis zu seinen Erfolgen war es ein langer Weg. 1923 hat Walther Bresges, Betreiber einer großen Spinnerei in Rheydt, das Gestüt bei Mönchengladbach gegründet. Das ehemalige Rittergut gehörte der Familie Bresges schon seit Beginn des 19. Jahrhunderts. Die Stallgebäude wirken pittoresk und zeugen von ihrer Geschichte. Der erste Beschäler namens Mohr zog 1931 in Zoppenbroich ein. Er brachte einige ordentliche Rennpferde – ein Derbysieger war jedoch nicht darunter. Aber die Bilanz des Gestüts ließ sich auch ohne Derbysieger sehen: 1939 gewann Trollius den Großen Preis von Baden, Nebelwerfer 1947 das Henckel-Rennen und zweimal den Großen Preis von Nordrhein-Westfalen, Sommerblume 1959 den Preis der Diana und Ordinale und Sudan das St. Leger in den Jahren 1959 und '62. Vier Jahre später siegte die Orsini-Tochter Ordenstreue im Preis der Diana. Cortez gewann 1971 den Großen Preis von Baden in den hellblauen Farben.

1973, als sich das Gestüt bereits im Besitz des Erben Kurt Bresges befand, gelang der große Coup: Der dunkelbraune Hengst Athenagoras brachte Zoppenbroich im Blauen Band zu Ehren. 22 Pferde des Gestüts waren zuvor in Hamburg-Horn sieglos geblieben. Der Gestütsherr hatte nicht mehr an einen Sieg geglaubt, nachdem in den Jahren zuvor Wiener Walzer als dritter sowie Kaiseradler, Kaiserstuhl und Kronzeuge als knapp geschlagene zweite über die Horner Ziellinie galoppiert waren. Der 1970 geborene Nasrullah-Enkel Athenagoras gewann insgesamt neun seiner 28 Rennen und war zehnmal plaziert. Er siegte viermal auf höchster Ebene und war Champion seines Jahrgangs. Mit einem GAG von 104 Kilogramm war Athenagoras der beste Sohn von Nasram, Sieger in den King George VI and Queen Elizabeth Stakes. Seine Mutter Avenida war eine Tochter des deutschen Topvererbers Neckar. Sie entstammte mütterlicherseits der berühmten Schlenderhaner A-Linie, aus der auch die Derbysieger Allgäu und Alba hervorgegangen sind. Athenagoras war ein bildschönes Pferd: langbeinig, ausdrucksvoll und im Winterfell fast ein Rappe. Der schnelle Hengst, der vier Bahnrekorde aufstellte, wurde allerdings mit zunehmendem Alter launischer: Hin und wieder lehnte er es ab, zum Wettkampf anzutreten. Schließlich galt er als unberechenbarer Kandidat. 1977 ging er als Beschäler ins Gestüt und wurde 1984 Championvererber der Zweijährigen. Seine Kinder brachten Millionen ein, aber viele erbten auch sein schwieriges Temperament.

Dank des passionierten Zuchttheoretikers Kurt Bresges avancierte Zoppenbroich zu einer der besten Adressen in der deutschen Vollblutzucht. 1977, nach Bresges' plötzlichem Tod im Alter von 66 Jahren, übernahm seine Frau Hela die Zuchtstätte. Unter

Zoppenbroichs erster Derbysieger Athenagoras 1983 auf den Koppeln seiner Heimat

Triple-Crown-Sieger Königsstuhl als Sieger im St. Leger mit Jockey Peter Alafi, Besitzerin Hela Bresges, Tochter Alexandra und Trainer v. Mitzlaff.

GESTÜT ZOPPENBROICH

ihrer Ägide erlebte das Gestüt die ganz großen Triumphe mit dem Star Königsstuhl. Der 1976 in Zoppenbroich gezogene Hengst hatte dreijährig seinen ersten Sieg im Henckel-Rennen (heute Mehl-Mülhens-Rennen) und wurde im Union-Rennen knapp von Nebos geschlagen. Nachdem Königsstuhl als Sieger ausgerufen war – selbst der damalige Bundespräsident Walter Scheel beglückwünschte bereits das Team – protestierte das Publikum, und die Rennleitung revidierte das Ergebnis: Das Zielfoto war falsch ausgewertet worden.

Im Derby rang Königsstuhl seinen ewigen Konkurrenten endlich nieder. Der große schwarzbraune Hengst mit der schrägen Blesse konnte die drei klassischen Rennen (für Hengste und Stuten) für sich entscheiden: das Henckel-Rennen, das Derby und das St. Leger. Nach 100 Jahren deutscher Turfgeschichte holte sich der Zoppenbroicher die heiß ersehnte dreifache Krone (Triple Crown). Siebzehn deutsche Pferde hatten es vor ihm immerhin schon zum Erfolg in den beiden ersten Prüfungen des Jahres, dem Henckel-Rennen und dem Derby, gebracht, standen aber im Herbst die Steherdistanz von 2800 Meter im St. Leger nicht oder nicht mehr durch.

Als Vierjähriger kam Königsstuhl nicht richtig in Schwung, es schien, als wäre er nicht im vollen Besitz seiner Kräfte. Doch im Alter von fünf Jahren war er dann wieder ganz der Alte. Bei 20 Starts siegte er elfmal und war siebenmal Zweiter. Er schloß seine Rennlaufbahn schließlich als Millionär mit dem Sieg im Gran Premio del Jockey Club e Coppa d' Oro, einem Gruppe-I-Rennen in Mailand, ab, um dann auch im Gestüt seine Klasse unter Beweis zu stellen. Er wurde einer der herausragendsten Vererber in der deutschen Zuchtgeschichte. Königsstuhl zeugte eine große Zahl überdurchschnittlicher Rennpferde: Pik König gewann für Albert Darboven das Blaue Band, Monsun wurde Galopper des Jahres '93 und steht heute wie Lavirco, Astylos, Alkalde, Helikon, Medicus und Mandelbaum als Beschäler im Gestüt. Königsstuhls Tochter Majorität war zweifache klassische Siegerin und Championstute.

Ein Höhepunkt in der Beschälerlaufbahn Königsstuhls war das Derby '96: Seine Söhne Lavirco und Surako, beide im Gestüt Fährhof gezogen, besetzten die ersten Plätze. Lavirco, der bereits im Mehl-Mülhens- und im Union-Rennen erfolgreich war, gewann so überlegen, daß man ihn schon auf den Spuren seines Vaters in Richtung Triple Crown galoppieren sah. Statt dessen startete der Hengst zuletzt im Preis von Europa und gewann. Leider beendete eine Sehnenverletzung vorzeitig seine Karriere. Königstuhl starb 1995 im Gestüt Zoppenbroich.

1981 deklassierte der Zoppenbroicher Orofino – wie Königstuhl ein Dschingis Khan-Sohn – das gesamte Derbyfeld. Der große, dunkelbraune Hengst ging mit über zwölf Längen Vorsprung auf dem schweren Geläuf auf und davon. Orofino gewann zweijährig sein erstes Rennen, siegte dreijährig im klassischen Henckel-Rennen und im Union-Rennen, bevor er mit dem Sieg im Derby den Titel „Galopper des Jahres 1981" errang. Zwei Jahre später gewann Ordos das Derby für Zoppenbroich – vor 22 Gegnern – und siegte später außerdem im Preis der Privatbankiers Merck, Fink & Co. Der hübsche Dunkelbraune, 1980 im Gestüt Zoppenbroich geboren, ist heute Beschäler in der Warmblutzucht.

Zoppenbroich ist seit dem Tod von Kurt Bresges ein reiner Frauenbetrieb. Die Töchter von Kurt und Hela, Astrid, Anne-Clair und Alexandra, sind in dritter Generation für das Gestüt verantwortlich. Winfried Engelbrecht-Bresges, Ehemann von Astrid Bresges und seit 1998 Racing Manager in Hongkong, stand ihnen tatkräftig zur Seite.

17 eigene Mutterstuten stehen zusammen mit den Pensionsstuten von Heinz Pferdmenges. Zur Prominenz in der Stutenherde zählen außerdem Königsblüte, Noble Princess, Lillac Dance und Ambra. Das Erbe der Zoppenbroicher Linienbegründerin Kaiserwürde bewahren fünf Stuten: Kaiserzeit (von Cortez), Kaiserfreude, Kettwig, Königsblüte und Königsrose.

Der einzige, aber vielversprechende Beschäler im Gestüt Zoppenbroich ist Second Set. Der Gruppe-I-Sieger ist ein Sohn des Topvererbers Alzao und hat seine Rennkarriere in England bestritten. Second Set siegte auf oberstem Level in den Sussex Stakes, war zweiter in den St. James's Palace Stakes und lag in England und Irland mit seinem ersten Jahrgang bereits an fünfter Stelle der Vererberstatistik. Er deckt für 12 000 Mark.

GESTÜT ERLENHOF

Das Gestüt Erlenhof, das einige Jahre auch unter dem Namen Erlengrund geführt wurde, liegt in der wunderschönen Taunuslandschaft bei Frankfurt. Es befindet sich im Besitz der Familie Rothenberger, die sich vor allem im Dressursport einen Namen gemacht hat. Das Traditionsgestüt hat acht Derbysieger hervorgebracht.

Moritz James Oppenheimer, Inhaber der Mitteldeutschen Mechanischen Papierwarenfabrik, gründete das Gestüt Erlenhof 1922, also in der politisch und wirtschaftlich schwierigen Zeit nach dem Ersten Weltkrieg. Die in Bad Homburg vor den Toren Frankfurts gelegene Zuchtstätte entwickelte sich sehr schnell zu einer der erfolgreichsten der damaligen Zeit. Von den zehn Derbysiegern des Gestüts erblickten acht in Erlenhof das Licht der Welt: Athanasius, Ticino, Nordlicht, Niederländer, Neckar, Orsini, Fanfar und Marduk. Erlenhof zählt zu den ausgesprochenen Schnellstartern im Galoppsport, in dem normalerweise Geduld das oberste Gebot ist. Bereits 1929 gewann der Hengst Graf Isolani das Blaue Band für das Gestüt.

Mitte der zwanziger Jahre entschloß sich Oppenheimer zu einem zukunftsweisenden Kauf. Aus der berühmten Zucht des großen italienischen Pferdemannes Federico Tesio erwarb er mehrere erlesene Stuten, unter ihnen Nella da Gubbio, die einer der weltbesten Vollblutlinien der Stute Catnip entstammte. Nella da Gubbio wurde über ihre Kinder, die Derbysieger Nereide und Nebos, zur Begründerin einer bis heute lebendigen Zuchtlinie.

Aus der Schlenderhaner Zucht erwarb Oppenheimer die Stute Athene. Athene wurde mit dem Hengst Laland gepaart und brachte Athanasie zur Welt, die spätere Mutter des berühmten Athanasius.

1933, mit der Machtergreifung der Nationalsozialisten, wurden die glorreichen Zeiten für Oppenheimer jäh beendet. Mit der beginnenden Judenverfolgung durch die Nazis wurde er gezwungen, seinen Besitz aufzugeben. Baron Heinrich Thyssen, der den Stahlkonzern seines Vaters August Thyssen seit 1926 gemeinsam mit seinem Bruder leitete, wurde das Gestüt zu äußerst günstigen Bedingungen angeboten. Am 13. Januar 1933 unterschrieb Thyssen den Kaufvertrag mit der Konkursverwaltung des Gestüts Erlenhof. Die Nationalsozialisten machten Oppenheimer unter dem Vorwand des Konkursvergehens den Prozeß. Aufgrund seines schlechten Gesundheitszustands mußte das Verfahren jedoch abgebrochen werden. Oppenheimer wurde danach nie mehr gesehen.

Der promovierte Chemiker Thyssen war ein Pferdeliebhaber und besaß bereits den Rennstall „Stall Landswerth", benannt nach dem familieneigenen Schloß bei Kettwig.

1934 errang der Hengst Athanasius für das Gestüt Erlenhof den Sieg im Blauen Band. Der dunkelbraune Hengst lief im Alter von zwei bis vier Jahren 25 Rennen, gewann davon zwölf und war darüber hinaus neunmal plaziert. Er war unter anderem Winterfavorit und siegte im Hansa-Preis, im Gerling-Preis, im Braunen Band sowie im Großen Preis von Baden.

1936 lief die Erlenhofer Stute Nereide in brillantem Stil und gewann das Deutsche Derby. Sie legte die 2400 Meter in 2:28,8 Minuten zurück und stellte damit einen neuen Rekord auf, der erst 1973 von Athenagoras egalisiert und 1993 von Lando unterboten wurde. Im Braunen Band bezwang sie Corrida, die zweimalige Siegerin im Prix de l' Arc de Triomphe, die in den Farben von Marcel Boussac antrat. Nereide war keine Schönheit und blieb trotz guten Appetits dürr und knochig. Aber sie erfreute sich bester Gesundheit und brauchte nicht viel Training, um fit zu bleiben. Acht ihrer zehn Rennen gewann sie Start-Ziel. Sie blieb ungeschlagen. Obwohl Nereide in ihren fünf Gestütsjahren keine Stuten

Auf in die Freiheit: Die Erlenhof-Jährlinge verlassen ihren Stall gen Koppel.

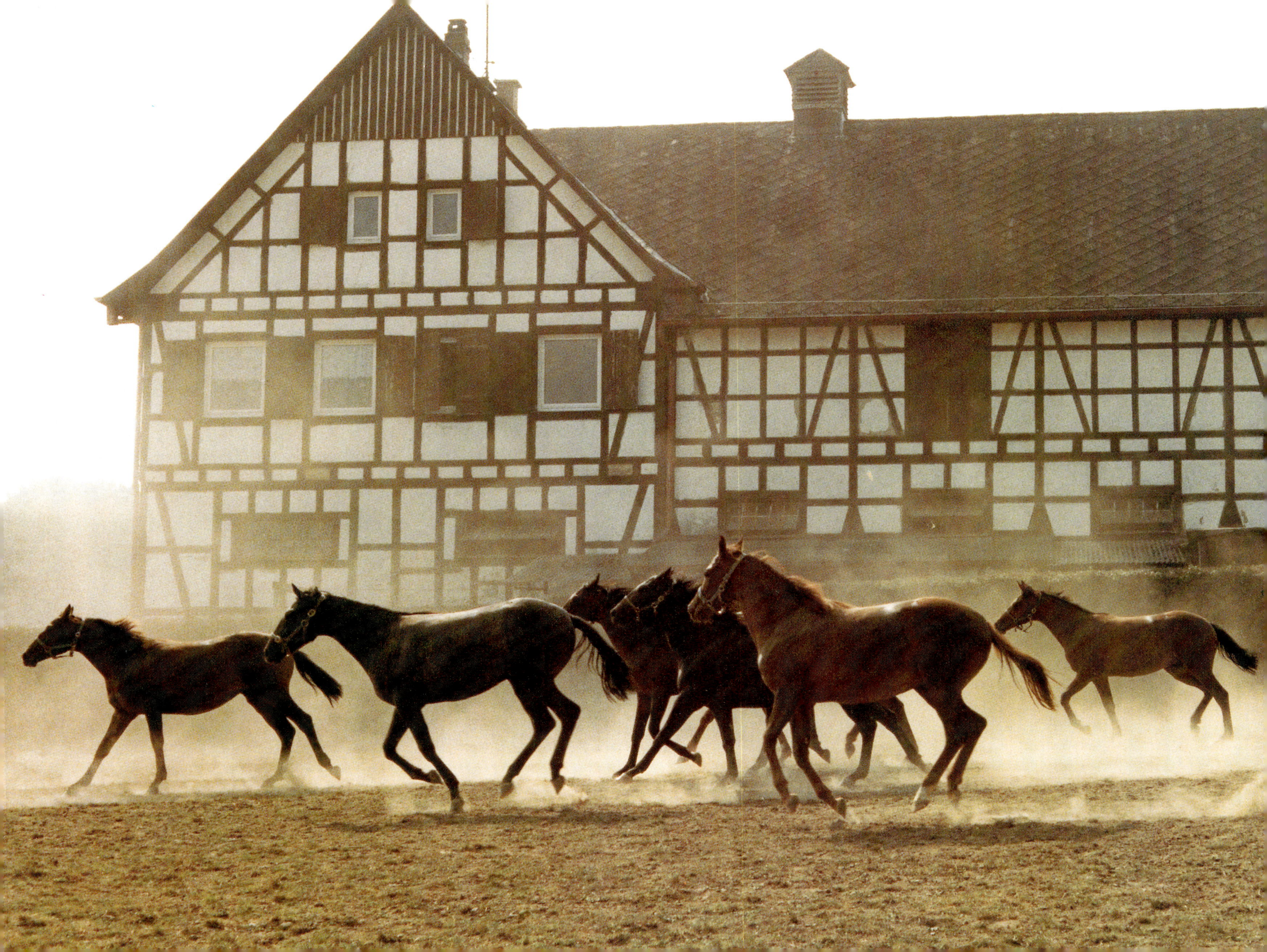

GESTÜT ERLENHOF

fohlte, ist ihre Linie bis heute lebendig. Das erste Fohlen, das sie gebar, hieß Nuvolari. Der Hengst wurde dritter im Derby von 1941, bei dem Magnat die Ziellinie als erster erreichte. Nach einem verkrüppelten Fohlen folgte für Nereide der zweite Sohn von Oleander: Nordlicht gewann 1944 das Derby. Die Geburt eines Fohlens von Athanasius überlebte Nereide nicht. Sie starb 1943 im Alter von zehn Jahren.

Im Rahmen der Reparationsansprüche nach dem Zweiten Weltkrieg beschlagnahmten die Amerikaner die Hengste Nordlicht und Athanasius und brachten sie in die USA. Dort und später auch in Frankreich bewährte sich Nordlicht als Deckhengst, bis er 27jährig starb. Die Amerikaner hatten jedoch einen Hengst vergessen: Ticino, den Derbysieger von 1942. Seine Tochter Bella Paola gewann die Stutenklassiker in England, die 1000 Guineas sowie die Oaks und entschied die Champion Stakes, das Grand Criterium und den Prix Vermeille in Frankreich für sich. Ticino zeugte vier deutsche Derbysieger, Niederländer, Neckar, Lustige und Orsini, sowie viele andere Klassepferde, die ihn über zehn Jahre hinweg zum internationalen Championvererber und damit zu einem der besten Vererber aller Zeiten machten. Auch seine Söhne Neckar und der Rappe Orsini brachten jeweils drei Derbysieger hervor.

1947 starb Heinrich Thyssen, und sein Sohn Hans Heinrich erbte Erlenhof. Der Erfolgs-Trainer des Gestüts Adrian von Borcke brachte 1950 den Hengst Niederländer zum Erfolg im Blauen Band. Der riesige Braune lief bei 31 Starts 23mal ins Geld. Zwölf Sieger zeugte der Ticino-Sohn mit einer Stute von Oleander.

Baron Thyssen mit Erlenhofs Superstute Nereide nach dem Sieg im Braunen Band in München.

Im Derby schlug er in zweitbester Derbyzeit den hoch eingeschätzten Schlenderhaner Asterios. Niederländer war vor allem das erste Pferd aus deutscher Zucht, das wieder international mithalten konnte. Der Hengst startete in den King George VI and Queen Elizabeth Stakes, plazierte sich im Washington D. C. International und lief sechsjährig dann endlich doch noch im Prix de l' Arc de Triomphe, nachdem er als Dreijähriger 1950 aus politischen Gründen nicht teilnehmen durfte. Der seinerzeit beste deutsche Hengst wurde per Telegramm aus dem Pariser Prestigerennen gestrichen. Als Grund wurden Sicherheitsbedenken der Pariser Polizei genannt, die wegen der antideutschen Stimmung in Frankreich Ausschreitungen befürchtete.

Da der Hengst eher die Statur eines Schlachtrosses hatte, verwehrte man dem Crack im Gestüt Erlenhof und in anderen renommierten Zuchtstätten die Beschälerbox. Das war ein großer Fehler, wie sich später herausstellen sollte, denn im DDR-Gestüt Boxberg zeugte er viele erfolgreiche Pferde.

Bereits ein Jahr nach dem Sieg von Niederländer folgte der zweite Triumph im Blauen Band für Erlenhof. Neckar schlug die Röttgener Stute Wacholdis im Derby, bei dem von elf Startern fünf in den Erlenhofer Farben liefen. Neckar wurde lange wegen seiner Macken – beispielsweise haßte er Startmaschinen – mit Skepsis beäugt. Mit dem Erfolg beim Derby, nachdem er bereits das Henckel-Rennen gewonnen hatte, lieferte er einen eindeutigen Beweis für seine Klasse. Als Deckhengst ging Neckar ins Gestüt Ravensberg. Er war fünffacher Championbeschäler und zeugte unter anderem die Derbysieger Wilderer, Zank und Waidwerk.

Nach dem Sieg im Derby und im Braunen Band 1936 ging die unbesiegte Nereide zurück ins Gestüt zu ihrer Mutter Nella da Gubbio.

Am 30. Juni 1957 bei 38 Grad Hitze holte Orsini unter Lester Piggott, dem Maestro der Jockeys, das Blaue Band für Erlenhof. Der damals 21jährige Weltklasse-Jockey ritt Orsini nach einem dramatischen Finish mit dem Ravensberger Windfang und dem Röttgener Utrillo siegreich ins Ziel. Orsini, bestes Pferd seines Jahrgangs, war mütterlicherseits ein Urgroßenkel von Nereides Sohn Nuvolari. Der imposante Rapphengst brachte auf der Rennbahn über 520 000 Mark für Erlenhof ein. Ab 1960 liefen die Erlenhofer Pferde nur noch in den Farben von Gräfin Margit Batthyany, der Tochter von Heinrich Thyssen. Die Gräfin war bereits Besitzerin eines Rennstalls. Sie besaß Pferde rund um den Globus, die sie in England, Irland, Frankreich und Amerika trainieren und laufen ließ.

1960 ging das Gestüt Erlenhof ganz in ihren Besitz über. Margit Batthyany wurde in Österreich geboren und lebte in der Villa Rechnitz im Burgenland. Ihr amtlicher Wohnsitz war jedoch Monte Carlo, und ihr Büro hatte die Grande Dame, die sieben Sprachen beherrschte, in Castagnola bei Lugano. Die meiste Zeit reiste die passionierte Pferdekennerin jedoch von einem Rennen zum näch-

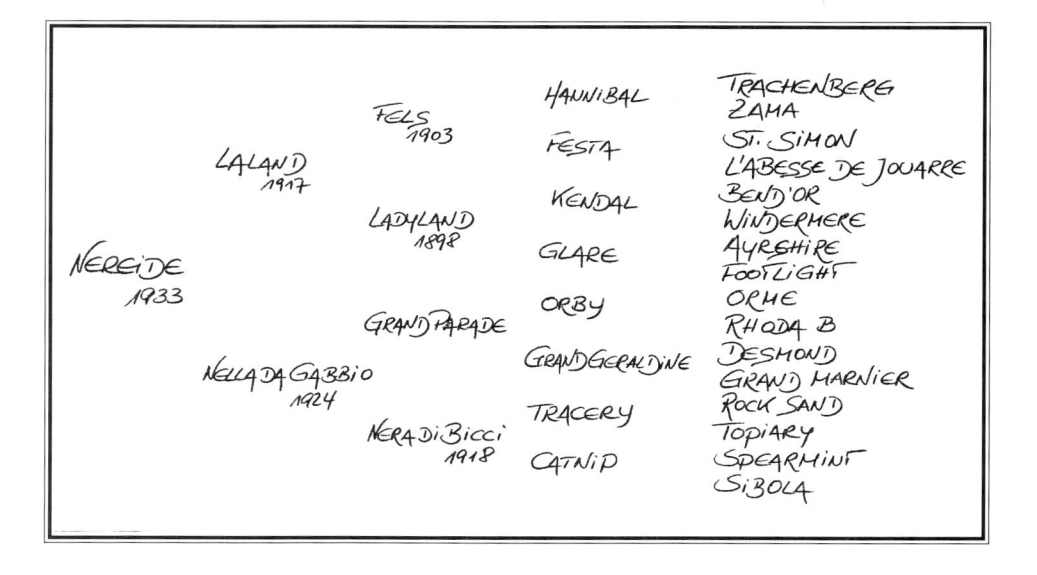

```
                        FELS        HANNIBAL      TRACHENBERG
                        1903                      ZAMA
            LALAND                  FESTA         ST. SIMON
            1917                                  L'ABBESSE DE JOUARRE
                        LADYLAND    KENDAL        BEND'OR
                        1898                      WINDERMERE
NEREIDE                             GLARE         AYRSHIRE
1933                                              FOOTLIGHT
                        GRAND PARADE ORBY         ORME
                                                  RHODA B
            NELLA DA GABBIO         GRAND GERALDINE DESMOND
            1924                                  GRAND MARNIER
                                    TRACERY       ROCK SAND
                        NERA DI BICCI             TOPIARY
                        1918        CATNIP        SPEARMINT
                                                  SIBOLA
```

Orsinis Derbysieg 1957: Von links: Trainer Adrian v. Borcke, Baron Hans Heinrich Thyssen mit Frau Fiona.

sten. Sie besaß in Bezug auf Pferde ein bemerkenswertes Erinnerungsvermögen – solche, die sie beeindruckt hatten, konnte sie auch nach Jahren noch in allen Details beschreiben.

1972 gewann die Stute San San für das Gestüt Erlenhof den heißbegehrten Prix de l'Arc de Triomphe und wurde für rund 600 000 Dollar (damals 1,8 Millionen Mark) verkauft. Eine gute Entscheidung, wie sich später herausstellte, denn von der Stute hat man nie mehr etwas gehört.

Das erste Derby für die Gräfin gewann 1963 Fanfar. Das beste Pferd des Jahres '63 aus der Erlenhofer Zucht war der Hengst Mercurius – der jedoch hatte keine Derby-Nennung. Er war wegen unkorrekter Stellung der Gliedmaßen für einen Spottpreis verkauft worden. Mercurius gewann für seinen neuen Besitzer das Henckel-Rennen, den Aral-Pokal sowie dreimal den Großen Preis von Nordrhein-Westfalen und wurde damit Galopper des Jahres '63 und '64.

Der zweite Derby-Sieg folgte elf Jahre später, 1974, durch Marduk. Der Hengst schaffte den großen Coup nach spannendem Kampf mit dem Röttgener Lord Udo. Das war um so erstaunlicher, als Marduk nur wenige Wochen vor dem Derby einen schweren Unfall während der Morgenarbeit hatte. Als der Hengst kurz vor Trainingsschluß noch einen Galopp absolvierte, fuhr bereits der Trecker mit der Walze über die Bahn. In vollem Galopp gab es für den Hengst kein Entweichen mehr: Beim Sprung über den Kühler des Treckers riß er sich die Brust auf und mußte längere Zeit pausieren. Erst kurz vor dem Derby war er wieder fit. Marduk gewann außerdem zweimal den Großen Preis von Baden und verdiente insgesamt 775 500 Mark.

Das beste Pferd der Gräfin war zweifellos Nebos. Der Hengst wurde zwar 1979 nur Derbyzweiter, lief aber ein exzellentes Rennen, in dem er nur knapp von dem Zoppenbroicher Triple-Crown-Sieger Königsstuhl niedergerungen wurde. Seine Erfolge im Großen Preis von Berlin und im Preis von Europa sowie ein bemerkenswerter fünfter Platz im Prix de l'Arc de Triomphe unterstrichen seine Klasse. Heute deckt Nebos im Gestüt Westerberg.

1989 starb Gräfin Batthyany im Alter von 79 Jahren. Einen großen Teil ihrer Pferde hatte sie dem Düsseldorfer Arzt Jürgen Schiefelbein vermacht, den sie nach dem Tode ihres Mannes Iwan kennengelernt hatte. Das Gestüt ging unter dem Namen Erlengrund an den damaligen Pächter Hubertus Liebrecht. Der Pharmaunternehmer Liebrecht konnte mit dem Gestüt zwar keine großen Triumphe feiern, engagierte sich aber wie die Gräfin im internationalen Rennsport. Er reaktivierte die Gestüts-Dependancen in den USA sowie in Frankreich, wo er weiterhin Pferde trainieren ließ.

Durch zwei Brandanschläge innerhalb weniger Jahre kamen im Gestüt Erlengrund mehrere Mutterstuten und ihre Fohlen ums Leben. Diese tragischen

Hubertus Liebrecht (Mitte), Trainer Hein Bollow mit Majorität nach dem Sieg im Preis der Diana 1987. Gestütsleiter Dr. v. Lepel (links) mit Gondola.

Ereignisse warfen das Gestüt in seiner Erfolgsbilanz immer wieder zurück. Heute stehen in Bad Homburg moderne, großzügige Stallungen mit verbesserten Sicherheitsvorrichtungen.

In Erlengrund dominierten immer die Stuten das Erfolgsgeschehen – so etwa Birthday Love (v. Cortez), Utika (v. Frontal) und Ultima Ratio (v. Viceregal), die 1982 den Preis der Diana gewann und damit den ersten Klassiker in Liebrechts Farben. Majorität (geb. 1983 v. Königstuhl), Monamira, die St. Leger-Siegerin Gondola und Kaiserblume (v. Viceregal) gehen im Gestüt heute noch ihren Mutterpflichten nach.

1991 starb Hubertus Liebrecht nach langer Krankheit im Alter von 60 Jahren. Da Liebrecht ohne direkte Erben war, ging das Gestüt über einen Nachlaßverwalter an Ernst von Baumbach und seine Familie, die an der Vollblutzucht kein Interesse hatten. Ein Makler aus Bad Homburg, der eine zweijährige Option von der Thyssen-Holding besaß, bot das Gestütsgelände als Bauland an. Aber das geplante 30 Millionen-Projekt scheiterte an dem Veto der Kommune, die das Anwesen nicht zur Bebauung freigeben wollte. Schließlich kam die Traditionszuchtstätte doch noch in die Hände von Pferdeleuten.

Ab 1. Januar 1994 wurden die traditionellen Rennfarben Marineblau und Rot wieder hervorgeholt und das Gestüt Erlengrund in Erlenhof zurückgetauft. Familie Rothenberger, weltweit im Dressurviereck der höchsten Klasse vertreten, nahm sich des benachbarten Vollblutgestüts an. Sven Rothenberger gehört zur Weltspitze der Dressurreiter. Vater Günther Rothenberger hatte schon lange einen geeigneten Platz für seine Dressurpferdezucht gesucht. Für fast 10 Millionen Mark erwarb der passionierte Pferdemann das Gestüt im Taunus inklusive 13 Vollblutstuten, fünf Jährlingen und einiger Rennpferde, die bei Erika Mäder und Harro Remmert im Training waren.

Noch im selben Jahr, am 3. Juli, startete der Hengst Twen im 125. Deutschen Derby für die Rothenbergers als einer der Favoriten. Er wurde jedoch nur siebter. Der Hengst gewann immerhin das Union-Rennen und das Fürstenberg-Rennen in Baden-Baden, wo er den späteren Breeder's Cup Turf-Sieger Tikkanen schlug.

Zu dem kleinen erlesenen Stutenlot von Erlenhof gehören heute Anzille, eine Tochter der Lombard-Stute Allegretta, die als Mutter der Prix de l' Arc de Triomphe-Siegerin Urban Sea bekannt ist, und die bereits erwähnte, 1983 geborene Königsstuhl-Tochter Majorität, Siegerin im klassischen Schwarzgold-Rennen. Sie ist Mutter von Masterplayer, des Derby-Dritten in den Erlenhofer Farben 1995, der in seiner Heimat die Beschälerbox bezogen hat. Sein Vater ist der Lyphard-Sohn Alzao, der im Coolmore Stud in Irland deckt und bereits sieben Gruppe-I-Sieger gezeugt hat.

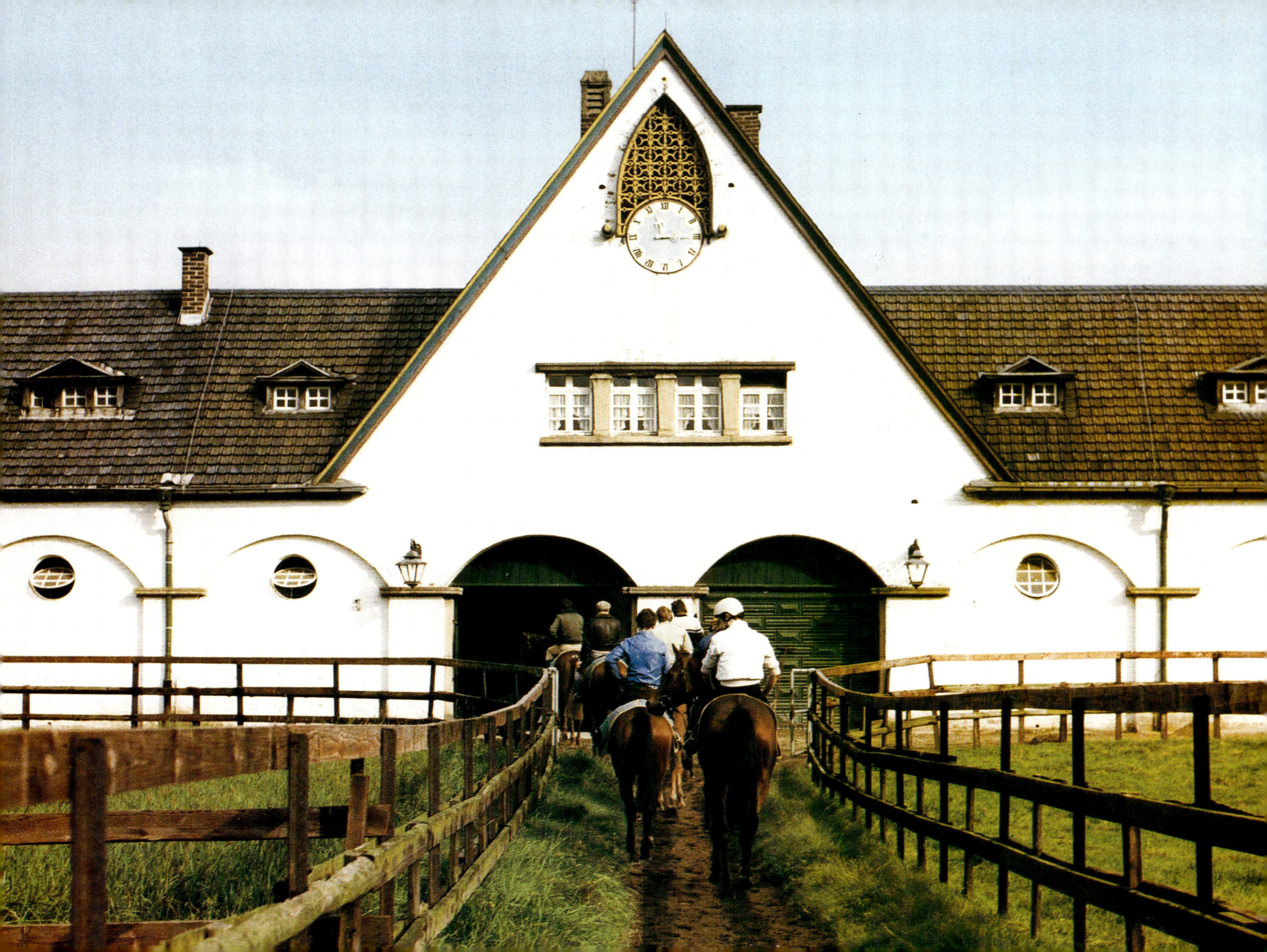

GESTÜT RÖTTGEN

Das Gestüt Röttgen befindet sich in Heumar, einem Vorort von Köln. Es besteht aus einem herrschaftlichen Areal mit einem Schloß und einer großen Trainingsanlage. Die Rennfarben Türkis und Altgold entsprechen den Markenfarben der Firma „4711", deren ehemaliger Inhaber Peter Mülhens das Gestüt gründete.

Das 330 Hektar große Areal des Gestüts Röttgen gehört heute der Mehl-Mülhens-Stiftung. Gegründet wurde es 1924 von Peter Mülhens. Der Inhaber der Eau de Cologne & Parfümerie-Fabrik „4711" in vierter Generation hatte das Schloß, das auf der rechten Rheinseite liegt, 1919 erworben und bewohnte es bis zu seinem Tode im Jahre 1945.

Schloß Röttgen, das auch „die Burg" genannt wird, ist ein geschichtsträchtiger Ort, und das nicht nur in Hinblick auf Gestütsangelegenheiten: Von 1945 bis 1953 nutzte die britische Armee das Schloß als Sitz des Generalgouverneurs, und der deutsche Bundeskanzler Adenauer verhandelte hier über den 1952 abgeschlossenen Deutschlandvertrag. Heute ist das Schloß nicht mehr bewohnt. Es dient dem Stiftungsvorstand nur noch als Tagungsstätte.

Mülhens erteilte 1920 dem renommierten Architekten Ludwig Paffendorf den Bauauftrag für das Gestüt. Dieser erstellte die Pläne für Tor- und Wohnhäuser, Stallungen und die Reithalle im Stil einer kölnisch geprägten Neo-Renaissance. Die Gebäude wirken etwas klotzig, aber solide, und älter, als sie eigentlich sind. Sie verleihen der Vollblutzuchtstätte Würde und Bedeutung. Die Reithalle, das Zentrum der Trainingsanlage, gleicht einer Kirche. Die gesamte Architektur spiegelt die Exklusivität, die Bodenständigkeit und die konservative katholische Einstellung der ehemaligen Eigentümer wider. Auch das Schloß wurde von Paffendorf renoviert und umgestaltet. Es liegt inmitten einer herrlichen Parkanlage, eingefriedet von einer Mauer, die das Gestüt von den angrenzenden Straßen und dem zu Röttgen gehörenden Gut Maarhausen trennt.

Zum Aufbau einer hochwertigen Vollblutzucht kaufte Mülhens 30 Stuten von verschiedenen europäischen Züchtern und stellte damit die ersten Weichen für seine Erfolge im Rennsport. Der größte Teil der Stuten kam aus England und Ungarn. Röttgen pflegte enge Kontakte zu Züchtern in England und Irland, wo später eine Dependance errichtet wurde. Die Rennpferde ließ Mülhens zuerst bei Münster trainieren, ab 1930 dann in Berlin-Hoppegarten und nach dem Zweiten Weltkrieg in Dortmund, bis eine eigene Trainingsanlage entstand.

Röttgens erstes Klassepferd war Palastpage, der Derbysieger von 1932. Der braune Hengst kam zwar erst als Dreijähriger so richtig in Schwung, war dann aber kaum noch zu bremsen: Bereits vor dem Derby gewann der Page – wie er in Hoppegarten genannt wurde – fünf von sechs Rennen, darunter den Großen Hansa-Preis. Das Union-Rennen verlor er knapp – und nur durch ein unkluges Reiten seines Jockeys – gegen den Schlenderhaner Aventin. Nach dem Derby litt der Hengst an einer Krankheit ungeklärter Ursache und mußte ein Jahr pausieren. Bei seinem Comeback wurde er im Großen Preis von Berlin nur von dem großartigen Hengst Alchimist geschlagen. Der Page mußte seine Karriere auf der Rennbahn nach neun Siegen und fünf zweiten Plätzen schließlich wegen einer Verletzung beenden.

Ein Lot kehrt von der Arbeit zurück in den gestütseigenen Rennstall.

Am Eingang des Gestüts: die Röttgener Rennfarben Türkis und Altgold.

GESTÜT RÖTTGEN

Nach dem Tod von Peter Mülhens 1945 wurde seine Tochter Maria Eigentümerin des Gestüts und des Rennstalls. Die ehemalige Turnierreiterin hatte zwischen 1932 und 1937 diverse Erfolge in der Dressur errungen. Sie war eine Frau mit sozialem Engagement: Im Krieg betätigte sie sich als Rotkreuzschwester. Ihre ersten großen Erfolge als Gestütsherrin hatte sie 1950 und 1951 mit der Stute Wacholdis. Diese gewann zweijährig alle ihre sechs Rennen und erkämpfte sich den zweiten Platz im Derby hinter dem Klassehengst Neckar.

Im September 1957 heiratete Maria Mülhens den Versicherungsunternehmer Rudi Mehl, Konsul der Republik Peru. Er war einer der bedeutendsten Männer der deutschen Nachkriegswirtschaft. Der aus Ostpreußen stammende Generaldirektor der DAS-Versicherung war als Zwanzigjähriger ein leidenschaftlicher Rennfahrer. Er begeisterte sich auch schnell für den Pferderennsport und wettete selbst gern bei großen Rennen. Maria und Rudi Mehl-Mülhens konnten erst 1968 das Röttgener Schloß beziehen, das sich zuvor im Besitz des Neffen Ferdinand Mülhens befand.

Der Hengst Uomo errang 1959 für Röttgen den zweiten Sieg um das Blaue Band. Es war der erste Derbyerfolg für Maria Mehl-Mülhens. Gleich vier Röttgener Pferde starteten: Waldcanter und Wettcoup, die Graf Manfred von Lehndorff in Heumar trainierte, sowie König Oskar und Uomo, die Graf Janos Pejacsevich in Dortmund betreute. Uomo, der braune Hengst von Orator, erreichte das Ziel vor seinem Stallgefährten Waldcanter, der sich später als das beste Pferd seines Jahrgangs entpuppen sollte. Waldcanter gewann noch im gleichen Jahr den Großen Preis von Nordrhein-Westfalen. Der doppelte Erfolg im Derby war einer der größten Triumphe für das Gestüt Röttgen, das mit Siegen in diesem Rennen nicht gerade verwöhnt wurde.

Der Hengst Wettcoup, der als fünfter aus diesem Derby mit der Röttgener Übermacht hervorging, kann als Anlaß für den Aufbau einer eigenen Trainingsanlage im Gestüt betrachtet werden. Trainer Pejacsevich wollte das viel zu groß und schwer geratene Tier nicht nach Dortmund ins Training nehmen. Gestütsleiter von Lehndorff aber bestand darauf, daß der imposante Sohn des italienischen Beschälers Caran d'Ache trotz seiner Warmblutstatur zum Rennpferd ausgebildet wurde, und ließ zu diesem Zweck eine Trainingsbahn am Rande des Gestüts bauen. Die 2100 Meter lange Grasbahn stellte einen seltenen Luxus für einen gestütseigenen Trainingsstall dar. Rudi Mehl, der sehr um das finanzielle Wohl des Gestüts besorgt war, veranlaßte Mitte der 70er Jahre den finanzkräftigen Nürnberger Stahlgroßhändler und Rennstallbesitzer Waldemar Zeitelhack dazu, seine Pferde ebenfalls in Röttgen trainieren zu lassen. Das brachte Geld in die Gestütskasse.

Erst 1974 gab es für Röttgen wieder ein spektakuläres Ereignis im Derby: Der Hengst Lord Udo verfehlte um Haaresbreite den Sieg gegen Marduk im Besitz der Gräfin Batthyany. Nach einem – besonders für die Besitzer – nervenaufreibenden Rennen brachte erst die Zielfotoauswertung das endgültige Ergebnis. Es war eine bittere Niederlage für Maria Mehl-Mülhens, die der englische Jockey Willie Carson zu verantworten hatte. Er glaubte das Rennen gewonnen zu haben, weil er den falschen Pfosten für das Ziel hielt. Folglich setzte er die Hände auf und wollte auscantern, als ihn Marduk auf der Linie abfing.

Rudi Mehl, Maria Mehl-Mühlens, Jockey Kurt Lepa und Trainer Theo Grieper 1969 auf der Rennbahn.

Der größte Erfolg in der Zuchtgeschichte des Gestüts war der Sieg im französischen Prix de l'Arc de Triomphe 1975. Star Appeal gewann dieses gigantische Rennen in Paris-Longchamp – allerdings nicht in den Röttgener Farben. Der Hengst war in der irischen Filiale des Getüts Baronrath Stud aufgewachsen, dort, wo 1893 auch der berühmte Dark Ronald das Licht der Welt erblickt hatte. Zeitelhack kaufte Star Appeal für die damals beachtliche Summe von 60 000 Mark. Röttgen gab den Hengst ab, weil dieser als Dreijähriger nicht außerordentlich erfolgversprechend schien. Doch das Pferd mit der mittelmäßigen Abstammung (Mutter Sterna hatte ein GAG von nur 55 Kilo) avancierte schließlich zum Pferd der Superlative: Star Appeal war das erste in Deutschland trainierte Rennpferd seit 1850, das ein englisches Rennen gewann (die Eclipse Stakes), der erste deutsche Sieger im begehrten Prix de l'Arc de Triomphe und einer der ersten deutschen Turf-Millionäre nach Lombard. Der Appiani-Sohn bestätigte seine Klasse auch später in der Zucht im In- und Ausland. Er starb nach seiner Beschälerkarriere 1989 im National Stud in Newmarket. Star Appeals Mutter Sterna wurde über ihren großartigen Sohn zur Begründerin einer der besten Röttgener Stutenlinien.

Nach dem Tod von Rudi Mehl 1980 betrat Maria Mehl-Mülhens nur noch selten die Rennbahn. Fünf Jahre nach ihrem Ehemann starb die Gestütsherrin. In ihrem Testament hatte sie festgelegt, daß die Liegenschaft und der Gestütsbetrieb nach ihrem Tode in eine Stiftung eingebracht werden sollten. 1986 wurde das klassische Zuchtrennen für dreijährige Pferde, die deutschen 2000 Guineas (Henckel-Rennen), nach der im Pferdesport so engagierten Frau, „Mehl-Mülhens-Rennen" genannt und seitdem in Köln ausgetragen. Die Stiftung beteiligt sich maßgeblich am Rennpreis. Für die Testamentsvollstreckung war der Frankfurter Jurist Günter Paul verantwortlich. Von Pferden verstand er zu dem damaligen Zeitpunkt gar nichts, das sollte sich jedoch schnell ändern: Heute ist Paul ein Kenner des Rennsports und Präsident des Union-Klubs, des Veranstalters der Rennen in Hoppegarten. Die Leitung der Zuchtstätte übernahm Marias Großnichte Beatrix Mülhens-Klemm. Die Agrarwissenschaftlerin ist mit Pferden groß geworden und seit ihrer Kindheit mit dem Gestüt vertraut. Hauseigener Trainer in Röttgen war lange Jahre Theo Grieper. Ihm gelang beispielsweise der große Coup mit Star Appeal in Paris. Sein Nachfolger seit 1995 ist Hans-Albert Blume, der auch Pferde anderer Besitzer betreut.

Die Übernahme durch die Stiftung hat dem Erfolg des Gestüts keinen Abbruch getan. Zirka 30 Mutterstuten stehen heute auf den sorgsam gepflegten Koppeln der Anlage. Unter ihnen befinden sich die berühmten Stuten Anna Paola (eine Halbschwester von Beschäler Aspros und Siegerin im Preis der Diana), die Shaadi-Tochter Desidera (Gruppe-III-Siegerin), die beiden Aspros-Töchter Diasprina und Nuas (Gruppe-II-Siegerin) sowie die Star Appeal-Töchter Anständige, Ustina, Sternwappen, Sternina und die klassische Siegerin Wildbahn.

Die Hengste Aspros, Mondrian und Sternkönig sind die unangefochtenen Paschas in Röttgen. Aspros ist ein solider, in der Mittelklasse bewährter Deckhengst, der auch für kleinere Züchter erschwinglich ist. Der Sohn von Waldcanter wurde 1977 in Röttgen geboren, war Champion-Zweijähriger und ist ein guter Stutenvererber. Seine erfolgreichste Tochter war die Stute Arkona, die 1993 den Preis der Diana für Gestüt Ebbesloh gewann.

Schloß Röttgen.

GESTÜT RÖTTGEN

Die gestütseigene Trainingsbahn in Röttgen hat Rennbahnausmaße. Sie wird von dem ansässigen Trainer nicht nur für Röttgener Pferde benutzt.

Der Hengst Mondrian ist etwas ganz Besonderes: Der Derbysieger von 1989 und zweimalige „Galopper des Jahres" war Ende der achtziger Jahre Deutschlands bestes Rennpferd. Man sagte von ihm, er sei in der Arbeit phlegmatisch und faul, auf der Rennbahn jedoch ein eiserner Kämpfer. Fast 1,9 Millionen Mark hat der Surumu-Sohn zusammengaloppiert. Bei 26 Starts errang der harte, ausdauernde Fuchshengst zwölf Siege und sechs Plätze. Mondrian brachte für die Bremer Besitzergemeinschaft Stall Hanse und seine Züchter Michael Becher und Johann Th. Pavenstedt viel Geld ein. Sie erhielten für die Leistung des Hengstes nämlich noch einmal rund 360 000 Mark an Züchter- und Besitzerprämien. Seit 1992 geht der Hengst seiner Aufgabe als Beschäler im Gestüt Röttgen nach, dem der Superstar zu einem Fünftel gehört. Seine Decktaxe liegt derzeit bei etwa 12 000 Mark. Der dritte im Bunde ist der Schimmel Sternkönig, der im Gestüt gezogen wurde. Der Gruppe-I-Sieger entstammt einer der erfolgreichsten Röttgener Stutenlinien. Die Mutter Sternwappen ist eine Enkelin der hervorragenden Mutterstute Sterna. Über den Zeddaan-Enkel Kalaglow ist Sternkönig ein Vertreter der bewährten Nasrullah-Hengstlinie. Im Preis der Privatbankiers Merck, Finck & Co schlug er die Rennbahn-Cracks Lando und Monsun in der deutschen Rekordzeit von 2:25,38 Minuten über 2400 Meter.

Das Gestüt Röttgen zählt mit 33 klassischen Siegen zu den zehn führenden deutschen Vollblutgestüten.

Mondrian, Derbysieger und Galopper des Jahres 1989: ein Kraftpacket mit Persönlichkeit.

GESTÜT FÄHRHOF

Die berühmten schwarz-gelben Fährhofer Farben stehen für Züchter- und Besitzerchampionate

und für die erfolgreichste deutsche Vollblutzucht der Nachkriegsgeschichte.

Der im Juni 1998 im Alter von 91 Jahren verstorbene Kaffeekaufmann Walther Johann Jacobs gründete 1960 in Sottrum bei Bremen ein Vollblutgestüt der Sonderklasse. Die Zuchtstätte Fährhof entwickelte sich so schnell, daß sie in nur wenigen Jahren die großen Traditionsgestüte in der Erfolgsstatistik überholte. Rund 30 Millionen Mark liefen die Pferde in 38 Jahren ein.

Gestütsgründer Jacobs wurde 1907 als Sohn eines Bauern in Borgfeld bei Bremen geboren. Das Geschäft mit dem Kaffeehandel erlernte er als junger Mann in New York und Mittelamerika. 1929 übernahm Jacobs die Firma seines Onkels und errichtete eines der größten Kaffee-Imperien der Welt. Genauso zielstrebig machte er sein Vollblutgestüt zum Marktführer in Deutschland. Die Rennfarben Schwarz-Gelb entsprechen den Farben des Corporate Identity des Kaffeekonzerns. Das Unternehmen Jacobs-Suchard erzielt heute Milliardenumsätze. Es befindet sich allerdings nicht mehr in Familienbesitz. Sohn Klaus verkaufte die Firma 1990 an den amerikanischen Großkonzern Philip Morris.

Wie so viele Rennsport-Begeisterte fand Jacobs über den Reitsport zu den Galopprennpferden. Auf dem Gestüt standen anfänglich Hannoveraner. Erst mit der Ersteigerung zweier Vollblut-Jährlinge auf der Kölner Herbstauktion begann für den Fährhof die Epoche des Galopprennsports. Jacobs ignorierte klugerweise alle Warnungen vor dem Aufbau einer Vollblutzucht im rauhen Klima Norddeutschlands - in einem Moorgebiet mit sandig-saurem Boden. Er war davon überzeugt, daß man auch in dieser Gegend gute Rennpferde züchten kann. Der Erfolg gab ihm recht.

Jacobs ging weiterhin eigene, unkonventionelle Wege. Nach irischem Vorbild ließ er seine Pferde bei jedem Wetter auf die Koppel. Seine Devise hieß Abhärtung, denn nur harte und gesunde Pferde bringen Leistung. Der bodenständige, aber weltoffene Vollblutzüchter holte sich in der ganzen Welt Anregungen für die Aufzucht und Ausbildung junger Rennpferde. Er kaufte englische und amerikanische Stuten und führte sie seinen im Fährhof gezogenen Hengsten zu. Als besonders erfolgreich haben sich die Ankäufe der Stuten Crape Band und Love In erwiesen. Beide sind Töchter des hervorragenden Vererbers Crepello. Love In fohlte La Dorada, die Mutter der Top-Stute La Colorada, die Lomitas zur Welt brachte.

Den richtigen Blick für Pferde und Pedigrees hatte Jacobs von Anfang an. Tristan war 1965 sein erster Sieger, und ein Jahr später gewann Chevalier das Ratibor-Rennen in den schwarz-gelben Farben. 1968 erstand Jacobs vom Gestüt Rösler den damals dreijährigen Hengst Literat, mit dem er auf der Rennbahn zwar Pech hatte, in der Zucht jedoch den großen Treffer landete: Literat startete 1968 als 12:10-Favorit im Derby unter Lester Piggott, kam aber erst als fünfter ein – verletzt, wie sich später herausstellte. Nach einem mißlungenen Comeback ging der Hengst ins Gestüt, wo er, als Vertreter der Dark Ronald-Linie, unter anderem Surumu zeugte.

Das Wohnhaus am Gestüt ist stilvoll in die Landschaft eingepaßt.

So sieht ein Champion aus: Vater Surumu
beeindruckt auch noch im Alter von 24 Jahren.

GESTÜT FÄHRHOF

1972 siegte Caracol im Großen Preis von Baden, einem Gruppe-I-Rennen. Der Sohn der Fährhofer Importstute Crape Band bleibt der Familie Jacobs in besonders guter Erinnerung: Er war der erste selbstgezogene Hengst, der in der höchsten Rennklasse siegte und zudem Fährhofs erster selbstgezogener Beschäler. Das Pech von Literat im Derby konnte er jedoch nicht wettmachen: Er lief 1972 nur als sechster über die Hamburger Zielgerade.

Erst Surumu, der nach seinem Sieg im Union-Rennen mit vier Längen Vorsprung 1977 endlich das Derby für das Gestüt Fährhof gewann, konnte seinen Vater vollends rehabilitieren. Mit 24 Pferden am Start bildete das Rennen das größte Feld in der Geschichte des Hamburger Derbys. Der überlegene Sieg (mit sieben Längen Vorsprung) bedeutete doppelte Freude für Jacobs, da Surumu nun auch als Aushängeschild der eigenen Zucht dienen konnte. Der Fuchs entstammt der erfolgreichsten Hengstlinie der deutschen Vollblutzucht und seine Mutter Surama ist die Tochter einer englischen Importstute. Jacobs ersteigerte die damals 17jährige Hyperion-Tochter Suncourt (tragend von Reliance II) für umgerechnet rund 150 000 Mark. Der engagierte Züchter hatte auf der Auktion um die Stute kämpfen müssen: Er bot gegen den Hollywood-Star Omar Sharif.

Surumu ist ein besonders guter Mutterstutenvererber. Sein bester Sohn ist der deutsche Ausnahmehengst Acatenango. Mit dessen Mutter Aggravate hatte Jacobs bei seinen Stutenkäufen in England den zweiten großen Coup gelandet. Nachdem sie mit ihrer Tochter Antioquia (Mutter von Abary) bereits ihre Qualität bewiesen hatte, brachte sie 1982 mit Acatenango für den Gestütsgründer und Kaffeeröster Jacobs auch in der Pferdezucht die Krönung. Für Championtrainer Heinz Jentzsch war der 16fache Sieger das beste Pferd, das er je trainiert hatte. Acatenango verdiente für das Gestüt Fährhof über 1,7 Millionen Mark. Zu den Highlights gehören seine Siege im Derby, im Aral-Pokal, im Grand Prix de Saint Cloud, gleich zweimal im Großen Preis von Baden sowie im Großen Preis von Berlin. Fünfjährig gewann Acatenango noch drei Rennen. Kurz nach seinem Sieg im Großen Preis von Baden wurde der Crack dann in seinem letzten Rennen, dem Preis von Europa, geschlagen. Ohne Beifall zu erhalten, verschwand der frühere Publikumsliebling auf immer vom Geläuf, während sich alle um den Sieger Kamiros scharten. Acatenango ging zurück in seine Heimatstätte, den Fährhof, und verschaffte der deutschen Vollblutzucht als Beschäler große Triumphe auf internationalem Parkett. Seine Sprößlinge Lando und Borgia sorgten weltweit für Furore.

Lirung, der Fährhofer Alters- und Trainingsgefährte von Acatenango, war ein hervorragendes Pferd auf der Meilendistanz. Auch er gewann ein Gruppe-I-Rennen in Frankreich, den Prix Jacques le Marois. Aus dem Henckel-Rennen (heute Mehl-Mülhens-Rennen) ging er als klassischer Sieger hervor. Der Hengst kann als ein weiteres Beispiel für die Experimentierfreude des eigensinnigen Gestütsherrn gelten. Jacobs paarte seine Stuten gern mit Hengsten, die nicht gerade im Mittelpunkt des züchterischen Interesses standen. Lirungs Vater, Connaught, der in England stand, blieb ein Geheimtip. Lirung wäre sicher als Deckhengst ins Gestüt gegangen, wenn er nicht 1987 unglücklicherweise an einer Rippenfellentzündung eingegangen wäre.

In den Jahren 1982 bis 1985 galoppierte der 1980 im Gestüt Fährhof gezogene Abary für Jacobs über 700 000 Mark zusammen. Der hübsche Dunkel-

Acatenango: erst Top-Rennpferd, dann Topvererber.

braune ging später als Deckhengst nach Frankreich, da er als Kryptorchide (Hengst mit Bauchhoden) für die deutsche Zucht nicht zugelassen ist.

Lagunas (v. Ile de Bourbon) gewann 1984 das zweite Derby für Jacobs, nur ein Jahr vor Acatenango. Er wurde 1981 im Gestüt Fährhof geboren. Der Hengst siegte im Preis des Winterfavoriten und war zwei- und dreijährig deutscher Champion. Lagunas gehörte zu den frühreifen Pferden und gibt diese Eigenschaft an seine Nachkommen weiter. Erste Highlights hatte Lagunas als Zweijähriger. Dreijährig zeigte er im Derby sein ganzes Leistungspotential. Sein bester Sohn ist Oxalagu, der in den Farben des Gestüts Rietberg auch auf höchstem Level erfolgreich lief. Der neunfache Sieger gewann unter anderem das Bayerische Zuchtrennen und den Großen Preis der Wirtschaft. Lagunas stand bis 1996 im Gestüt Fährhof und deckt heute im Union-Gestüt.

Mit dem Ausnahmegalopper Lomitas erregte die Fährhofer Zuchtstätte aus verschiedenen Gründen Aufsehen. Nach seiner Niederlage als Favorit im Derby – Lomitas wurde hinter dem Außenseiter Temporal „nur" Zweiter – war der Niniski-Sohn in den Grand-Prix-Rennen danach nicht mehr zu schlagen. Er gewann dreijährig drei Gruppe-I-Rennen und war somit Champion des Jahrgangs 1991. Dies hatte man vor allem Monty Roberts zu verdanken. Der Pferdekenner aus Kalifornien wurde eingeflogen, nachdem sich Lomitas in Köln vor dem Mehl-Mülhens-Rennen vehement weigerte, die Startbox zu beziehen. Der Amerikaner brachte den sensiblen Hengst durch Schulung dazu, wieder angstfrei in die Startmaschine zu gehen. Leider wurde der Klassehengst Opfer eines bis heute ungeklärten Erpressungsversuchs. Jacobs kam den Forderungen der Erpresser nicht nach, woraufhin Lomitas durch Gift körperlich so geschädigt wurde, daß er sich nie wieder ganz erholte. In seinem Exil, den USA, hatte er zwar ein kleines Comeback, aber seine Hufprobleme behinderten ihn immer wieder. Seit 1995 deckt der Fuchs, der eine perfekte Erscheinung ist, im Gestüt Fährhof. Lomitas ist ein Enkel des herausragenden Northern Dancer-Sohnes Nijinsky. Seine Mutter La Colorada vertritt als Tochter von Surumu zwei deutsche Erfolgslinien. Lomitas' erster Jahrgang schlug sofort ein. Sein Sohn Sumitas erreichte auf der Badener Vollblutauktion den höchsten Preis, der in Deutschland je für einen Jährlingshengst gezahlt wurde. Baron Ullmann erwarb den gut entwickelten Dunkelbraunen für 500 000 Mark.

Seit 1992 steht Monty Roberts beim Gestüt Fährhof unter Vertrag: Er ist als Ausbilder der Jährlinge und Berater tätig und kommt mindestens zweimal im Jahr auf das Gestüt. Von den sieben Siegerinnen, die in den schwarz-gelben Fährhofer Rennseiden glänzten - Comprida, Leticia, Longa, Ocana, Padang, Quebrada und Risen Raven - kaufte er die beiden letzten für das Gestüt in den USA. Beide stehen heute als Zuchtstuten auf dem Fährhof. Mit sicherem Blick suchte Roberts zehn Vollblüter für Jacobs aus, von denen drei auf Gruppe-Ebene erfolgreich waren: Quebrada, Risen Raven und Macanal. Die beiden Stuten wurden klassische Siegerinnen und Macanal ein Top-Sprinter – ein grandioses

Die Ausbildungshalle für Jährlinge, nach Konzept von Monty Roberts erbaut.

GESTÜT FÄHRHOF

Ergebnis. Jeden Oktober reitet Roberts gemeinsam mit dem zweiten Gestütsleiter Simon Stokes die Jährlinge nach seiner Join Up-Methode ein. Danach werden die Pferde in die Rennställe von Peter Schiergen (Nachfolger von Heinz Jentzsch), Peter Rau, Andreas Wöhler und Werner Haustein überstellt.

Auf Anregung von Monty Roberts wurde auf dem Fährhof eine Halle erbaut, die ausschließlich dazu dient, die jungen Pferde behutsam an den Menschen und an die Reitausrüstung zu gewöhnen. In dem langen Gang der Halle werden die Tiere auf- und abgeführt, während die Stallgefährten in den angrenzenden Laufställen zuschauen und ihnen Gesellschaft leisten. Die Pferde lernen hier, angebunden zu werden und die Hufe zu geben. In einer Abspritzbox machen sie Bekanntschaft mit dem Wasserstrahl, der ihnen später nach dem Training Erfrischung bringt. Alles geschieht in Ruhe, mit Geduld und ohne laute Worte.

1996, zwei Jahre vor seinem Tod, erlebte der damals 89jährige Züchter Jacobs einen ganz besonderen Triumph: Die beiden Fährhofer Starter im Derby, Lavirco und Surako, belegten die ersten zwei Plätze. Beide Hengste haben den außergewöhnlichen Zoppenbroicher Triple Crown-Sieger Königsstuhl zum Vater. Lavirco, der Sieger, ist zudem eine perfekte Kombination von Pferden aus den erfolgreichsten deutschen Zuchtlinien. Über Königstuhl führt er das Blut von Dschingis Khan (v. Tamerlane) und über seine Mutter La Virginia (v. Surumu) das von Dark Ronald. 1997 war seine erste Decksaison.

Jacobs stieg bis ins hohe Alter von 80 Jahren in den Sattel. Und natürlich war sein Reitpferd ein Vollblüter, ein Rennbahnprofi im Ruhestand – so wie seinerzeit der Besitzer.

Der strenge, zielstrebige Gestütsherr hatte nicht nur stets ein gutes Gespür bei der Wahl seiner Pferde, sondern auch bei der Einstellung des Gestütspersonals, das für die Betreuung der Cracks zuständig war. Immer waren es solide, bodenständige Menschen, die eine ausgeprägte Sensibilität für die Natur des Pferdes mitbrachten.

Bereits seit mehreren Jahren vertrat der Enkel des erfolgreichen Gestütsgründers seinen betagten Großvater auf den Rennplätzen. Andreas Jacobs, promovierter Jurist und selbstständiger Kaufmann mit mehreren Firmen im Konsumgüterbereich, ist seit dem Tod seines Großvaters Vorstandspräsident der Stiftung Gestüt Fährhof.

Mit elf Züchter- und zehn Besitzerchampionaten kann der Fährhof eine eindrucksvolle Bilanz vorweisen. Das Gestüt liegt eingebettet in ein Waldgebiet, das Hauptgebäude ist im niedersächsischen Fachwerkstil erbaut und die Stallungen sind zweckmäßig und freundlich. Derzeit teilen sich hier etwa 50 Mutterstuten die rund 80 Hektar Weideland, unter ihnen vier klassische Siegerinnen. Die vier hochkarätigen Hengste Surumu, Acatenango, Lomitas und Lavirco bewohnen die Beschälerboxen.

Der siebenfache Championvererber Surumu ist weltweit der stärkste Vertreter der Dark-Ronald-Linie. Über die Vaterlinie – Literat, Birkhahn, Alchimist, Herold – führt er das begehrte Blut aus Irland. Über seine Mutter geht er auf den großartigen Hyperion zurück. Surumu hat exzellente Stuten hervorgebracht. So entstammt Lavirco, der Derbysieger von 1996, einer seiner Töchter. Surumus erfolgreichste Nachkommen sind die beiden Derbysieger Mondrian und Temporal sowie Platini und die Championstuten Alte Zeit und Arastou. Surumus Decktaxe beträgt stolze 28 000 Mark. Genauso viel kostet ein Sprung von Acatenango. Der dreifache Championbeschäler siegte siebenmal auf höchstem Level. Und seine Nachkommen liefen bis zum Jahr 1997 eine Gesamtgewinnsumme von 15 Millionen Mark ein.

Walther J. Jacobs mit Enkel Andreas und Frau 1994 beim Hamburger Derby.

Lomitas in voller Aktion: 1992 gewinnt der Vierjährige den Idee-Hansa-Preis beim Hamburger Derby-Meeting.

Mutterstuten und Jährlinge werden von der Koppel geholt.

DEUTSCHLANDS VOLLBLUTGESTÜTE

DIE WICHTIGSTEN RENNFARBEN

Gestüt Ammerland	 Gestüt Auenquelle	 Jabbah Abdullah	 Stall Darboven	 Gestüt Erlenhof	 Gestüt Etzean
 Helmut v. Fink	 Gestüt Fährhof	 Gestüt Graditz	 Gestüt Ittlingen	 Gestüt Ravensberg	 Gestüt Rietberg
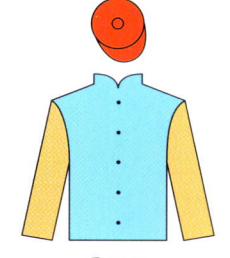 Gestüt Röttgen	 Gestüt Schlenderhan	 Baron Ullman	 Gestüt Wittekindshof	 Gestüt Zoppenbroich	 Kalid Abdullah

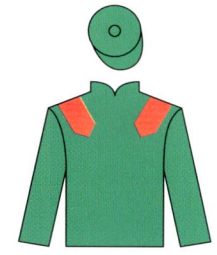

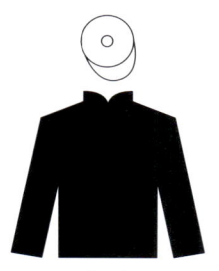

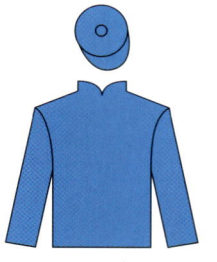

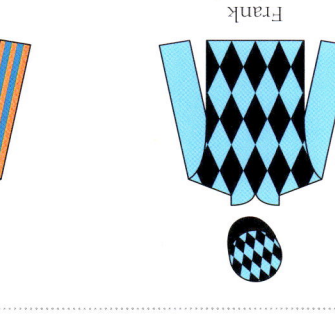

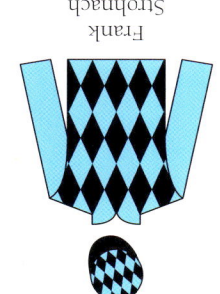

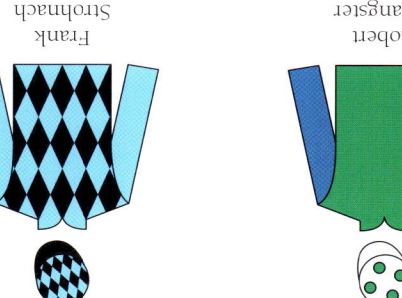

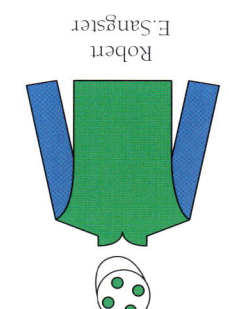

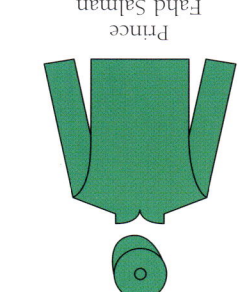

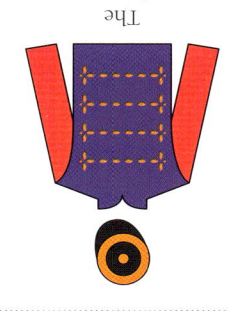

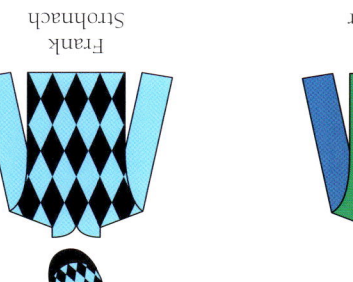

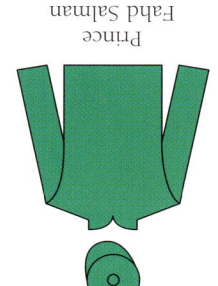

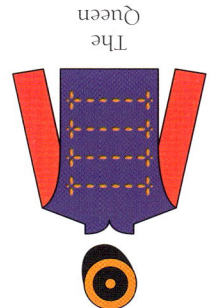

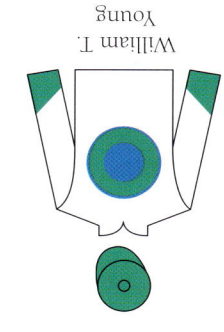

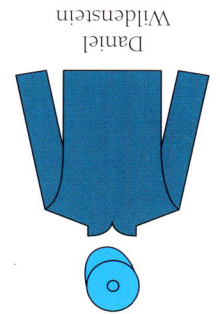

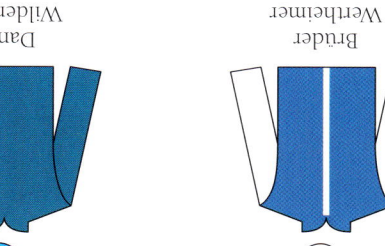

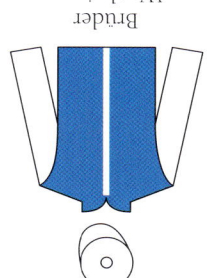

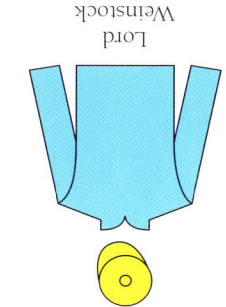

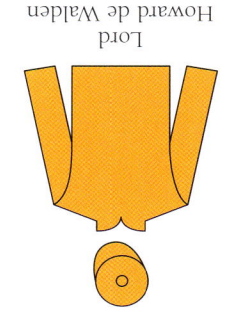

Aga Khan	Ch i mu r Farm	Cheveley Park Stud	Lan of Derby	Godolphim Racing	Mézeray
Haras d'Étreham	Henryk R. de Kwiatkowski	Bob and Beverly Lewis	Sheikh Ahmed Al Maktoum	Sheikh Hamdam Al Maktoum	Sheikh Maktoum Al Maktoum
Sheikh Mohammed Al Maktoum	Sheikh Saeed Al Maktoum	Susan Magnier	The Niarchos Family	Allen E. Paulson	Moyglare Stud
The Queen	Prince Fahd Salman	Robert E. Sangster	Frank Stronach	Micheal Tabor	Gary A. Tanaka
Lord Howard de Walden	Lord Weinstock	Bruder Wertheimer	Daniel Wildenstein	Katsumi Yoshida	William T. Young

#	Name	PLZ Ort
1	Albuch	53343 Wachtberg
2	Ammerland, Gut Ried	82541 Ammerland
3	Auenquelle	32289 Rödinghausen
4	Bona	50374 Erftstadt (Lechenich)
5	Brümmerhof	29614 Soltau (Moide)
6	Ebbesloh	33334 Gütersloh
7	Elsetal	32278 Kirchlengern
8	Erlenhof	61350 Bad Homburg
9	Eitzen	64743 Beetfelden (Eitzen)
10	Eulenberger Hof	74915 Waibstadt
11	Evershorst	30855 Langenhagen
12	Fährhof	27367 Fährhof bei Sottrum
13	Friedrichsruh	47608 Geldern
14	Görisdorf	16278 Görisdorf
15	Gradliz	04886 Gradliz (Kreis Torgau)
16	Harzburg	38667 Bad Harzburg
17	Haus Hahn	50170 Kerpen (Sindorf)
18	Helenenhof	39393 Ausleben
19	Hof Vesterberg	58332 Schwelm
20	Hof Boxberg	99880 Leina
21	Hof Heidendom	26446 Friedeburg
22	Hof Iltlingen	59368 Werne a.d. Lippe
23	Howdy	29478 Höhbeck
24	Idee	22559 Hamburg
25	Isarland	82312 Starnberg (Percha)
26	Karlshof	64579 Gernsheim
27	Lindenhof	22397 Hamburg
28	Marienhof	38685 Langelsheim
29	Martinushof	53940 Hellenthal
30	Nelfeltal	53909 Zülpich (Juntersdorf)
31	Ohlerweiherhof	66606 St. Wendel (Dörrenbach)
32	Olympia	46519 Alpen
33	Pfauenhof	54552 Üzerath (bei Daun/Eifel)
34	Queen´s Glory	49124 Georgsmarienhütte
35	Quellenhof im Taunus	56370 Dörsdorf
36	Ravensberg	33334 Gütersloh
37	Reuthberg	95326 Kulmbach
38	Rietberg	33397 Rietberg
39	Römerhof	50374 Erftstadt (Lechenich)
40	Roseneau	59505 Bad Sassendorf (Weslarn)
41	Röttgen	51107 Köln (Rath-Heumar)
42	Sachsen	04758 Caveritz
43	Schenderhan	50127 Bergheim, Erft
44	Schloss Wald Erbach	55442 Warmsroth/Stromberg
45	Schloßgestüt Deitermann	45721 Haltern
46	Simmenrach	56843 Irmenach (Traben-Trarbach)
47	Union-Gestüt	53783 Eitorf (Merten)
48	Westerberg	55218 Ingelheim
49	Weyershof	50127 Bergheim
50	Wiedingen	29614 Soltau (Wiedingen)
51	Wieselbornner Hof	66917 Knopp-Labach
52	Wittekindshof	59602 Rüthen (Kneblinghausen)
53	Zoppenbroich	41138 Mönchengladbach (Rheydt)

Zeichnung: J. Besser-Lahtz/Ilka Ehlers

GESTÜT ITTLINGEN

Das junge Gestüt im Herzen Westfalens ist

die Heimat des Derby- und Japan Cup-Siegers Lando. Das Gestüt Ittlingen zählt heute

zu den führenden Vollblutgestüten in Deutschland.

Die Geschichte des Gestüts Ittlingen in Werne begann mit dem Kauf einiger Vollblutpferde in England. Der Möbelkaufmann Fredy Ostermann baute in den sechziger Jahren einen kleinen, erlesenen Rennstall auf. Den ersten Sieg für Ittlingen brachte 1965 die Stute Ortszeit, die später als Mutter der zweifachen klassischen Siegerin Oraza für den ersten Züchtertriumph sorgte. Der Klassesprinter und Vererber Pentathlon siegte für Fredy Ostermann 1967 auf höchster Ebene im Prix l'Abbaye de Longchamp in Paris.

Der Hengst Tarim erzielte 1972 den ersten Treffer im Derby für das Gestüt. Den Tudor Melody-Sohn hatte Ostermann als Absetzer in England gekauft. Er gewann als Zweijähriger das Zukunfts-Rennen, wurde im Henckel-Rennen knapp von Caracol und im Union-Rennen von Arratos geschlagen. Wenig später erwarb der Gestütsbesitzer, ermuntert durch die Erfolge seiner in England gelaufenen Rennpferde, einige Zuchtstuten im Mutterland des Turf, die er im Gestüt Quenhorn in Pension gab.

Während eines Urlaubs auf den kanarischen Inseln im Winter 1975 starb Ostermann bei einem Badeunfall. Nach dem unerwarteten Tod übernahm der damals 22jährige Sohn Manfred, die Verantwortung für das Unternehmen sowie den Renn- und Zuchtstall. Zuerst leitete er das Gestüt gemeinsam mit seiner Mutter, später dann mit seiner jüngeren Schwester Janet. Manfred Ostermann und Janet Leve-Ostermann fanden schnell eine eigene Heimat für ihre Zuchtstuten. Sie pachteten zu Beginn der neunziger Jahre die ehemalige Dependance des Gestüts Quenhorn in Werne. Die Zuchtstätte wurde nach neuesten Erkenntnissen der Gestütsarchitektur in typisch westfälischem Stil erbaut. Tradition und modernste Technik finden hier zu einem harmonischen Ganzen.

Mit drei Einrichtungshäusern in Witten, Haan und Wuppertal – Jahresumsatz rund 500 Millionen Mark – waren die Ostermanns in der Lage, großzügige Investitionen vorzunehmen. Das Gestüt war schon in den vierziger und fünfziger Jahren von dem Züchter Arnold Moormann ausgebaut und für die Pferdezucht genutzt worden. Die Geschwister Ostermann erweiterten die Anlage zu einem repräsentativen Vollblutgestüt mit 70 Boxen. 36 Hektar Land haben die neuen Besitzer dazugepachtet. Die Weiden bilden ein großes Areal, das durch kleine Wälder und Baumgruppen unterteilt und aufgelockert ist. Hier finden die Pferde Schutz vor Regen oder vor der Sonne. Den Stuten und ihrem Nachwuchs steht ausreichend Lebensraum zur Verfügung. Ein ehemaliges Treibhaus ist heute der Jährlingsstall. Nach wie vor dient das Dach als

Die Geschwister Ostermann beim Derbysieg von Laroche mit Hamburgs Ex-Bürgermeister Voscherau.

GESTÜT ITTLINGEN

Beschäler Lando: ein Hengst mit Ausstrahlung.

Lichtquelle und sorgt zugleich für zugfreie Belüftung. ähnlich den amerikanischen Ställen. Bereits im Gestüt werden die jungen Pferde an Sattel und Reiter gewöhnt. Auf die Weise haben sie es später im Rennstall leichter.

Das Gestüt und die Rennpferde gehören zu einem Manfred Ostermann (Gestüt Ittlingen) und zum anderen Janet Leve-Ostermann (Gestüt Haus Ittlingen). In den Jahren 1987 und '88 standen drei Deckhengste in Werne: Anatas, Orofino und der Schimmel Pentathlon. 1992 verdienten die Ittlinger Pferde bereits 1,6 Millionen Mark. Vor allem die Klassestute Arastou und der Union-Sieger Zohar (von Nebos) trugen zu dieser Summe bei. Durch die Erfolge des schnellen Lando errang das Gestüt Ittlingen 1993 zum ersten Mal das Züchterchampionat. Ein Jahr später folgte das zweite durch den Derbysieger Laroche, einen Halbbruder von Lando, der heute im Gestüt Auenquelle deckt.

Lando und Laroche brachten Anfang der neunziger Jahre den großen Durchbruch für die Zuchtstätte in Westfalen. Die beiden Derbysieger sind Söhne derselben Mutter. Die 1983 geborene Laurea (v. Sharpman) ist eine der beiden deutschen Stuten, die zwei Derbysieger hervorgebracht haben, und das in zwei aufeinanderfolgenden Jahren. Laureas Mutter Licata (vom Gestüt Webelsgrund) kam 1992 zu ihrer Tochter ins Gestüt. Sie ist klassische Siegerin, war zweite im Preis der Diana und fohlte außerdem die in der Ittlinger Zucht erfolgreichen Stuten Lancia und Brigata. Licatas Mutter Liberty ist die rechte Schwester von Literat und bestätigt somit die guten alten Zuchtlinien von Birkhahn/Literat und Dschingis Khan.

Die Schlenderhaner A-Linie ist über die Importstute Marlene Kelly in Ittlingen vertreten. Ihre Schwester Urban Sea gewann den Prix de l' Arc de Triomphe. Auch die Linie der Aveole und der Festa sind durch Accadia und die Limbo-Tochter First Love vertreten.

1993 lag das Geschwisterpaar Ostermann mit einer Jahresbilanz in siebenstelliger Höhe an der Spitze der Teilnehmer des Hamburger Derbymeetings. Den größten Anteil an dem Erfolg hatte dabei Carlton mit seinem Sieg im Idee-Hansa-Preis. Das Derby-Meeting von 1994 war erneut Hauptschauplatz der Ittlinger Erfolge. Laroche gewann das Derby, Lando den Idee-Hansa-Preis und die Stute Hollywood Dream den Deutschen-Herold-Preis. Das Ergebnis der Saison '94 brachte das Doppelchampionat für Ittlingen: Platz eins in der Züchter- und in der Besitzerstatistik.

Um die 30 Stuten sehen im Gestüt Ittlingen Jahr für Jahr neuen Mutterfreuden entgegen. Zu ihnen gehören die prominenten Stuten Aragosta (GAG 91,5 kg), Arastou (Diana-Zweite, GAG 95,5 kg), First Class (v. Bustino), Holly und ihre prominente Tochter Hollywood Dream, Kallista, Laurea, Licata, Premier Amour, Schwarz-Grün (GAG 94 kg, v. Athenagoras), Very Bright, Violet Gold und Zalucca. Aragosta gewann das Ludwig-Goebels-Erinnerungsrennen und das Las Vegas-Slenderella-Rennen. Sie ist Mutter des auf Gruppe-Ebene plazierten Agnelli.

Die Ittlinger Gestütsanlage im westfälischen Stil ist eine gelungene Symbiose aus alten und neuen Elementen.

Auf den December Sales in Newmarket erwarben die Ostermanns die von dem Arc-Sieger Sagace stammende Saquiace, die in Frankreich vier Siege erzielte.

1981 wurde der Caro-Sohn Nebos aus der Zucht der Gräfin Batthyany als Syndikatshengst aufgestellt. Der Derbyzweite von 1979 war Championrennpferd, Galopper des Jahres und Championdeckhengst. Der Vater von Laroche deckte lange in Ittlingen und steht heute im Gestüt Westerberg. Er entstammt mütterlicherseits dem Stamm der Nella da Gubbio aus der Catnip-Linie.

Zu den besten Nachkommen von Nebos zählen der Derbysieger Lebos, die Top-Stute Prairie Neba, die Gruppe-Siegerin Aragosta sowie Pinot, Gondola, Zohar und eben Laroche. Nebos geht über Caro, Grey Sovereign auf den Mannesstamm von Nearco zurück. Mütterlicherseits führt Nebos das Blut von Ticino.

Der Star des Gestüts Ittlingen ist Lando, Deutschlands gewinnträchtigstes Pferd und Europas Spitzenverdiener im Jahre 1995. Bereits als Zweijähriger zeigte der Acatenango-Sohn seine Qualitäten. Im Preis des Winterfavoriten gelang ihm ein Start-Ziel-Sieg.

Zu Beginn seiner Saison als Dreijähriger 1993 hatte Lando mit gesundheitlichen Problemen zu kämpfen, die einen Klinikaufenthalt und Trainingsausfälle zur Folge hatten. Als er wieder auf den Beinen war, enttäuschte er seine Fans bei den ersten Starts, so daß der Toto zum Derby mit 245:10 so manchem Turfkenner eine lohnende Ausschüttung brachte. Der Durchbruch kam mit der veränderten Renntaktik, die Trainer Heinz Jentzsch verordnete. Jockey Andrzey Tylicki ritt Lando jetzt, wie es im Fachjargon heißt, „auf Warten". Tylicki rollte das Feld, für die Konkurrenten ganz unerwartet, aus dem Hintertreffen auf. Noch Ende der Gegenseite galoppierte der Hengst an letzter Stelle, um dann mit dem Antrieb eines Turbomotors an den anderen 18 Pferden vorbeizuziehen. Lando konnte dabei den bisherigen Derby-Rekord von Nereide und Athenagoras, 2:28,8 Minuten, um zwei Sekunden unterbieten und schlug unter anderem die hervorragenden Hengste Monsun und Sternkönig. Lando gewann außerdem zweimal den Großen Preis von Baden in Rekordzeit, den Gran Premio di Milano, den Gran Premio del Jockey Club e Coppa d' Oro in Mailand, den Preis der Privatbankiers Merck, Finck & Co und den Idee-Hansa-Preis in Rekordzeit. Im Prix de l' Arc de Triomphe erkämpfte sich der Hengst auf dem für ihn viel zu weichen Geläuf einen beachtlichen vierten Platz. Der grandiose Sieg im Japan Cup machte ihn dann zur Nummer eins Europas. Lando flog in atemberaubenden 2:24,6 Minuten über die 2400-Meter-Distanz – die schnellste Zeit, die je ein deutsches Pferd über diese Steherstrecke lief. Der Rennpreis in dem Einladungsrennen betrug umgerechnet 2,73 Millionen Mark. Das war der höchste Einzelgewinn, den ein deutsches Pferd jemals erzielt hat. Landos Gesamtgewinnsumme schraubte sich damit auf 5,657 818 Mark hoch. Er war das gewinnreichste europäische Rennpferd aller Zeiten und hat 1995 die wohlverdiente Beschälerbox bezogen. Decktaxe 1998: 25 000 Mark.

GESTÜT AMMERLAND

Derbysieger Luigi war der erste Streich für Dietrich von Boetticher. Mit der Stute Borgia ist das junge Gestüt Ammerland ins Rampenlicht der internationalen Vollblutszene gerückt.

Mitten im Herzen Oberbayerns ist der amerikanische Traum Wirklichkeit geworden: Der Selfmademan Dietrich von Boetticher hat eine Blitzkarriere gemacht, als Anwalt und als Züchter und Rennstallbesitzer. Dann stieg er auch noch ins Verlagsgeschäft ein. Heute gehören ihm Deutschlands beste Rennstute genauso wie der Luchterhand Verlag, Anteile an der Zeitung „Die Woche" und an der Softwarefirma Fidelio. In Bayern, nicht weit von München, hat er Land gekauft, sechzig Hektar feinstes Weideland für sein Gestüt. Von Boetticher, der verarmtem baltischem Adel entstammt, ist selbst auf einem bescheidenen Bauernhof bei Hannover aufgewachsen. Bereits als junger Mann beriet er als einer der wenigen in Deutschland und den USA zugelassenen Anwälte deutsche Firmen bei ihren amerikanischen Investitionen. Bald konnte er seiner Familie eine Farm in den Staaten kaufen und seine Leidenschaft pflegen – die Reiterei und die Zucht.

Hauptberuflich ist von Boetticher heute noch Anwalt. Er arbeitet in München, und nebenbei hat er es geschafft, eines der wichtigsten Gestüte in Deutschland aufzubauen. Hoch über dem Starnberger See liegt sein Anwesen. Edle Pferde und pelzige Murnau-Werdenfelser Rinder blicken über Wiesen, Wälder und Wasser bis hin zu den Alpen. Der Ort Ammerland ist zwar ein beliebtes Ausflugsziel der Münchner, mit Bootsverleih und Biergärten, doch stört kein fremdes Geräusch den Frieden auf dem Gestüt, denn vor dem Ort geht es rechts hinauf durch den Wald zu von Boettichers Weiden.

Drei richtige bayerische Einfirsthöfe hat der große Balte dorthin gebaut: Im ersten befindet sich ein Dressurstall, dort leben die Warmbluthengste, und dort stand bis vor kurzem der Derbysieger Luigi, der mittlerweile Beschäler in der Warmblutzucht geworden ist und in Oldenburg deckt; an den Stall grenzt die große Halle, in der die Hengste bewegt werden. Im zweiten Hof stehen die Vollblutstuten mit den Fohlen, darüber wohnt der Besitzer mit seiner Frau und den zwei kleinen Kindern. Im dritten Hof schließlich ist der Stall für die Vollbluthengste und die Jährlinge, darüber leben die Angestellten, mit Balkons und Blick über den See. Dazwischen Rosen, Rittersporn, Levkojen in bunten, wilden Bauernbeeten, Apfel- und Pflaumenbäume, prall voll mit Früchten. Die Sonne scheint viel in Ammerland, da der See die Unwetter ablenkt.

Überhaupt scheint von Boetticher auf der sonnigen Seite des Lebens zu stehen. Er ist ein erfolgreicher Mann, wenn auch manchmal aus Zufall, wie er selber sagt. Den Startschuß für das Gestüt Ammerland gab nämlich Luigi, ein Vollbluthengst, den von Boetticher 1986 als Jährling nichtsahnend und ein wenig blauäugig auf einer Auktion erwarb, weil keiner ihn haben wollte. Danach schaute er sich seinen neuen Hengst beim Züchter genauer an und war hocherfreut, denn er sah, daß Luigi sehr hübsch war und schöne Bewegungen hatte. Von Boetticher, der selbst S-Dressuren ritt, dachte, Luigi könnte ein schöner Dressurhengst werden. Also beschloß er, ihn ein bißchen auf der Rennbahn laufen zu lassen und, falls er nichts taugte, ihn als Dressurpferd zu verwenden. Und dann gewann der zunächst so unterschätzte Hengst 1988 das Deutsche Derby für von Boetticher, damals noch unter dem Decknamen „Stall Marcassargues".

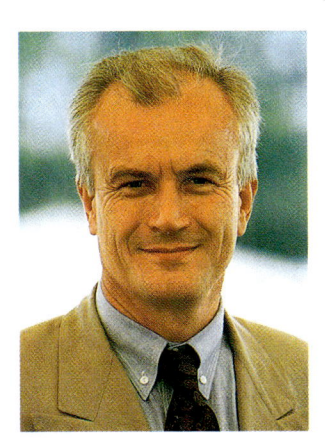

Dietrich v. Boetticher.

Einer von drei Einfirsthöfen: Hier leben die Angestellten unter einem Dach mit den Vollbluthengsten.

GESTÜT AMMERLAND

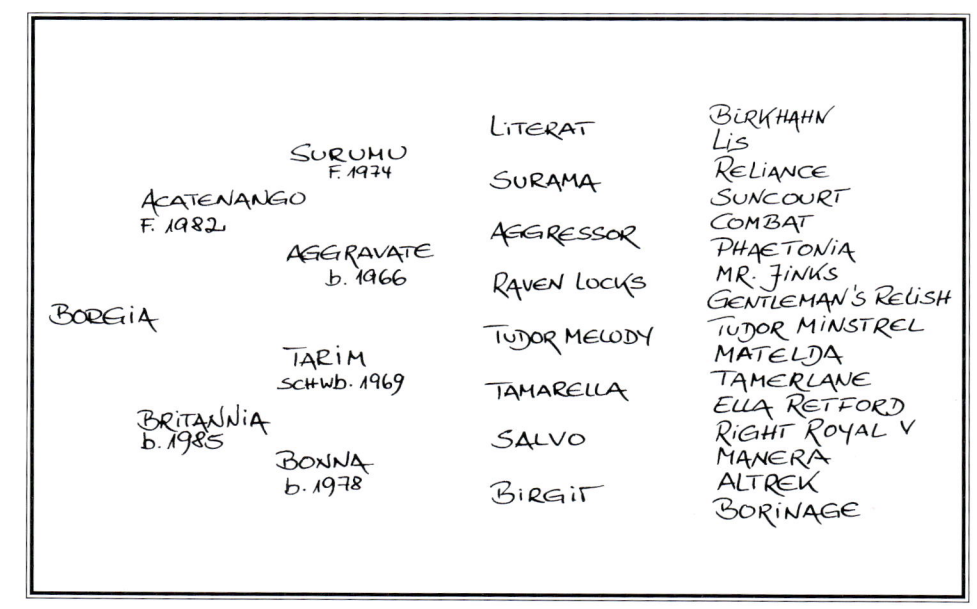

```
                    SURUMU         LITERAT      BIRKHAHN
                    F. 1974                     LIS
        ACATENANGO               SURAMA         RELIANCE
        F. 1982                                 SUNCOURT
                    AGGRAVATE    AGGRESSOR      COMBAT
                    b. 1966                     PHAETONIA
                                                MR. FINKS
BORGIA                           RAVEN LOCKS    GENTLEMAN'S RELISH
                                                TUDOR MINSTREL
                    TARIM        TUDOR MELODY   MATELDA
                    schwb. 1969                 TAMERLANE
        BRITANNIA                TAMARELLA      ELLA RETFORD
        b. 1985                                 RIGHT ROYAL V
                    BONNA        SALVO          MANERA
                    b. 1978                     ALTREK
                                 BIRGIT         BORINAGE
```

Derbysiegerin Borgia: Topstute mit Top-Pedigree: eine Perle für die Zucht.

1988, nach dem Derbysieg, hatte von Boetticher Ammerland gekauft. In den Aufbaujahren erwarb er Rennpferde in England, Irland und Deutschland. Heute gehören 25 Zuchtstuten zu Ammerland, drei Vollbluthengste und sechs bis sieben Warmbluthengste, wobei der Vollblut- und der Warmblutbereich völlig getrennt sind, räumlich und auch personell, obwohl die Vollbluthengste auch als Veredler für die Warmblüter eingesetzt werden.

Von Boettichers bestes Pferd ist konkurrenzlos die Stute Borgia: Ohne sie stände der deutsche Rennsport nicht da, wo er heute steht: Borgia ist die erste Turfmillionärin in der deutschen Renngeschichte. Nachdem die Tochter von Acatenango und Britannia 1997 das Derby als erste Stute seit 42 Jahren gewann und im Großen Preis von Baden die Engländer Luso und Predappio bezwang, war sie bereits die gewinnreichste deutsche Rennstute aller Zeiten (einen Tag vorher erzielte von Boetticher mit Borgias einjähriger Vollschwester Bougainvillea den neuen Auktionsrekord in Deutschland von 600 000 Mark). Als Borgia dann beim Prix de l'Arc de Triomphe im Feld der 18 Weltklassegalopper den dritten Platz holte und einen Monat später als zweite beim Breeder's Cup in Hollywood Park durchs Ziel ging, war die kampfstarke Dreijährige mit dem späten Angriff das beste Pferd aus Europa und hatte ihre Gewinnsumme auf immerhin 1 875 989 Mark hochgeschraubt. Am 26. März 1998 startete Borgia in dem mit über vier Millionen Dollar dotierten Dubai World Cup, einem Sandbahnrennen über 2000 Meter, zu dem die besten Pferde der Welt aus verschiedenen Nationen antreten. Sie kam jedoch auf dem ungewohnten Geläuf nicht über den achten Platz hinaus.

Von Boettichers Rechnung ist also aufgegangen: Er hatte seine Zucht von Anfang an auf höchste Qualität ausgerichtet. Bestes internationales Blut hat er mit den alten, klassisch-deutschen Linien verbunden. Herauskommen sollte dabei der Derbysieger mit Stehvermögen und Speed auf der klassischen Distanz: Mit Borgia hat er sein Ziel erreicht.

Die gazellengleiche, langbeinige Stute mit dem ausgeglichenen Gemüt ist auf Ammerland groß geworden, inmitten einer Stammstutenherde bestehend aus Töchtern von Acatenango, Dancing Brave, Bustino, Surumu, Last Tycoon und Persian Heights. Stuten, die von Boetticher in Deutschland und im Ausland gefunden hat, mit dem ihm eigenen Blick fürs Pferd. So wie er Britannia fand, Borgias Mutter, von Marlies Schütz (Frau von Trainer Bruno Schütz) gezüchtet. Britannia, die Tochter des Derbysiegers Tarim, siegte selbst fünf Mal, vor allem im St. Leger, im Deutschen Stutenpreis und im Oleander-Rennen, und sie war wie ihre Tochter zweite im Preis der Diana. Tarim ist ein Sohn von Tudor Melody und Enkel des English-2000-Guineas-Siegers Tudor Minstrel, also ein Vertreter der Hyperion-Hengstlinie. Britannias Mutter ist Bonna (v. Salvo), die vier Siege verbuchte. Britannia war ihr Erstling, danach brachte sie den Aspros-Sohn Buenos, der den Großen Hertie-Preis gewann, sowie den Be My Guest-Sohn Bojar, der Zweiter im Nestle Pokal war.

Borgias Vater wiederum, der Fährhofer Hengst Acatenango, stellte mit Borgia nach Lando bereits den zweiten Derby-Sieger. Er war selbst eine Ausnahmeerscheinung im Rennsport und ist es heute in der Zucht. Acatenangos Vater, der Derbysieger und Rekordbeschäler Surumu, stellte mit Acatenango, Mondrian und Temporal drei Derbysieger sowie die doppelte klassische Siegerin Alte Zeit.

Seit 1997 deckt der amerikanische Hengst Java Gold (v. Key to the Mind a. d. Javamine v. Nijinsky) in Ammerland. 1987 war der bildschöne Braune Champion der Dreijährigen in den USA. Seine Nachkommen haben bereits über sechs Millionen Mark eingelaufen. Er entstammt väterlicherseits der Ribot-Linie und mütterlicherseits, über Nijinsky, der Northern Dancer-Linie. Seine Decktaxe beträgt derzeit 11 000 Mark.

Ein Bild von Pferd: der Ammerländer Deckhengst Java Gold.

Zweiter Hengst in der hoffnungsvollen Ammerländer Vollblutzucht ist Hondo Mondo, der äußerlich seinem berühmten Vater Caerleon sehr ähnelt. Der korrekt gewachsene, kräftige Hengst war unter anderem Sieger im Großen Preis der Badischen Wirtschaft (Gruppe II) gegen Lomitas.

Im Warmblutbereich, der von Boetticher auch sehr am Herzen liegt, zählen Qualität und harte Arbeit, denn die Hengste Dunhill, Wildcard und Rathenau werden ausgebildet, damit sie in der Grand-Prix-Klasse Erfolge erzielen und ihren Wert steigern.

Das klassizistische Schloß des französischen Nationalgestüts zeugt von großen Zeiten und langer Geschichte.

HARAS DU PIN / NORMANDIE

Das Haras du Pin, eines der 23 Nationalgestüte Frankreichs,

ist eine beeindruckende Anlage. Das herrschaftliche Gestüt dient sowohl der Vollblutzucht

als auch der französischen Landespferdezucht.

Das Haras du Pin, das französische Nationalgestüt, ist eine imposante Anlage. Nähert man sich dem Portal des Gestüts, so bleibt man nicht frei von Ehrfurcht. Ein goldener Pferdekopf schimmert über dem majestätischen schmiedeeisernen Eingangstor. Ehrwürdige Stallgebäude aus dem frühen 18. Jahrhundert rahmen den großzügigen Innenhof ein. Männer in schwarzroten Uniformen marschieren in blankgeputzten Reitstiefeln zielstrebig über den gepflasterten Hof. Im Nationalgestüt geht es zackig und militärisch zu. Kein Strohhalm bleibt unentdeckt in der Stallgasse liegen, kein Pferd verläßt ungeputzt das Stallgebäude. Alles blitzt und blinkt vor Sauberkeit und Akkuratesse.

Das Haras du Pin ist das älteste der 23 Staatsgestüte der Grande Nation. Schon 1338 wurden hier Pferde gezüchtet. Louis XIV. veranlaßte Anfang des 18. Jahrhunderts den Bau des heutigen Gestüts. Aber erst nach dessen Tod 1715 begannen die Baumaßnahmen. Der geniale Jules Hardouin-Mansart, der schon das Schloß von Versailles geschaffen hatte, entwarf die Pläne. So entstand zwischen 1715 und 1730 das „Versailles der Pferde".

Um 1730 bezogen die ersten Beschäler ihre Boxen – und nur 60 Jahre später wurde das Gestüt aufgelöst – die Schreckensjahre der Französischen Revolution gingen auch an dem Heiligtum der Pferde nicht spurlos vorbei. Es waren die Züchter der Umgebung, die die Gestütshengste während dieser Jahre versteckt hielten und heimlich mit ihnen weiterzüchteten. Die Pferde, die hier in dieser Zeit geboren wurden, hatten nichts mit dem edlen Vollblut zu tun. Es waren klobige, schwere Schlachtrösser im Typ des Kaltbluts. Der große französische Pferdemann Gayot bezeichnete den Zuchttyp jener Zeit in einem Bericht von 1883 als Schindmähre.

Ab 1830 brachten die ersten Vollblüter Edelblut in die Zucht des Nationalgestüts. Ihnen ist es zu verdanken, daß die Anglo-Normannen oder Selle Francais, wie sie heute genannt werden, zu einer der begehrtesten Sportpferdezuchten der Welt avancierten. Im 19. Jahrhundert kamen sie vor allem als Kutschpferde zum Einsatz. Das gesamte Areal des Haras du Pin umfaßt 1100 Hektar Land, wovon 300 Hektar direkt dem Gestüt angeschlossen sind. Die kleine Rennbahn „La Bergerie", ein Turnierplatz und eine Vielseitigkeitsstrecke komplettieren die Anlage.

Natürlich sorgen die Nationalgestüte auch für die Ausbildung in der Land- und Pferdewirtschaft. Die Fachschule „École Professionelle des Haras Nationaux", an der Pferdewirte und

Das herrschaftliche Portal des Haras National.

HARAS DU PIN

Berufsreiter ausgebildet werden, und die Forschungsanstalt „L'Institut du Cheval" bieten ein breites Angebot für Pferdeleute aus allen Bereichen. Eine eigene Schmiede und eine Sattlerei versorgen die Gestütspferde mit Hufbeschlag und Sattelzeug. Renn- und Reitsport arbeiten hier Seite an Seite und ergänzen sich in vorbildlicher Form. Besucher sind zu Besichtigungstouren willkommen.

Die Aufgabe des Nationalgestüts ist die Entwicklung und Verbesserung der Pferdezucht in ihren jeweiligen Zuchtrichtungen sowie die Unterstützung der regionalen Züchter durch die Bereitstellung guter Hengste zu preiswerten Decktaxen. Das betrifft auch die Vollbluthengste, die sowohl den Vollblut- als auch den Warmblutzüchtern zur Verfügung stehen.

Rund 70 Hengste (Traber, Asil-Araber, Anglo-Araber, Selle Francais, Welsh-Pony, Percheron und Cob-Normand) haben hier ihre Wirkungsstätte, darunter neun Vollblüter. Bis heute spielt das Englische Vollblut die Hauptrolle im Zuchtgeschehen von Le Pin. Im Stallgebäude erinnert eine Messingtafel an einen Hengst, der als Veredler Weltruhm erlangte: Furioso xx. Der in England geborene, unvergeßliche Hengst deckte hier und begründete über den mächtigen Dunkelfuchs Furioso II eine der erfolgreichsten Hengstlinien der Oldenburger Warmblutzucht.

In der Vollblutzucht versucht sich das Staatsgestüt heute auf breiterer Basis durchzusetzen. Der 1987 in den USA gezogene Belmez ist ein Hengst, der auch für kleinere Züchter erschwinglich ist. Er deckt ab 1998 ausnahmslos Vollblutstuten. Sein Vater El Gran Senor ist Top-Beschäler in den USA, seine Mutter eine Tochter des herausragenden Top Ville und sein Züchter kein geringerer als Sheikh Mohammed Al Maktoum. Belmez hat fünf von acht Rennen gewonnen, darunter die King George VI and Queen Elizabeth Stakes.

Der Senior des Gestüts ist Garde Royal (v. Mill Reef). Er wurde 1980 in England geboren. Als er 1985 seine Beschälerbox bezog, hatte er 817 250 Francs verdient. Sein Sohn Chant Royal gewann 1998 den Prix du Président de la République in Auteuil, das Pendant zur englischen Grand National.

Der 1987 geborene Engländer Épervier Bleu (v. Saint Cyrien) siegte in sechs Rennen und war zweimal zweiter, u.a. im Prix de l' Arc de Triomphe und im Prix du Jockey Club.

Der unter der Ägide von Championtrainer André Fabre so erfolgreiche Hengst Freedom Cry galoppierte für seinen Besitzer Daniel Wildenstein fast 5,6 Millionen Francs zusammen. Er gewann fünf Gruppe-Rennen, darunter den Großen Preis der Badischen Wirtschaft, und war fünfmal plaziert. Im Prix de l' Arc de Triomphe unterlag er nur dem Tophengst Lammtarra, und im Breeder's Cup Turf belegte er einen hervorragenden zweiten Platz zwischen Northern Spur und Carnegie. Seit 1996 steht der vielversprechende Hengst im Haras du Pin.

Dear Doctor wurde 1987 im Haras de Meautry des Baron Rothschild gezogen. Als er sechsjährig seine Rennkarriere beendete und ins Haras du Pin einzog, hatte er acht Rennen gewonnen und war 16mal plaziert, unter anderem im Turf Classic Invitational in den USA und im Japan Cup.

Die Vollbluthengste Brier Creek, Le Nain Jaune und Poplar Bluff stehen den Selle-Francais-Stuten für die Zucht von anglo-normannischen Sportpferden zur Verfügung.

Der Hengst Belmez entstammt der Zucht von Mohammed Al Maktoum.

Beschäler Dear Doctor vor dem Schloß des Haras du Pin.

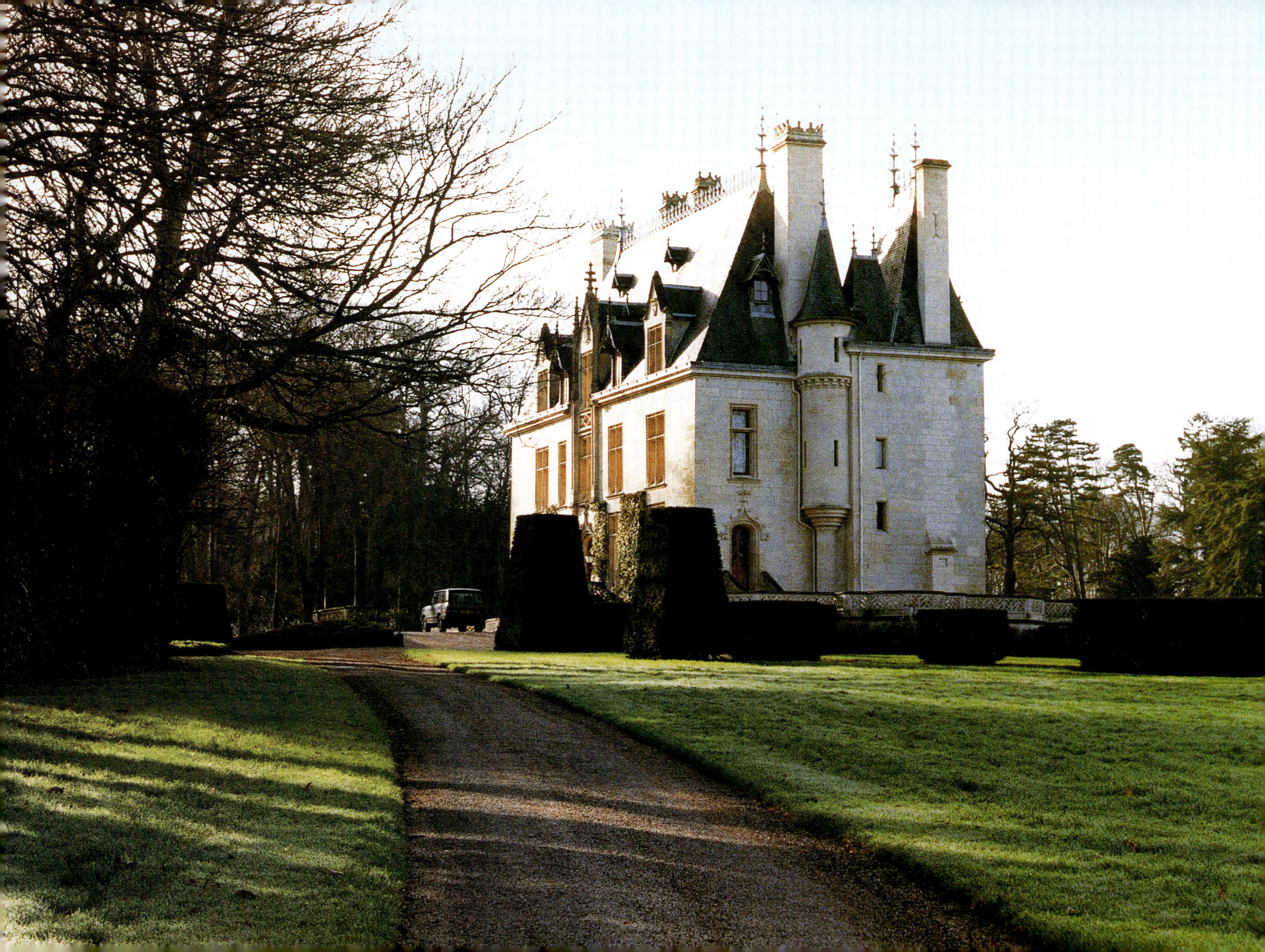

HARAS DU QUESNAY

Das Haras du Quesnay ist eines der größten

Vollblutgestüte in Frankreich und eines der schönsten und erfolgreichsten Europas.

Es befindet sich im Besitz der aus England eingewanderten Familie Head.

In den malerischen Küstenorten an der Côte Fleurie fühlt man sich in eine Zeit versetzt, die man längst verloren glaubte. Seit Beginn dieses Jahrhunderts ist die Region ein attraktiver Anziehungspunkt für die Vollblutfreunde aus aller Welt. Die Rennwochen und die Jährlingsauktionen in Deauville sind Auftakt zum internationalen Auktionszirkus.

Nach beschaulicher Fahrt auf engen, gewundenen Straßen durch das hügelige Hinterland erreicht man das herrschaftliche Haras du Quesnay. 1580 wurde das Schloß errichtet, das heute das Zentrum der Anlage bildet. 1903 kaufte der amerikanische Milliardär William K. Vanderbilt das Anwesen und verwandelte es in acht Jahren Arbeit zu einem Gestüt. Der große rechteckige Hof mit den Stallungen ist in traditionellem normannischen Stil erbaut. Vanderbilt ließ auch den Garten neu anlegen: Mächtige Alleen, Topiarybüsche und neoklassizistische Säulen schmücken den Schloßpark.

Das gesamte Gestüt gleicht einem pittoresken Dorf. Die Gebäudekomplexe liegen verstreut zwischen Weiden und Baumgruppen. Alte Rosen, Birnenspaliere, saftige Weiden, dazwischen Lavendel und andere Duftkräuter – das Haras du Quesnay ist ein Paradies für Mensch und Pferd.

Gegenüber dem Hengsttrakt liegt die alte Bauernstelle, die das Gestüt früher landwirtschaftlich versorgte. Heute wohnen hier die Jährlinge und die Pferde, die schon trainiert werden. Die Absetzer

Das Schloß im Haras du Quesnay stammt aus dem 16. Jahrhundert.

sind in einem der ehemaligen Gehöfte beherbergt, in Nachbarschaft zu dem Komplex für die Gaststuten und der Quarantänestation.

Vanderbilt war ein erfolgreicher Züchter. Vier seiner Pferde gewannen das französische Derby: Maintenon (1906), Sea Sick (1908), Negofol (1909) und Tchad (1919). Dennoch verkaufte er das Gestüt im Jahre 1927 an den Amerikaner Makomber. Während des Zweiten Weltkriegs erlebte das Haras du Quesnay düstere Zeiten. Die Deutschen nutzten das Gestüt als militärisches Hauptquartier und hinterließen es nach der Kapitulation in einem traurigen Zustand. Es war von Stacheldraht übersät, und in den Stallungen fehlten sogar die Boxentüren. Das Anwesen verwilderte mehr und mehr, bis 1958 einer der berühmtesten Pferdeleute der Nachkriegszeit die maroden Gebäude und das verwahrloste Land aufkaufte: Alec Head machte Quesnay zu dem, was es heute ist – eine der bedeutendsten Zuchtstätten Europas. Head stammt aus einer Familie, die sich seit Generationen den Vollblütern verschrieben hat (Alec Heads Großvater Tom Jennings trainierte den berühmten Gladiateur, dem man auf der Rennbahn von Longchamp ein Denkmal gesetzt hat). Head, dem das nötige Know-how in der Vollblutzucht und im Galoppsport bereits in die Wiege gelegt wurde, erkannte sofort die Qualitäten der Ländereien in dem maritimen, milden Klima bei Deauville.

Frei nach der Regel „Vollblut zu Vollblut" heiratete Alec Head die Angehörige einer ebenfalls schon lange im Rennsport engagierten Familie, Ghislaine Van de Poële. Die bedingungslose Konzentration

HARAS DU QUESNAY

Gestütsleiterin Martine Head mit ihrer Zuchtstute Igma (v. Grey Dawn).

auf den Galopprennsport zahlte sich aus: Drei Generationen der Familie Head konnten mindestens einen Sieg im Prix de l'Arc de Triomphe feiern: Willy Head als Trainer von Le Paillon (1947), Alec Head als Trainer von Nuccio (1952) und Saint Créspin (1959), Ivanjica (1973), Bon Mot (1966), San San (1973) und Gold River (1981), die sein Sohn Freddy zum Sieg ritt. Saint Créspin gehörte dem Prinzen Aly Khan, und Ivanjica lief für die Familie Wertheimer. Die Besitzer des Hauses Chanel lassen ihre Pferde seit fast 50 Jahren bei den Heads trainieren, zuerst bei Alec Head und jetzt bei seiner Tochter Christiane. Die resolute Pferdefrau übernahm Ende der siebziger Jahre den Trainingsstall in Chantilly und damit die Obhut über 180 exquisite Rennpferde. Criquette Head, so wird sie in der Szene genannt, sicherte sich in der Männerwelt der Trainer damit schnell einen Spitzenplatz.

1979 wurde der Prix de l'Arc de Triomphe dann zum dreifachen Familientriumph: Three Troikas – im Besitz von Alec Head, trainiert von Tochter Christiane und geritten von Sohn Freddy – gewann Europas Prestigerennen. 1981 siegte Gold River, der vierte Crack aus Alec Heads Erfolgsquartier, dann in diesem berühmten Rennen.

Von Beginn an wurde im Haras du Quesnay größter Wert auf eine erlesene Stutenherde gelegt. So gehörte etwa Biobelle dazu, die Mutter von Beaugency und Bourbon, sowie Belle de Retz, Beaune, Hamada, Trevillari (die Schwester von Trempolino), Igma und vor allem die erfolgreiche Pistol Packer (v. Gun Bow). Alec Head kaufte diese klassische Siegerin 1969 als Jährling für bescheidene 15 000 Dollar. Sie gewann später den Prix Saint-Alary, den Prix de Diane, den Prix de la Nonette sowie den Prix Vermeille – und sie wurde zweite hinter Mill Reef im Prix de l'Arc de Triomphe. In Erinnerung an die großartige Stute taufte Alec Head das kleine, romantische Gehöft im Haras du Quesnay „Pistol-Packer-Farm".

Viele bedeutende Pferde sind seit 1958 aus der Zucht des Haras du Quesnay hervorgegangen: Tennyson, Riverqueen, Bellypha, Bellman, Saint Cyrien, Silvermine (die Schwester von Saint Cyrien und Mutter von Sillery), Sillery und Bering. Der 1961 in Quesnay geborene Le Fabuleux (v. Wild Risk a. d. Anguar v. Verso II) war einer der herausragendsten Vererber der französischen Vollblutzucht. Er gewann den Prix du Jockey Club, das französische Derby.

Seit Lucky Dip 1959 als erster die Beschälerbox bezog, haben viele berühmte Hengste im Haras du Quesnay gewirkt: Le Fabuleux, Riverman (1973–1979), Sir Gaylord (1973–1976), Green Dancer (1976), Arctic Tern (1978–1979), Bellypha (1980–1986), Gay Mécène (1980–1986), Saint Cyrien (1984–1993), Esprit Du Nord (1985–1991), Lead On Time (1988–1994), Goldneyev und Petit Loup (1995).

Das mächtige Eingangstor zum Haras du Quesnay zeugt von Tradition und Größe.

HARAS DU QUESNAY

Top-Beschäler Bering ist Vater von Siegern in 432 Rennen.

Highest Honour trägt noch die Züge seiner arabischen Vorfahren.

Einer der Senioren unter den Hengsten im Gestüt ist Highest Honour. Der kräftige Schimmel mit dem Araberkopf wurde 1983 als Sohn des herausragenden Kenmare geboren. Seit 1988 steht der Topbeschäler im Haras du Quesnay. Aufgrund der Gewinnsummen seiner Nachkommen stand er in Frankreich 1996 an zweiter und 1997 an dritter Stelle in der Hengststatistik. Zu seinen erfolgreichsten Kindern zählen die Gruppe-Sieger Medaaly, Admise, Erminius, Gothland, Dadarissime, Ravier, Barood d'Honneur und Verglas.

Im selben Alter wie Highest Honour ist der aus eigener Zucht stammende Hengst Bering (v. Arctic Tern). Bering, der mächtige Fuchs mit den vier weißen Füßen, gewann den Prix du Jockey Club in bis heute nicht wieder erreichter Rekordzeit und war hinter Dancing Brave zweiter im Prix de l' Arc de Triomphe. Seine besten Nachkommen sind Glorosia, Matiara, Pennekamp, Steamer Duck, Peter Davies, Vertical Speed, Special Price, Signe Divin, Serrant, Beau Sultan und Trojan Sea.

Seit 1991 steht Saumarez im Gestüt. Er ist ein Sohn des erstklassigen Vererbers Rainbow Quest. Der Prix de l'Arc de Triomphe-Sieger und Championdreijährige von 1990 gewann den Grand Prix de Paris mit sechs Längen Vorsprung.

Der amerikanisch gezogene Fuchshengst Sanglamore (v. Sharpen Up) siegte im Prix du Jockey Club, im Prix d' Ispahan und in den William Hill Dante Stakes in York. Sein bester Sohn ist Battle Dore.

Sillery, der 1988 geborene Sohn von Blushing Groom ist auch im Haras du Quesnay geboren. Sillery gewann den Prix Jean Prat (Gruppe I) und wurde viermal auf höchstem Level knapp geschlagener zweiter, unter anderem hinter dem Prix de l'Arc de Triomphe-Sieger Subotica.

1997 kam Anabaa ins Gestüt. Der 1992 geborene Danzig-Sohn entstammt einer der berühmtesten Rennstuten der damaligen Zeit: Balbonella. Sie war in der höchsten Klasse erfolgreich. Anabaa entstammt der Zucht von Scheich Mohammed Al Maktoum, für den er auch trainiert wurde, bis der Tierarzt schwerwiegende Rückgratprobleme feststellte. Anabaa kam als Rekonvaleszent ins Haras du Quesnay. Alec Head konnte den Scheich davon überzeugen, den Hengst trotz der Krankheit nicht einschläfern zu lassen. Head, der fest an die Genesung und an die Qualitäten Anabaas glaubte, übernahm dessen Pflege. Anabaa dankte es ihm mit acht Siegen, davon zwei auf höchstem Level. 1996 brachte er es sogar zum besten europäischen Sprinter. Er ist der einzige Beschäler im Gestüt, der das Blut von Northern Dancer führt.

Anabaa, Sanglamore und Sillery verbringen als sogenannte Shuttle-Hengste den hiesigen Herbst in Australien, wo dann Frühling und somit Decksaison ist.

Große Erwartungen ruhen derzeit auf dem australischen, 1992 in Neuseeland geborenen Superstar Octagonal, der 1998 im Haras du Quesnay eingetroffen ist. Der Sohn von Zabeel aus der Hengstlinie von Sir Gaylord hat zehn Gruppe-I-Rennen gewonnen. Er war Championzweijähriger und -dreijähriger und Pferd des Jahres 1995 in Australien. Fast sechs Millionen Dollar hat der Hengst zusammengaloppiert - eine weltweit seltene Leistung.

Seit der Gründung im Jahre 1903 ist das Haras du Quesnay ständig gewachsen; 300 Hektar erstklassiges, auch im Winter grünes Weideland und 200 Boxen bieten Platz für etwa 80 Stuten, unter ihnen im Schnitt 45 Gaststuten. Zwischen 60 und 80 Jährlinge werden Jahr für Jahr auf die großen Auktionen vorbereitet. Sie stehen zusammen mit mehreren Zweijährigen und älteren Rennpferden im gestütseigenen Trainingsstall. Zwei hügelige 1800 m-Bahnen, Sand- Gras, bieten gute Bedingungen für ein Aufbautraining, das unter der Obhut von Alec Head

Die Gebäude des Haras du Quesnay sind im normannischen Fachwerk erbaut und bilden ein harmonisches Ganzes.

stattfindet. Martine, die jüngste Tochter von Alec und Ghislaine Head, leitet heute das Gestüt. Die energische junge Frau hat ein Händchen für Pferde und fürs Management.

Das Haras du Quesnay ist das einzige französische Vollblutgestüt, das ohne finanzielle Unterstützung durch andere Einnahmen der Eigentümer, selbständig wirtschaftet. Die Heads sind ausschließlich Gestütsbetreiber. Dennoch wird die Zahl der Stuten, die den Beschälern zugeführt werden, auf 48 begrenzt, um die Hengste nicht zu überfordern und bei bester Gesundheit zu halten – das spricht für Horsemanship.

Das Haras d'Etreham ist ein Ort der Ruhe und Beschaulichkeit – die Ruhe vor dem Sturm für die angehenden Rennpferde.

HARAS D'ETREHAM / NORMANDIE

Das Vollblutgestüt nahe der französischen Atlantikküste hat eine lange Geschichte.
Bereits im 19. Jahrhundert wurden hier Championpferde großgezogen. Heute gehört die Zuchtstätte zu den führenden
europäischen Jährlingsanbietern auf den großen Auktionen.

Im Bessin, dem Küstenstreifen des Départements Calvados an der Seinebucht, ist die Luft salzig-feucht und sorgt für eine üppige Vegetation. Unweit von Bayeux, an der französischen Atlantikküste, liegt Omaha Beach, wie die Alliierten den Strand im Zweiten Weltkrieg tauften, der Anlegeplatz der Marines war. Von hier aus nahm die Befreiung Frankreichs 1944 ihren Lauf.

Heute werden an diesem Küstenstreifen nicht nur Austern, sondern vor allem erstklassige Vollblutpferde gezüchtet. Eine der traditionsreichsten Vollblutzuchtstätten Frankreichs, das Haras d'Etreham, befindet sich in dieser Region. Es kann sowohl für die Anfänge als auch für die Zukunft der französischen Vollblutzucht als beispielhaft gelten.

Bereits im 19. Jahrhundert züchtete die Familie Foy in dieser herrlichen Landschaft noble Rennpferde. In den dreißiger Jahren des 20. Jahrhunderts hatte der verstorbene Aga Khan das Gestüt gepachtet und zu einer schmucken Anlage ausgebaut. Doch 1944, in jenem Jahr der Befreiung von den deutschen Besatzern, ging es in dem herrschaftlichen Gestüt weniger vornehm zu. Die Amerikaner nutzten es als Munitions- und Treibstoffdepot und hinterließen ein Chaos.

Graf Sébastian de Foy kehrte 1945 auf sein Gestüt, beziehungsweise das, was davon übrig geblieben war, zurück. Sein Freund Graf Hubert de Chambure begleitete ihn und übernahm die verwüstete Zuchtstätte wenig später zu einem guten Preis. Er verhalf dem Haras d'Etreham zu neuem Glanz. Das pompöse Eingangstor wurde zu Ehren des königlichen Besuchs aus England errichtet.

Der erste Beschäler der Nachkriegszeit im Besitz von de Chambure war der Sieger im Prix du Jockey Club, Verso II – ein Hengst, der für seinen schwierigen Charakter bekannt war. Chambure überredete den Züchter Pierre Wertheimer, seine Stute Lavande von Verso decken zu lassen. Heraus kam der Hengst Lavandin, der 1956 das Englische Derby gewann.

Die erste herausragende Stute im Haras d'Etreham war Nica. Die Gruppe-Siegerin wurde mit Djebel gepaart und fohlte die klassische Siegerin Montenica und die ebenfalls auf Gruppe-Ebene erfolgreiche Djebellica, die wiederum die Linie der Nica über Torbella und Cambremont erhielt.

1953 starb Hubert de Chambure und hinterließ das Gestüt seinem Sohn Roland. Der zahlte seine Familie 1969 aus und führte die Zuchtstätte in eigener Regie weiter. Er stellte – in enger Zusammenarbeit mit dem großen englischen Züchter und Trainer Alec Head vom Haras du Quesnay – die Weichen für eine moderne, am Markt orientierte Vollblutzucht. Zusammen mit Head gründete Roland de Chambure 1969 die Société Aland, eine züchterische Institution, die auf die Zucht und den Verkauf erstklassiger Stuten und Rennpferde ausgerichtet war. Das Unternehmen hat während der 25jährigen Partnerschaft entscheidenden Einfluß auf die französische Vollblutzucht genommen.

Das Haras d'Etreham war in den Jahren 1979, '80, '82, '84, '87 und '88 führender Anbieter auf den Auktionen von Deauville. Zu den Topangeboten gehörten River Lady, die Mutter von Riverman, und der Hengst Lead On Time.

Die Gestütspolitik schloß den gezielten Import erstklassiger Stuten aus ausländischen Zuchten ein. So bereicherten Black Perfume und Belle de Retz (Großmutter von Bellypha und Bellman) die Herde im Haras d'Etreham. Irish Star und Miss Manon brachten so namhafte Hengste wie Irish River und

HARAS D'ETREHAM/NORMANDIE

Sharpman zur Welt. Die Stute Three Troikas gewann 1979 den Prix de l'Arc de Triomphe. Einer der besten Beschäler der siebziger Jahre im Haras d'Etreham war der mehrfache französische Championvererber Luthier.

1988 starb Roland de Chambure ganz unerwartet während seines Urlaubs in Evian. Die Nachricht traf die Züchter- und Turfszene wie ein Schlag. Alle fragten sich, was nun aus Etreham werden solle. Inzwischen hat sich gezeigt, daß sein zweiter Sohn Marc es verstanden hat, den Gestütsbetrieb erfolgreich weiterzuführen. De Chambure junior hatte zwölf Jahre für eine große Vertriebsfirma gearbeitet und war gerade auf der Suche nach einer neuen Position. Da bot sich der Wechsel in den Gestütsbetrieb geradezu an. Obwohl sein Vater nie versucht hat, seine vier Kinder für die Vollblutzucht zu begeistern, fing Marc doch im Laufe der Jahre Feuer. So vermochte er, in Partnerschaft mit seinem Bruder und seinen Schwestern, das Gestüt ohne große Verluste durch die schwierigen Jahre der Rezession zu führen.

Sechs Jahre später, 1994, erreichte das Haras d'Etreham bereits wieder das Topergebnis der großen Jährlingsauktion in Deauville. 1997 verkaufte das Gestüt 51 seiner vorgestellten Jährlinge für fast 21,5 Millionen Francs. Marc de Chambure erklärt das Erfolgsrezept: „Wir versuchen mit unserer Zucht Extreme zu vermeiden, wie zum Beispiel einen Steher mit einer Steherin oder einen Sprinter mit einer Sprinterin zu paaren. Was wir wollen, sind Pferde, die über Distanzen zwischen 1600 und 2400 Meter erfolgreich sind. Mit diesen Pferden haben wir in Frankreich die meisten Möglichkeiten."

Während das Haras d'Etreham unter der Ägide der Gründerfamilie Foy ein reines Privatgestüt war, hatte es sich unter der Leitung von Roland de Chambure zu einem kommerziellen Gestüt entwickelt. Chambure verstand es, eine millionenschwere Kundschaft aus den aufstrebenden Turfländern Japan, Dubai, Saudi-Arabien und aus den USA anzuziehen. Das Ziel der Gestütspolitik von Etreham ist der gewinnbringende Jährlingsverkauf und gleichzeitig die Bereitstellung einer breiten Palette an Deckhengsten für jede Kategorie von Züchtern im In- und Ausland.

Einer der ganz großen Zuchterfolge des Haras d'Etreham war der Northern Dancer-Sohn Lyphard, der 1977 an ein amerikanisches Syndikat verkauft wurde und dort bis 1996 auf der Gainesway Farm in Kentucky aktiv war. Ein Sprung von dem 1995 bereits 26jährigen Hengst kostete noch 50 000 Dollar. Lyphard war 1986 der einzige Hengst in der Geschichte, der sowohl in Europa als auch in den USA Championvererber war. Viele seiner hervorragenden Nachfahren sind selbst schon Topvererber: Hierzu zählen vor allem der in Etreham gezogene Alzao (heute Coolmore Stud), Al Nasr (Haras du Mézeray), Bellypha, Manila, Dancing Brave, Monteverdi, Esprit du Nord, Dahar, Funambule (Haras d'Etreham), Lesotho, Sicyos und Goofalik (Gestüt Brümmerhof in Deutschland). Außerdem ist Lyphard Vater weiterer Gruppe-I-Sieger wie zum Beispiel Lyphards Wish, Chain Bracelet, Au Point, Pearl Bracelet, Lydian, Ski Paradise und Riviere D'Or.

Zu den Unvergessenen des Gestüts zählt auch der 1976 geborene Fabulous Dancer. Seine besten Nachkommen sind All Dancing, El Fabulous, Esdale, Fabulous Noble, Faburola, Strike Oil und Vagualy Pleasant. Seine Tochter Fabulous la Fouine ist eine der japanischen Topstuten. Sie wurde im Japan Cup 1996 nur um eine Nasenlänge von dem Dubai-Cup-Sieger Singspiel geschlagen.

1976 kam im Haras d'Etreham ein weiterer Hengst zur Welt, der Zuchtgeschichte schrieb: Irish River. Der stattliche Fuchs, Sohn des überragenden Riverman, ist siebenfacher Gruppe-I-Sieger. Beide Hengste stehen als Beschäler auf der Gainesway Farm. Top Ville aus der Zucht des Aga Khan war lange Jahre Deckhengst im Haras d'Etreham; sein Sohn Pistolet Bleu hat heute seine Nachfolge im Gestüt angetreten.

Der mächtige Schimmel Kaldoun, ebenfalls aus der Zucht des Aga Khan, ist mit seinen 23 Lebensjahren der Senior. Er war ein Spezialist über die Sprintdistanz. Kaldoun gehört ebenfalls zur Spitze der französischen Vererber und deckt 1998 noch für 90 000 Francs.

Zu den neuen Hengsten zählen Baryshnikov (geb. 1991 v. Kenmare a. d. Lady Giselle v. Nurejev), Jeune Homme, Great Palm, Green Tune (v. Green Dancer a. d.

Der australische Gruppe-I-Sieger Baryshnikov hat 1997 die Beschälerbox im Haras d' Etreham bezogen.

Der Seattle Slew-Sohn Septième Ciel ist 1997 aus den USA nach Frankreich zurückgekommen.

Soundings v. Mr. Prospector), der Sadler's Wells-Sohn Poliglote und der 1993 geborene Grape Tree Road von Caerleon. Septième Ciel, der 1987 geborene Sohn des Superbeschälers Seattle Slew (Three Chimneys Farm/Kentucky) ist 1997, nach erfolgreicher Karriere im Walmac International Stud in Kentucky, nach Etreham gekommen. Ein Sprung kostet 50 000 Francs.

Auf den 250 Hektar Weideland des Gestüts grasen an die 100 Stuten, von denen 30 zum Gestütseigentum gehören, wie etwa die Lombard-Tochter Allegretta: Sie entstammt der Schlenderhaner Zucht und ist eine Urenkelin der Derbysiegerin Asterblüte. Ihre Linie führt zu Urban Sea, die über die Auktion von Deauville in die Hände des Japaners David Tsiu gelangte und in dessen Farben 1993 den Prix de l' Arc de Triomphe gewann. Die 70 hochkarätigen Pensionsstuten gehören ebenso hochkarätigen Rennstallbesitzern: Teruya Yoshida, einer der größten japanischen Züchter und Rennstallbesitzer, hat hier seine Stuten neben denen des Pariser Kunsthändlers Daniel Wildenstein stehen.

60 bis 65 Jährlinge werden Jahr für Jahr vom Haras d' Etreham auf den großen Auktionen präsentiert und mit Gewinn verkauft.

Stute und Fohlen im Haras du Mézeray.

HARAS DU MÉZERAY / NORMANDIE

In idyllischer Landschaft, zwischen satten Rinderweiden und Apfelplantagen,

liegt das Haras du Mézeray. Die Heimat von Subotica, des Prix de l'Arc de Triomphe-Siegers von 1992,

ist eine der besten Gestütsadressen Frankreichs.

Im Süden des Départements Calvados, jenes Landstrichs der Normandie, der besonders durch seinen gleichnamigen Apfelbranntwein bekannt ist, liegt das malerische Dorf Vimoutiers. Im Ortskern weist die Skulptur einer Kuh den Besucher auf etwas hin: Hier wird außer Calvados auch noch Camembert hergestellt. Doch das gute Weideland ermöglicht nicht nur hervorragende Milchwirtschaft. In dieser grünen, hügeligen Region ist außerdem ein Vollblutgestüt zu Hause, das in vielfacher Hinsicht seinesgleichen sucht – das Haras du Mézeray. Paul de Moussac erwarb das alte Landgut 1962 und gründete dort ein Gestüt. Es liegt auf einem Hochplateau zwischen den Flüssen Vie und Touques und ist eine perfekt gestaltete Anlage, aufgeteilt in sechs seperate Bereiche. Moussac war einer der berühmtesten französischen Rennstallbesitzer. Er kam als Schiffsmakler zu Reichtum. Heute ist das Gestüt im Besitz seines Sohnes Charles-Henri. 150 Hektar bestes Weideland breiten sich um die Gebäudekomplexe aus, die durch heckengesäumte Wege miteinander verbunden sind. Das Zentrum des Hengsttraktes ist die Deckhalle, die fast wie ein Palast anmutet. Die Paddocks der Hengste sind groß genug zum Galoppieren und sicher genug fürs Kräftemessen. Hier läßt es sich als Hengst gut leben.

Der in Deutschland wohlbekannte Le Glorieux stand einige Jahre im Haras du Mézeray. Saint Estèphe (v. Top Ville) ist der Senior im Gestüt. Der 1982 geborene Top Ville-Sohn war Sieger im Coronation Cup. Zu seinen Nachkommen gehören Pigeon Voyageur und Graviers. Bei den Jährlingsauktionen in Deauville 1997 erzielten die sieben vorgestellten Nachkommen von Saint Estèphe einen Durchschnittspreis von 167 000 Francs.

Der Star in der Zuchtstätte Mézeray ist Subotica. Der 1988 geborene Hengst wurde in den Farben von Paul de Moussac dreifacher Gruppe-I-Sieger und nach seinem grandiosen Sieg im Prix de l'Arc de Triomphe zum Pferd des Jahres 1992 gewählt. Suboticas Vater Pampabird ist ein Sohn der Busted-Tochter Terre de Feu, die zu den besten Stuten aus französischer Zucht zählt.

Der 1989 in Irland gezogene Homme de Loi war 1992 in vier Rennen ungeschlagen, unter anderem im Grand Prix de Paris. 62 Prozent seiner Nachkommen gingen 1997 siegreich aus Galoprennen hervor. Über seine Eltern, Law Society und die Ballymore-Tochter Our Village, stellt er eine Out-Cross-Verbindung zu den französischen Zuchtlinien dar. Die Hengstlinie des Nasrullah wird durch den auch in Deutschland bekannten Bikala-Sohn Apple Tree vertreten. Er gewann für Moussac als Dreijähriger in Köln den Europa-Preis und als Vierjähriger den Breeder's Cup Turf Classic in Belmont Park. Fünfjährig beendete er seine Karriere mit Siegen im Grand Prix de Saint Cloud und im Coronation Cup. Nur im Prix de l'Arc de Triomphe 1994 mußte Apple Tree sich hinter Carnegie und Hernando mit dem dritten Platz zufrieden geben. Seine Mutter Pomme Rose gehörte zur Spitze der französischen Stuten. Ihre gewinnreichsten Kinder und Enkel sind Noir Et Or und Buisson

Beschäler Homme de Loi.

HARAS DU MÉZERAY

Beschäler Apple Tree genießt den Auslauf auf dem Paddock.

Der 1988 geborene Arc-Sieger Subotica ist großer Hoffnungsträger.

Rose, Pomme Royale, Adieu Au Roi, Or Royal und Rosa de Caerleon. Drei ihrer Töchter, Pomme d'Ebène, Pomme Royale, Rose Venitier, und ihre Enkelin Place d'Honneur gehören heute zur Stutenherde des Haras de Mézeray.

Seit 1998 deckt Loup Solitaire, Halbbruder von Loup Sauvage, im Gestüt. Über seinen Vater Lear Fan führt er das begehrte Blut des Hengstes Roberto, das in Europa nur selten vertreten ist. Seine Mutter ist die Nureyev-Tochter Louveteri.

36 eigene Muttertiere und 45 Gaststuten grasen auf den Koppeln, darunter die beiden Töchter von Moussacs Klassestute Exclusive Order (heute im Cheveley Park Stud): American Order und Irish Order. Außerdem gehören Spectacular Joke und ihre Töchter La Crise und Spectatrice zur Herde sowie Trephine (Mutter des Arc-Siegers Trempolino) und Ville Éternelle. Die zweifache Gruppe-1-Siegerin Luth Enchantée (v. Be My Guest) gehört nicht mehr zur Zucht, aber ihre Halbschwester Luth d'Or und ihre Töchter France Enchantée und Timpani sorgen dafür, daß ihre Gene weitergegeben werden. Insgesamt 47 Gruppe-Sieger mit 103 Gruppe-Erfolgen entstammen der Stutenherde des Haras du Mézeray.

Im gestütseigenen Trainingsstall mit einer 1200 m langen Allwetter-Bahn, machen die jungen Pferde auch schon Bekanntschaft mit der Startmaschine. Etwa 100 Jährlinge werden hier angeritten, bevor sie in die großen Trainingszentren gehen. Auch Sheikh Mohammed Al Maktoum schickt einige Pferde im Haras du Mézeray in die Grundschule, so auch seinen für 2,3 Millionen Francs in Deauville ersteigerten Hengst Carnac von Royal Academy.

Das größte Kontingent der Pferde von Moussac geht zu Europas erfolgreichstem Trainer André Fabre nach Chantilly. Subotica und Apple Tree wurden dort neben vielen anderen Cracks für die großen Prüfungen präpariert.

HARAS DU VAL HENRY / NORMANDIE

Jean-Luc Lagardère, einer der erfolgreichsten Züchter Frankreichs, ist Besitzer dieser kleinen, exquisiten Zuchtstätte in der Normandie.

Zwischen Vimoutiers und St. Pierres-sur-Dives erstreckt sich eine Landschaft, die zum Träumen einlädt: sanfte Hügel, uralte Apfelbaumriesen und saftige Wiesen, auf denen fette Rinder grasen. Die normannische Fachwerkarchitektur setzt kontrastreiche Akzente in das satte Grün mit ihren schwarz-weiß „gestreiften" Häusern. Dazwischen liegt das Haras du Val Henry, eingebettet in ein Tal. 45 Mutterstuten grasen auf den Koppeln der kleinen, exklusiven Zuchtstätte von Jean-Luc Lagardère. Der Gestütsherr ist ein alter Hase im Rennsport und in der Vollblutzucht. 1996 und 1997 führte er die Züchterstatistik in Frankreich an. Lagardère ist ein Mann, der hohe Posten im französischen Galoppsport besetzt. Sein wichtigstes Amt ist das des Präsidenten von „France Galop", jener Organisation, die das gesamte Rennsystem in Frankreich reglementiert und überwacht.

Die berühmten Hengste Bikala und Irish River sorgten im Haras du Val Henry für Nachwuchs. Der 1976 im Haras d' Etreham geborene Irish River, Sohn des berühmten Riverman, gewann zweijährig bereits drei Gruppe-I-Rennen und war dreijährig Championmeiler in Frankreich mit vier Gruppe-I-Rennen, in denen er die Hengste Sharpman und Bellypha schlug. Irish River wurde nach Beendigung seiner glänzenden Rennkarriere, wie sein Vater, in die USA, auf die Gainesway Farm verkauft, wo er einer der führenden Vererber ist.

Der großrahmige Schimmel Linamix, ein Enkel von Bellypha, steht seit 1991 im Gestüt. Er war Sieger im Poule d' Essai des Poulains (Gruppe I) und dreimal zweiter in der höchsten Rennklasse. Linamix liegt im Trend der heutigen Vollblutzucht – er produziert frühreife Pferde. Über Clodora, Housamix, Walk On Mix, Diamond Mix, und Fragrant Mix hat sich der Hengst auf den großen Rennbahnen einen Namen gemacht. 1996 und '97 stand er an fünfter Stelle der in Frankreich stationierten Hengste. Die Mehrzahl seiner Nachfahren sind im Haras du Val Henry aufgewachsen und siegten in den Rennfarben von Lagardère und seiner Frau.

Akarad, ein Enkel von Busted, steht für den Aga Khan in Val Henry. Er siegte im Grand Prix de Saint Cloud. Zu seinen erfolgreichsten Nachkommen zählen Natroun, Sieger im Prix du Jockey Club, Resless Kara, Siegerin im Prix de Diane, Roakarad, Sieger im italienischen Derby, und Tel Quel, Sieger in den Dubai Champion Stakes und in Deutschland gut bekannt als Sieger im Aral-Pokal. Always Fair (v. Danzig a. d. Carduel v. Buckpasser) ist wegen seines Pedigrees ein interessanter Beschäler: Er ist ein Sohn des Weltelitehengstes Danzig.

Der Fuchshengst Snurge, 1987 in Irland geboren, ist ein Sohn von Ela Mana Mou, einem der Topbeschäler in Irland. Snurge gewann drei Gruppe-1-Rennen: das St. Leger, den Gran Premio Di Milano und die International Stakes in Woodbine/Kanada. Zweimal siegte er im Grand Prix de Deauville, und im Prix de l' Arc de Triomphe 1990 belegte er einen beachtlichen dritten Platz hinter Saumarez und Epervier Bleu.

Ländliche Idylle im Haras du Val Henry.

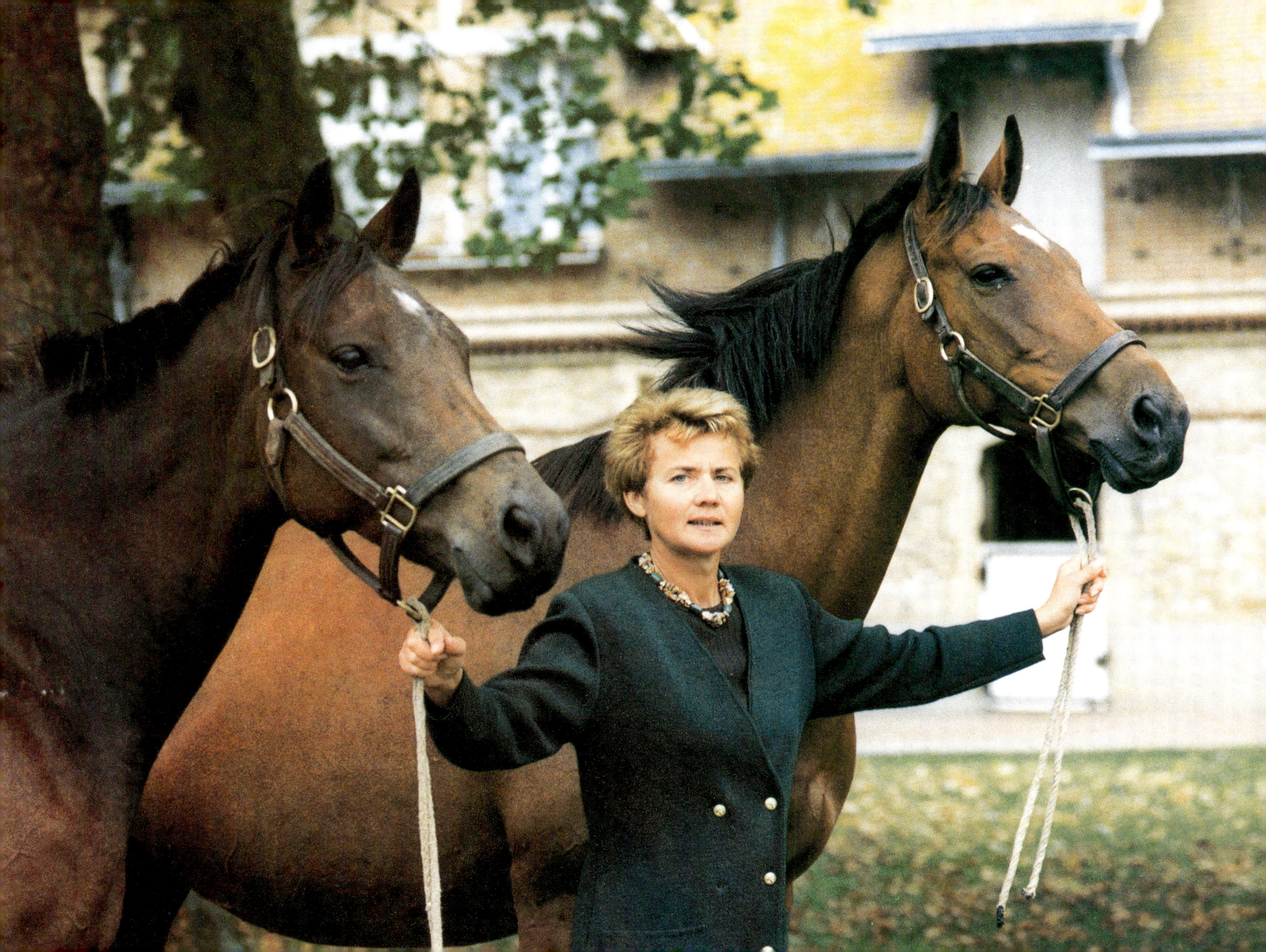

HARAS DE LA REBOURSIERE ET DE MONTAIGU/NORMANDIE

Eine architektonische Perle in der Normandie: das Gestüt R & M von Aliette Forien. In den letzten Jahren ist die Zuchtstätte mit ihren sensationellen Jährlingsangeboten zunehmend ins Rampenlicht der Vollblutszene gerückt.

Im Pays de Merlerault, dem Teil der Normandie, in dem der Boden besonders gut für die Aufzucht von Vollblutpferden geeignet ist, liegt das Haras de la Reboursière et de Montaigu, abgekürzt R&M. Das noble Gestüt bei Nonant-Le-Pin ist umgeben von Architekturschätzen aus dem 13. bis 18. Jahrhundert: dem Chateau d'O, der Kathedrale von Sées und dem Haras du Pin. Auch das normannische Herrenhaus des Haras de la R&M, mit seinen unzähligen Giebeln und Schornsteinen, ist eine architektonische Sehenswürdigkeit. Durch die vielen einzelnen Gebäude – Wirtschaftstrakt, Stallungen, Taubenturm und Scheunen – entsteht ein dörflicher Charakter. Die verträumte Stimmung täuscht jedoch: R&M ist ein professionell geführtes, modernes Zuchtunternehmen. Die agile Hausherrin hat die Zügel fest in der Hand – im doppelten Sinne. Aliette Forien leitet ihr Gestüt selbst und steigt täglich in den Sattel – allerdings nicht in den Renn-, sondern in den Springsattel. 20 Jahre lang zählte die Französin zu den besten Springreitern der Normandie, heute ist sie begeisterte Jagdreiterin. Die Gestütsherrin entstammt der illustren Parfumfamilie Guerlain. Ihr Urgroßvater kaufte den Besitz im Jahre 1903 und gründete dort vor rund 50 Jahren das Vollblutgestüt. Mit 150 Hektar Grund, davon 135 Hektar bestem Weideland, bietet es beste Voraussetzungen für die erfolgreiche Aufzucht von Leistungspferden.

Aliette Forien hat den Betrieb 1985 von ihrem Vater übernommen und dabei auch das nötige Know-how von ihm geerbt. Ihr Mann Gilles richtete auf dem Gelände ein Büro seiner Vollblutagentur „Fips" ein. In den letzten Jahren ist die Zuchtstätte immer mehr in das Interesse der internationalen Vollblutzucht gerückt und erzielt auf den großen Auktionen Spitzenpreise mit ihren Jährlingen.

Gestütsherrin Aliette Forien mit zweien ihrer Zuchtstuten vor den Stallungen.

Das erste große Rennpferd des Gestüts war die Stute Rescousse, die 1975 den Prix de Diane gewann. Die Stutenherde – 30 eigene Muttertiere und 15 Gaststuten – besteht aus erstklassigen Pferdedamen: Terre De Feu ist Mutter des Prix de l'Arc de Triomphe-Siegers Subotica und Style For Life (v. Law Society) fohlte 1996 einen Sohn von Bluebird, der als Jährling für eine Million Francs verkauft wurde. Die Green Dancer-Tochter Green Rosy ist Mutter von Majorien (v. Machiavellian), der in den Farben von Scheikh Maktoum Al Maktoum siegreich war. Quintefolle (v. Luthier) fohlte Nec Plus Ultra, den erfolgreichen Sohn von Frankreichs Top-Hengst Kendor. Rotina entstammt der Zucht der Gräfin Batthyany und repräsentiert eine deutsche Stutenfamilie. Zu den züchterischen Perlen von R&M gehören auch die Halbschwestern Sudden Love (v. Kris), Sudden Spirit (v. Esprit Du Nord) und Encore Belle (v. Kendor). Die Secreto-Tochter Lettre De Cachet ist Mutter von Charge D'Affaires, der 1997 zweijährig so erfolgreich war.

Der Grandseigneur des Gestüts ist Kendor (geb. 1986 v. Kenmare). Der französische Championzweijährige siegte dreijährig auf höchstem Level. Nec Plus Ultra war sein erster Gruppesieger, ihm folgten Marie De Ken, Grey Risk, Joyeuse Entré, Nombre Premier, Rupert und Charge d'Affaires. In Frankreich war Kendor 1997 führender Vererber von siegreichen Zweijährigen. Boxennachbar Nikos (geb. 1981 v. Nonoalco) stammt wie Rotina aus der Zucht der Gräfin Batthyany. Valanour (geb. 1992 v. Lomond a. d. Vearia v. Mill Reef) deckt seit 1997 und ist über seine Mutter Bella Paola Stammhalter einer der besten Stutenlinien, die der Aga Khan aus dem Dupré-Besitz übernommen hatte. Der vierte Deckhengst im Stall ist Johann Quatz, der die Wintermonate in Australien als Shuttle-Hengst verbringt. Auf dem Sadlers Wells-Sohn ruhen die großen Hoffnungen des Gestüts.

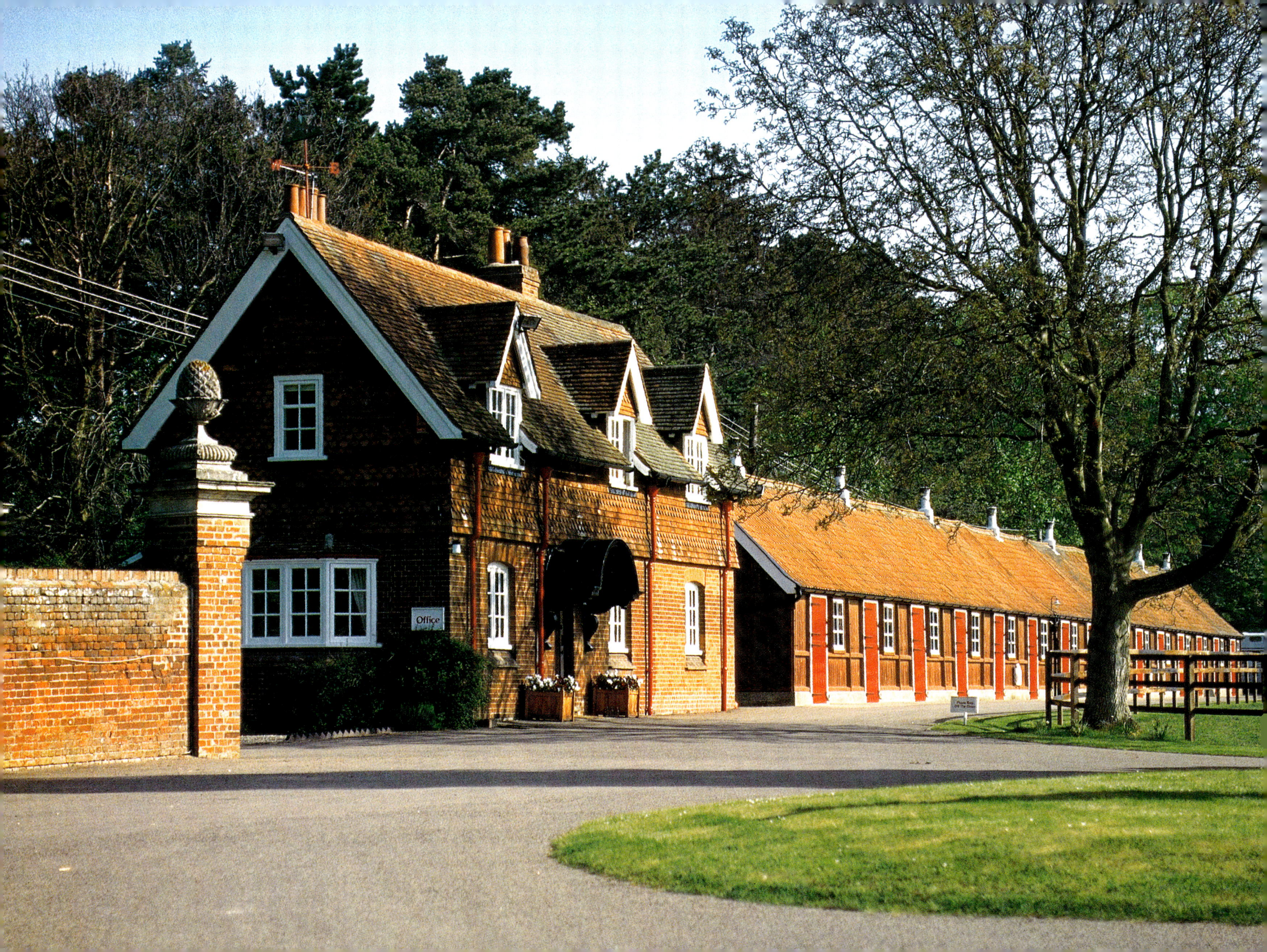
Office

CHEVELEY PARK STUD / ENGLAND / NEWMARKET

Cheveley Park Stud liegt wie eine britische Bastion zwischen den expandierenden Besitztümern der arabischen Herrscher. Es ist das zugleich älteste und schönste Vollblutgestüt Englands.

Das Cheveley Park Stud blickt auf eine lange Geschichte zurück. Bereits vor etwa 1000 Jahren züchtete Aethelstan, der erste angelsächsische König, hier Pferde, und seit über hundert Jahren ist Cheveley Park die Geburtsstätte großartiger Vollblüter. Die erste klassische Siegerin Sorcery, kam Anfang des 19. Jahrhundert an diesem Ort zur Welt. Ihr Sohn Cadland gewann 1828 die 2000 Guineas sowie das Derby, und die Stute Rhoda siegte in den 1000 Guineas. Zu dieser Zeit gehörte das Gestüt dem Herzog von Rutland. 1810 ließ seine Frau eine herrliche Allee anlegen, die nach ihr benannte Duchess Drive. Sie führt am Cheveley Estate entlang, den Hügel hinunter nach Newmarket.

1892 kaufte Colonel Henry McCalmont, seinerzeit Besitzer des alten Dalham Hall Stud, das Cheveley Park Stud. Unter seiner Ägide kam der legendäre Isinglass zur Welt. Der Hengst war Ende des 19. Jahrhunderts mit elf Siegen bei zwölf Starts – darunter 1893 die Triple Crown und zwei Jahre später der Ascot Gold Cup – das bis dahin gewinnreichste Pferd. Isinglass kehrte 1895 als Beschäler auf das Gestüt zurück und bezog dort eine eigens für ihn erbaute Box, die heute, liebevoll restauriert, das Zuhause von Beschäler Primo Dominie ist.

Das Cheveley Park Stud liegt gegenüber dem Dalham Hall Stud von Sheikh Mohammed Al Maktoum, im Südosten von Newmarket. Die patriotischen rot-blau-weißen Rennfarben des Gestüts leuchten auf Boxentüren, Fensterrahmen und Scheunentoren. Selbst die gestütseigenen Fahrzeuge sind alle einheitlich rot. Die kräftigen Farben, das frische Grün der Koppeln und die betagten Bäume – all das verleiht der Anlage eine einladende und fröhliche Atmosphäre. Vom Eingang, den ein weißer Holzzaun säumt, führt eine herrliche alte Eichenallee vorbei an den Paddocks zu den Domizilen der Hengste. Die klassische englische Parkanlage vermittelt Ruhe und Beschaulichkeit und die alten und neuen Stallungen, in einheitlichem Backstein gebaut, fügen sich harmonisch aneinander und sind eine gelungene Symbiose aus traditioneller und moderner Gestütsarchitektur.

Von 1921 bis 1942 war das Gestüt im Besitz des in Newmarket ansässigen Trainers Robert Sherwood. Er überließ die Zuchtstätte seinem Sek-

Links: Gestütsbüro und Stallungen leuchten in den rot-weißen Rennfarben.

Die Bronzestatue von Music Boy schmückt den Eingang zum Gestütsbüro.

CHEVELEY PARK STUD

Stute Neartic Flame von Sadler's Wells mit Stutfohlen von Nashwan.

Die alten, liebevoll renovierten Jährlingsboxen leuchten in den Rennfarben.

retär Albert Stafford-Smith, dessen Sohn zu der Zeit als Manager tätig war. Während dieser Zeit standen hier der berühmte Phalaris (Großvater von Nearco) sowie Captain Cuttle, Colombo, Kings's Bench, Prince Chevalier, Derring Do und Forlorn River.

1975 kaufte David Thompson, Gründer der Lebensmittelkette Hillsdown Holdings, das Traditionsgestüt. Anfang der achtziger Jahre hatten die Thompsons etwa 80 Pferde im Training, verteilt auf 20 Trainer und auf den hügeligen Weiden grasten 60 Stuten und ihr Nachwuchs. Das ursprüngliche Ziel der Thompsons war es, aus Cheveley Park ein Gestüt mit Trainingszentrum zu machen. Music Boy, Sieger in den Gimcrack und King George VI and Queen Elisabeth Stakes, wurde hier trainiert. Heute erinnert eine Statue vor dem Gestütsbüro an den Crack.

Anfang der neunziger Jahre kauften die Thompsons Sandwich Stud und Strawberry Hill Stud hinzu, so daß Cheveley Park Stud auf eine Gesamtfläche von 242 Hektar anwuchs. Strawberry Hill Stud dient als Quarantäne-Station, und Sandwich Stud ist das Reich der Mutterstuten und Jährlinge. Hier bereitet man die jungen Hengste auch für den Verkauf vor, während die Jährlingsstuten direkt in die Trainingsställe in Newmarket überwechseln. Sie sollen in den Farben des Gestüts auf der Rennbahn ihre Qualitäten für die Zucht unter Beweis stellen. Die Hengste, die sich bewähren, werden – je nach Abmachung mit den Käufern – meist als Deckhengste zurückgekauft.

Die Jahre 1996 und 1997 waren eine Bestätigung für das engagierte, junge Management. Entrepreneur, Dance A Dream, Dazzle, First Trump, Mr. Brooks, Pivotal, Polar Falcon, Port Lucaya, Soviet Line – das sind einige der Pferde, die in den

Der vielversprechende Nachwuchs in Cheveley Park räkelt sich in der Sonne.

Das pittoreske Cheveley Park Stud ist das älteste Gestüt von Newmarket.

letzten Jahren für Cheveley Park Furore machten. Die Betreiber des englischen Gestüts können zuversichtlich in die Zukunft blicken.

Die Stutenherde besteht aus rund 95 bestens gezogenen Pferdedamen, unter ihnen die prominente Stute Nearctic Flame, eine Tochter des Championbeschälers Sadler's Wells und Vollschwester von Salsabil, sowie Exclusive Order (v. Exclusive Native). Ihre Nachkommen erreichen Spitzenpreise auf den Auktionen. Der 2000-Guineas-Sieger von 1997, Entrepreneur, ist ein Sohn von Exlusive Order und Sadler's Wells. Er wurde für rund 600 000 Pfund vom Cheveley Park Stud an Michael Tabor und Susan Magnier auf den Houghton Yearlings Sales verkauft und steht heute im Coolmore Stud in Irland. Den gleichen Preis erzielte die Exclusive-Order-Tochter Happy Valentine, die an das Godolphin Team von Sheihk Mohammed ging. Red Camellia (von Polar Falcon), Siegerin in den Prestige Stakes, sowie Dazzle (Siegerin in den Windsor Castle Stakes und den Hillsdown Cherry Hinton Stakes), gehören zur Stutenherde.

Zwischen 60 und 75 Rennpferde werden jedes Jahr auf neun bis 14 hochkarätige Trainer verteilt. Michael Stoute, Startrainer und Mitglied im Direktorium des Gestüts, hat die erste Wahl bei der Verteilung der Jährlinge auf die Rennställe.

Die Hengststation ist der einzige öffentlich zugängliche Teil des Cheveley Park Stud. Insgesamt stehen sieben Hengste im Gestüt, von denen zwei in Syndikatsbesitz sind. Das Ziel des Gestütsmanagements ist es, gute Hengste zu vernünftigen Preisen anzubieten, die es jedem Vollblutzüchter ermöglichen, aus der Bedeckung ihrer Stuten einen Gewinn zu erwirtschaften.

Anders als es die Politik des Gestüts erwarten ließ, war es keine im Gestüt gezogene Stute, sondern ein Hengst, der als erster einen Gruppe-1-Sieg für Cheve-

CHEVELEY PARK STUD

ley Park errang. Der Klassesprinter Pivotal begann seine Rennkarriere in den Farben des Heimatgestüts nur deshalb, weil man sich von seinem Verkauf auf der Auktion keinen Gewinn versprach. Der Fuchshengst ist ein Sohn des Cheveley-Park-Beschälers Polar Falcon, der wiederum über Nureyev die Northern-Dancer-Linie vertritt. Pivotal gewann unter anderem die King's Stand Stakes in Ascot und die Nunthorpe Stakes und steht seit 1997 im Gestüt.

Primo Dominie und Prince Sabo waren ebenfalls auf Rennstrecken zwischen 1000 und 1200 Metern erfolgreich und zählen zu den altbewährten Cracks unter den Hengsten. Beide sind 16 Jahre alt und haben hervorragende Nachkommen gebracht. Primo Dominie ist Vater der Gruppe-I-Sieger First Trump und Dalnamein. Insgesamt zeugte er über 500 Sieger, davon 19 Gruppe-Sieger.

Prince Sabo ist ein Halbbruder des großartigen Cadeaux Genereux. Seine Nachkommen zeichnen sich durch Speed und Frühreife aus. Das beachtliche Ergebnis seiner Gestütskarriere: 40 Prozent seiner Nachkommen siegten im Alter von zwei Jahren.

Seit 1996 residiert Bishop Of Cashel in Cheveley Park. Er ist in Newmarket der einzige Sohn des Top-Hengstes Warning, der für viel Geld nach Japan verkauft wurde. Seine Mutter ist eine Tochter von Sadler's Wells. Bishop Of Cashel ist mit einer Decktaxe von 4500 Pfund für jeden Vollblutzüchter erschwinglich.

Rudimentary, wie Polar Falcon ein Nureyev-Sohn, gewann elf seiner 13 Rennen, u.a. auf höchstem Level, und bewährte sich als Beschäler. Er ist ein Halbbruder von den Spitzenbeschälern Kris und Diesis.

Als Sohn des Welt-Champion-Beschälers Sadler's Wells ist Saddler's Hall ein interessanter Hengst, dessen Decktaxe moderat ist: Sie beträgt 7500 Pfund. Der dreifache Gruppe-I-Sieger, der unter anderem im St. Leger gewann, ist ein großer, kräftiger Hengst, ganz im Typ seines berühmten Vaters.

Sechs weitere Hengste der Thompsons stehen auf der Grundlage eines Partnerschaftsvertrags in anderen Gestüten Englands zu günstigen Konditionen. Einige von ihnen waren hervorragende Steepler und dienen der Zucht von Hindernispferden. Die Decktaxen betragen für diese Hengste zwischen 500 und 2000

Saddler's Hall steht ganz im Typ seines Vaters Sadler's Wells.

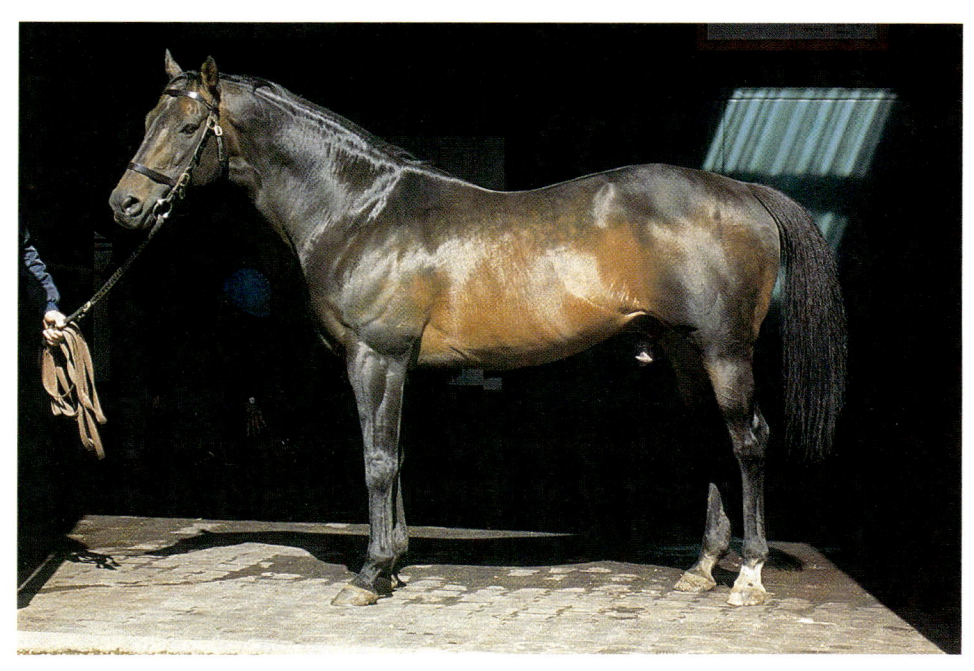

Weltklassehengst Primo Dominie in der Deckhalle.

Pfund. Dazu zählen der Beschäler Blushing Flame, ein Sohn (v. Blushing Groom a. d. Neartic Flame), sowie der Schimmel Gran Alba (v. El Gran Senor), der durch seine Erfolge in Hürdenrennen der besten Klasse glänzt.

Vor allem Patrizia Thompson interessiert sich sehr für den Hindernissport. David Thompson schaffte dafür die Voraussetzung, als er seiner Frau 1992 den Grand-National-Sieger Party Politics schenkte. Der genießt inzwischen ein sorgenfreies Rentnerleben im Cheveley Park Stud, so wie es sich für ein Pferd dieser Sportart gehört, das regelmäßig auf der gefährlichen Jagdbahn sein Leben riskieren mußte. Die Engländer lieben ihre Hinderniscracks, und so ist Party Politics bei Besichtigungen einer der meistbesuchten „Herren" des Gestüts.

In der Isinglass-Box wohnt heute der Hengst Primo Dominie.

CHEVELEY PARK STUD

Die Auffahrt zum Cheveley Park Stud liegt gegenüber dem Dalham Hall Stud: Die alte Eichenallee führt an den Paddocks entlang zur Hengststation.

NATIONAL STUD/NEWMARKET

Das britische Nationalgestüt besteht seit Anfang unseres Jahrhunderts.

Es beheimatet Hengste mit Weltklasse-Pedigree.

Das britische Nationalgestüt Newmarket ist für jeden Interessierten im Rahmen einer Führung zugänglich. Das erste, was dem Besucher ins Auge fällt, ist die lebensgroße Bronzestatue des überragenden Hengstes Mill Reef. Der berühmte englische Linienbegründer, der 1968 in den USA gezogen wurde, siegte in zwölf Rennen, zu denen unter anderem das Epsom Derby, die King George VI and Queen Elizabeth Stakes und der Prix de l' Arc de Triomphe gehörten. Er wirkte von 1973 bis zu seinem Tod 1986 im National Stud.

Das Staatsgestüt hat seinen Ursprung in Irland. 1916 nahm die britische Regierung das großzügige Angebot von Colonel Hall-Walker an, dessen gesamten Zuchtbestand zu übernehmen. Zur Bedingung machte er den gleichzeitigen Kauf seines Gestüts in Tully, im County Kildare in Irland, das damals noch unter britischer Herrschaft stand. 43 Stuten aus den besten Vollblutfamilien gehörten zu dem Bestand des im Jahre 1900 gegründeten Gestüts, in dem unter anderem Minoru, der Sieger des Epsom Derbys, aufwuchs, der sich im Besitz von König Edward VII. befand.

Die englische Regierung hatte zunächst die Absicht, auf dem irischen Gestüt hochwertige, leichte und ausdauernde Pferde für die Armee zu züchten. Mit zunehmender Mechanisierung der Arbeitswelt nahm jedoch der Einsatz von Pferden auch beim Militär ab, und das Gestüt erhielt seine ursprüngliche Bestimmung zurück: die Rennpferdezucht. Die Führung des neuen Nationalgestüts erfolgte nach kommerziellen Gesichtspunkten. Die Mehrzahl der Jährlinge ging zum Verkauf auf die Auktionen. Nur die Jährlingsstuten, die für die Zucht vorgesehen waren, blieben im Besitz des Gestüts oder wurden für die Dauer ihrer Rennbahnkarrieren verpachtet.

In den zwanziger und dreißiger Jahren stellte das Nationalgestüt die führenden Vererber in England und Irland. Blandford war dreimal Champion-Deckhengst und zeugte vier Derbysieger: Trigo, Blenheim, Windsor Lad und Bahram. Challenger wurde Championvererber in den USA, und Stardust zeugte Star Kingdom (später Star King), der eine führende Hengstlinie in Australien begründete. Der 2000-Guineas-Sieger Big Game gab sein Leistungspotential an Pferde in der ganzen Welt weiter. Und der italienische Hengst Tenerani brachte den herausragenden Hengst Ribot hervor, der im National Stud im Besitz von Federico Tesio zur Welt kam. Dessen Bilanz: Bei 16 Starts 16 Siege in drei Rennbahnjahren, darunter auch der Prix de l' Arc de Triomphe. Ribot war einer der prägenden Hengste in der Geschichte der internationalen Vollblutzucht.

Bis 1943 blieben die Pferde in Tully. Dann wurde das Gestütsgelände der irischen Regierung übergeben. Es ist heute irisches Nationalgestüt. Die Pferde der Briten kamen nach England ins Compton Stud in Dorset (heute Sandley Stud). Nach dem Zweiten Weltkrieg wurde das Gestütsgelände erweitert. Man

Der Derbysieger Shaamit deckt für 7500 Pfund im National Stud.

MILL REEF
Bay Horse 1968-1986
By Never Bend out of Milan Mill by Princequillo.
Winner of The Derby, The Eclipse, The King George VI and
Queen Elizabeth Stakes and The Prix de L Arc de Triomphe.

NATIONAL STUD

kaufte Grinstead Stud in West Sussex hinzu, so daß dem Nationalgestüt etwa 405 Hektar Land zur Verfügung standen.

1963 unterstand National Stud nicht mehr dem Landwirtschaftsministerium, sondern der Abteilung für Pferderennen und Wetten, was eine einschneidende Veränderung in der Gestütspolitik zur Folge hatte. Aus der Zuchtstätte mit seiner erstklassigen Stutenherde sollte eine reine Hengststation werden. Da die beiden bisherigen Gestütsbereiche zu klein waren, um eine entsprechende Anlage zu bauen, wurden sie verkauft und ein neues, zusammenhängendes Areal von 202 Hektar Land in Newmarket erworben. Die Stuten wurden auf einer Auktion veräußert und die Hengststation wurde auf dem Gelände errichtet, das direkt an den July Course der Rennbahn angrenzt. Ein separater Pensionstrakt für Stuten, die zur Bedeckung anreisen, bietet größten Komfort. Das Land ist auf 999 Jahre vom Jockey Club gepachtet und am 17. April 1963 wurde das National Stud offiziell von der Queen eingeweiht.

Die gepflegte Anlage ist großzügig und nach neuesten Erkenntnissen bezüglich der Pferdehaltung gestaltet. Die hochkarätigen Deckhengste, die hier der Mittelpunkt des Geschehens sind, stehen in hellen, luftigen Außenboxen und Gaststuten können in den geräumigen Abfohlboxen ihre zukünfigen Champions sicher und wohlgebettet zur Welt bringen. 200 Pensionsboxen sind auf zehn getrennte Bereiche verteilt, so daß im Krankheitsfall die Ansteckungsgefahr gebannt ist. Die Mutterstuten mit ihren Fohlen bewohnen einen hufeisenförmigen Stall, der einen begrünten Innenhof umfaßt, über den die Pferde Blickkontakt miteinander haben. Im Sonnenlicht wirken die weißgetünchten Gebäude freundlich, hell und einladend – fast mediterran. Der Trakt für die Hengste mit der riesigen Deckhalle liegt separat, umgeben von weitläufigen Paddocks.

Der großartige Tudor Melody war der frühe Star der neuen Hengststation. Der erste von fünf Derbysiegern, die im National Stud standen, war Never Say Die.

Oben links: Das Reich der Mutterstuten im britischen Nationalgestüt.
Unten links: Beschäler Reprimand vor der Bronzestatue des großen Mill Reef.

Ihm folgten Mill Reef, Grundy, Royal Palace und Blakeney. Der zweimalige Champion-Beschäler Mill Reef brachte die Derbysieger von 1978 und 1987, Shirley Heights und Reference Point, hervor.

Auch Star Appeal, Deutschlands Sieger im Prix de l' Arc de Triomphe, verbrachte einige Zeit im englischen Nationalgestüt, ebenso wie Rousillon, Blakeney und Petoski.

Ziel des Gestüts in Staatsbesitz ist es, einer möglichst breiten Züchterschicht erstklassige Hengste mit Weltklasse-Pedigree zu vernünftigen Preisen zur Verfügung zu stellen. Seit 1991 steht der Gruppe-I-Sieger Be My Chief im Gestüt. Er war Champion-Zweijähriger in Amerika, als das National Stud einen Viertelanteil an dem Hengst erwarb, den Peter Burrell, langjähriger Leiter des National Stud, in den USA gezogen hatte. Be My Chief ist Sohn des siebenfachen Gruppe-I-Siegers Chief's Crown (v. Danzig).

Der Star des Gestüts ist der ehemalige Europa-Champion und Sieger des Prix de l' Arc de Triomphe Suave Dancer. Die Bedeckung einer Stute von dem Nijinsky-Enkel kostet stattliche £12 000. Shaamit (v. Mtoto) steht seit 1997 im National Stud. Er geht mütterlicherseits auf Mill Reef zurück und war Gruppe-I-Sieger.

Weitere Beschäler im National Stud: Celtic Swing (Sieger u.a. in den 2000 Guineas und im Prix du Jockey Club), seit 1997 im Gestüt, sowie Puissance, Reprimand, First Trump, Hector Protector und Emarati. 1997 ist der Cadeaux Genereux-Sohn Bahamian Bounty dazugekommen. Er war 1996 bester zweijähriger Hengst von Europa.

Seit 1995 erfolgt ein Austausch von Hengsten mit Australien, wo während unserer Winterzeit Decksaison ist. So reisen Suave Dancer und First Trump im Winter in die südliche Hemisphäre, als sogenannte Shuttle-Hengste. Dafür wird Danewin, der australische Champion-Sprinter und -Meiler dem National Stud und dem Emirates Park Stud im Sommer zur Verfügung gestellt. Danewin ist fünffacher Gruppe-I-Sieger in Australien und ein Sohn des erstklassigen irischen Beschälers Danehill.

Die alten Hengstboxen aus dem 19. Jahrhundert wurden in den zwanziger Jahren komplett renoviert.

DALHAM HALL STUD

Dalham Hall Stud ist durch viele Hände gegangen und ist heute das Zentrum von Sheikh Mohammed Al Maktoums Zuchtimperium in England/Newmarket.

Die imposante Anlage des Dalham Hall Stud zeugt vom unermeßlichen Reichtum des Kronprinzen von Dubai und der Überlegenheit seines gigantischen Zuchtunternehmens Darley Stud. Ein Märchen aus Tausendundeiner Nacht für Pferde – auf englischem Boden. Das majestätische Portal des Gestüts wirkt auf den Besucher eher erdrückend als einladend. Nach dem Anruf beim Pförtner über ein Telefon am Eingang, öffnen sich die riesigen Tote automatisch. Eine lange Allee breitet sich vor dem Besucher aus, gesäumt von hohen Bäumen und saftig grünen Koppeln. Das Büro des Gestüts ist ganz im altenglischen Stil mit viel Leder und Edelholz eingerichtet, an den Wänden riesige Portraits von von Dalham Halls Rennbahn-Heroen. Nebenan liegt die Residenz des Besitzers Sheikh Mohammed Bin Rashid Al Maktoum, umgeben von Pferdekoppeln. Steht ein dunkler Geländewagen der Marke Mercedes vor dem Gebäude, so ist der Gestütsherr anwesend. Das ist häufiger der Fall als bei vielen anderen Gestütsbesitzern, denn Sheikh Mohammed ist nicht nur mit dem Geld, sondern mit dem ganzem Herzen bei der Sache. Gerne wandert er mit seinem Gestütsleiter Liam O'Rourke über die Koppeln, um die Entwicklung der Fohlen und Jährlinge mitzuerleben. Der Scheich ist selbst ein begeisterter Reiter, hat in Dubai etliche Marathonrennen auf arabischen Pferden gewonnen. „Die Liebe zu den Pferden liegt uns im Blut, bei uns hat das Rennpferd seinen Ursprung", erklärt der Scheich die Besessenheit und den Erfolg der arabischen Herrscherfamilien im Pferderennsport.

In ihren Ländern verwandelten die Ölscheichs in nur 30 Jahren Lehmhütten in Prachtbauten aus Beton und Glas. Ihr Rennsport-Imperium haben sie in rund zehn Jahren aufgebaut. Die besten Trainer und Jockeys der Welt stehen der Maktoum-Familie in aller Welt zur Verfügung – für Tausende von Pferden. Seit 1985 stehen die Scheichs ganz oben in der Besitzerstatistik. Ihre Pferde haben 1997 rund 15 Millionen Mark eingaloppiert.

Sheikh Mohammed ist der dritte der Maktoum-"Racing brothers", der Rennpferde besitzenden Söhne des 1990 verstorbenen Herrschers von Dubai. Seine beiden älteren Brüder, Sheikh Maktoum Al Maktoum, der neue Herrscher von Dubai, und Sheikh Hamdam Al Maktoum, sind ebenfalls ambitionierte Rennstall- und Gestütsbesitzer. Sie haben riesige Zuchtfilialen in England, Irland und Amerika und ihre Rennpferde in der ganzen Welt verteilt. Sheikh Mohammed hat seine Zuchtstätten auf Europa konzentriert. Sein Reich, das unter dem Namen "Darley Stud Management Company" geführt wird, umfaßt in England die Gestüte Dalham Hall, Derisley Wood, Hadrian, Rutland, große Ländereien von Someries Stud, Warren Stud, das von Sheikh Maktoum und Hamdam Al Maktoum genutzt wird, Church Hall Farm, Rockingham Yard und White Lodge Stud. Das Aston Upthorpe Stud läuft auch unter dem Banner von Darley Studs, gehört aber Sheikh Mohammeds jüngerem Bruder Sheikh Ahmed. In Rockingham Yard werden die jungen Pferde antrainiert und Rekonvaleszenten wieder aufgebaut. Es gibt eine Verbindung zum Trainingsgelände von Newmarket-Heath. Das Dalham Hall Stud ist mit seiner erlesenen Hengststation das Flaggschiff des Unternehmens.

Mit Bedacht wählte Scheikh Mohammed damals den Namen „Darley Stud". Als er 1977 sein Vollblutimperium aufbaute, war

Sheikh Mohammed Al Maktoum: Europas führender Vollblutzüchter- und Besitzer.

DALHAM HALL STUD

Der Eingang zum Dalham Hall Stud: kolossal und herrschaftlich.

Die Prominenz im Gestüt: Machiavellian von Mr. Prospector.

das eigentlich kein Neuanfang, sondern er verpflichtete sich der Tradition seiner Vorfahren. Für ihn war es die Fortsetzung einer arabischen Zuchtkultur – und nichts lag näher als dieses Zuchtimperium nach einem der drei bedeutendsten Gründerhengste der englischen Vollblutzucht zu benennen – Darley Arabian.
Auf dem Pferdefriedhof des Gestüts sind so berühmte Pferde wie Honeyway, Great Nephew, Ajdal und Reference Point auf Gedenktafeln verewigt. Championsprinter Honeyway und Great Nephew (Sieger im Prix du Moulin de Longchamp) wurden im Dalham Hall Stud, damals Derisley Stud, geboren und später als Beschäler aufgestellt. Great Nephew, in den 2000 Guineas „mit kurzem Kopf" geschlagen, starb 1986 im Alter von 23 Jahren. Obwohl er 1975 und 1981 Champion-Deckhengst war und die Derbysieger Grundy und Shergar gezeugt hat, bekam er nie die angemessene Anerkennung.

Bis 1942 gehörte das Gestüt zum Compton Park Stud von Sir Alec Black. Nach Blacks Tod kaufte es Lord Milford. Compton Park Stud bestand aus fünf einzelnen Gestüten. Bis zum November 1970 wurde das heutige Dalham Hall Stud unter dem Namen Derisley Stud geführt. In den sechziger Jahren standen hier die drei Rennbahn-Cracks Romulus, Indiana und Tin King, die in den Farben des berühmten Rennstallbesitzers Charles Engelhard liefen. Das damalige Dalham Hall Stud lag 6 1/2 Kilometer entfernt und gehörte Milfords Sohn Jim Philipps. Als Philipps das Dalham Hall Stud verkaufte, übertrug er den Namen auf das Derisley Stud, das er nach dem Tod seines Vaters 1962 übernahm. Er machte daraus ein reines Verkaufsgestüt. Die Pferde wurden für die berühmten Tattersalls Jährlingsauktionen gezüchtet und die Zuchtstätte avancierte zum führenden Verkaufsgestüt in England.

Sheikh Mohammed erwarb das Gestüt 1980. Nachdem die Verkaufsverhandlungen zwischen Philipps und dem Reeder, Züchter und Rennstallbesitzer Stavros Niarchos abgebrochen worden waren, trat Sheikh Mohammed eher zufällig auf den Plan. Er akzeptierte sofort die Bedingung, den gesamten Pferdebestand zu übernehmen. Unter den zehn Mutterstuten befand sich Oh So Fair. Sie war trächtig von Kris und fohlte 1981 die legendäre Oh So Sharp. Die gewann als vierte Stute in diesem Jahrhundert die Triple Crown der Stuten (1000 Guineas, Oaks und St.Leger. Sie folgte damit Pretty Polly (1904), Sun Chariot (1942) und Meld (1955). Um die Vergrößerung der Stutenherde zu ermöglichen, kaufte Sheikh Mohammed die angrenzenden Gestüte und Ländereien auf. Viele Besitzer waren damals in finanziellen Schwierigkeiten. Da kamen die Scheichs aus den aufstrebenden Ölstaaten gerade recht. Der Kronprinz von Dubai investierte riesige Summen für die Renovierung und den Neubau von Koppeln und Stallungen. Die Weiden von Dalham Hall sind nur den Stuten von Sheikh Mohammed vorbehalten. Gaststuten werden in den angrenzenden Gestüten untergebracht.

Im Mittelpunkt des Gestüts stehen heute die Hengste. Acht hochkarätige Beschäler, die bis auf Machiavellian alle in den Farben des Scheichs und des Godolphin Managements erfolgreich waren, residieren in den herrschaftlichen, stilvoll restaurierten Boxen: Halling (v. Diesis), seit 1997 im Gestüt; Lion Cavern (v. Mr. Prospector); Machiavellian (v. Mr. Prospector); Mark Of Esteem, ebenfalls seit 1997 Beschäler; Polish Precedent (v. Danzig); Shareef Dancer, Wolfhound (v. Nureyev) und seit 1998 der Japan- und Dubai-Cup-Sieger Singspiel. Singspiel mußte wegen einer Verletzung, kurz vor seinem geplanten Start im Breeder's Cup Turf, seine glänzende Karriere auf der Rennbahn beenden.

Der beste Sohn von Polish Precedent ist der Gruppe-I-Sieger Pilsudski, der unter anderem den Großen Preis von Baden, die Irish Champion Stakes und die Dubai Champion Stakes gewann, zweimal zweiter im Prix de l'Arc de Triomphe war und mit dem Sieg im Japan Cup am Ende der Saison 1997 einen ganz besonderen Akzent setzte. Pilsudski wurde vierjährig mit dem Racing Award als bestes älteres Pferd ausgezeichnet und ist als Beschäler nach Japan verkauft worden.

Eingang zur Liebeslaube der Hengste: Die Deckhalle ist das Zentrum.

Der älteste unter den Dalham Hall Cracks ist Shareef Dancer. Der 1980 geborene Northern Dancer-Sohn ist Vater von 29 Gruppe-Siegern. Ein Sprung von ihm kostet heute nur noch 5000 Pfund.

Der Star im Gestüt ist Machiavellian, der seine Frühreife vom Vater Mr. Prospector geerbt hat. Der Championzweijährige von 1989 hat in den ersten beiden Jahrgängen seines Deckeinsatzes bereits zwölf Gruppe-Sieger hervorgebracht. Seine Decktaxe beträgt 40 000 Pfund. Die besten Nachkommen des Gruppe-I-Siegers sind Kahal, Majorien, Philantrop, Rebecca Sharp, Titus Livius und Whitewater Affair.

Der jüngste der Beschälerriege ist Mark Of Esteem. Der 2000 Guineas-Sieger von 1997 ist über Darshaan ein Enkel von Shirley Heights. Der überragende Hengst Lammtarra stand in Dalham Hall, bevor er nach Japan verkauft wurde. Er gewann das Epsom Derby und den Prix de l'Arc de Triomphe für das Godolphin-Team.

Die Fohlen von Zafonic im Banstead Manor Stud blicken selbstbewußt in die Zukunft.

BANSTEAD MANOR STUD/NEWMARKET

Im Banstead Manor Stud wurden bereits im 10. Jahrhundert Pferde gezüchtet. Das noble Gestüt liegt in Suffolk, im Südosten von Newmarket. Heute befindet sich die erfolgreiche Zuchtstätte im Besitz des saudiarabischen Prinzen Khalid Abdullah.

Ende des 19. Jahrhunderts kaufte Colonal Harry McCalmont, der Besitzer des riesigen Cheveley Estate, das Banstead Manor Stud. Es gehörte ursprünglich zu den Ländereien des Duke of Rutland. Unter seiner Ägide erblickte hier der spätere Triple-Crown-Sieger Isinglass das Licht der Welt.

1926 übernahm Henry Morriss das Gestüt mit der Absicht, dort seinen Derby- und 2000 Guineas-Sieger Manna als Deckhengst unterzubringen. Morriss hatte den Hengst 1921 als Jährling in Doncaster erworben. Nachdem Manna in zwei klassischen Rennen gesiegt hatte, hoffte sein Besitzer, daß der Hengst in die Hufspuren von Isinglass treten würde. Er gewann die 2000 Guineas vom Start weg und das Derby mit acht Längen. Aber die großen Erwartungen wurden von einem Tag auf den anderen zunichte gemacht, als Manna auf der letzten Station zur Triple Crown, im St. Leger, einen Niederbruch erlitt. Seine Karriere auf der Rennbahn war damit im Alter von drei Jahren beendet. Im Gestüt erwies sich der Sohn des berühmten Phalaris als äußerst erfolgreich. Er zeugte unter anderem die großen Sieger Colombo und Miracle und war Vater bedeutender Mutterstuten, vor allem von Archimadia, die damaligeDreijährigenchampionesse in Italien.

Nach Manna hielten noch weitere hervorragende Hengste als wichtige Beschäler Einzug im Banstead Manor Stud: Chanteur II, Supreme Court, Nearula, Ballymoss, Salvo und Upper Case sowie Shantung, Wollow, Lombard, Ile de Bourbon und Beldale Flutter. Ile de Bourbon, der Vater von Lagunas (vom Gestüt Fährhof), wurde 1987 nach Japan verkauft.

Henry Morriss reiste die meiste Zeit seines Lebens zwischen England und China hin und her. In China war er Generaldirektor sowie Miteigentümer der North China Daily News und betätigte sich im Goldbörsengeschäft. In seiner Freizeit ritt Morriss als Amateur Galopprennen. Das Gestüt blieb nach seinem Tod im Familienbesitz. Das letzte große Rennpferd, das im Besitz von Hugo Morriss, Enkel des Gestütsgründers, im Banstead Manor Stud gezogen wurde, war Persian Heights. Er wurde als Jährling für 25 000 Guineas an Prince Yazid Saud verkauft und gewann die St. James Palace Stakes, bevor er als Syndikats-Deckhengst ins Coolmore Stud ging.

1987 kaufte Prince Khalid Abdullah, ein naher Verwandter König Fahds von Saudi-Arabien, das Traditionsgestüt und unterstellte es der Leitung seiner Juddmonte Farms. Das riesige Zuchtimperium umfaßt neben dem Hauptgestüt Banstead Manor acht Dependancen mit insgesamt 1416 Hektar Land in England, Irland und den USA. Mehr als 150 Stuten stehen in Europa auf den Koppeln der Juddmonte Farms. In den USA sind es noch einmal genauso viele. Khalid Abdullah war der erste der arabischen Rennpferdezüchter und -besitzer, der einen klassischen Sieger in England vom Gestüt holte: Known Fact gewann durch die Disqualifikation von Nurejev 1980 die 2000

Top-Beschäler Zafonic.

BANSTEAD MANOR STUD

Guineas. Der saudiarabische Prinz hatte den Hengst 1978 als Jährling auf den Keeneland July Sales für 225 000 Dollar von seinem Trainer ersteigern lassen. Die Investition hatte sich gelohnt.

1982 erwarb Khalid Abdullah den Hengst Rainbow Quest auf den Fasig-Tipton's Kentucky Summer Sales für die geradezu schwindelerregende Summe von 950 000 Dollar. Der Hengst brachte das Geld, um einiges multipliziert, auf der Rennbahn und im Gestüt wieder ein.

1984 kam Dancing Brave in den Besitz des saudischen Prinzen. Auch dieser Hengst siegte im Prix de l' Arc de Triomphe und deckte anschließend im Dalham Hall Stud. Der von Khalid Abdullah gezogene Super-Hengst Danehill, zur Zeit einer der profiliertesten Beschäler der Welt, wurde für vier Millionen Pfund an das irische Coolmore Stud verkauft.

1990 erzielten die ehrgeizigen Wüstensöhne aus den arabischen Scheichtümern mit ihren Pferden den ganz großen Durchbruch. Ihre Vollblüter, das Zuchtergebnis ihrer in den achtziger Jahren in aller Welt gekauften noblen Stuten und Hengste, galoppierten die Gegnerschaft in Grund und Boden. Sanglamore gewann den Prix du Jockey Club, Quest For Fame siegte im englischen Derby, und Deploy wurde zweiter im Irischen Derby.

Als Khalid Abdullah das Banstead Manor Stud übernahm, ließ er es vollkommen modernisieren. Der öffentliche Teil besteht seither aus einer 50 Hektar großen, separaten Hengststation. Fremde Stuten kommen nur zur Bedeckung hierher, nicht für einen längeren Aufenthalt. Die übrigen 300 Hektar Land stehen ausschließlich den Stuten Khalid Abdullahs zur Verfügung, die aus den verschiedenen Dependancen der Juddmonte Farms zur Bedeckung nach Newmarket gebracht werden.

Etwa 40 Fohlen gehen jedes Jahr als Absetzer nach Irland, wo das Weideland für die Aufzucht junger Vollblüter am besten ist. Im Jährlingsalter werden die Pferde zurückgeholt und in Newmarket in die Rennställe geschickt, wo einzigartige Trainingsbedingungen herrschen.

Die Betreiber der Juddmonte Farms haben immer Wert darauf gelegt, hauptsächlich eigene Hengste als Beschäler aufzustellen. In den alten, wunderschön renovierten Hengstboxen stehen zwei Cracks: Rainbow Quest (Champion-Vererber von Blushing Groom), der seit 1988 im Banstead Manor steht, und Zafonic. Der Tophengst Warning ist nach Japan verkauft worden.

Rainbow Quest ist der Star des Gestüts. Ein Sprung von dem Prix de l' Arc de Triomphe-Sieger kostet stolze 40 000 Pfund. Rainbow Quest entstammt der Nasrullah-Linie und geht über seine Mutter auf Native Dancer zurück. Der kräftige Braune beendete seine Karriere auf der Rennbahn vierjährig mit einem Rating (internationale Klassifizierung/GAG) von 134, das nur ganz wenige Pferde erreichen. Er hat bereits 30 Gruppe-Sieger gezeugt, elf davon waren auf höchstem Level siegreich: Quest For Fame, Spectrum, Saumarez (heute selbst Topvererber), Sunshack, Raintrap, Urgent Request, Knight's Baroness, Sought Out, Armiger und Bright Generation. Die Nachkommen von Rainbow Quest waren Sieger in 460 Rennen mit einer Gesamtgewinnsumme von zwölf Millionen Pfund (Stand 1997).

Der Gone-West-Sohn Zafonic ist ein Enkel des Topbeschälers Mr. Prospector und geht mütterlicherseits über The Minstrel auf Northern Dancer zurück – eine bewährte Pedigree-Kombination. Der vierfache Gruppe-I-Sieger blieb zweijährig ungeschlagen und war zwei- und dreijährig Champion von Europa. Bei seinem Sieg in den 2000 Guineas brach er nach 45 Jahren den Bahnrekord und schlug Barathea mit dreieinhalb Längen. Er ist ein echtes Powerpaket mit einem Stockmaß von 1,70 m. Seit 1994 deckt er im Banstead Manor Stud. Sein Sohn Xaar wurde 1997 als bester Zweijähriger mit dem Racing Award ausgezeichnet.

Beschäler Rainbow Quest.

Die Koppeln des Banstead Manor Stud sind eingebettet in eine herrliche, typisch englische Parklandschaft mit altem Baumbestand.

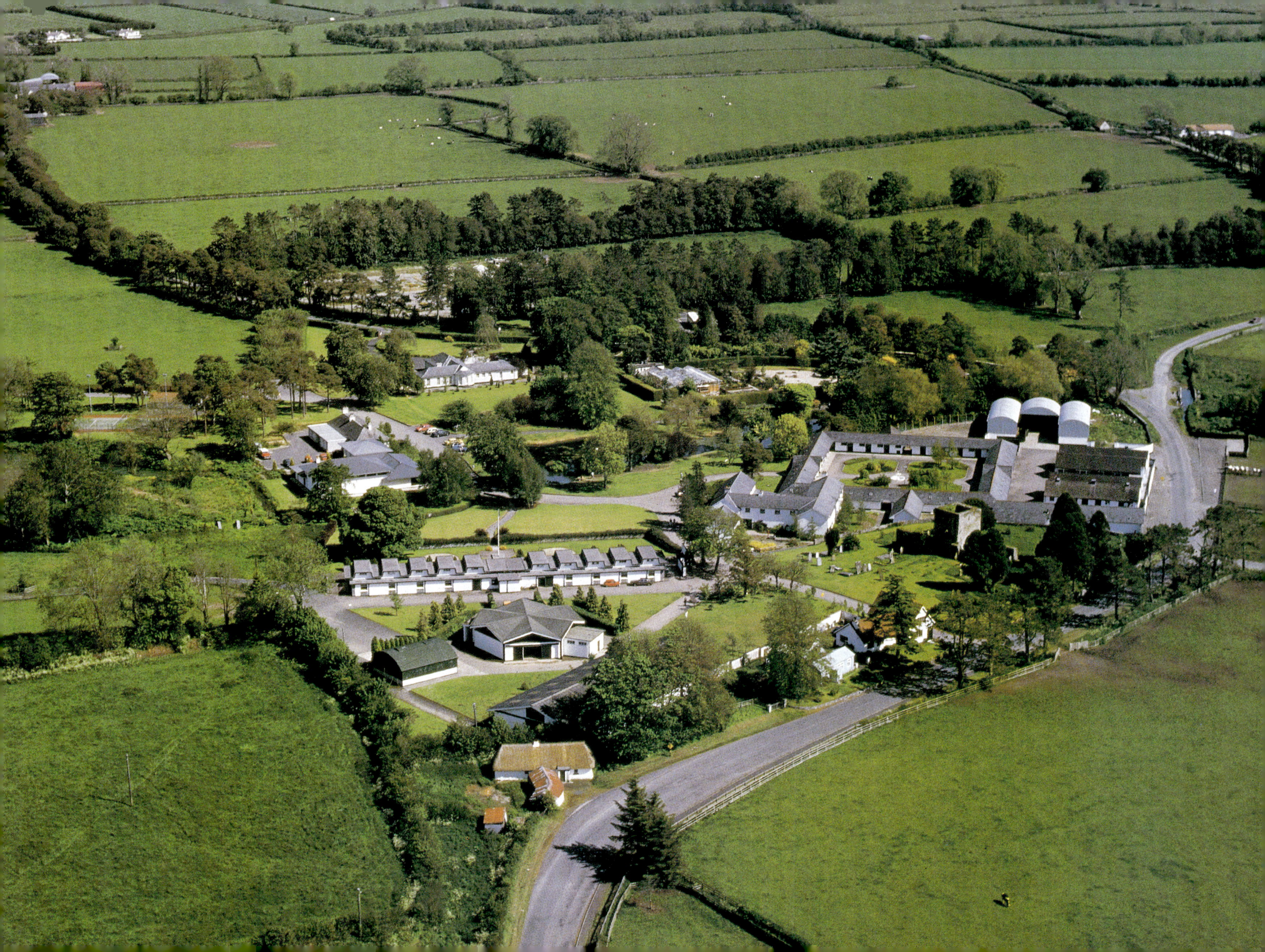

IRISH NATIONAL STUD IN TULLY

Irlands traditionsreichstes Gestüt, ursprünglich englisches Nationalgestüt, befindet sich seit der Unabhängigkeitserklärung im Besitz der Republik Irland.

Irlands bedeutendstes Traditionsgestüt, das Irish National Stud, blickt auf eine nahezu archaische Vergangenheit zurück. Das Gestüt liegt in direkter Nachbarschaft zum Curragh, der Rennbahn, von der Quellen behaupten, daß hier schon zu Zeiten der irischen Highkings Rennen abgehalten wurden. Im Jahre 1212 gründeten Ritter des Malteserordens auf den Ruinen eines keltischen Klosters die „Black Abbey". Vermutlich wurden dort zu jener Zeit die berühmten irischen Hobbies (eine kleine Pferderasse) gezüchtet. Neben den heutigen Stallungen des National Stud befinden sich die Ruinen der Kirche und der kleine Friedhof als steinerne Zeugen jener Zeit.

Nach vielen Besitzwechseln während der folgenden Jahrhunderte kaufte Colonel William Hall-Walker, der spätere Lord Wavertree, im Jahre 1900 das gesamte Besitztum Tully, das sich über eine Fläche von rund 400 Hektar Land erstreckte. Es diente damals der Milchwirtschaft.

Der aus einer wohlhabenden Brauerei-Familie aus Lancashire stammende Hall-Walker war ein exzellenter Pferdekenner. 1910, im Alter von 54 Jahren, gewann er große Point To Point-Rennen. Er war ein Mann von dem Schlag, wie man sie wohl nur in Irland oder England findet – verschroben, kauzig und wunderlich. Tradition und Astrologie bestimmten nämlich Hall-Walkers Handeln auch im geschäftlichen Bereich. Mit seinem scharfen Blick für die Eigenheiten und Bedürfnisse sensibler Vollblutpferde verwandelte er Tully in wenigen Jahren in eines der besten Gestüte Europas. Er war ein Mann mit Visionen und Inspirationen – plante, analysierte, betrieb eine eigenwillige Gestütspolitik. Zur Besinnung und Gedankenfindung ließ Hall-Walker auf dem Gestüt sogar einen japanischen Garten anlegen. Und nach einem seiner aus Japan stammenden Gärtner benannte er den später an König Edward VII. verpachteten Derbysieger Minoru.

Für jedes neugeborene Fohlen wurde ein Horoskop erstellt, und jedes Fohlen, das demzufolge nicht in der Gunst der Sterne stand, wurde verkauft, ohne Rücksicht auf die Qualität von Pedigree und Exterieur. Aber mit seiner Sternkunde konnte Hall-Walker sich auch irren: Nachdem er den Hengst Prince Palatine verkauft hatte, weil seine Sterne schlecht standen, gewann der das St. Leger und zweimal den Ascot Gold Cup.

So sonderbar die Zuchtmethoden des Hall-Walker auch waren, der Erfolg stellte sich ein – schwer zu sagen, ob trotz oder wegen der eigenwilligen Prinzipien. Zwischen 1904 und 1914 brachte die Zucht sieben klassische Sieger hervor, u. a. Minoru (Epsom Derby- und 2000 Guineas-Sieger), den oben erwähnten Prince Palatine und Cherry Lass (Oaks- und 1000 Guineas-Siegerin). Völlig überraschend übergab Hall-Walker 1915 das gesamte Gestüt an die britische Regierung, mit dem Ziel, ein Nationalgestüt zu schaffen: sechs Deckhengste, 43 Zuchtstuten, zehn Zweijährige, 19 Jährlinge und mehr als 300 Shorthorn-Rinder bildeten die Basis des „National Stud" in Irland, als sich das Land noch unter britischer Flagge befand. In der Folgezeit wurden hier Big Game (1939), Blandford (1919) und Sun Chariot (1939 v. Hyperion) geboren. Blandford, ein Großenkel von Isinglass, war dreimal Championdeckhengst in England.

1943, sechs Jahre nach der irischen Unabhängigkeitserklärung, übernahm die junge Republik das Gestüt. Es wurde zum „Irish National Stud" erklärt. Seit jener Zeit entwickelte es sich mit Hilfe der versierten Gestütsleiter Michael Osborne (jetzt im Kildangan Stud) und John Clarke beständig weiter. Eine erstklassige 15köpfige Stutenherde sorgt bis heute dafür, daß das Irish National Stud eine der

Das Irish National Stud ist eine großzügige und freundlich anmutende Anlage.

IRISH NATIONAL STUD

weltbesten Zuchtstätten ist. Hier kam auch Desert King, der irische Derbysieger von 1997, zur Welt. Er steht heute als Beschäler im Coolmore Stud.

Die meisten Pferde, die in Tully aufwachsen, werden als Jährlinge auf den großen Auktionen von Goff's und Tattersall's versteigert. Ein bis zwei vielversprechende Stuten behält die irische Regierung in ihrem Besitz, um sie in den Farben des Präsidenten auf der Rennbahn der Leistungsprüfung für die Zucht zu unterziehen. Durch Zukäufe von bewährten Stuten wird die Herde ständig erneuert.

Ein Komitee, bestehend aus dem Gestütsleiter und den besten Pedigreekennern Europas, erstellt Jahr für Jahr den Zuchtplan für das Gestüt. Chryss O' Reilly, Züchterin des Prix de l' Arc de Triomphe-Siegers Helissio, und Pat Kelly, Züchterin von Salsabil, Snurge und Second Empire, gehören dazu.

1997 wurden 550 Stuten aus aller Welt im Irish National Stud gedeckt. Die sieben erstklassigen Hengste, die Hauptakteure des Gestüts, bewohnen die exponierteste Stelle der Anlage: Ihre Stallungen liegen auf dem Hügel im Zentrum von Tully. Ungewöhnlich sind die laternenartigen Fenster der Stallanlage an der Spitze des Daches. Hall-Walker hat seine Spuren hinterlassen: Man sagt, sie sollen die Hengste dazu bringen, zu den Sternen zu schauen. Auf jeden Fall sorgen sie für eine hervorragende Belüftung.

Im November 1946 erwarb das Gestüt den Nearco-Sohn Royal Charger, dessen Mutter Sun Princess eine Halbschwester von Nasrullah war, und 1953 folgte der Derbysieger Tulyar aus der Zucht des Aga Khan. Er wechselte für 250 000 Pfund ins Irish National Stud über. Tulyar war zweifacher klassischer Sieger und gewann die King George VI and Queen Elizabeth Diamond Stakes sowie die Eclipse Stakes. 1965 kam der Hengst Giolla Mear in Tully zur Welt, der das irische St. Leger gewann und sich in Tully als Vererber erstklassiger Steepler profilierte.

Einer der großen Vererber war Lord Gayle: Caroll House, der Prix de l' Arc de Triomphe-Sieger von 1989, ist sein bester Nachkomme. Sein Sohn Strong Gale ist führender National Hunt-Vererber aus der Zucht des Baronrath Stud, dem ehemaligen irischen Ableger des Gestüts Röttgen. Seine Nachfahren haben über eine Million Pfund auf der Hindernisbahn eingelaufen.

Auch Tudor Music, ein Sohn des großen Tudor Melody, und Sallust wirkten erfolgreich im Irish National Stud. Sein in Tully geborener Sohn Tap On Wood, Sieger in den englischen 2000 Guineas, deckte hier, bis er 1985 nach Japan verkauft wurde. In den späten achtziger Jahren tat sich vor allem Ahonoora in Tully hervor. Zu seinen erfolgreichsten Nachkommen gehören Don't Forget Me, der sowohl in den englischen wie auch in den irischen 2000 Guineas die Nase vorn hatte, der Epsom Derby-Sieger Dr Devious, Park Appeal, Park Express, Ball Park, Ruby Tiger und Topanoora. Viele seiner Söhne und Enkel sind heute schon im Deckeinsatz. Dr Devious steht im Coolmore Stud, Indian Ridge und Idris in Tully.

1998 stehen den Züchtern sieben Beschäler im Irish National Stud zur

Die Fohlensaison wirft Fragen auf: Wer wird ein Champion?

IRISH NATIONAL STUD

Verfügung. Der 1985 geborene kompakte Fuchs Indian Ridge verfügt über ein Weltklassepedigree, das völlig frei von Northern Dancer-Blut ist und deshalb als Outcross-Anpaarung besonders geeignet. Die Fohlen von Indian Ridge erzielen derzeit auf den Auktionen gute Preise: 1996 betrug der Durchschnittspreis seiner Fohlen 100 000 Pfund und der Spitzenpreis 450 000 Pfund. Die Bedeckung einer Stute von ihm kostet stattliche 30 000 irische Pfund – nicht zu Unrecht: Seine Tochter Ridgewood Pearl zum Beispiel gewann vier Gruppe-1-Rennen, darunter die Breeder's Cup Mile. Sie war 1995 Championesse von Europa. Ihr Vollbruder Ridgewood Ben deckt seit 1996 in Tully.

Große Hoffnungen ruhen auf Ashkalani. Der Soviet Star-Sohn entstammt der Zucht des Aga Khan, dem heute 25 Prozent der Anteile gehören. Ashkalani verbringt zusammen mit seinem Stallgefährten Flying Spur den Winter als Shuttle-Hengst in Australien. Der 1992 in Australien geborene Flying Spur galoppierte dort über zwei Millionen Austral-Dollar zusammen. Der große, langbeinige Danehill-Sohn gewann in seiner Heimat drei Gruppe-I-Rennen und schlug dabei in den Golden Slipper Stakes den großartigen Octagonal. 1996 bezog er die Beschälerbox in Tully. Der Storm Bird-Sohn Magical Wonder steht seit 1988 im Gestüt. Dieser stattliche Fuchs ist auch für den kleinen Züchter erschwinglich.

Auch gute National-Hunt-Hengste waren im National Stud im Deckeinsatz. Sie lieferten Pferde für die in Irland sehr geschätzten Steeplechase-, Hürden- und Point-to-Point-Rennen. Zu diesen Spezialisten gehörte der 1977 nach Tully gekommene Crash Course.

Seine Nachkommen sind echte Steepler-Cracks: Maid Of Money gewann 1989 das Irish Grand National und Jodami 1992 den Cheltenham Gold Cup. Be My Native starb nach erfolgreicher Beschälerkarriere 1997 im Coolmore Stud. Seit 1998 ist kein National-Hunt-Beschäler mehr in Tully.

Ein großer Bereich des Gestüts steht den Gaststuten zur Verfügung. Dazu gehören 100 der 350 Boxen des Gestüts. Bis zu 550 Stuten grasen in der Deck- und Abfohlsaison auf den Koppeln des Nationalgestüts. Mit rund 250 Fohlengeburten im Jahr ist das Gestütspersonal rund um die Uhr beschäftigt.

Über 300 Hektar Grasland umfaßt die Gestütsanlage, das von Shorthorn-Rindern nachgeweidet wird. Die hellen, freundlichen Stallungen sind in verschiedene Bereiche unterteilt, die nach den berühmtesten Rennpferden der Gründerjahre benannt sind: Sun Chariot, Minoru, Black Cherry und Blandford.

Das Angebot von Seminaren und Kursen zum Thema Zucht und Haltung hat dem Irish National Stud den Ruf einer Pferde-Universität verschafft. Besonders beliebt ist der Thoroughbred-Breeding-Course, der während der Decksaison abgehalten wird. Von den 20 Teilnehmern kommen im Schnitt sieben aus dem Ausland.

Eine große wirtschaftliche Bedeutung spielt der Tourismus, der einen wichtigen Beitrag zur finanziellen Absicherung des Gestüts leistet. Um die 150 000 Besucher kommen jährlich nach Tully zur Besichtigung: Der japanische Garten, der als einer der schönsten Europas gilt, und das Pferdemuseum sind eine zusätzliche Attraktion auf dem Nationalgestüt.

Beschäler Indian Ridge: ein Hengst mit Weltklasse-Pedigree.

Stuten und Fohlen auf dem Weg nach Hause an die Futterkrippe.

MOYGLARE STUD IN KILDARE/IRLAND

Das Moyglare Stud ist die Heimat zahlreicher berühmter Pferde, die in den Farben vieler großer Rennstallbesitzer auf der ganzen Welt erfolgreich waren und sind. Bikala und Assert gehören dazu sowie die Klassestute Dance Design.

Im Nordosten der Grafschaft Kildare, in Irlands beliebtestem Jagdgebiet, liegt das Gestüt des Schweizers Walter Haefner. Ende der 50er Jahre kam Haefner auf die Insel, um aus gesundheitlichen Gründen zu reiten. Aus dem Gesundheitsreiten und dem Kontakt zu Vollblutpferden erwuchs dann seine Leidenschaft für den Galopprennsport. Er begann Rennen zu reiten und brachte es sogar zum Europameister der Amateurrennreiter. Im gleichen Jahr kaufte er eine Farm mit dem hochgesteckten Ziel, daraus eine der besten Zuchtstätten der Welt zu machen. Er hat es geschafft.

Zirka 150 Hektar umfaßt das Moyglare Stud. Die Stallgebäude sind aus grauem und ockerfarbenem Bruchstein gebaut und wirken ländlich-rustikal. Üppiges Grün wuchert an Wänden und Spalieren, im Garten blühen Rosen zwischen Buchsbäumen und Hecken.

Haefner ist mehr als nur Gestütsbesitzer. Er ist sowohl in kommerziellen als auch in züchterischen Angelegenheiten die treibende Kraft des Betriebs. Schon früh interessierte er sich für die amerikanische Vollblutzucht. Im Jahre 1972 kaufte er die erstklassige Mutterstute What A Treat, tragend von Vaguely Noble, für 410 000 Dollar - damals eine Rekordsumme für eine Stute. Im folgenden Jahr paarte man What A Treat mit dem Superhengst Northern Dancer. Das Ergebnis war ein echtes Meisterstück, nämlich der berühmte Be My Guest, der als Jährling – genau wie seine Mutter – einen Rekordpreis erzielte. Er kam 1975 auf der Auktion der Goff's Sales für 127 000 irische Guineas (rund 130 000 Pfund) unter den Hammer. Noch heute gehört er zu den drei großen betagten Topbeschälern von Coolmore. Zwei seiner berühmtesten Nachkommen wurden ebenfalls im Moyglare Stud geboren: Assert (Sieger im Irish Derby, im Prix du Jockey Club, im Benson and Hedges Gold Cup und Vater von All My Dreams) und Go And Go, der als erstes in Europa trainiertes Pferd ein Triple Crown-Rennen in Amerika gewinnen konnte: die Belmont Stakes 1990.

Die Zuchtstätte Moyglare war zunächst ein reines Verkaufsgestüt. Sie erreichte Spitzenpositionen in den Verkaufslisten, unter anderem bei den Auktionen in Kill, Deauville und Keeneland. Dennoch war die wirtschaftliche Situation schwierig. Oft zeigte sich der eigentliche Wert dieser Pferde erst, nachdem sie als Jährlinge verkauft waren. Die Halbbrüder Assert und Bikala beispielsweise, beide später Sieger im Prix du Jockey Club, verließen das Gestüt als Jährlinge für rund 25 000 irische Pfund. Nach ihrer Glanzkarriere auf der Rennbahn stieg ihr Wert ins Unermeßliche. Assert wurde für 25 Millionen Dollar syndikalisiert. Haefner zog schließlich die Konsequenz und begann, für den eigenen Rennstall zu züchten. Der Erfolg ließ nicht lange auf sich warten. Go And Go, Gewinner der Belmont Stakes, und Brief Truce, Sieger in den St. James Palace Stakes, brachten die schwarz-roten Farben des Moyglare Stud unter die Top-Ten der „Owner-breeder", der Züchter für den eigenen Rennstall. Mit exzellentem Gewinn verkaufte Haefner die Hengste, nach erfolgreicher

Das Eingangstor zum Gestüt.

MOYGLARE STUD

Nachwuchs im Moyglare Stud.

Ehepaar Haefner auf der Rennbahn.

Rennkarriere in seinen Farben, als Beschäler in die USA und ins Coolmore Stud (Irland), denn eine Deckstation gibt es im Moyglare Stud nicht.

Trainiert werden die Pferde bei D. Wayne Lukas in den USA und bei Dermot Weld in Irland, einem der profiliertesten und kontinuierlich erfolgreichsten Trainer der Grünen Insel. Zu den großen Siegern des Moyglare Stud gehören die Hengste Big Shuffle (Sieger in den Cork and Orrery Stakes), heute erfolgreicher Beschäler im Gestüt Auenquelle in Deutschland, Carwhite (Sieger im Prix d'Ispahan), Executive Perk, der heute zur National-Hunt-Beschälerriege des Coolmore Stud gehört, Low Key Affair (Breeder's Cup-Sieger), Market Booster, die das Bayerische Zuchtrennen gewann, Japan Cup-Sieger Stanerra, Trusted Partner (Irish 1000-Guineas-Sieger) und Twilight Agenda (Meadowslands Cup-Sieger und Zweiter im Breeder's Cup Classic).

Bei den Tattersalls December Sales 1997 setzte wieder ein im Moyglare Stud gezogenes Pferd eine neue Rekordmarke: Die klassische Siegerin Dance Design, eine Tochter des Topvererber Sadler's Wells, verließ den Auktionsring nach einem spannenden Bieterduell zu dem höchsten Preis, der je in Europa für eine Stute bezahlt wurde. Der in Amerika ansässige indische Computer-Tycoon Satish Sanan hielt bis zuletzt durch und erwarb die Stute für 2,5 Millionen Pfund. Sie gewann die Irish Oaks und zweimal die Pretty Polly Stakes. Die Erfolge gehen zu einem großen Teil auf das Konto des namhaften Pferdekenners Stan Cosgrove, der seit 1971 Gestütsleiter im Moyglare Stud ist. Cosgrove ist einer der versiertesten Hippologen in Irland. Er gilt als ein Vertreter der harten Aufzucht, das heißt, alle Stuten mit Fohlen und die Jährlinge verbringen Tag und Nacht im Freien. Die Zahl der Stuten wird auf rund 30 in Irland und 20 in Amerika begrenzt.

Moyglares prominente Stute Grenzen ist, nachdem sie ihr letztes Fohlen geboren hatte, 1998 im Alter von 23 Jahren in Pension gegangen. Ihre erste Tochter, Irish Edition, brachte den Belmont Stakes-Sieger und irischen Champion Go And Go. Ihre zweite Tochter ist die Mutter von Munaaji.

Die Jährlinge werden im Moyglare Stud angeritten, bevor sie in die Trainingsställe überwechseln.

Blick auf das Gilltown Stud in Kildare.

H.H. AGA KHAN STUDS/KILDARE

Erfolg züchtet Erfolg – so läßt sich die Zucht des Aga Khan auf den Punkt bringen. Seit vier Generationen hat sich die Herrscherfamilie der Ismailiten dem Vollblut verschrieben.

Prinz Karim El Huseini Shah Aga Khan IV. ist 49. Imam, geistliches und weltliches Oberhaupt der Ismailiten (einer moslemischen Sekte). Die Ismailiten waren ursprünglich im Iran, später auch in Indien, Syrien und Afrika beheimatet. Heute lebt die Mehrzahl im Norden Pakistans. Der 3. Aga Khan (1877-1957) wurde geadelt und war eine internationale Berühmtheit. Der 4. Aga Khan ist sein Enkel Karim, 1937 in Genf geboren. Der heute 61jährige ist als Imam der Ismailiten Oberhaupt von fast 20 Millionen Moslems und einer der reichsten Männer der Welt. Nach unseren westlichen Vorstellungen erstaunlich, daß ein Imam, ein geistliches Oberhaupt, so aktiv Leistungssport betreibt: Der Aga Khan nahm als junger Mann 1964 als Abfahrtsläufer an den Olympischen Spielen von Innsbruck teil. „Der Sport formte meinen Charakter", sagte der Ismaelitenführer einmal in einem Interview mit der Zeitschrift „Sports". Schon sein Ur-Urgroßvater, der erste Aga Khan, hatte den Galoppsport erfolgreich betrieben. Der zweite Aga Khan besaß einen Rennstall in Bombay.

Seit Mitte des 19. Jahrhunderts lebt die Herrscherfamilie ohne Staat in Frankreich. Die Erziehung der Kinder erfolgt in der Schweiz und in England, dem Heimatland des Vollbluts. Karim Aga Khan wurde in einem Internat in Genf erzogen und hat an der Harvard University studiert.

Kurz vor seinem Tod 1957 ernannte der Aga Khan III seinen Enkel Karim, über den Kopf seines ältesten Sohnes hinweg, zu seinem Nachfolger. Sein Sohn Prinz Aly Khan jedoch übernahm den Zucht- und Rennstall. Er war ein Mann mit einer charismatischen Ausstrahlung und liebte das gesellschaftliche Leben. Er heiratete in zweiter Ehe die Schauspielerin Rita Hayworth. Als er 1960 bei einem Unfall ums Leben kam, ging das große Erbe, der Zucht- und Rennbetrieb mit fast 200 Angestellten, an den damals 23jährigen Aga Khan IV.

Das Jahr 1960 war äußerst erfolgreich für die Aga Khan Studs. Prinz Aly Khan stand mit seinen Pferden in der französischen Statistik im Jahr seines Todes an der Spitze der Züchter und Besitzer. Der Hengst Charlottesville siegte 1960 im Prix Du Jockey Club und im Grand Prix de Paris, Sheshoon gewann den Ascot Gold Cup und den Grand Prix de Saint Cloud sowie den Großen Preis von Baden, Petite Étoile siegte im Coronation Cup und Venture VII in den St. James Palace Stakes und in den Sussex Stakes.

Viele der Angestellten in der damaligen Zentrale in Chantilly, im Nordosten von Paris, waren schon über 30 Jahre im Betrieb. Auch Starjockey Yves Saint-Martin gehörte zum Team.

Fast 20 Millionen Mark pro Jahr müssen aufgewendet werden, um den Gestüts- und Rennbetrieb mit mehr als 120 Pferden im Training erfolgreich zu führen. Die Pferde liefen das Geld jedoch wieder ein. In den Spitzenzeiten der Aga Khan Studs, in den sechziger Jahren, erreichten die Tiere in den berühmten rot-grünen Farben des Imam einen Schnitt von einem Sieg auf vier Starts.

Prinz Karim El Huseini Shah Aga Khan IV.

H.H. AGA KHAN STUDS

Doyoun ist ein Sohn des berühmten Linienbegründers Mill Reef.

Die Zucht der Aga Khan Studs wurde unter anderem von der Stute Sapience geprägt. Der Aga Khan III erwarb sie im Jahre 1921 auf der Jährlingsauktion in Deauville. Ihr Enkel Samos gewann 1935 den Prix de l'Arc de Triomphe. 1921 kam die Stute Teresina ins Gestüt. Später folgten Diophon, Friar's Daughter, die Mutter von Triple-Crown-Sieger Bahram, und vor allem Mumtaz Mahal, genannt „the flying filly". Sie ist bis heute unvergessen, besonders durch ihre Tochter Mumtaz Begum, die 1949 den großartigen Vererber Nasrullah fohlte.

Der Aga Khan III, der fünfmal das Derby gewann, war ein geschäftstüchtiger Mann, der beim Gebot eines guten Preises auch bereit war, so großartige Pferde wie Bahram und die Epsom Derby-Sieger Blenheim und Mahmoud zu verkaufen. Alle drei Pferde gingen als Beschäler nach Amerika. Blenheim kam auf die berühmte Calumet Farm und zeugte dort den herausragenden Whirlaway.

1922 kaufte der Aga Khan III die Rinderfarm Sheshoon, direkt am Curragh in Kildare gelegen. Es war damals kaum vorstellbar, daß dieser Bauernhof zur Gründung eines Vollblutimperiums führen würde, das seit 75 Jahren Bestand hat und immer weiter ausgedehnt wurde.

Konsequente Arbeit nach dem Slogan „Erfolg züchtet Erfolg" machte die Aga Khan Studs zu einer der renommiertesten Zuchtstätten der Welt. Der Pferdebestand setzt sich zum überwiegenden Teil aus selbstgezüchteten Tieren zusammen. Vor allem die Stutenlinien des Aga Khan sind weltberühmt. 160 feine Pferdedamen sorgen heute für den Erhalt der exquisiten Traditionszucht.

Das Zuchtzentrum des Aga Khan liegt heute in Irland. Die alten Zuchtstätten in Frankreich, das Haras De St. Crespin und das High-Tech-Gestüt Bonneval sind verwaist. Auf 450 Hektar bestem Weideland des Sheshoon Stud wachsen die Fohlen bis zum Jährlingsalter heran, um dann in die Rennställe überzuwechseln. Bahram, Blushing Groom, Shahrastani, Mouktar, Vayrann und viele andere wuchsen hier auf.

Das benachbarte Gilltown Stud ist die Heimat der in Irland aufgestellten Beschäler des Aga Khan, während in Sallymount alle anderen Aktivitäten des Zuchtgeschehens abgewickelt werden. Ghislain Drion ist Leiter beider Gestüte mit 80 Angestellten. Mit viel Liebe für die irische Landschaft, ihre Kultur und Geschichte hat er die Ruinen einer frühchristlichen Abtei und zwei Befestigungsanlagen aus dem Neolithikum und aus der Wikingerzeit in Sallymount und Gilltown erhalten. Die Park- und Weidelandschaften seiner Gestütsanlagen ähneln einem großen Wildreservat, wo Fauna und Flora geschützt werden.

Trainer der in Irland stationierten Pferde aus dem Rennstall des Aga Khan ist John Oxx. Sein Trainingsstall liegt unmittelbar neben den Tribünen der Rennbahn des Curragh.

Aiglemont bei Chantilly ist die Zentrale des Rennbetriebs. Hier hat der Aga

Khan auch seinen Wohnsitz, und hier führen alle Fäden des weitverzweigten Vollblutunternehmens zusammen.

1978 übernahm der Aga Khan die Pferde des berühmten französischen Züchters Marcel Boussac, inklusive Fohlen und Jährlinge. Mit dem Ziel, ein derartig wertvolles Zuchtpotential nicht in alle Welt zu zerstreuen, hatte er bereits die Pferde von Francois Dupré gekauft. Unter den Tieren von Boussac befand sich auch der Klassehengst Akarad, der den Grand Prix de Saint-Cloud gewann und hervorragender Beschäler wurde.

Über siebzig Gruppe-I-Rennen gewannen die Pferde aus der Zucht des Aga Khan: dreimal das Epsom Derby und dreimal das irische Derby mit Shergar, Shahrastani, Kahyasi, viermal den Prix du Jockey Club mit Top Ville, Darshaan, Mouktar, Natroun, 1961 den Coronation Cup mit Petite Etoile, 1988 die 2000 Guineas mit Doyoun, 1985 den Preis von Europa mit Sumayr, 1982 den Prix de L' Arc de Triomphe mit Akiyda, fünfmal den Poule d' Essai des Poulains mit Zeddaan 1968, Kalamoun 1973, Blushing Groom 1977, Nishapour 1978, Ashkalani 1996 und den Breeder's Cup Turf 1984 mit Lashkari – um nur einige Höhepunkte zu nennen.

Die Beschäler Darshaan, Doyoun und Kahyasi stehen in der Hengststation des Aga Khan im Gilltown Stud, zirka zwölf Kilometer vom Sheshoon Stud entfernt. Die beiden Hengste Akarad und Darshaans Sohn Zayyani (a.d. Zariya v. Blushing Groom) befinden sich in Syndikatsbesitz in der Normandie.

Darshaan (geb. 1981 a.d Delsy v. Abdos) stammt über seinen Vater Shirley Heights von dem berühmten Mill Reef ab. Er hat bis dato 16 Gruppe-Sieger gezeugt, darunter die Gruppe-I-Sieger Kotashaan, Mark Of Esteem, der heute im Dalham Hall Stud als Beschäler steht, Key Change, Hellenic und Kotashaan. Darshaans Nachkommen haben insgesamt über sieben Millionen Pfund an Rennpreisen eingelaufen.

Als Urenkel von Nasrullah und Sohn von Mill Reef vertritt Doyoun eine der Erfolgslinien des Aga Khan. Der Dunkelbraune siegte in zwei Rennjahren unter anderem in den 2000 Guineas und hat bis 1997 14 Stakes-Sieger hervorgebracht.

Kahyasi war 1988 Champion-Dreijähriger in Irland.

Kahyasi (geb.1985 a. d. Kadissya v. Blushing Groom), der über seinen Vater Ile De Bourbon (v. Nijinsky) auf Northern Dancer zurückgeht, ist wie bereits erwähnt, zweifacher Derbysieger des Jahres 1988. Zwei- und dreijährig gewann er bei sieben Starts fünf Rennen und war 1988 Champion der dreijährigen Hengste in Irland. Zu seinen besten Nachkommen zählen Shemaran und Massyar sowie die Stuten Vereva (Siegerin im Prix de Diane), Shamadara, Shaiybara, die Bayrika, Danseuse Du Nord und Zainta (Siegerin im Prix Saint Alary und im Prix de Diane 1998). Zainta ging in vier Rennen ungeschlagen in das Gruppe-I-Rennen und unterstreicht die Topform des Aga Khan-Rennstalls.

KILDANGAN UND RAGUSA STUD IN KILDARE/IRLAND

Das Kildangan Stud von Sheikh Mohammed Al Maktoum zeugt von langer irischer Zuchttradition.

Sheikh Mohammed Al Maktoums Zuchtimperium in Irland umfaßt, neben einigen kleineren Dependancen, vor allem das Kildangan und das Ragusa Stud. Das ausgeglichene Klima, erstklassiges Weideland und eine Gestütsleitung mit Vollblut-Know-how lassen herausragende Rennpferde gedeihen.

Schmale Straßen führen in das ländliche Innere Irlands, in die Grafschaft Kildare. Hohe Hecken säumen die Wege, die wie Tunnel wirken, und die hohen, doppelreihigen Holzzäune auf den sattgrünen Wiesen verraten schon die Bestimmung dieser Gegend: die Pferdezucht. Das Kildangan Stud liegt hinter einem mächtigen Portal. Die Tore öffnen sich dem Besucher automatisch, und eine gepflegte Rasenlandschaft breitet sich vor ihm aus. Der Eingang der Gestütsverwaltung gleicht dem Eingang eines Grand Hotels. Das ist nicht verwunderlich, denn Kildangan Stud ist die irische Zentrale des Kronprinzen von Dubai, Scheich Mohammed Bin Rashid Al Maktoum.

Das Hauptgebäude ist von 1870, der alte Hof wurde in den zwanziger Jahren von Dominic More O'Ferrall erbaut, dessen Hauptinteresse den Huntern (den Jagdpferden) galt. Sein Sohn Roderic More O'Ferrall erweiterte die Anlage zu einem repräsentativen Vollblutgestüt. Bereits in den dreißiger Jahren gehörte es zu den bedeutendsten der Insel. More O'Ferrall war sowohl Züchter als auch einer der erfolgreichsten Trainer Irlands. Er hat 330 Sieger trainiert. Allein elf klassische Sieger sind in Kildangan aufgewachsen. Einer der bedeutendsten Hengste war der Bold Ruler-Sohn Bold Lad, der später im Corbally Stud als erfolgreicher Beschäler wirkte. Viele wertvolle Stutenfamilien lebten damals in Kildangan. Über die Nachkommen sind ihre Zuchtlinien bis heute lebendig. 1986 übernahm Sheikh Mohammed das Gestüt und machte es zu seiner Zuchtbasis in Irland. 1989 begann er, nach und nach seinen Grundbesitz in Irland auszudehnen. Er kaufte das Ragusa Stud, das unweit der Wicklow Mountains liegt, benannt nach dem gleichnamigen Hengst, der im nahegelegenen Loughtown Stud geboren wurde und 1963 das irische Derby und das St. Leger gewann.

1990 erwarb Sheikh Mohammed das Old Connell Stud bei Newbridge, ein Jahr später das in Clane gelegene Blackhall Stud und zuletzt das Ballymany Stud, das vorher dem Aga Khan gehörte. Fast 800 Hektar erstklassiges Weideland stehen heute dem irischen Vollblutreich des Scheichs zur Verfügung.

Viele erfolgreiche Rennpferde haben im Kildangan Stud das Licht der Welt erblickt: Barathea, Belmez, Carnegie (Sieger im Prix de l'Arc de Triomphe von 1994), Creator, In The Wings, Intrepidity, Mtoto, Opera House, Royal Gait, Shaadi, Wolfhound und Zieten. Viele sind heute hervorragende Deckhengste im Ragusa Stud, im Dalham Hall Stud oder in anderen namhaften Gestüten.

Die seit der Übergabe des Besitzes an Sheikh Mohammed neu errichteten Gebäude zeichnen sich durch viel Liebe fürs Detail aus und bilden eine architektonische Einheit. Ein Park, in dem zahlreiche Pflanzenarten gedeihen und 200 Jahre alte Baumriesen stehen, sorgt für eine gepflegte, beschauliche Atmosphäre. Eine Allwetter-Trainingsbahn, eine 1400 m lange Graspiste und eine

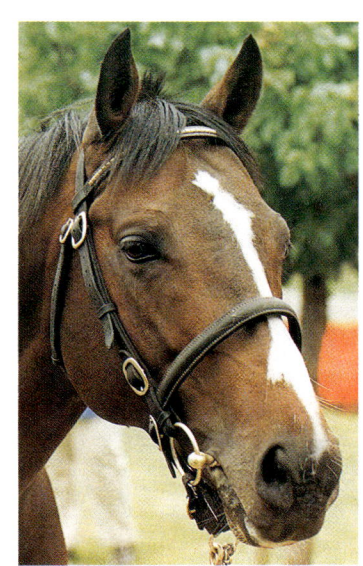

Beschäler Pennekamp.

KILDANGAN UND RAGUSA STUD

Der Innenhof des Kildangan Stud, das in den zwanziger Jahren erbaut wurde.

Der Klassevererber In The Wings zog 1991 im Ragusa Stud ein.

Reithalle bieten beste Bedingungen zum Anreiten der Jährlinge. Die Dependance Ragusa Stud beherbergt die Beschäler des Darley Stud Managements in Irland.

Der Star im Gestüt ist der Sadler's Wells-Sohn In The Wings (a. d. High Hawk v. Shirley Heights). In seinem Pedigree sind die Erfolgslinien von Northern Dancer und Mill Reef vereinigt und in seiner Erscheinung bringen diese Hengste ihre Dominanz in der Vererbung zum Vorschein: Auch In The Wings ist, wie seine Stammväter, nicht größer als 1,56 m im Stockmaß. Er gewann drei Gruppe-I-Rennen, vor allem den Breeder's Cup Turf, den Coronation Cup und den Grand Prix de Saint Cloud. Als Vererber bringt er die Durchsetzungskraft des besten Northern Dancer-Sohns Sadler's Wells mit: Singspiel (Sieger unter anderem im Japan Cup, im Dubai World Cup, in den Canadian International Stakes und im Coronation Cup – alles Gruppe-I-Rennen), Winged Love (Gewinner des Irish Derby), Anabaa (Beschäler im Haras du Quesnay) und Irish Wings (siegreich im Golden Gate Handicap) sind bisher seine besten Nachkommen. Lycius, der Sohn des herausragenden amerikanischen Beschälers Mr. Prospector und einer Stute von Lyphard, steht seit 1992 im Ragusa Stud. Sein erfolgreichster Stammhalter ist der Gruppe-I-Sieger Hello. Der in vierter Generation auf Northern Dancer gezogene Pennekamp, Sohn von Bering, geb. 1992, a. d. Coral Dance v. Green Dancer, deckt seit 1997 in Ragusa. Er ist Sieger der 2000 Guineas, der Dewhurst Stakes und des Prix de la Salamandre und war als Zwei- und Dreijähriger Champion in Frankreich.

Die Irish Oaks, ein klassisches Rennen für dreijährige Stuten, das seit 1895 stattfindet, wird heute vom Kildangan Stud gesponsert. Austragungsort ist der Curragh, Irlands Paraderennbahn.

Das Anreiten der Jährlinge erfolgt in der ruhigen, gewohnten Umgebung des Kildangan Stud.

Danehill, Europas Vize-Championbeschäler von 1997, verkörpert Kraft, Potenz und Siegeswillen.

COOLMORE STUD FARMS/TIPPERARY

Hengste der Superlative, ausgedehnter Grundbesitz, Macht, Erfolg und Big Business: Das sind die Coolmore Studs. Das Vollblutimperium hat sein Zentrum in Irland und seine Ableger in den USA und in Australien.

Die Grafschaft Tipperary wird gewöhnlich als das grüne Herz Irlands bezeichnet. Oft hängen graue Regenwolken über dem „Golden Vale", wie es die Iren nennen. Im Sommer leuchtet die fruchtbare Ebene farbenfroh zwischen den dunklen, bewaldeten Hügeln. In Tipperary scheint alles im Übermaß zu gedeihen. Nicht verwunderlich, daß gerade auf diesem begnadeten Fleckchen Erde eines der führenden Vollblutgestüte der Welt entstand. Coolmores Hengststation ist mit ihren Filialen in den USA (Ashford Stud) und Australien die größte der Welt. 54 hochkarätige Deckhengste stehen in den Coolmore Studs, davon 16 in der amerikanischen Dependance. Die hochmoderne Zuchtanlage wurde erst 1975 von den drei Vollblutmagnaten John Magnier, Robert Sangster und Vincent O'Brien gegründet.

Magnier stammt aus County Cork. Er ist Managing-Partner der Coolmore Stud Farms. Seine Familie engagiert sich bereits seit Generationen in der Vollblutzucht Südirlands. Zu ihren hervorragenden Hengsten zählten Cottage, Fortinal, Wrekin, Rambler, Even Money und Deep Run, der von 1993 bis '97 Champion der National-Hunt-Beschäler in Irland war.

In den späten achtziger Jahren war Magnier als Mitglied des irischen Senats politisch aktiv und ist heute in den Organisationen des irischen Rennsports und der Vollblutzucht vertreten. Magnier, dem die Passion für das Vollblut schon in die Wiege gelegt wurde, lebt mit seinen Pferden Seite an Seite. Er bewohnt mit seiner Frau Susan und den fünf Kindern ein Haus direkt auf dem Gestüt. Seine Rennpferde laufen in den gelb-schwarzen Farben seiner Frau und denen seines Partners Michael Tabor. Hierzu zählen die Gruppe-I-Sieger Desert King, Entrepreneur, Honour And Glory, Saratoga Springs, Second Empire, Victory Speech, King Of Kings, Grape Tree Road und Turtle Island. Magnier war Mitzüchter der Epsom Derby-Sieger Generous und Dr Devious.

Robert Sangster, Erbe der Lotteriegesellschaft Vernons Pool, ist in London ansässig und einer der mächtigsten Männer der Turfszene: Er ist Besitzer eines Rennstalls mit 90 Pferden, verteilt über die ganze Welt, und des Swettenham Stud in Irland. Anfang der siebziger Jahre kaufte Sangster alle interessanten, vielversprechenden Jährlingshengste auf und baute mit absoluter Konsequenz eine Hengststation der Superlative auf. Er begab sich mit seinen Beratern Vincent O'Brien und John Magnier auf eine regelrechte Eroberungstour zu den weltbesten Zuchtstätten und Auktionen. Schon lange vor den Verkaufspräsentationen inspizierten die Vollblutmagnaten alles, was Topabstammung und Namen hatte, boten auf den Auktionen, was das Zeug hielt, und verursachten eine regelrechte Inflation auf dem Vollblutmarkt. Der Erfolg dieses Kreuzzugs folgte auf dem Fuße: Drei Champions waren unter den Pferden, die das Trio mit Kennerblick unter den Tausenden der vielversprechenden Youngsters herauspickte: The Minstrel gewann das englische und das irische Derby, Artaius die Eclipse und die Sussex Stakes. Alleged, den der wachsame Businessman zweijährig von Monty Roberts erwarb, siegte im Prix de l' Arc de Triomphe.

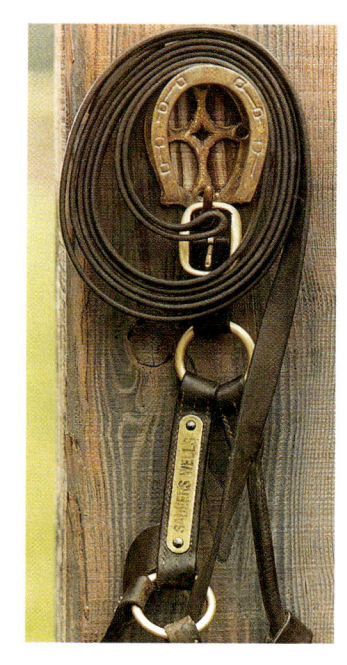

Danehill und Sadler's Wells: die Weltstars unter den Beschälern.

COOLMORE STUD FARMS

Das Coolmore Stud liegt inmitten der sanften Hügel von Kildare, einer der schönsten Landschaften in Irland.

Sangsters Rennfarben – grün-blaue Bluse und eine grün-weiß gepunktete Kappe – erschienen in aller Welt konstant in vorderster Linie. Seine Rechnung ging auf: Die Hengste Storm Bird, Bluebird, El Gran Senor, Thatching, Caerleon (1998 eingegangen) und Sadler's Wells bezogen nach glänzender Rennbahnkarriere in Sangsters Farben die Beschälerboxen im Coolmore Stud und machten die Zuchtstätte zur Topadresse der Vollblutzüchter.

Sangster ist bekannt für seine Auktionsduelle mit Sheikh Mohammed Al Maktoum bei den Keeneland Sales in Kentucky. Ihre Kämpfe um die Vormacht im Vollblutgeschäft Anfang der achtziger Jahre gipfelten in Millioneninvestitionen für ungeprüfte, halbwüchsige Pferde, die noch nie eine Rennbahn gesehen hatten. Erfolg oder Mißerfolg, Gewinn oder Verlust – hier wird hoch gepokert. Der erfahrene Kennerblick kann das Risiko minimieren, aber nicht eliminieren. Sangster jedenfalls gelang es damals, den Northern Dancer-Sohn Storm Bird, der 1981 zweijährig für ihn die Dewhurst Stakes gewann, als Dreijähriger aber nur einmal lief, für sagenhafte 28 Millionen Dollar zu verkaufen. Der Käufer hatte den Hengst nie gesehen. Heute steht Storm Bird als Topbeschäler im Ashford Stud.

1997 gab Sangster seine Anteile am Grundbesitz des Coolmore Stud auf, um seine Aktivitäten neu zu strukturieren. Die Shares an Deckhengsten und Mutterstuten hat er behalten.

Vincent O'Brien, ehemals Trainer in Cashel/Tipperary, war weltweit einer der berühmtesten seiner Zunft. Der „King of Cashel", der Mann mit dem sicheren Blick für das richtige Pferd, hat so manchem millionenschweren Rennstallbesitzer zu einem Rennbahn-Crack verholfen. Für Sangster war er als Einkäufer und Trainer tätig, und für den amerikanischen Goldhändler Charles Engelhard suchte er 1968 den Triple-Crown-Sieger Nijinsky aus.

Die Coolmore-Castlehyde & Associated Stud Farms bestehen aus 17 Dependancen in Südirland, in der Nähe von Fethard und Fermoy gelegen. Mit 130 Hektar Land begann das Dreigestirn des internationalen Rennsports im Gründungsjahr 1975 den Ausbau seiner Zuchtstätte zu einem gigantischen Imperium. Heute hat sich das Gestüt in Tipperary auf beachtliche 750 Hektar ausgedehnt. Die

Europas Beschälerelite vor ihren Boxen: Sadler's Wells, Be My Guest und der 1998 eingegangene Caerleon.

irischen Besitzümer unter dem Banner von Coolmore umfassen zusammen 2250 Hektar Land, bestehend aus satten Weiden und 800 Boxen für die Mutterstuten und Jährlinge.

Jeder Hengst hat im Coolmore Stud in Kildare sein eigenes Häuschen. Sicherheit heißt das oberste Gebot. Bei Feuer und im Falle einer Krankheit ist so die Gefahr der Verbreitung gebannt. Coolmores Beschäler sind millionenschwere Kraftpakete – Kapitalanlagen, Prestige- und Machtobjekte. Hier geht es nicht mehr um den Spaß am Pferd, sondern ums Big Business.

Der erste Hengst, der in Coolmore aufgestellt wurde, war der im Moyglare Stud gezogene Northern Dancer-Sohn Be My Guest. Der 1974 geborene Senior ist noch

COOLMORE STUD

immer ein begehrter Beschäler, schließlich ist er Vater von 13 Gruppe-Siegern. Seine Jährlinge erzielten 1997 Spitzenpreise auf den Auktionen und seine Bronzestatue steht bereits vor dem Eingang des Gestüts.

Der Weltstar Sadler's Wells zog 1985 ins Gestüt ein. Seine Vererbungskraft erwies sich als ebenso phänomenal wie sein Kampfgeist auf der Rennbahn. Er ist der beste Nachkomme des weltbesten Vererbers Northern Dancer in der Zucht. 1981 wurde er im Swettenham Stud von Sangster und Partnern gezogen. Er ist ein eher kleines Pferd wie sein Vater, aber von kräftiger, muskulöser Statur. Seine Mutter Fairy Bridge (v. Bold Reason) war eine überdurchschnittliche Rennstute. Sie blieb als Zweijährige ungeschlagen. Als Zuchtstute führte sie eine lange Ehe mit Northern Dancer. Tate Gallery, der leider viel zu früh starb, und der Topvererber Fairy King entstammen ebenfalls dieser Verbindung. Sadler's Wells stellt alles bisher Dagewesene in den Schatten. Jahrhunderte brauchte die Vollblutzucht und ihre Auslese, um so einen Hengst hervorzubringen: 29 Stakes-Sieger zeugte er in nur einer Saison – das wird ihm so schnell keiner nachmachen.

Sadler's Wells gewann unter der Regie von O'Brien seine zwei Rennen als Zweijähriger, holte sich dreijährig vor allem die klassischen 2000 Guineas, die Coral Eclipse Stakes und die irischen Phoenix Champion Stakes (Gruppe I). 1985 kam er ins Coolmore Stud und überzeugte dort noch mehr als auf der Rennbahn. Insgesamt hat der Megastar in 13 Jahren 31 Gruppe-I-Sieger gezeugt und ist damit weltweit führender Deckhengst. In England und Irland wurde er zum siebten Mal Champion – das ist in diesem Jahrhundert bisher einzigartig. 1997 verdienten seine Nachkommen – darunter fünf Gruppe-I-Sieger – fast fünf Millionen englische Pfund. Seine Tochter Dance Design wurde für 2,5 Millionen Pfund verkauft. Zu den besten Stammhaltern von Sadler's Wells zählen Salsabil, Northern Spur, Carnegie, El Prado, In the Wings, Old Vic, Opera House, Scenic und Entrepreneur. Der 2000 Guineas-Sieger von 1997 hat 1998 die Beschälerbox neben seinem Vater bezogen. King of Kings, Spitzenzweijähriger von 1997 und 2000 Guiness-Sieger von 1998, wird ihm im Jahre 1999 ins Gestüt folgen. Sadler's Wells deckt Jahr für Jahr rund 150 Stuten. Ein Sprung von dem Jahrhundertvererber kostet umgerechnet 375 000 Mark.

Ein großer Verlust für das Gestüt war der plötzliche Tod des Spitzenbeschälers Caerleon im Februar 1998 im Alter von 18 Jahren. Der Hengst, als Jährling von Sangster für 800 000 Dollar in Keeneland ersteigert, war klassischer Sieger und zeugte 18 Gruppe-I-Sieger.

Die Riege der Coolmore-Hengste sucht weltweit ihresgleichen: Championvererber Alzao, Weltklassehengst Danehill (der erste Hengst, der in England, Irland und Australien gleichzeitig das Championat der Deckhengste errang und sich 1997 in der Statistik beinahe vor Sadler's Wells geschoben hätte), der bewährte Night Shift, Last Tycoon (europäischer Champion-Sprinter- und Miler von 1986), Thatching (Championvererber mit 40 Stakes-Siegern) und Fairy King, der zweite Ausnahmehengst im Gestüt und wie Night Shift und Sadler's Wells ein Sohn von Northern Dancer. Sein herausragender Sohn Helissio gewann 1996 den Prix de l'Arc de Triomphe. Peintre Célèbre, ebenfalls Sieger im Prix de l'Arc-de-Triomphe und europäischer Galopper des Jahres '97, wird 1999 ins Ashford Stud einziehen. Sangsters Strategie, alle erfolgreichen Hengste von Northern Dancer aufzukaufen, hat sich ausgezahlt. Jetzt führt der größte Teil der Coolmore-Beschäler diesen Supervererber in ihrem Pedigree.

Sadler's Wells, der Hengst der Superlative.

In der amerikanischen Filiale Ashford stehen unter anderem die Championhengste Dehere (zweijährig Eclipse Award-Sieger), El Gran Senor und Royal Academy, Spinning World (fünffacher Gruppe-I-Sieger und Rekordbrecher in der Breeder's Cup Mile), der überragende Storm Bird (Vater von 53 Stakes-Siegern, darunter die Derbygewinnerin Balanchine), der Kentucky Derby-Sieger Thunder Gulch und der Weltklassebeschäler Woodman (Vater unter anderem von der Champion-Dreijährigen-Stute Bosra Sham).

Der 1981 geborene El Gran Senor ist dreifacher Gruppe-I-Sieger. Zu seinen größten Erfolgen zählen der Sieg im Irischen Derby, in den 2000 Guineas und in den Dewhurst Stakes. Der Northern Dancer-Sohn ist Vater von elf Gruppe-I-Siegern. Auch Woodman ist ein alter Crack: Der Mr. Prospector-Sohn stand 1997 in den USA an dritter Stelle der Vererberstatistik. Royal Academy erreichte auf den July-Yearling-Sales in Keeneland 1988 den Spitzenpreis von 3,5 Millionen Dollar. Er lieferte auf Amerikas und Europas Rennbahnen herausragende Leistungen und wurde deshalb von Irland nach Kentucky überstellt. Europas Champion-Meiler von 1990 ist Vater von Ali-Royal, Sleepytime und Oscar Schindler, alle drei Gruppe-I-Sieger. Die junge Garde der Coolmore-Beschäler führen die Hengste Bigstone, Danhill Dancer, der Klassesprinter Dolphin Street, Dr Devious, Grand Lodge, Irish Derby-Sieger Desert King, 2000 Guineas-Sieger Entrepreneur und Irish 2000 Guineas-Sieger Turtle Island an.

Das Coolmore Stud leistete Pionierarbeit, indem es mit Danehill und Last Tycoon erstmals Hengste nach Australien und Neuseeland schickte, die zur dortigen Decksaison im Herbst als Beschäler wirkten. Das bedeutet doppelten Profit. Das läuft zwar der Natur zuwider, doch mittlerweile bieten mehrere Gestüte diesen „Shuttleservice" an. Die Coolmore-Hengste stehen auch in Australien und Neuseeland unangefochten an erster Stelle der Beschäler-Hitlisten. Neun Hengstchampionate in zehn Jahren (sieben alleine durch Sadler's Wells) und fünf Derbysieger in acht Jahren – die glänzende Bilanz des Coolmore Stud.

Das australische Hunter Valley in der Morgensonne: Letzte Nebelschwaden erheben sich vom Coolmore Stud Australia.

COOLMORE STUD FARMS

Die Coolmore-Hengste in Irland (Stand 1998)
Ali-Royal (v. Royal Academy v. Nijinsky)
Alzao (v. Lyphard v. Northern Dancer)
Be My Guest (v. Northern Dancer a.d. What A Treat)
Bigstone (v. Last Tycoon a.d. Batave v. Posse)
Bluebird (v. Storm Bird a.d. Ivory Dawn v. Sir Ivor)
Brief Truce (v. Irish River a.d. Falafel v. Northern Dancer)
College Chapel (v. Northern Dancer a.d. What A Treat)
Danehill (v. Danzig a.d. Razyana v. His Majesty v. Ribot)
Danhill Dancer (v. Danehill a.d. Mira Adonde v. Sharpen Up)
Desert King (v. Danehill a.d. Sabaah v. Nureyev)
Distinctly North (v. Minshaanshu v. Northern Dancer)
Dolphin Street (v. Bluebird a.d. Or Vision v. Irish River)
Dr Devious (v. Ahoonora a.d. Rose Of Jericho v. Alleged)
Eagle Eyed (v. Danzig a.d. Razyana v. His Majesty)
Entrepreneur (v. Sadler's Wells a.d. Exclusive Order)
Fairy King (v. Northern Dancer a.d. Fairy Bridge v. Bold Reason)
Grand Lodge (v. Chief's Crown a.d. La Papagena v. Habitat)
Lake Coniston (v. Bluebird a.d. Persian Polly v. Persian Bold)
Last Tycoon (v. Try My Best a.d. Mill Princess v. Mill Reef)
Lure (v. Danzig a.d. Endear v. Alydar)
Nicolotte (v. Night Shift a.d. Nicoletta v. Busted)
Night Shift (v. Northern Dancer a.d. Ciboulette v. Chop Chop)
Perugino (v. Danzig a.d. Fairy Bridge v. Bold Reason)
Sadler's Wells (v. Northern Dancer a.d. Fairy Bridge v. Bold Reason)
Spectrum (v. Rainbow Quest a.d. River Dancer v. Irish River)
Sri Pekan (v. Red Ransom a.d. Lady Godolphin v. Son Ange)
Thatching (v. Thatch a.d. Abella v. Abernant)
Topanoora (v. Ahonoora a.d. Topping Girl v. Sea Hawk II)
Turtle Island (v. Fairy King a.d. Sisania v. High Top)

National Hunt:
Be My Native, Commanche Run,
Executive Perk, Flemensfirth, Fourstars Allstars,
Glacial Storm, Oscar, Supreme Leader

Die Coolmore-Hengste in Kentucky (Stand 1998)
Dehere (v. Deputy Minister a.d. Sister Dot v. Secretariat)
El Gran Senor (v. Northern Dancer a.d. Sex Appeal v. Buckpasser)
Hennessy (v. Storm Cat a.d. Island Kitty v. Hawai)
Honour and Glory (v. Relaunch a.d. Fair To All v. Al Nasr)
Louis Quatorze (v. Sovereign Dancer v. Northern Dancer)
Peintre Célèbre (v. Nureyev v. Northern Dancer) ab 1999
Personal Hope (v. Storm Bird a.d. All The Years v. Alydar)
Royal Academy (v. Nijinski v. Northern Dancer)
Rhythm (v. Mr. Prospector a.d. Dance Number)
Southern Halo (v. Halo a.d. Northern Sea v. Northern Dancer)
Spinning World (v. Nureyev a.d. Imperfect Circle v. Riverman)
Storm Bird (v. Northern Dancer a.d. South Ocean)
Tale Of The Cat (v. Storm Cat v. Storm Bird)
Thunder Gulch (v. Gulch a.d. Line Of Thunder v. Storm Bird)
Victory Speech (v. Deputy Minister a.d. Ida's Image v. Alydar)
Woodman (v. Mr. Prospector a.d. Plamate v. Buckpasser)

Danehill und Last Tycoon stehen als Shuttlehengste auch in Australien zur Verfügung.

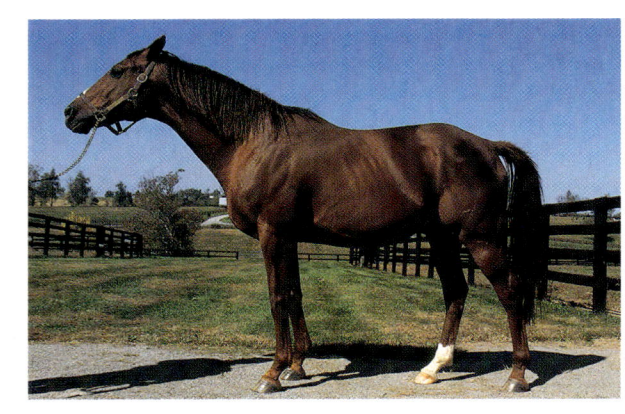

Beschäler Woodman im Ashord Stud.

Coolmores Filiale Ashford Stud in Kentucky versorgt die USA mit erstklassigen Hengsten aus Europa.

Die Brookside Farm, 1985 erbaut, im Besitz von Amerikas erfolgreichstem Rennstallbesitzer Allen Paulson, ist die Heimat des Ausnahmegaloppers Cigar.

DIE GROSSEN VOLLBLUTGESTÜTE IN KENTUCKY/USA

4

755 Vollblutfarmen

auf 104 623 Quadratkilometern –

im berühmten „Bluegrass"

schlägt das Herz der

amerikanischen Vollblutzucht.

DIE GROSSEN VOLLBLUTGESTÜTE IN KENTUCKY

Kilometerlange, dreireihige Holzzäune schlängeln sich über das hügelige, weite Land. Im Herzen Kentuckys, um die kleine Provinzstadt Lexington herum im Fayette County, grenzt eine Farm an die andere. Prächtige Anwesen mit schattigen Veranden erinnern an den Film „Vom Winde verweht". Schmucke Stallungen und edle Pferde auf üppigen, dunkelgrünen Weiden – der Pferdenarr findet hier sein Paradies. Im 18. Jahrhundert wurden die ersten Rennpferde von England in die Neue Welt verschifft. Die meisten kamen zunächst nach Virginia, dem damaligen Reit- und Rennsportzentrum Amerikas. Gegen Ende des Jahrhunderts entdeckten die Züchter die besonderen Qualitäten des Graslandes in der Region um Lexington. Die dunkle Erde auf dem Kalksteinplateau wird von mineralstoffhaltigem Grundwasser gespeist und hat daher einen besonders hohen Gehalt an Phosphat. Das üppige, kräuterhaltige Gras und das milde, regenreiche Klima bieten beste Voraussetzungen für die Aufzucht von harten, leistungsfähigen Pferden.

Als erster Vollblutdeckhengst kam Blaze nach Kentucky. Er wurde in England geboren, 1793 nach Virginia verschifft und erreichte vier Jahre später Kentucky. Seine Decktaxe betrug zwölf Dollar – ein Tausendstel bis Zehntausendstel von dem, was heute verlangt wird.

Die ersten Pferderennen fanden in den Straßen von Lexington statt, und 1797 wurde dort Kentuckys erster Jockey Club gegründet. Während des amerikanischen Bürgerkriegs blieb der Bundesstaat neutral und nahm wenig Schaden. Viele reiche Rennstall- und Gestütsbesitzer aus den benachbarten Staaten siedelten mit ihren Pferden ins Bluegrass über. Heute züchten die Millionäre Amerikas hier ihre Elite-Vollblüter en gros, und die hochversicherten Beschäler leben geradezu fürstlich.

Über 70 000 Menschen arbeiten in Kentucky in der Pferde-Industrie, ein Großteil davon auf den rund 340 Farmen im Fayette County. Mit den „Liebesdiensten" ihrer besten Hengste verdienen die Besitzer Summen, von denen deutsche Züchter nur zu träumen wagen. Die hochtourige Vollblutindustrie in Kentucky bringt zwar nur etwa 25 Prozent der amerikanischen Rennpferde hervor, dafür aber im Verhältnis die meisten Gruppe-Sieger. Die Keeneland Sales in Lexington, vor allem die Jährlingsauktionen im Juli und September, sind die größten und umsatzstärksten der Welt. Die Renntage in Keeneland haben ein ganz besonderes Flair. Ländlicher Charme, gediegenes Ambiente und ein hervorragendes Rennprogramm ohne Lautsprecheransagen machen die Frühjahrs- und Herbstmeetings zu einem puren Genuß für eingeweihte Rennsportfans.

Die großen europäischen und arabischen Gestütsbesitzer unterhalten im Bluegrass ihre Filialen: Das Ashford Stud in Woodford County gehört zum Coolmore Stud in Irland, die benachbarte Gainesborough Farm ist eine Dependance des Gainesborough Stud von Sheikh Maktoum Al Maktoum in England, und die Shadwell Farm mit der Hengststation Nashwan Stud ist ein Ableger der Shadwell Estate Company im Besitz von Hamdan Al Maktoum in Norfolk. Bei den Juddmonte Farms von Khalid Abdullah, vor den Toren Lexingtons, ist es umgekehrt: Sie haben eine Filiale in England.

Kentucky ist die Heimat so herausragender Pferde wie John Henry, Man O'War, Seattle Slew und Nureyev, und es gibt so viele Vollblutgestüte von Weltrang in Kentucky, daß es jeden Rahmen sprengen würde, sie alle vorzustellen. Calumet, Claiborne, Gainesborough, Gainesway, Lane's End, Three Chimneys sind die größten und bekanntesten Farmen. Aber auch viele andere Zuchtstätten im Bluegrass beherbergen Weltklassehengste. Die Jonabell Farm zum Beispiel ist das Zuhause von US-Triple-Crown-Sieger Affirmed, der sich auf den großen Rennbahnen der USA spektakuläre Duelle mit Alydar von der Calumet Farm lieferte. Auf der Overbrook Farm stehen die Topbeschäler Storm Cat, Tabasco Cat und Kentucky-Derbysieger Grindstone, in der Brookdale Farm decken Alydeed und Deputy Minister (Vater von Belmont-Stakes-Sieger Touch Gold), auf der Mill Ridge Farm decken Gone West und Diesis und auf der Shadwell Farm Bahri und Dayjur. Die Brookside Farm von Allen Paulson ist das Zuhause von Theatrical und Amerikas Paradegalopper Cigar wurde hier geboren und angeritten.

Wahrzeichen des Bluegrass: die Calumet Farm im Fayette County.

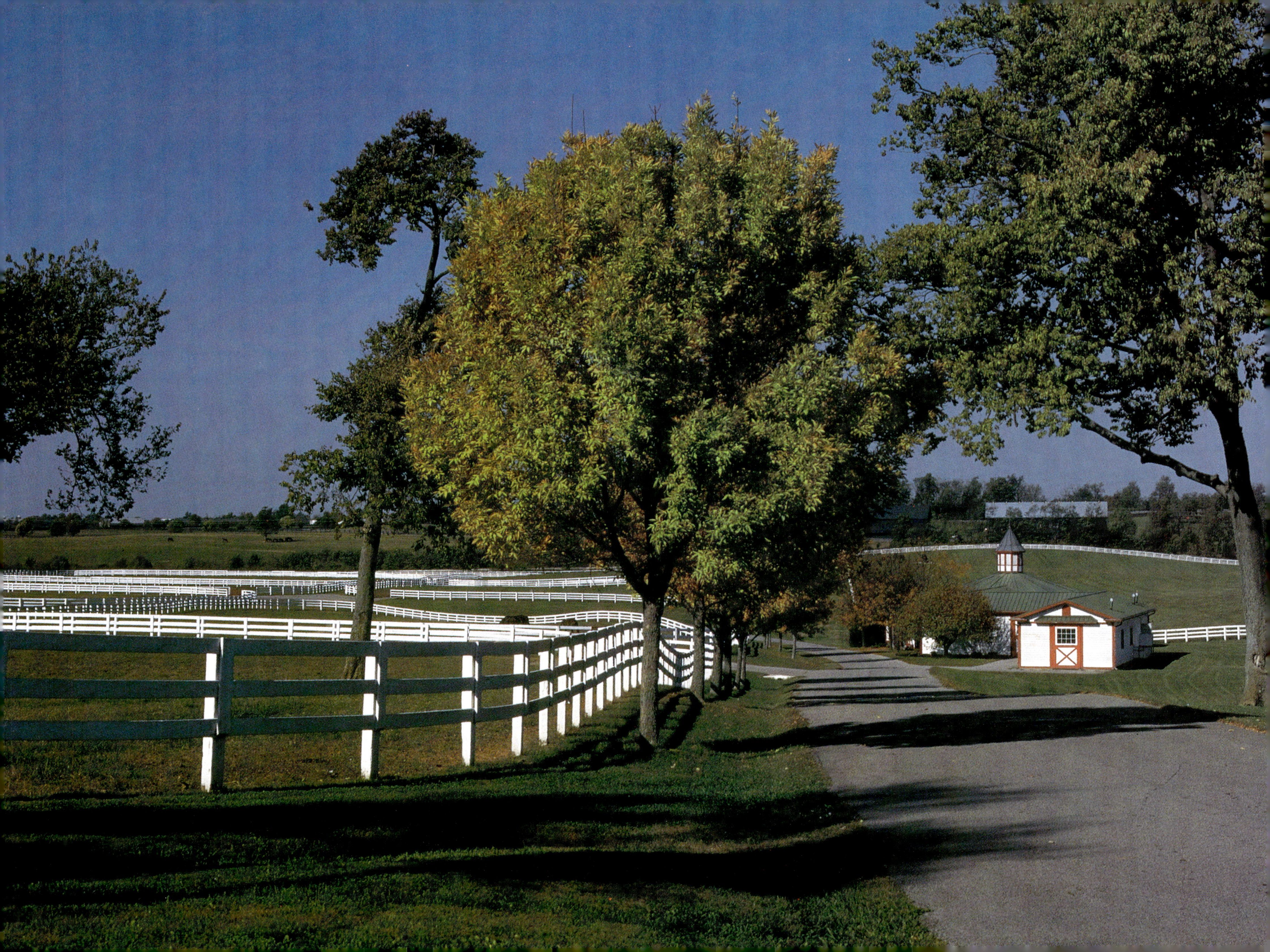

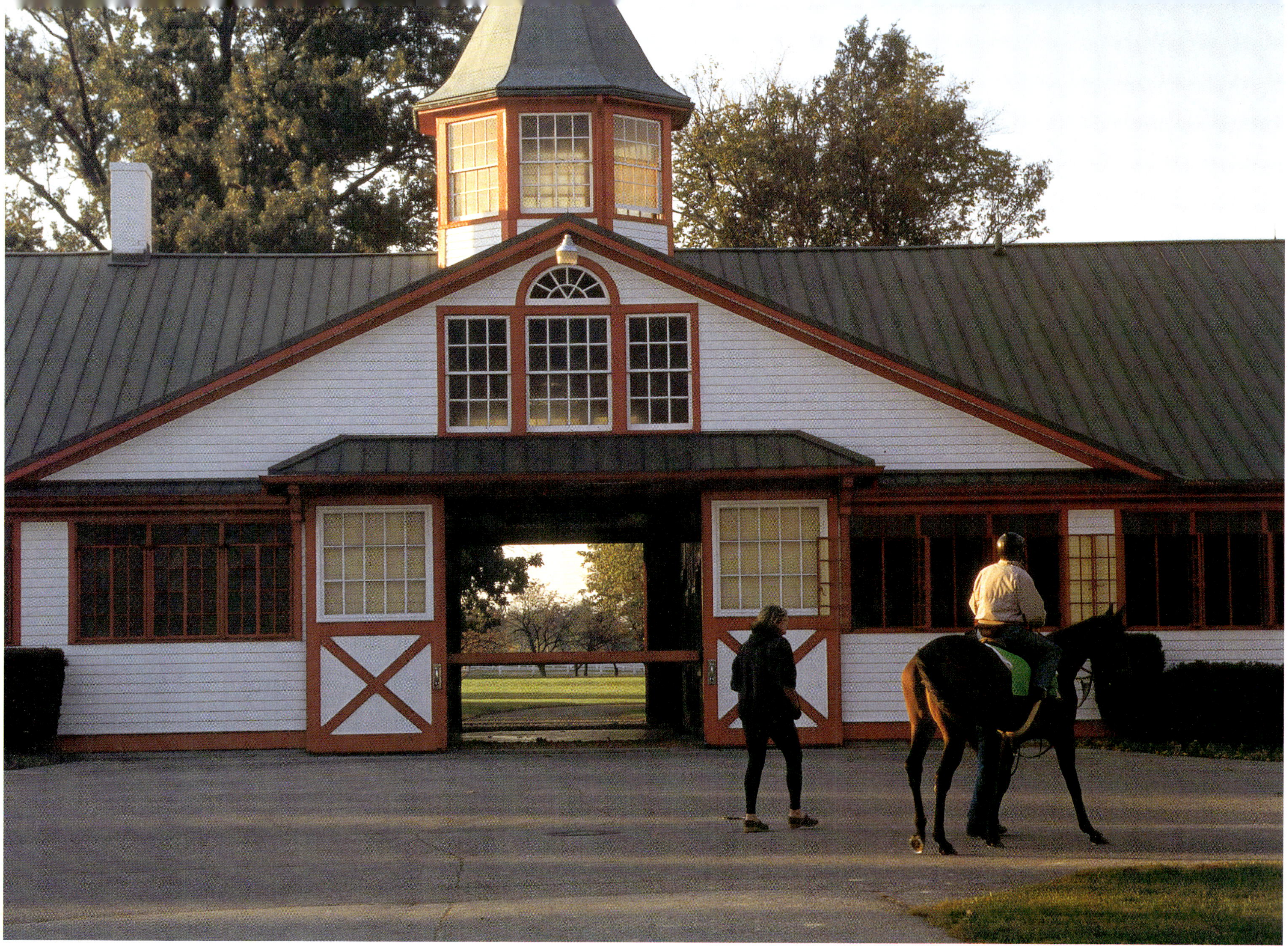

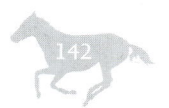

CALUMET FARM

Die Calumet Farm – Perle des Bluegrass – glänzt durch ihre spektakuläre Geschichte und ihre architektonische Schönheit.

Generationen großer Rennpferde erblickten das Licht der Welt auf ihren hügeligen Weiden.

Schneeweiße Lattenzäune schlängeln sich über eine Länge von 30 Kilometern in sanften Bogen über das Land. Das Teufelsrot der Rennfarben leuchtet auf den weiß gestrichenen Gebäuden der Farm, die zum Wahrzeichen des Bluegrass wurden. Über 500 Hektar bestes Grasland steht den rund 60 Mutterstuten, ihrem Nachwuchs und den Deckhengsten zur Verfügung. Generationen von Pferden wurden auf der Farm geboren und trainiert, um später, nach erfolgreicher Rennkarriere, als Beschäler oder als Mutterstuten auf die Koppeln zurückzukehren, auf denen sie als Fohlen die ersten Schritte taten.

Die Erfolgsstory der Vollblutfarm Calumet wurde bestimmt vom Auf- und Abstieg einer der größten Vollblutdynastien in der Geschichte des Turf. Der Neuanfang nach den Zeiten der Mißwirtschaft in den achtziger Jahren ist schwer. Henryk de Kwiatkowski ist seit 1991 neuer Besitzer der Traditionsstätte an der Versailles Road bei Lexington. Der Flugzeugbau-Ingenieur und Pilot wurde 1924 in Polen geboren und während der sowjetischen Invasion nach Sibirien deportiert. Er floh nach England und diente in der Royal Airforce. Später ging er nach Kanada, arbeitete für die United Aircraft Corporation und gründete später die „Kwiatkowski Aircraft Limited"-Werke. De Kwiatkowski ist auch in Europa bestens bekannt. Der Topbeschäler Danzig lief in seiner rot-weißen Seide, den Farben der polnischen Kavallerie, und Calumets heutiger Deckhengst Nicholas, ein Sohn von Danzig, siegte in der Goldenen Peitsche in Baden-Baden. De Kwiatkowski gründete 1974 die

Der gestütseigene Rennstall in den teufelsroten Farben: Die Calumet-Pferde werden hier angeritten und trainiert.

Kennelot Stables. In den achtziger Jahren liefen seine Pferde über neun Millionen Dollar auf den amerikanischen Rennbahnen ein, unter ihnen auch Eclipse-Award-Träger De La Rosa, Conquistador Cielo, Sabin und Danzig Connection.

De Kwiatkowski kaufte die Calumet Farm mit dem Versprechen an das Land, die weißen Zäune, die Calumet zum Inbegriff von Eleganz, Noblesse und Qualität in der Vollblutzucht des Bluegrass machten, zu erhalten. „Für mich war Calumet immer mehr als eine Farm. Es war mein Wunsch, diese Kultstätte des Turf zu erhalten", erklärte de Kwiatkowski seinen Kauf.

Auf der Calumet Farm hat man den Heroen der Rennbahn Denkmäler gesetzt: Bull Lea, Citation, Tim Tam, Whirlaway, Alydar und viele andere ruhen auf dem Friedhof, der in Ausstattung und Gepflegtheit dem ihrer Besitzer nicht nachsteht. Zwei Beschäler bewohnen heute die vornehmen Boxen der früheren Cracks: Nicholas verfügt über ein interessantes Pedigree, hat auf der Rennbahn aber keine große Leistung gezeigt. Purple Rain, ein Sohn von Deputy Minister und einer Stute von Stop The Music, dagegen galoppierte über eine Million Dollar zusammen und ist somit der große Hoffnungsträger von Calumet.

Angeritten und trainiert werden die Calumet-Pferde traditionsgemäß vor Ort, in der gestütseigenen Round Pen (runde Reithalle) und auf der 1200 m-Sandbahn. 15 Stallungen, mit geräumigen Boxen für Hunderte von Pferden, und eine Veterinärklinik gehören zu der noblen Anlage. Alle Einzäunungen der Koppeln verfügen über abgerundete Ecken zur Vermeidung von Weideverletzungen.

Begonnen hat die Geschichte des weltberühmten Gestüts mit der Gründung einer Fabrik für Backpulver in Chicago.

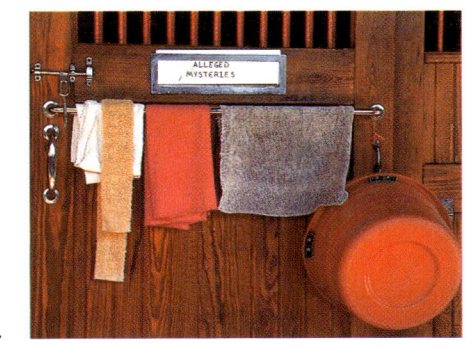

CALUMET FARM

Firmengründer William Wright gab ihr den Namen Calumet, auf französisch „Friedenspfeife". Was Dr. Oetker in Europa ist, war die Calumet Baking Powder Company in den USA. 1924 wanderte Firmengründer William Monroe Wright mit seinem Sohn Warren von Chicago nach Kentucky aus. Wright war 73 und erfolgreicher Traberzüchter. Er kaufte die Fairland Farm an der Versaille Road bei Lexington und nannte sie nach seiner Firma Calumet Farm. Sein Pferd mit dem Namen Calumet Butler gewann 1931 das Traberderby.

Warren Wright übernahm die 350 Hektar-Farm nach dem Tode seines Vaters 1931. Die Firma verkaufte er für 40 Millionen Dollar an die General Food Company. Warren Wright zog die schnellere Gangart der Vollblüter dem Trab der Standard Breds vor und wandelte die Farm ein Jahr später in ein Vollblutgestüt um. Er verkaufte alle 550 Traber, bis auf das Lieblingspferd seines Vaters. Als absolutes Greenhorn und mit dem festen Glauben an schnellen Ruhm und Erfolg stieg er in den Vollblutsport ein. Er investierte Hunderttausende von Dollar in Jährlinge, Mutterstuten und Beschäler. 1933 war Wright 14 Jahre verheiratet, hatte einen 13jährigen Sohn und eines der größten Vermögen der USA. Sein Vater hatte ihm 60 Millionen Dollar hinterlassen. Der kleine, untersetzte Mann mit der randlosen Brille verkörperte die zweite Generation einer wohlhabenden Familie.

Wright wohnte auf der Farm, unternahm tägliche Kontrollgänge durch die Ställe und erschien jeden Morgen auf der Trainingsbahn, um seinen Pferden bei der Arbeit zuzusehen. So mancher Trainer mußte unter den kritischen Augen des ungeduldigen Rennstallbesitzers mit dem Spitznamen „little giant" seinen Job quittieren.

Den Grundstein für die Vollblutzucht auf Calumet bildeten zwei Hengstkäufe: Wright erwarb 1936 einen Viertelanteil an Europas Championdeckhengst Blenheim und kaufte außerdem einen Jährlingshengst, der nach seinem Vater, Bull Dog, Bull Lea genannt wurde. Keiner wollte den weißbestrumpften Bull Lea haben, denn ein Pferd mit vier weißen Füßen bringt nach überliefertem Aberglauben kein Glück. Wright ließ sich davon nicht abhalten und erwarb den Hengst für lächerliche 14 000 Dollar. Es war eine der besten Investitionen, die jemals im Vollblutgeschäft getätigt wurden. Bull Lea gewann zehn seiner 27 Rennen und avancierte zu einem der erfolgreichsten Vererber in der amerikanischen Vollblutzucht. Neun Championpferde, 28 Spitzenverdiener und fünf Derbysieger gingen auf sein Konto, darunter der Hengst Citation, Triple-Crown-Sieger und erster Dollar-Millionär auf der Rennbahn. Bull Lea war von 1947 bis 1953 fünfmal führender Vererber und erfolgreichster Vererber von Mutterstuten von 1958 bis 1961.

Das Jahr 1936 brachte mit 63 Siegen den großen Durchbruch für Calumet. Die Farm entwickelte sich zu einem gigantischen Zuchtimperium, ähnlich dem des Aga Khan in Europa. Warren Wright wurde zum Mann des Jahres im Galoppsports gewählt.

1939 dagegen war ein enttäuschendes Jahr für Calumet – für seinen erfolgsgewohnten Besitzer schwer zu begreifen. Wright informierte sich über Fütterungs- und Trainingsmethoden und ließ alle Vitaminpillen einkaufen, die auf dem Markt zu bekommen waren. Die Intensivierung des Tranings und der Futterzusätze führte aber nicht zum Erfolg, sondern zu Erkrankung und Verletzung.

Glorreiche Jahre
1939 engagierte Wright den Erfolgstrainer Ben Allyn Jones, mit dem es auf der Calumet Farm bereits ein Jahr später wieder steil bergauf ging. Wright ließ dem erfahrenen Trainer mehr Entschei-

Stilvolle Ausstattung auf der Calumet-Farm. Von der Futterschüssel bis zu den Autos ist alles rot.

Alles auf der Farm ist farblich abgestimmt: Fensterrahmen, Futterschüsseln, Wischtücher.

CALUMET FARM

dungsgewalt als seinen Vorgängern und wurde mit großen Erfolgen belohnt. Die vierziger und fünfziger Jahre, in denen die Calumet-Pferde von Ben Jones und seinem Sohn „Jimmy" betreut wurden, waren die glanzvollsten, die je eine amerikanische Farm erlebt hat.

1941 erfüllte sich Wrights sehnlichster Wunsch: Whirlaway gewann das Kentucky Derby. Der Blenheim-Sohn hatte den Arbeitsreitern und Jockeys wegen seines schier unkontollierbaren Temperaments immer wieder Probleme gemacht. Im Rennen brach er ständig nach links weg. Unter seinem neuen Jockey und mit nur einer Scheuklappe holte er sich dann die „Triple Crown" (das Kentucky Derby, die Preakness Stakes und die Belmont Stakes). „He was the runningest son of a bitch I ever sat on," erklärte Jockey Eddie Arcaro nach dem Derbyritt in Rekordzeit (2:01 2/5 min. für 2000 m).

Whirlaway erwarb mit seinen überragenden Leistungen die Auszeichnung zum Pferd des Jahres 1941 und '42. Die Bilanz seiner drei Rennjahre war sensationell: 32 Siege, 15 zweite und neun dritte Plätze bei 60 Starts mit der bis dahin unerreichten Gesamtgewinnsumme von 561 161 Dollar. Der eisenharte Hengst wurde später als Beschäler an Marcel Boussac verpachtet, starb 1953 und ist im National Museum of Racing Hall of Fame in Saratoga verewigt.

1944 wurde Calumets Stute Twilight Tear als erstes weibliches Rennpferd zum Galopper des Jahres der USA gekürt. Von 17 Rennen gewann sie 14, davon elf in Folge. Pensive gewann 1944 das zweite Derby und vier Jahre später folgte Citation mit der zweiten Triple Crown für Calumet.

1945 kam auf der Calumet Farm ein Hengst zur Welt, der als einer der größten der Rennbahn zu bezeichnen ist. Citation gewann bereits zweijährig acht seiner neun Rennen und war der erste Dollar-Millionär mit insgesamt 32 Siegen. Dieser Hengst ließ keine Wünsche offen. Sein Rekord von 16 Siegen in Folge wurde erst 1996 von Cigar egalisiert, wobei Citation dreijährig insgesamt 19 seiner 20 Rennen gewann, darunter auch die begehrte Triple Crown.

Die Calumet Farm gehörte von 1939 bis '54 mit einer Gewinnsumme von mehr als 26 Millionen Dollar, ohne Unterbrechung, zu den drei führenden Rennställen in den USA. 1947 verdienten die Calumet-Cracks mit ihren 100 Siegen mehr als das Doppelte von dem, was die Pferde anderer Rennställe einliefen. Die Rennfarben von Calumet erschienen nicht nur besonders häufig als erste auf der Ziellinie, sondern besetzten oft auch noch den zweiten Platz im selben Rennen.

Der damals 74jährige herzkranke Wright, der als Vater von Calumet bezeichnet wurde, konnte den vierten Derbypokal für den Sieg von Ponder im Jahre 1949 nicht mehr persönlich in Empfang nehmen. Er starb am 28. Dezember 1950 in Miami. Die Presse notierte: „Seine randlose Brille, sein grauer Homburg und die überall präsenten knallroten Rennfarben waren das Symbol von aufstrebendem Ehrgeiz und einer nie dagewesenen Karriere im Rennsport."

Bewegte Zeiten
Wright hinterließ ein riesiges Vermögen, von dem sein Sohn Warren Wright Jr. – ob Adoptiv oder leiblicher Sohn ist bis heute unklar – lediglich eine Million Dollar erbte. Die Farm fiel an Wrights zweite Frau Lucille. Der Tod ihres Mannes veränderte das Leben der Frau, die aus einfachen Verhältnissen kommend, von ihrem Mann von der Öffentlichkeit ferngehalten wurde, grundlegend. Die wohlhabende, attraktive Witwe ließ sich liften und machte sich acht Jahre jünger. Das gefälschte

Calumet war auch Geburtsstätte hervorragender Stuten wie Nelly Flag, Twilight Tear, Wistfull, Two Lea, Our Mims, Davona Dale und Before Dawn.

Geburtsdatum wurde nach ihrem Tod sogar im Mausoleum eingraviert. 1952 heiratete sie den Hollywoodproduzenten und Drehbuchautor Gene Markey. Lucille Markey, die ein Händchen für Pferde hatte, übernahm die Führung der Calumet Farm mit Hilfe von Gestütsleiter Cinnamon. Ihr Sohn Warren Wright Jr. schien seinen Eltern nicht geeignet, die Verantwortung für die Farm zu übernehmen.

Gene Markey fügte sich exzellent in die Turfgesellschaft ein und brachte neue Freunde mit, u. a. Milliardär Prinz Aly Khan, von Freunden „Aly Darling" genannt, dem zu Ehren später der Hengst Alydar benannt wurde. Lucille Markey genoß die glanzvollen Auftritte bei vier Derbysiegen vor einem begeisterten Publikum, das sie als „Mrs. Calumet" feierte. Sie folgte ihren Pferden von Rennbahn zu Rennbahn: im Sommer nach New York, im Winter nach Florida und im Herbst als Zuschauerin nach Baden-Baden. Ihren größten Triumph brachte 1958 der Hengst Tim Tam, als er die dritte Triple Crown für Calumet holte. Von ihrem Sohn Warren Jr. distanzierte sich Lucille Markey mehr und mehr. Der unbeholfene, mäßig intelligente, sehbehinderte Mann paßte ganz und gar nicht mehr in ihr neues Image.

Die Markeys führten die Calumet Farm erfolgreich bis zum Jahr 1982. Nur die sechziger Jahre brachten eine Flaute für die erfolgverwöhnten Besitzer: Topbeschäler Bull Lea starb, die beiden Rennbahncracks Whirlaway und Citation erwiesen sich im Gestüt als Flop, Trainer Ben Jones starb 1961, und sein Sohn und Nachfolger Jimmy quittierte seinen Job auf Calumet. Erst 1968 stieg die Farm wieder auf den dritten Platz der Besitzerstatistik auf, als der Hengst Forward Pass das achte Kentucky Derby für Calumet gewann.

1975 wurde Alydar, ein Fuchshengst von Raise A Native, geboren, der die weiteren Geschicke der Farm wie kein anderer beeinflussen sollte. Unter der Obhut von Trainer John Veitch verhalf er Calumet Ende der siebziger Jahre zu neuem Ruhm. Alydar gewann 14 seiner 26 Rennen in zwei Rennjahren. In den großen Rennen der Triple Crown wurde er von seinem ewigen Widersacher Affirmed auf den letzten Metern niedergerungen, später im Gestüt jedoch war er der Überlegene. Einen Tag vor Alydars Start in den Preakness Stakes 1978 starb Warren Wright Jr. in aller Stille. Seine Mutter erschien nicht zur Beerdigung.

Das Ende einer Ära
Warren Wright Jr.'s Schwiegersohn J. T. Lundy interessierte sich für schnelle Autos, schnelle Pferde und vor allem für die Calumet Farm. Gleich nach der Heirat mit Cindy Wright kaufte er eine kleine Farm im Fayette County und bereitete sich dort zielstebig auf seine zukünftige Rolle als Gestütsherr von Calumet vor. Als sich Lucille Markeys Gesundheitszustand verschlechterte, begann Lundy bereits in die Geschäfte und Finanzen von Calumet einzugreifen. 1982, zwei Jahre nach dem Tod ihres zweiten Mannes, starb Lucille Markey als Grande Dame von Calumet. Mit ihrem Tod ging eine Ära zu Ende. Bei ihrem letzten öffentlichen Auftritt war sie von Arthritis gezeichnet und fast blind. Die Journalisten lobten ihren Sportsgeist im Alter von 81 Jahren (hätten sie gewußt, daß die elegante alte Dame mit den weißen Handschuhen kurz vor ihrem 90. Geburtstag stand, wäre die Anerkennung sicher noch größer gewesen).

Warren Wright hatte die Erbschaft unter treuhänderische Verwaltung gestellt. Die Farm im Werte von 21 Millionen Dollar gehörte zu 62,5 Prozent dazu. Je neun Prozent gingen an die vier

Bull Lea starb 1964 und wurde auf der höchsten Stelle des Calumet-Friedhofs begraben, umgeben von vielen seiner großartigen Nachkommen.

CALUMET FARM

Kinder. Lundy wandelte die Farm mit Hilfe seines Anwalts in eine Körperschaft um und ernannte sich zum Präsidenten von Calumet Inc. auf zehn Jahre. Dies war für das Farmunternehmen der erste Schritt in den Ruin.

Lundy begann wie mit einem Bulldozer auf Calumet alles hinwegzufegen, was ihm unbequem und verstaubt erschien. Alteingesessene Angestellte, wie der Gestütsleiter Cinnamon, wurden kurzerhand entlassen. Lundy holte seinen langjährigen Trainer Whitely auf die Farm und brachte so John Veitch, den Coach von Alydar, dazu, abzudanken. Lundy drückte dem Gestüt auch äußerlich seinen Stempel auf: Ein Swimmingpool, Tennisplätze und zwei Privat-Jets machten aus der Calumet Farm ein Luxusdomizil. Der Vollblutmarkt boomte, und Lundy witterte das Geschäft seines Lebens. Zu jener Zeit waren 120 Angestellte auf der Farm für 200 Pferde zuständig. Calumet schrieb schwarze Zahlen.

Fette Jahre
Die Calumet Farm dominierte den amerikanischen Galoppsport bis Anfang der achtziger Jahre wie keine andere. Zwölf Züchter- und Besitzerchampionate in 50 Jahren mit acht Kentucky Derby-Gewinnern, zwei Triple Crown-Siegern and elf Pferden, die im National Museum of Racing Hall of Fame verewigt sind – eine einzigartige Bilanz.

Lundy, mitgerissen von der Euphorie der sogenannten „Bluegrass Bubble" der frühen achtziger Jahre, schöpfte aus dem Vollen. Es war eine Periode inflationärer Preise für Jährlinge und Anteile an Deckhengsten. Die Maktoum-Brüder aus Dubai kauften amerikanische Pferde im Werte von fast einer halben Milliarde Dollar. Sheikh Mohammed Al Maktoum blätterte für einen Jährling von Alydar 2,2 Mill. Dollar hin.

Lundy nahm riesige Kredite auf und kaufte wie besessen neue Pferde. 1983 wurde die Calumet Farm Sponsor von Foyts Rennwagen-Campagne. Protzige Autos karrten Lundys aufgetakelte, neureiche Freunde zu verschwenderischen Partys heran, während die alteingesessenen Züchterfamilien des Bluegrass dem hemdsärmeligen Newcomer fernblieben.

Immer größere Schulden
Während dieser Boomjahre im Bluegrass wurden vor allem mit Pferden aus der Northern Dancer-Linie irrsinnige Summen verdient. Das große Geld floß weniger auf den Rennbahnen als in den Deckhallen der großen Gestüte. 1984 kaufte Calumet den halben Anteil an dem Northern Dancer-Sohn Secreto im Werte von zirka 20 Millionen Dollar. Der Hengst hatte das Epsom Derby gewonnen, enttäuschte als Beschäler jedoch auf ganzer Linie. Das finanzielle Risiko für die Calumet Farm war besonders groß, weil die meisten Deckhengste im vollen Besitz der Farm waren und nicht syndikalisiert.

Mit Jährlingsverkäufen brachte Lundy von Zeit zu Zeit Bargeld in die Gestütskasse, aber die Kredite, die er aufnahm, ließen das Vermögen schrumpfen. Als Sicherheit bot er den Banken die „lifetime breeding rights" (lebenslange Deckrechte) an Alydar – die er eigentlich bereits vergeben hatte. 1986 belastete er die Farm mit einer Hypothek im Werte von 20 Millionen Dollar.

Alydar war in den achtziger Jahren der einzige zuverlässige Geldverdiener auf der erfolgsgewohnten Calumet Farm. Er deckte bis zu 100 Stuten in der Saison zu einer Decktaxe, die sich zwischen 40 000 und 400 000 Dollar bewegte. Er zeugte die großartigen Hengste Criminal Type, Turkoman, Alysheba und Easy Goer.

Als Ende der achtziger Jahre die riesigen Geldquellen aus Dubai und aus den reichen amerikanischen Züchterkreisen versiegten und die allgemeine Rezession dem aufgeblähten Vollblutgeschäft in Amerika den Boden entzog, wurde der Druck auf die verschuldete Calumet Farm immer größer. Lundy hatte 1990 alles beliehen. Alydar war bereits vermarktet und mittlerweile fast 16 Jahre alt. Mit einer Lebensversicherung von 36 Millionen Dollar war er mehr wert als die bankrotte Farm. Als einer von Alydars Hauptversicherern im November 1990 herausfand, wie hoch Calumet verschuldet war, stornierte er die Verlängerung der Versicherungspolice.

Am 13. November desselben Jahres verunglückte Alydar auf mysteriöse Weise in seiner Box. Er wurde nachts mit einem gebrochenen Bein aufgefunden und

Die Rennbahn der Calumet Farm ist Teil der großen gestütsinternen Trainingsanlage.

nach mißlungener Operation eingeschläfert. Die Versicherung mußte zahlen, aber die Farm war nicht mehr zu retten. Mit Alydars Tod gingen auch Calumets glanzvolle Jahre zu Ende. Die Verschuldung betrug 127 Millionen Dollar.

1991 meldete Calumet Konkurs an. Die Geburtsstätte zahlreicher Rennbahnlegenden war ausgeblutet. Einige Monate später erwarb de Kwiatkowski die Farm für 17 Millionen Dollar mit der Hoffnung auf eine neue, erfolgreiche Epoche der von ihm übernommenen knallroten Rennfarben.

Die großen Sieger der Calumet Farm

Zwei Triple-Crown-Sieger/USA:
Whirlaway ('41)
Citation ('48)

8 (9) Kentucky-Derby-Sieger:
Whirlaway ('41), Pensive ('44), Citation ('48)
Ponder ('49), Hill Gail ('52), Iron Liege ('57), Tim Tam ('58),
Forward Pass ('68), (Strike The Gold (91), nicht in Kentucky geboren)

7 Preakness-Stakes-Sieger:
Whirlaway ('41), Pensive ('44), Faultless ('47), Citation ('48)
Fabius ('56), Tim Tam ('58) Forward Pass ('68)

3 National-Filly-Triple-Crown-Sieger/USA:
Wistful ('49)
Real Delight ('52)
Davona Dale ('79)

11 Pferde im National Museum of Racing Hall of Fame in den USA:
Alydar, Armed, Bewitch, Citation, Coaltown,
Davona Dale, Real Delight, Twilight Year,
Two Lea, Tim Tam, Whirlaway

5 Horse-of-the-Year-Titel:
Whirlaway ('41 und '42),
Twilight Tear ('44, erste Stute, die in den USA
zum Pferd des Jahres ernannt wurde)
Armed ('47)
Citation ('48)

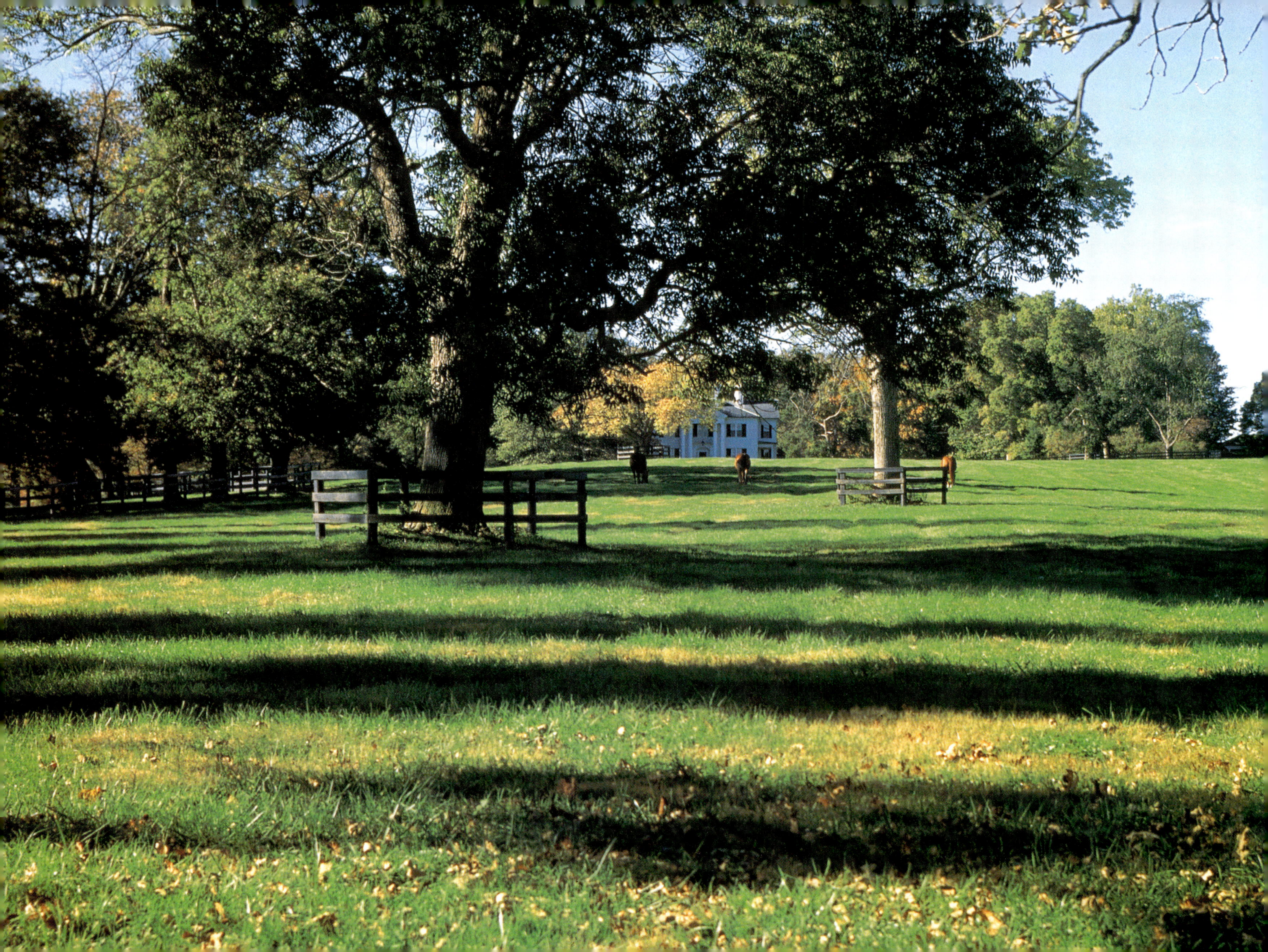

CLAIBORNE FARM

Drei Generationen von Horsemen haben die Claiborne Farm zu einem der erfolgreichsten Gestüte der Welt gemacht. Die Erfolgsstory begann mit dem Hengst Sir Gallahad III und wird heute fortgesetzt mit den Topvererbern Danzig und Mr. Prospector.

Im frühen zwanzigsten Jahrhundert übernahm Arthur Boyd Hancock Sr. die Ellerslie Farm in Virginia. Zur gleichen Zeit erbte Hancocks Frau, die frühere Nancy Clay, große Ländereien in Paris/Kentucky. Wenige Jahre später zog die Familie dorthin um. Das Gestüt, das den Namen Claiborne Farm erhielt, entwickelte sich zu einer Topadresse und überflügelte die Ellerslie Farm in wenigen Jahren. Die Hancocks verkauften später das Gestüt in Virginia und konzentrierten sich ganz auf den Ausbau der Claiborne Farm als Aufzuchtstätte exzellenter Rennpferde und als Hengststation von Weltrang.

Sir Gallahad III war der erste Championdeckhengst auf der Claiborne Farm. Hancock kaufte ihn 1926 für 125 000 Dollar in einer Dreierpartnerschaft. Sir Gallahad III war dreimal führender Deckhengst in den USA und zeugte 1930 den Triple Crown-Sieger Gallant Fox, der auf der Claiborne Farm aufwuchs und dorthin zurückkehrte. Er war das erste Pferd in Amerika, das mehr als 300 000 Dollar einlief. Sein Sohn Omaha war Triple Crown-Sieger von 1935. Arthur B. Hancock Sr. war fünfmal führender Züchter in den USA mit insgesamt 138 Stakes-Siegern, zu denen die Kentucky Derby-Sieger Johnstown und Jet Pilot gehörten. Als er 1957 starb, übernahm sein Sohn A.B. (Bull) Hancock das große Erbe.

Mitte der vierziger Jahre tätigte Hancock einen bahnbrechenden Kauf mit dem Import von Nasrullah. 340 000 Dollar mußten Hancock und seine Partner Woodward und Harry F. Guggenheim hinblättern, um sich den Hengst zu sichern.

Links: die saftigen Weiden der Claiborne Farm. Rechts: das täglich blumengeschmückte Grab der Turflegende Secretariat.

Nasrullah wurde in 32 Anteilen syndikalisiert. Der Sohn des großartigen Nearco brachte die amerikanische Vollblutzucht damals an die Weltspitze. Fünfmal führte er die Vererberliste an und hatte neun Championpferde gezeugt, zu denen die amerikanischen Pferde Nashua, Bold Ruler, Never Bend, Bald Eagle und Jaipur gehörten. Nashua war 1954 Zweijährigen-Champion. Er war das erste Pferd, das auf der Aukion die Millionengrenze der Gebote überschritt, und der zweite Dollarmillionär auf der Rennbahn nach Citation.

Ein weiterer Spitzenimport war der Hengst Princequillo. Er kam während des Krieges bereits als Fohlen nach Amerika, startete zuerst in einem 2500 Dollar-Rennen und wurde ein guter Steher. Als Beschäler stand er zunächst für 250 Dollar in Virginia, brachte dann die Zweijährigen-Champions Prince Simon und Hill Prince und war 1957 und '58 Championdeckhengst in den USA.

1954 erblickten in einer Nacht zwei Cracks auf der Claiborne Farm das Licht der Welt: Bold Ruler und Round Table – zwei Hengste, die Rennbahngeschichte schrieben. Der kleine, eisenharte Princequillo-Sohn Round Table gewann bei 66 Starts 43 Rennen. Der Nasrullah-Sohn Bold Ruler wurde von Henry Carnegie Phipps gezüchtet, dessen Familie heute noch Stuten auf der Claiborne Farm hat. Bold Ruler, bereits zweijährig ein herausragendes, hartes Rennpferd, gewann insgesamt 23 seiner 33 Rennen und war sechsmal plaziert. In der Zucht bestätigte der Hengst seine Qualitäten. Sein berühmtester Sohn war der Triple Crown-Sieger Secretariat, einer der schnellsten und kraftvollsten Hengste der Welt, der insgesamt 16 Rennen und die Belmont Stakes mit 31 Längen Vorsprung gewann. Bold Ruler, der (übersetzt) „kühne Herrscher" der

CLAIBORNE FARM

amerikanischen Rennbahnen Ende der fünfziger Jahre, war siebenmal hintereinander und insgesamt achtmal Championbeschäler – eine Rekordleistung.

1957 wurde auf der Claiborne Farm ein Hengstfohlen geboren, das man bedauerlicherweise kastrierte: Kelso gewann fünfmal den Jockey Club Gold Cup und wurde als einziges Pferd der Rennsportgeschichte öfter als drei Jahre hintereinander, nämlich fünfmal, zum Pferd des Jahres gewählt.

Buckpasser, Damascus und die Stute Moccasin, aufgewachsen auf der Claiborne Farm, waren die herausragenden Pferde der sechziger Jahre. Buckpasser, gezüchtet von Ogden Phipps, gewann 25 seiner 31 Rennen, war fünfmal plaziert und wurde einer der wichtigsten Vererber in der modernen amerikanischen Vollblutzucht. Damascus war 1967 Pferd des Jahres und schlug den vierjährigen Champion Buckpasser mit zehn Längen.

Die Topdeckhengste der siebziger Jahre waren Sir Ivor und vor allem Nijinsky, der für die damalige Weltrekordsumme von 5,4 Millionen Dollar in 32 Anteilen syndikalisiert wurde. Er brachte so herausragende Hengste wie Caerleon, Dancing Spree, Green Dancer, Ferdinand, Golden Fleece, Lammtarra, Royal Academy, Shadeed und Shahrastani.

1972 starb Bull Hancock als viermaliger Championzüchter. Sein Sohn Seth führt das Gestüt erfolgreich weiter. Im selben Jahr kam die legendäre Stute Ruffian auf der Claiborne Farm zur Welt. Sie war ein Pferd, das beim Start schlecht absprang, sich vom letzten Platz nach vorne durchschob und die Führung nicht mehr aufgab – in den schnellen amerikanischen Rennen eine erstaunliche Leistung. Bei ihren ersten zehn Starts blieb sie ungeschlagen und lief anschließend gegen den Derbysieger und Champion What A Pleasure. Ruffian bewies mit ihrem letzten Start, daß eine Stute auch einem Championhengst gewachsen ist. Sie schlug sich in einem atemberaubenden Tempo durch das Feld, bis sie plötzlich strauchelte: Die Stute hatte sich das Bein gebrochen. Vielleicht wäre sie zu retten gewesen, wenn sie nicht weitergelaufen wäre. Aber erst nach 80 Metern konnte der Jockey die zähe, kämpferische Stute anhalten. Zu spät – Ruffian mußte getötet werden. Ihr tragisches Schicksal ging durch die gesamte amerikanische Presse.

Topvererber Mr. Prospector: der mehrfache Champion im Alter von 26 Jahren.

1974 bezog Secretariat als Syndikatshengst die Beschälerbox auf der Claiborne Farm. Er gab seine außergewöhnlichen Fähigkeiten nur begrenzt und hauptsächlich über seine Töchter weiter. Am 4. Oktober 1989 starb Secretariat im Alter von 19 Jahren, betrauert von Tausenden seiner Fans. Sein Grab schmücken auch heute noch täglich frisch geschnittene Blumen.

1977 wurde der großartige Nureyev auf der Claiborne Farm geboren. Nach einer brillanten Karriere in den berühmten Farben von Stavros Niarchos wurde er auf der Walmac Farm einer der erfolgreichsten Beschäler der Welt. Drei Jahre später tollten Caerleon und Swale über die traditionsreichen Koppeln. Caerleon,

Kentucky Derby-Sieger Go For Gin ist der große Hoffnungsträger.

Devil's Bag schaut erwartungsvoll nach der nächsten Stute, die er decken soll.

einer der besten Söhne von Nijinsky, gewann unter anderem den Prix du Jockey-Club in den Farben von Robert Sangster. Swale brachte 1984 endlich den lang ersehnten Sieg im Kentucky Derby in den gelben Farben der Claiborne Farm. Der Seattle Slew-Sohn gewann anschließend auch noch die Belmont Stakes und das Florida Derby und wurde mit dem Eclipse Award ausgezeichnet.

Seth Hancock ist vor allem Züchter, erst in zweiter Linie Rennstallbesitzer, aber er behält einen Anteil an allen Fohlen, die er an seinen Partner William Haggin Perry und heute an dessen Witwe Nicole Perry Gorman verkauft. 1987 war Forty Niner, ein Sohn des Superbeschälers Mr. Prospector, Championzweijähriger, und

1992 und '93 gewann der Danzig-Sohn Lure die Breeder's-Cup-Mile für die Claiborne Farm und galoppierte insgesamt zweieinhalb Millionen Dollar ein, bevor er die Beschälerbox im Coolmore Stud in Irland bezog.

1996 gewann Roar für die Claiborne Farm und Partner Adele Dilschneider die mit 600 000 Dollar dotierten Jim Beam Stakes. Er wurde auf der Lane's End Farm als Beschäler aufgestellt.

Die goldenen Zeiten der siebziger und achtziger Jahre für die amerikanische Vollblutzucht sind vorbei, und die Betriebe müssen gestrafft werden. So verkaufte die Claiborne Farm 1998 ihre Depandance, die 263 Hektar große Raceland

CLAIBORNE FARM

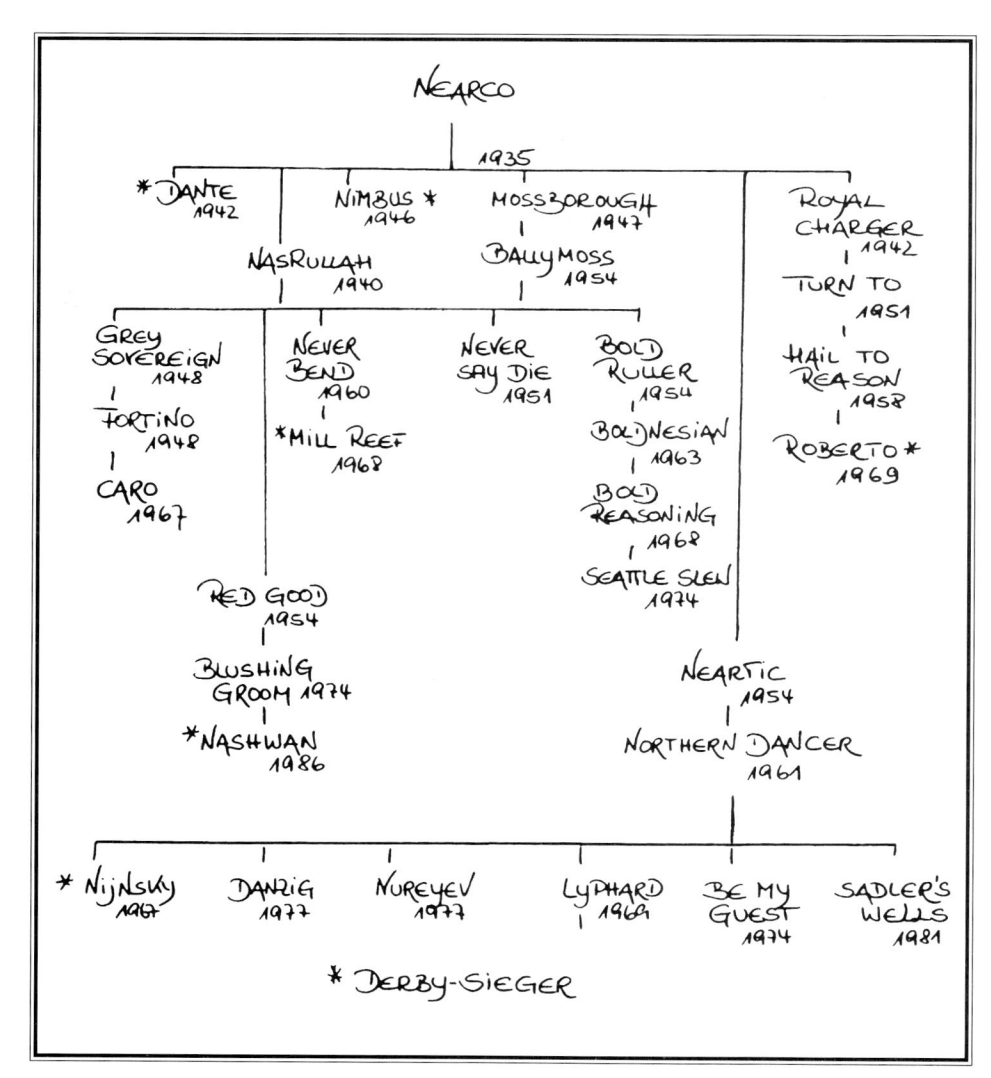

Ahnentafel von Nearco mit den wichtigsten Linienbegründern.

Farm, an Sheikh Mohammed Al Maktoum. Dennoch ist die Claiborne Farm heute noch eine der erfolgreichsten Zuchtstätten der USA. Sie erzielt auf den Keeneland und Saratoga Sales immer wieder Rekordpreise für ihre Jährlinge. Mit einer Stute von Seeking The Gold aus einer Nijinsky-Stute setzten Hancock und Perry Gorman 1997 eine neue Rekordmarke: 3,4 Millionen Dollar bezahlten John Magnier und Michael Tabor für das Pferd. Insgesamt 34 Vollblüter für 21 205 000 Dollar verkaufte die Claiborne Farm auf den Keeneland Sales 1997. Acht Pferde gingen für je eine Million Dollar und mehr aus dem Ring.

Die Claiborne Farm beheimatet nämlich auch Spitzenstuten, darunter eine der aktuell erfolgreichsten Mutterstuten, Fairy Bridge, die mit Northern Dancer die Weltelitehengste Sadler's Wells und Fairy King zeugte. Sie entstammt väterlicherseits der Nearco-Linie.

Mit Mr. Prospector (geboren 1970) deckt der aktuell erfolgreichste Vererber der USA und einer der besten der Welt, auf der Claiborne Farm. Er steht mit 158 Stakes-Siegern in allen amerikanischen Hengstlisten ganz oben. Als Champion-Mutterstutenvererber brachte er es 1997 sogar auf eine Gesamtgewinnsumme von 9 932 398 Millionen Dollar, womit er Buckpasser um 400 000 Dollar überrundete. In den neunziger Jahren war er konstant unter den Top Ten. Seine Nachkommen haben insgesamt 1993 Rennen gewonnen, und viele seiner Söhne sind Weltklassebeschäler geworden: Conquistador Cielo (Claiborne Farm), Damister, Fappiano, Forty Niner (Japan), Gone West, Gulch, Jade Robbery (Japan), Kingmambo, Lycius, Machiavellian, Mining, Miswaki, Mogambo, Procida, Rhythm (Japan), Seeking The Gold (Claiborne Farm), Thanks Prospect und Woodman. Mr. Prospectors Decktaxe betrug 1994 noch 165 000 Dollar – und das ganz ohne jede Garantie.

Der zweite Senior-Spitzenbeschäler im Gestüt ist der Northern Dancer-Sohn Danzig: Er hat 26 Gruppe-I-Sieger gezeugt. Zu seinen besten Nachkommen zählen Anabaa, Blue Duster, Chief's Crown, Danehill, Danzig Connection, Dayjur, Green Desert, Lure, Maroof, Pas de Reponse, Petit Loup, Polish Precedent, Shaadi und Zieten. Die Bedeckung einer Stute von Danzig kostet 150 000 Dollar.

Die Claiborne-Hengste 1998

Academy Award (v. *Secretariat a. d. Mine Only v. Mr. Prospector*)

Believe It (v. *In Reality a. d. Breakfast Bell v. Buckpasser*)

Boundary (v. *Danzig a. d. Edge v. Damascus*)

Conquistador Cielo (v. *Mr. Prospector a. d. K D*)

Danzig (v. *Northern Dancer a. d. Pas De Nom v. Admirals Voyage*)

Demons Begone (v. *Elocutionist a. d. Rowdy Angel v. Halo*)

Devil's Bag (v. *Halo a. d. Ballade v. Herager*)

Go For Gin (v. *Cormorant a. d. Never Knock v. Door Johnny*)

Majestic Light (v. *Majestic Prince a. d. Irradiate v. Ribot*)

Our Emblem (v. *Mr. Prospector a. d. Personal Ensign v. Private Account*)

Mr. Prospector (v. *Raise A Native a. d. Gold Diger v. Nashua*)

Private Terms (v. *Private Account a. d Laughter v. Bold Ruler*)

Seeking The Gold (v. *Mr. Prospector a. d. Con Game v. Buckpasser*)

Sulty Song (v. *Cox's Ridge a. d. Sultry Sun v. Buckfinder*)

Take Me Out (v. *Dure The Blues a. d. White Feather v. Tom Rolfe*)

Unbridled (v. *Faippiano a. d. Gana Facial v. Le Fauleux*)

Claiborne-Beschäler Seeking The Gold auf dem Weg zu seinem Paddock.

Mit Unbridled und Go For Gin stehen zwei Kentucky Derby-Sieger als Beschäler im Gestüt. 1998 ist Claibornes Klassehengst Cox Ridge eingegangen. Er war 1985 der erste Deckhengst, der im Breeder's Cup zwei siegreiche Nachkommen hatte. Der Mr. Prospector-Sohn Forty Niner wurde für zehn Millionen Dollar nach Japan verkauft. Dafür ist Benny The Dip 1998 auf die Farm gekommen: Der Silver Hawk-Sohn hatte ein Jahr zuvor das Epsom Derby gewonnen und deckt für 25 000 Dollar.

Weitere Champions, die auf der Claiborne Farm aufwuchsen:
Heavenly Prize, Easy Goer, Personal Ensign, Ferdinand, Chief's Crown, Bates Motel, Slew O'Gold, Christmas Past, Relaxing, Youth, Wajima, Dahlia, Gorego, Ruffian, La Prevoyante, Canonero, Numbered Account, Riva Ridge, Hoist The Flag, Gamely, Bold Bidder, Lamb Chop, Never Bend, Ridan, Bald Eagle, Nadir, Boubledogdare.

Das blau-grün schimmernde Gras hat die Region berühmt gemacht und ihr den Namen „Bluegrass" gegeben.

GAINESWAY FARM

Eine der größten und exklusivsten Farmen der Welt

ist die Gainesway Farm im Fayette County. 13 Breeder's Cup-Sieger

in 13 Jahren hat das Gestüt hervorgebracht.

Eine kilometerlange Auffahrt führt vorbei an sattgrünen Weiden, eingefaßt von schwarzen, dreireihigen Lattenzäunen. Die Gainesway Farm besitzt die typischen Merkmale einer traditionellen Bluegrass-Farm: blauweiß gestrichene Stallungen und Scheunen, ein Herrenhaus im Südstaatenstil und endlose sattgrüne Weiden. 446 Hektar Land gehören zu der architektonisch perfekten Anlage, die heute „nur noch" 17 Deckhengste beherbergt. Die Gainesway Farm besteht, wie in Kentucky üblich, aus zwei voneinander getrennten Bereichen: auf der einen Seite die Stuten mit Fohlen und die Jährlinge, auf der anderen das Reich der Hengste. Je vier dieser Luxusgeschöpfe teilen sich hier ein Häuschen mit Bad, Fernsprecher und Videoüberwachung – das heißt vier geräumige Boxen, Abspritzraum mit warmer Dusche und einer Telefonanlage für den Hengstwärter. Die acht spitzgiebligen Pavillons bieten den Hengsten hervorragende Hygiene- und Gesundheitsbedingungen. Die Gainesway Farm hat bei der Entwicklung neuer und effektiverer Belüftungs- und Sicherheitssysteme Maßstäbe gesetzt.

Die Beschäler werden wie Paschas umsorgt: Vier Hengste teilen sich einen Pfleger. Punkt zwölf Uhr eilen aus allen Richtungen Hengstwärter und Stallburschen herbei, um die grasbäuchigen Muskelprotze zur Mittagsmahlzeit von der Koppel in ihr Domizil zu führen. Jeder Hengst hat seine eigene, zirka einen Hektar große Weide, die zur Sicherheit durch einen Gang vom Nachbarn getrennt ist. Die Beschäler sind Individualisten und Machos – und sie waren Höchstleistungssportler. Da bleiben Temperamentsausbrüche nicht aus.

Auf dem Pferdefriedhof der Gainesway Farm ruhen so berühmte Pferde wie Regret (1912-1934), Top Flight (1929-1949) und Mahmoud (1933-1962). Der Hengst aus der Zucht des Aga Khan war 1946 Championbeschäler in Amerika, zeugte 68 Gruppesieger und ist Großvater des berühmten Whirlaway. Regret war die erste Stute, die das Kentucky Derby gewann, Top Flight blieb 1931 bei sieben Starts ungeschlagen und löste Englands Sceptre als gewinnreichste Vollblutstute der Welt ab.

Gainesway Farm, benannt nach der Familie Gaines, hatte ihren Ursprung in der Traberzucht. Clarence Gaines war der Gründer der Gaines Dog Food Company. 1939 kaufte er seinen ersten Traber, der sich gleich zu einem echten Kracher entpuppte. Das Pferd namens Precise war sowohl zwei- als auch dreijährig Championrennpferd und führte zur Gründung der Gainesway Farm in Lexington, an der Stelle, an der die Dependance des heutigen Gestüts liegt. In den späten fünfziger Jahren stieg Gaines' Sohn John in das Trabergeschäft ein. 1969 erwarb er rund 200 Hektar Land von der berühmten Züchterfamilie Whitney und zog von da an auch Galopprennpferde. Gaines baute einen gigantischen Hengstbetrieb auf. Bis zu 50 Beschäler deckten jeweils 70 bis 80 Stuten pro Saison. Während der achziger Jahre stellten die Gainesway-Hengste mit ihren Nachkommen den Weltrekord auf: Sie verdienten 525 Millionen Dollar in zehn Jahren.

Mit dem Prix de l'Arc de Triomphe-Sieger Vaguely Noble gelang es der Gainesway Farm als erstem Gestüt, einen Beschäler wirklich weltweit zu vermarkten. Von seiner Heimat in Kentucky aus versorgte er den amerikanischen und den europäischen Markt mit unzähligen Siegern. Blushing Groom, Riverman, Green Dancer und Sharpen Up folgten ihm auf die Gainesway Farm. Lyphard deckte 1987 für 300 000 Dollar (mit Garantie für ein lebendes Fohlen). Der

GAINESWAY FARM

Der alte Hengststall der Gainesway Farm führt zur Deckhalle.

Der preisgekrönte Hengsttrakt: Die A-Form bietet eine optimale Belüftung.

Northern Dancer-Sohn, in Frankreich geboren und gelaufen, wurde damals für 40 Millionen Dollar syndikalisiert; ein Anteil von ihm kostete eine Million Dollar. Noch im Alter von 26 Jahren stand Lyphard hoch im Kurs: Für einen Sprung von ihm blätterten Züchter 50 000 Dollar hin, und das, obwohl seine Fruchtbarkeitsquote auf 30 Prozent gesunken war. Von 39 Stuten, die der alte Herr 1995 deckte, wurden nur zehn tragend. Hoch gepokert! Zwei Jahre später hatten die Besitzer ein Einsehen, und Lyphard durfte endlich in seinen wohlverdienten Ruhestand treten. Viele seiner Nachkommen haben sich als hervorragende Erben erwiesen: Manila, Dancing Brave, Monteverdi, Al Nasr, Esprit Du Nord, Pharly und Dahar gehören vor allem dazu.

Riverman, der Vater von Irish River, deckte auf der Gainesway Farm bis 1995 für 75 000 Dollar. Der auf den Rennbahnen Europas auf höchstem Level erfolgreiche Nasrullah-Enkel zeugte 106 Gruppe-Sieger, die 35 Millionen Dollar zusammengaloppierten.

Gut durchdachte Einrichtungen, perfekte Organisation, viel Sinn fürs Praktische und wenig Angst vor Investitionen – dank dieser typisch amerikanischen Talente hat sich das Vollblutgeschäft in den USA zum lukrativen Industriezweig entwickelt und die Gainesway Farm zur Topadresse unter den Vollblutgestüten.

1981 ließ Besitzer Gaines neue Stallungen für die Beschäler erbauen. 200 000 Dollar pro Stall-Pavillon waren ihm nicht zu teuer – eine lohnende Investition:

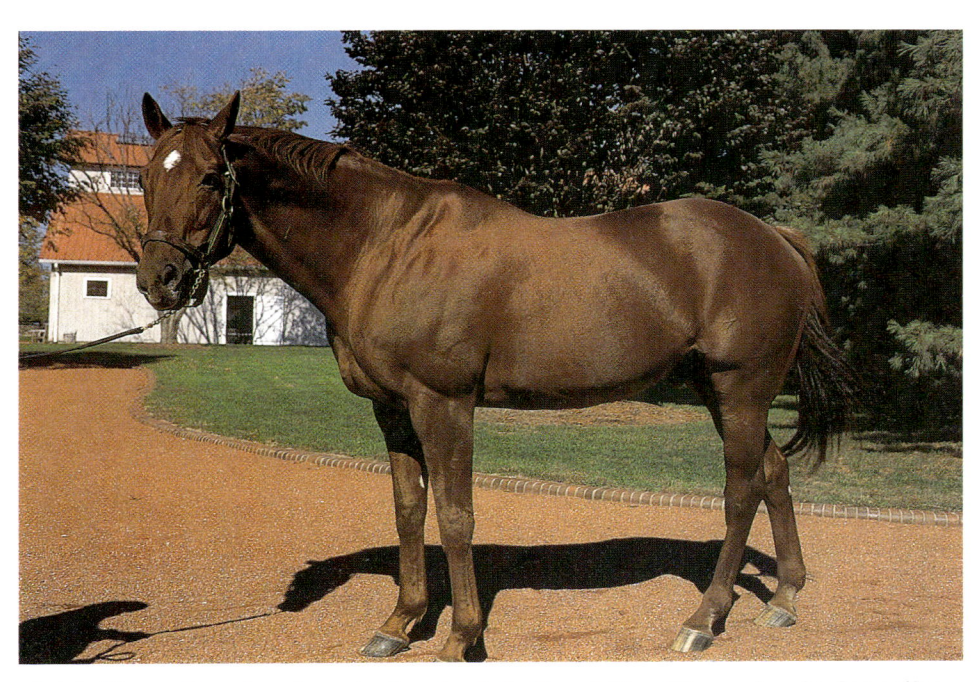

Irish River: Rennkarriere in Frankreich, Beschäler-Champion in Amerika.

Green Dancer ist Vater von Suave Dancer, Market Booster und Greinton.

Die Anlage erhielt sogar eine Architektur-Auszeichnung für ihr exzellentes, harmonisches und funktionelles Design.

1989 kaufte der gebürtige Südafrikaner Graham Beck die Gainesway Farm für 7,5 Millionen Dollar. Der Minenbesitzer aus Kapstadt ist ein Musterbeispiel für den Selfmademan in Amerika. Nach einer Ausbildung zum Kaufmann arbeitete Beck als Lehrling unter Tage im Kohlenbergbau in Transvaal – jedoch nicht lange. Beck hielt Ausschau nach dem großen Geschäft und fand es. Er investierte 10 000 Dollar in eine bankrotte Kohlengrube. Binnen weniger Jahren machte er aus dem „schwarzen Loch" ein gewinnbringendes Kohlenbergwerk. Beck bildete große Bergwerks-Syndikate, mit denen er Millionen verdiente, und investierte sie in die Vollblutzucht. Er erweiterte das Land der Gainesway Farm auf rund 500 Hektar, indem er die angrenzende Greentree Farm dazukaufte. Später erwarb er auch noch die Silvercrest Farm und Ländereien an der Old Frankfort Pike, einer der romantischsten Straßen des Bluegrass.

Becks Großgrundbesitz im Fayette County wuchs auf stattliche 760 Hektar heran. Den Hengstbestand reduzierte er in den Zeiten der Rezession. Nach dem Tief Anfang der neunziger Jahre hat sich der Markt inzwischen wieder etwas erholt. Die Japaner sind heute die Käufer, denen man nicht einmal einen Crack wie Timber Country verwehrt. Der Zweijährigen-Champion von 1994 mußte seine Karriere dreijährig wegen einer Verletzung beenden. Geplant war seine Statio-

GAINESWAY FARM

Die riesige Longierhalle dient den Hengsten als Fitnesscenter.

nierung auf der Gainesway Farm, die einen Drittelanteil an dem Syndikats-Hengst hielt. Aber die Japaner boten zwölf Millionen für den Beschäler – und wer lehnt schon ein solches Angebot ab.

1995 kamen 1455 Stuten zur Bedeckung aufs Gestüt. Das Gesamtergebnis ließ sich sehen: 88 Prozent der Fohlen kamen lebend zur Welt. Die Deckhalle ist alles andere als eine Liebeslaube, statt dessen ein perfekter Sicherheitstrakt: gepolsterte Wände, weicher Boden und Videokameras. Sollte es trotz aller Vorsicht zu Verletzungen kommen, kann die Versicherung an Hand der Aufzeichnungen den Hergang überprüfen.

War die Gainesway Farm einst eine reine Hengststation, so besitzt sie heute auch eine hervorragende Stutenherde. Das Unternehmen verdient an der Hengstvermarktung immer noch gut, bietet heute aber auch einen Full-Service für Pensionsstuten und Jährlinge.

Zur Beschälerprominenz auf der Gainesway Farm gehört allen voran Broad Brush, Amerikas Championbeschäler von 1994 und '97 und Vater von Breeder's Cup Classic-Sieger Concern. Zu seinen „Kollegen" gehören Mt. Livermore (Vater des kanadischen „Pferdes des Jahres" Mt. Sassafras und des kanadischen Dreijährigenchampions Peaks And Valleys), der Schimmel Cozzene (Championbeschäler von 1996 und einziger Breeder's Cup-Sieger, der zwei Gewinner dieser bedeutendsten Rennen der USA zeugen konnte: Alphabet Soup und Tikkanen), sowie Irish River, Spitzenvererber von Grasbahnpferden in den USA und Europa (u. a. Hatoof und Paradise Creek). Broad Brush und Mt. Livermore werden vor allem von amerikanischen Züchtern frequentiert. Irish River, Lear Fan und Trempolino, die ihre Lorbeeren auf europäischen Rennbahnen verdient haben, werden gleichermaßen von amerikanischen und europäischen Stuten besucht. 1998 ist Sir Cat dazugekommen. Er ist ein Sohn des herausragenden Ashford-Stud-Beschälers Storm Bird. Ebenfalls neu eingezogen ist der Gruppe-I-Sieger Smoke Glacken, der insgesamt zehn Siege zu verbuchen hat.

Die klassischen Hengstlinien, auf die das Zuchtkonzept der Gainesway Farm baut, sind die von Phalaris – Nasrullah – Never Bend – Blushing Groom – Grey Sovereign – Northern Dancer – Native Dancer und die von St. Simon – Princequillo – Ribot.

Die Gainesway-Beschäler 1998

Bates Motel *(von Sir Ivor v. Sir Gaylord)*, Broad Brush *(von Ack Ack a.d. Hay Patcher)*
Cahill Road *(von Fappiano a.d. Gana Facil v. Le Fabuleux)*, Cobra King *(von Farma Way a.d. Straight Story)*
Colonial Affair *(von Pleasant Colony a.d. Snuggle v. Nijinsky)*, Cozzene *(von Caro a.d. Ride The Trails)*
Fastness *(von Rousillon v. Riverman)*, Green Dancer *(von Nijinsky a.d. Green Valley v. Val de Loir)*
Irish River *(von Riverman v. Never Bend)*, Lear Fan *(von Roberto v. Hail To Reason)*, Mt. Livermore *(von Blushing Groom a.d. Flama Ardiente)*, Northern Park *(von Northern Dancer a.d. Mrs.Penny v. Great Nephew)*,
Sir Cat *(von Storm Cat v. a.d.Desert Run v. Private Account)*, Smoke Glacken *(von Two Punch v. Mr.Prospector)*,
Stop The Music *(von Hail To Reason a.d. Bebopper)*, Trempolino *(von Sharpen Up a.d. Trephine v. Viceregal)*,
Wolf Power *(von Flirting Around v. Round Table)*

Die alten handgemeißelten Steinwälle in der Bluegrass-Region entstanden nach irischem Vorbild.

Die Hengstställe: Eine Glaskuppel mit aufklappbaren Fenstern sorgt für eine optimale Luftzirkulation und läßt das Tageslicht herein.

THREE CHIMNEYS FARM

Die Geschichte der Three Chimneys Farm begann mit einem Traum, großen Plänen und 40 Hektar Land in der Nähe von Lexington. Heute hat sich die noble Zuchtstätte auf das 15fache ausgedehnt und zählt zu den Topadressen des Bluegrass.

Die kurze Geschichte dieser exklusiven und hochmodernen Farm im Woodford County begann bescheiden, Step by Step, mit 40 Hektar unerschlossenem Land. Robert N. Clay gründete das Gestüt 1972, nachdem er eine Lehre in der Vollblutindustrie absolviert hatte und als Co-Manager im Landhandelsbetrieb der Familie arbeitete. Im folgenden Jahr hatte die Three Chimneys Farm eine „One Horse Show" auf der großen Vollblutauktion in Keeneland: Sie präsentierte ein einziges Pferd.

1978 übernahm Dan Rosenberg das Management der aufstrebenden Farm. Er brachte das nötige Know How von der Calumet Farm mit und entwickelte die Three Chimneys Farm zusammen mit Clay zu einem der erfolgreichsten Vollblutgestüte der Welt.

1984 verkaufte Clay die Landhandelsfirma, die er von seinen Eltern übernommen hatte, und widmete sich ausschließlich der Vollblutzucht. Sein Ziel war es, mit der Three Chimneys Farm etwas ganz Besonderes zu kreieren. Er wollte nicht mit der Gainesway und der Claiborne Farm wetteifern und eine gigantische Hengststation aufbauen. Clay hatte nur ein Ziel: Seine Pferde sollten zu den besten der Welt zählen. Es ist ihm gelungen. Three Chimneys schob sich 1989 auf den zweiten Platz der erfolgreichsten Anbieter auf den Keeneland Sales mit über sechs Millionen Dollar für den Verkauf seiner Jährlinge. 1994 hatte das Gestüt den Umsatz verdoppelt und die Spitze erklommen. Prozentual hat Three Chimneys von 1989 bis 1995 die meisten Jährlinge verkauft, die später Gruppe-Rennen gewonnen haben.

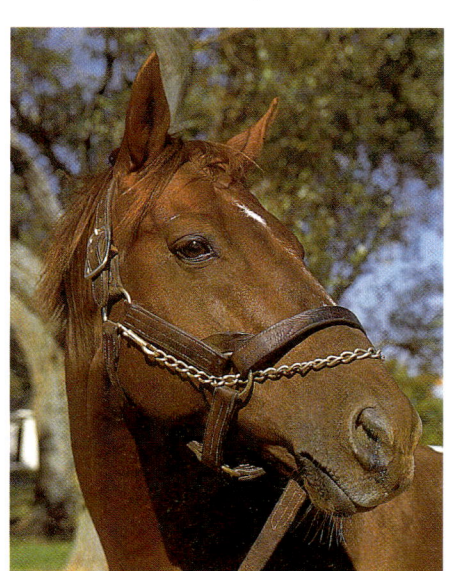

Beschäler Time For A Change.

Viele der Stars der amerikanischen und kanadischen Rennbahnen sind als Fohlen über die weitläufigen Koppeln von Three Chimneys galoppiert. Alydeed, kanadisches Pferd des Jahres, Belmont Stakes-Sieger Colonial Affair (heute erfolgreicher Deckhengst auf der Gainesway Farm), Turf-Champion Paradise Creek und die Gruppe-I-Siegerinnen Gorgeous und Jeanne Jones zählen dazu.

Die exzellente Stutenherde zählt heute um die 150 Köpfe und verdoppelt sich in der Saison durch die Pensionsstuten und den Nachwuchs. Die Hengststation jedoch bleibt auf maximal zehn Beschäler beschränkt. Three Chimneys ist vornehmlich Aufzucht- und Verkaufsgestüt mit eigenem Labor für Gesundheits- und Ernährungsuntersuchungen.

Das Aushängeschild sind Individualität und Topservice für die Kunden. Die alte Turfweisheit „breed the best to the best" wird hier in die Tat umgesetzt. Clay, Businessman mit Klasse und Fingerspitzengefühl, hat es geschafft, groß genug zu sein, um dem Konkurrenzkampf unter den Farmgiganten im Bluegrass gewachsen zu sein und gleichzeitig eine gewisse Intimität und Persönlichkeit zu erhalten. Kein Kaufhaus, sondern eine Boutique, keine Zucht am Fließband, sondern individuelle Beratung und Betreuung – das macht Three Chimneys aus. Die Farm ist deshalb in sechs überschaubare Dependancen aufgeteilt, die selbständig gemanagt und versorgt werden. Die maximal je 50 Pferde können auf diese Weise individuell gepflegt werden. Vier Gestütsbereiche stehen den Mutterstuten und Fohlen, eine den Jährlingen und eine den zehn Hengsten zur Verfügung. Hierzu gehören die Sheffield Farm, Kenirey Stud

THREE CHIMNEYS FARM

Seattle Slew: ein Pferd mit Charakter.

Unverkennbare Ähnlichkeit: Seattle Slews Sohn Capote.

(Bereich der eigenen Mutterstuten) und Tracewood Farm. Sheffield Farm ist die Residenz der Jährlinge mit 61 Hektar Land für rund 40 Pferde. Die zwei Stallungen mit je 20 Boxen, Paddocks und einem Führring haben Fenster in zwei Richtungen, von denen eine Seite fast immer immer offen bleibt. „Pferde leiden unter Langeweile und Lichtmangel, aber nicht unter Kälte", sagt Clay.

Die Stallungen der Hengste sind aus Naturstein und Holz nach neuesten belüftungstechnischen Erkenntnissen erbaut und in Viererzirkeln angelegt, so daß jeder Hengst den anderen sehen kann. Tägliche leichte Morgenarbeit auf der kleinen Sandbahn des Gestüts hält die Deckhengste fit und bei Laune. Sie sind durch die tägliche Bewegung wesentlich umgänglicher und ausgeglichener.

Der erste Beschäler war 1985 Slew O'Gold, ein Sohn des großartigen Seattle Slew, der später folgte. Slew O'Gold hat sieben Gruppe-I-Sieger gezeugt, darunter Dramatic Gold, dritter im Breeder's Cup Classic, die europäische Dreijährigen-Championesse Golden Opinion und die hervorragende Stute Gorgeous, die in den Farben von Three Chimneys erfolgreich war.

Chief's Crown kam 1986 auf die Farm und profiliert sich in erster Linie über seine zweijährigen Nachkommen. 1987 deckte auch Shahrastani auf der Three Chimneys Farm. Der Hengst aus der Zucht des Aga Khan gewann 1986 sowohl das englische als auch das irische Derby.

Seattle Slew ist einer der elf amerikanischen Triple Crown-Sieger und ein Weltklassebeschäler. Er war in jungen Jahren mit 500 000 Dollar für einen Sprung einer der teuersten Deckhengste der Welt. Er wurde 1974 auf der White Horse Acres Farm in Kentucky geboren und war ein „häßliches Entlein" mit einem riesigen Schädel und langen, schlaksigen Beinen, die beim Galoppieren in alle Richtungen pendelten. Seattle Slews Geschichte reiht sich ein in die von Northern Dancer und Alleged: Auf der Jährlingsauktion stieß auch er auf wenig Interesse und wechselte für nur 17 500 Dollar den Besitzer. Die Käufer waren Neulinge im Rennsport, hatten aber als einzige den Blick für das richtige Pferd. Seattle Slew wurde einer der ganz Großen. Die Erfolgsstory begann im September 1976, als der Dunkelbraune sein erstes Rennen im New Yorker Belmont Park mit beeindruckender Leichtigkeit gewann. Der zweite Sieg folgte auf dem Fuße, und so beschloß man, Seattle Slew in den Champagne Stakes, dem höchstdotierten Zweijährigenrennen in New York, zu nennen – eine richtige Entscheidung. Seattle Slew gewann mit fast zehn Längen in Rekordzeit. Aus dem häßlichen Entlein war ein harmonisches, kräftiges Rennpferd geworden, und nach der Winterpause setzte der erstaunliche Hengst seine Siegesserie fort. Er ging nach weiteren überlegenen Siegen ungeschlagen in die drei Triple-Crown-Rennen (Kentucky Derby, Preakness Stakes und Belmont Stakes) und gewann sie. Er war der zehnte Sieger der amerikanischen dreifachen Krone und der erste, der sie ungeschlagen gewonnen hatte. Seattle Slew wurde für zwölf Millionen Dollar syndikalisiert und bezog 1985 die Beschälerbox auf der Three Chimneys Farm. Er ist ein Pferd mit Charakter. Wenn man auf die Koppel ginge, um ihn zu holen, würde man den ganzen Tag hinter ihm herlaufen. Bleibt man aber am Tor stehen und wartet, bis er selbst die Entscheidung trifft, dann kommt er sofort.

Seattle Slew war 1996 führender Mutterstutenvererber in den USA und führender in Nordamerika stationierter Vererber für Japan. Seine Nachkommen haben in 16 Jahren rund 55 Millionen Dollar verdient. Sein bester Sohn A. P. Indy (aus einer Stute von Secretariat) war Dreijährigen-Champion, Pferd des Jahres 1992 und hat über 2,9 Millionen Dollar eingelaufen. Seattle Slews Sohn Capote führte 1996 die Rangliste der Väter von Zweijährigen in Amerika an.

Dynaformer, ein Sohn des Spitzenvererbers Roberto und einer Stute aus der Ribot-Linie, deckt seit 1993 und lag 1997 bereits an zweiter Stelle der Väter erfolgreicher Zweijähriger. Seine Nachkommen haben in den fünf Jahren über acht Millionen Dollar eingelaufen.

Fly So Free, der Zweijährigen-Champion von 1990, war bereits Champion der Hengste mit dem ersten Jahrgang. Der 1985 geborene Blushing Groom-Sohn Rahy

Der Hengsttrakt der Three Chimneys Farm.

ist vor allem über seine Tochter Serena's Song berühmt geworden. Sie ist mit 3 283 388 Dollar Gewinnsumme die reichste Stute Amerikas und hat sage und schreibe elf Gruppe-I-Rennen gewonnen. Wild Again, aus der Nearco-Hyperion-Linie, ist einer der Senioren im Gestüt. Seine Nachkommen haben breits rund 32 Millionen Dollar eingelaufen.

Atticus (geb. 1992 v. Nureyev, Mutter von Secretariat), war schnellstes Pferd der Welt auf der Meilendistanz. Er flog in 1:31 4/5-Minuten über die Bahn von Santa Anita, gewann das Oaklawn Handicap und war zweiter in der Poule d' Essay des Poulains. Atticus deckt seit 1998 auf der Three Chimneys Farm.

Auch French Deputy zählt zu den jungen Hoffnungsträgern, wie auch die beiden europäischen Hengste Arazi (zweijährig Champion in den Farben von Allen Paulson) und Mièsque's Song, der über ein Superpedigree verfügt: Vater Mr. Prospector, Mutter Mièsque (elffache Gruppe-I-Siegerin in Europa und in den USA).

THREE CHIMNEYS FARM

War in den achtziger Jahren mit 500 000 Dollar Decktaxe einer der teuersten Hengste der Welt: Triple-Crown-Sieger Seattle Slew hier im Alter von 21 Jahren.

LANE'S END FARM

Aus der Vogelperspektive wirkt Lane's End Farm wie ein Nationalpark. Das Weideland fügt sich in eine liebliche Naturlandschaft ein.

Das Kredo der Lane's End Farm heißt: „Dienstleistung auf jedem Level der Vollblutzucht". 22 Hengste unterschiedlicher Preisklassen bietet die Farm im Woodford County bei Lexington den Züchtern aller Kategorien an. Mit 1200 Hektar Land inklusive der Dependance Oak Tree ist sie die größte Farm in der Gegend. Lane's End ist ein gigantisches Unternehmen, die Anlage eine Mischung aus Bluegrass-Tradition und modernem Zuchtmanagement. Die Filiale in Texas, die Huisache Farm, umfaßt noch einmal 160 Hektar Land, und in Camden/South Carolina unterhält Lane's End eine Trainingseinrichtung.

William S. Farish gründete die Farm 1979 auf den Ländereien der früheren Bosque Bonita Farm. Farish wuchs auf einer Ranch in Texas auf, die fast fünfmal so groß war wie Lane's End. Er kam dort schon früh mit Vollblütern in Kontakt und war passionierter Polospieler. Horsemanship wurde Farish also schon in die Wiege gelegt, und so war die Gründung einer eigenen Farm naheliegend.

Lane's End Farm gehört seit 1984 zu den führenden Anbietern auf den Keeneland Sales in Kentucky. In neun aufeinanderfolgenden Jahren lag das Gestüt mit seinen Verkäufen an der Spitze.

Der Hengsttrakt ist eine unauffällige, elegante Anlage. Das Design glänzt durch Understatement und Feinheit. Kein Material, das für den Bau der Stallungen zu teuer wäre. Die riesigen Boxen der Hengste sind aus bestem Eichenholz. Sie sind wie Fünfsterne-Hotels für Pferde und beheimaten so berühmte Hengste wie A. P. Indy, Kingmambo, Dixieland Band, Alysheba und Gulch.

A. P. Indy, der Sohn des Triple-Crown-Siegers Seattle Slew, wurde auf Lane's End Farm gezogen. Er war 1992 Pferd des Jahres und gewann zweijährig die Hollywood Futurity, dreijährig die Belmont Stakes sowie den Breeder's Cup Classic und das Santa Anita Derby und verdiente 2 979 815 Dollar. In seinen ersten fünf Jahren hat er 16 Stakes-Sieger gebracht, wovon vier auf Gruppe-Ebene erfolgreich waren. Royal Indy, Runup The Colors und Tomisue's Delight triumphierten in Gruppe-I-Rennen. A. P. Indys Sohn Pulpit hat 1997 die Blue Grass Stakes und die Fountain Of Youth Stakes gewonnen und war vierter im Kentucky Derby. A .P. Indys Decktaxe wurde 1998 auf stattliche 75 000 Dollar erhöht.

Der 1980 geborene Northern Dancer-Sohn Dixieland Band hat in 13 Jahren 66 Stakes-Sieger gezeugt, die rund 29 Millionen Dollar eingelaufen haben. Sein Sohn Drum Taps gewann zweimal den über 3200 m führenden Ascot Gold Cup und war in England Champion der älteren Steher (Langstreckenpferde). Dixieland Band steht für 60 000 Dollar Decktaxe.

Alysheba, der Dreijährigen-Champion von 1987, gewann die Hollywood Futurity, das Kentucky Derby, die Preakness Stakes und das Super Derby und war dann Ende der achtziger Jahre mit 6 679 242 Dollar das gewinnreichste Pferd der Welt. Alysheba, ein Sohn des legendären Alydar von der Calumet Farm, hat bereits über 30 Stakes-Sieger gezeugt. Zu seinen besten Nachkommen zählen Alywow, Moonlight Dance und Desert Waves.

Gulch wurde auf der Claiborne Farm geboren und ist einer der besten Söhne des Supervererbers Mr. Prospector. Er hat über drei Millionen Dollar eingelaufen, und seine Nachkommen haben in zehn Jahren bereits über 14 Millionen Dollar verdient. Sein Sohn Thunder Gulch war mit seinen vier Gruppe-I-Siegen, unter anderem im Kentucky Derby, in den Belmont Stakes und im Florida Derby, Champion-Dreijähriger des Jahres 1995. Bei den Keeneland-Sales 1997 verkaufte sich der Nachwuchs von Gulch zu einem Durchschnittspreis von 430 000 Dollar, darunter die

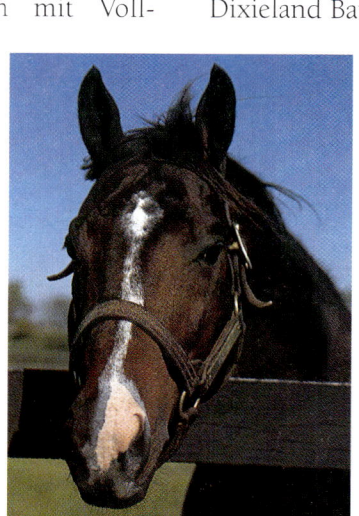

A. P. Indy, Tophengst auf der Lane's End Farm.

LANE'S END FARM

Links: Lane's End Farm aus der Vogelperspektive. Rechts: Lane's Ends Stallungen: Luxussuiten für Pferde: Die riesigen Boxen sind aus Eichenholz.

teuerste Stute der July-Sales, eine Tochter der hervorragenden Sabin. Sie ging für 1 050 000 Dollar aus dem Auktionsring.

Kingmambo, ein Sohn des großen Vererbers Nureyev, gewann in den Farben von Stavros Niarchos die klassischen Poule d' Essai des Poulains, den Prix du Moulin de Longchamp, die St. James's Palace Stakes und den Prix Djebel. Er bezog 1994 die Beschälerbox auf der Lane's End Farm.

Unaccounted For steht seit 1996 auf der Lane's End Farm. Er schlug auf der Rennbahn die Cracks Cigar, Tabasco Cat und Thunder Gulch und hat insgesamt zwölf Rennen gewonnen.

Seit 1998 stehen Kentucky Derby-Sieger Pleasant Colony (Champion-Dreijähriger von 1981 und Championvererber) und sein Sohn Pleasant Tap auf der Lane's End Farm. Pleasant Colony ist auch Vater von St. Jovite und Colonial Affair und steht zu einer Decktaxe von 60 000 Dollar. Pleasant Tap war in vier Rennbahnjahren erfolgreich und hat 2,7 Millionen Dollar verdient.

Weitere junge Hoffnungsträger sind Belong To Me, Smart Strike, Gold Fever und Roar, der 1996 die Jim Beam Stakes in den Farben der Claiborne Farm gewann. Er ist ein Produkt der bewährten Mischung von Mr. Prospector- und Northern Dancer-Blut.

Die Lane's End-Hengste 1998

Alysheba (v. Alydar v. Raise A Native)
A. P. Indy (v. Seattle Slew a. d. Weekend Surprise v. Secretariat)
Belong To Me (v. Danzig a. d. Belonging v. Exclusive Native)
Brocco (v. Kris S. a. d. Anytime Ms. v. Aurelius)
Dixieland Band (v. Northern Dancer a. d. Mississippi Mud)
Eastern Echo (v. Damascus a. d. Wild Applause v. Northern Dancer)
Fit To Fight (v. Chieftain v. Bold Ruler)
Gold Fever (v. Forty Niner v. Lead Kindly Light v. Majestic Light)
Gulch (v. Mr. Prospector a .d. Jameela v. Rambunctious)
Kingmambo (v. Mr. Prospector a. d. Mièsque v. Nureyev)
Lord Avie (v. Lord Gaylord a. d. Avie v. Gallant Man)
Miner's Mark (v. Mr. Prospector a.d. Personal Ensign v. Private Account)
Pine Bluff (v. Danzig a. d Rowdy Angel v. Halo)
Pleasant Colony (v. His Majesty v.Ribot)
Pleasant Tap (v. Pleasant Colony a. d.Never Knock)
Roar (v. Forty Niner a. d. Wild Applause v. Northern Dancer)
Rubiano (v. Fappiano a. d. Ruby Slippers v.Nijinsky)
Sea Hero (v. Polish Navy v. Danzig)
Smart Strike (v. Mr. Prospector a. d. Classy'n Smart v. Smarten)
Summer Squall (v. Storm Bird a. d. Weekend Surprise v. Secretariat)
Supremo (v. Gone West a. d. Personal Glory v. Danzig)
Unaccounted For (v. Private Account a. d. Mrs. Jenney v. The Minstrel)

Beschäler Sea Hero gewann 1993 das Kentucky Derby und verdiente insgesamt 2,9 Millionen Dollar auf der Rennbahn.

WALMAC INTERNATIONAL FARM

Tradition und Moderne – die Walmac International Farm vereint beides.

Bereits im 18. Jahrhundert wurden auf den Weiden der heutigen Walmac Farm Pferde gezüchtet. Das Land gehörte zu der über 800 Hektar großen Valley Farm im Fayette County. Vollblüter wurden hier jedoch erst knapp 200 Jahre später geboren, als Robert Wallace McIlvain das Land erwarb.

McIlvain, geboren in Michigan, hatte auf den Ölfeldern von Texas und Louisiana seine Karriere begonnen. Er brachte es zum Präsidenten der Pure Oil Company und betätigte sich, wie die Gründer der Calumet und der Gainesway Farm, im Trabrennsport. McIlvain, Pferdefreak und Sportsman, spielte auch Polo – ein Sport, in dem das Vollblut stark vertreten ist.

1936 gründete McIlvain die Walmac International Farm und züchtete Vollblüter für die Rennbahn. Der Hengst Royal Native war Walmacs erster Crack. Später ging das Gestüt in eine Besitzergemeinschaft über, zu der John T. L. Jones gehörte, der die Farm 1980 als Alleinbesitzer übernahm. Jones wuchs in Texas mit Quarter Horses auf. Nach dem Tod seines Vaters übernahm er deren Training für den Show-Ring und die Rennbahn. Nachdem Jones 1965 zum ersten Mal eine Vollblutauktion besucht hatte, stieg er in die Zucht ein. In den siebziger Jahren brachte er die Walmac Farm unter die besten Adressen im Bluegrass.

Jones ist mit einer Hälfte seines Herzens immer Cowboy geblieben. Sein Haus ist ein Westernmuseum: Eine Skulptur von John Wayne auf dem Mahagoni-Tresen, Westernsättel, -sporen, -trensen und -gebisse, ein Pokertisch in der Mitte des Raumes – Jones hat ein Stück von Texas nach Kentucky geholt.

Üppige Blumengärten umgeben das weiß gestrichene Haus mit dem Säulenvorbau. Sie erinnern den Besucher wieder daran, daß er in Kentucky ist. Rote Geranien, das Markenzeichen der Walmac Farm, schmücken auch den Stallbereich.

Das Unternehmen Walmac International ist in allen Bereichen der Vollblutzucht aktiv, hat seinen Schwerpunkt aber im Management syndikalisierter Hengste. Zwanzig Beschäler stehen auf der Walmac Farm, und 200 bis 250 Mutterstuten und Jährlinge grasen auf den Weiden des 114 Hektar Eigenland und 445 Hektar Pachtland umfassenden Gestüts.

Der Star von Walmac ist der Hengst mit dem Namen des berühmten russischen Ballettänzers Nureyev. Der Superbeschäler, wie könnte es anders sein, ist ein Sohn von Northern Dancer. Er ist dreijährig, wenig geprüft, von der Rennbahn gekommen. Dennoch war er 1980 Europas Champion-Meiler. Im Gestüt avancierte Nureyev zum Spitzenverdiener. 250 000 Dollar brachte er Mitte der achtziger Jahre für die Bedeckung einer Stute – oftmals eine gewinnbringende Investition, denn seine Nachkommen haben umgerechnet über 44 Millionen Mark zusammengaloppiert. Mehr als 100 Stakes-Sieger, davon 18 auf höchstem Level, hat Nureyev gezeugt. Die prominentesten sind Theatrical, Soviet Star, Alwuhush, Polar Falcon, Wolfhound, Atticus und Spinning World, die allesamt schon wieder erfolgreich im Deckeinsatz sind. Nureyevs Tochter Mièsque gewann elf Gruppe-I-Rennen in England, Frankreich und Amerika, und sein Sohn Peintre Célèbre ist 1997 zum besten Pferd der Welt gekürt worden. Nureyev, der den Züchtern und Rennstallbesitzern in aller Welt soviel Freude beschert, führt ein eher trostloses Leben. Der 1977 geborene Senior steht mit einem geschienten Bein völlig isoliert in einem eigens für ihn erbauten Stall mit eigener Deckhalle und eigenem Führzirkel. An den Wänden hängen die Fotos seiner Leidensgeschichte. Im Mai 1987 verletzte sich der millionenschwere Hengst beim

Links: Top-Hengst Alleged: verewigt auf Monty Roberts' Nummernschild. Rechts: Stallungen der Walmac Farm.

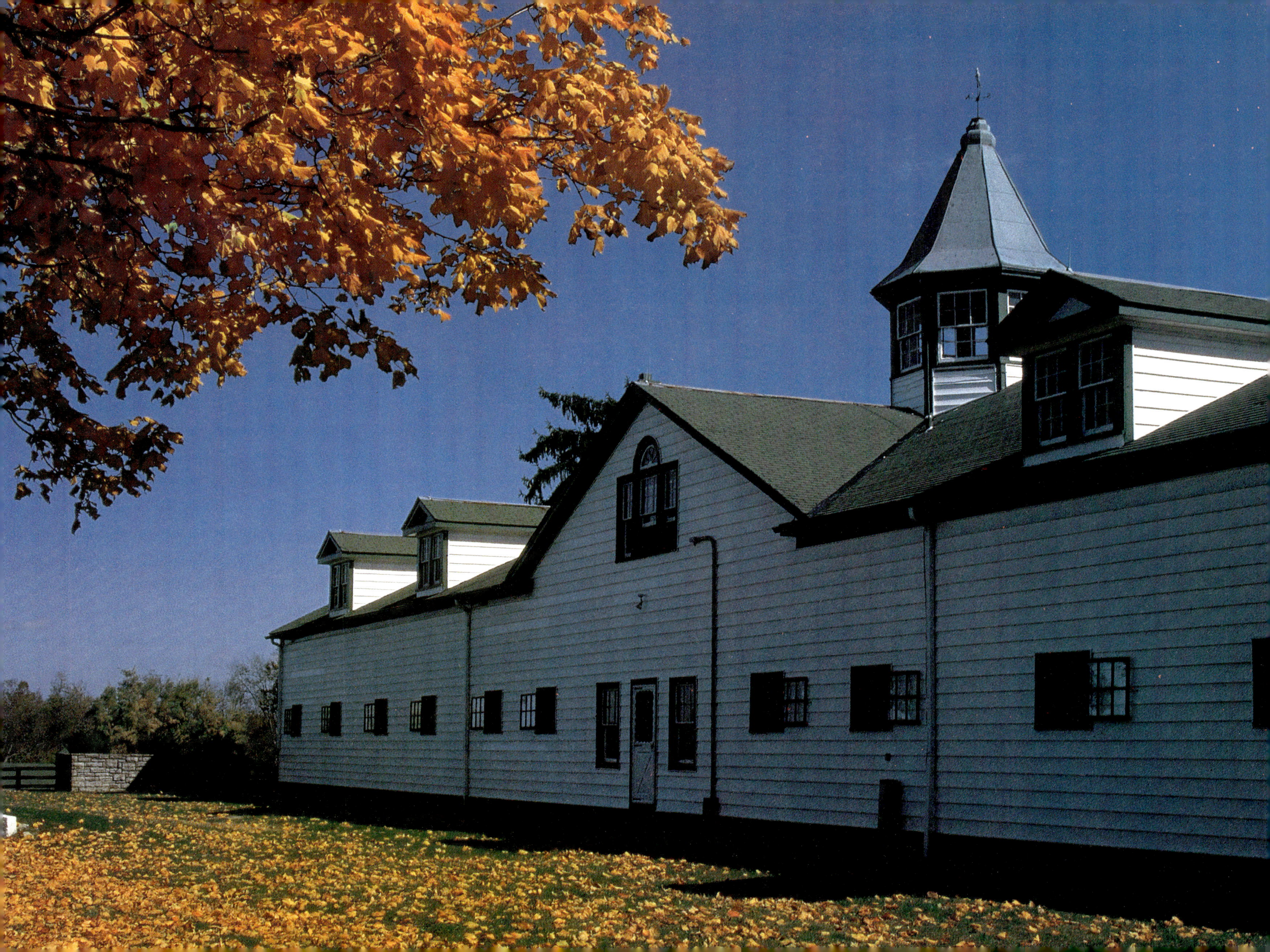

WALMAC INTERNATIONAL FARM

Nureyev nach der Operation in der Trageschlinge mit seinem Tierarzt und seinem Pfleger.

Weidegang. Er brach sich das Sprunggelenk des rechten Hinterbeins. Ein Expertenteam prophezeite eine Überlebenschance von zehn Prozent, aber die sensationelle Operation verhinderte seine Nottötung. In einer speziell für ihn entwickelten Schlinge wurde der schwere Hengst zum Stehen gebracht, ein heikler Moment nach einer derartigen Operation. Nureyev überlebte und hat wieder eine volle Deckliste.

Der drei Jahre ältere Alleged ist 1998, nach 20 Jahren erfolgreicher Beschälertätigkeit, in Pension gegangen. Er vertrat über seinen Vater Hoist The Flag die hervorragende Vaterlinie von Ribot. Alleged, als Jährling eher unscheinbar und etwas schwach auf der Brust, war eine Entdeckung des berühmten Horseman Monty Roberts. Der hatte mit seinem geschulten Auge schon damals die verborgenen Qualitäten des Hengstes erkannt. Für kleines Geld erworben – für großes Geld verkauft: Alleged ging, von Roberts auf seiner Flag Is Up Farm in Kalifornien antrainiert und hervorragend entwickelt, an Robert Sangster und Partner, für die er zweimal – drei- und vierjährig – den Prix de l' Arc de Triomphe gewann. „Er war eines der drei besten Pferde, die ich geritten habe", konstatierte Siegreiter Lester Piggott. Alleged verabschiedete sich nach zwei Championaten von der Rennbahn, wurde für 16 Millionen Dollar syndikalisiert und setzte seine Erfolgsstory im Gestüt als Deckhengst fort. Er zeugte die hervorragenden Rennpferde Fiesta Gal, Hours After, Muhtarram, Milesius, Miss Alleged, Shantou, Sir Harry Lewis und profilierte sich besonders als Vater herausragender Mutterstuten, die vor allem mit Suave Dancer, Dr Devious und Go And Go Top-Hengste gebracht haben.

Auch ein Sohn von Secretariat stand bis zu seinem Tod 1998 auf der Walmac Farm: Risen Star, bei uns gut bekannt über die Spitzenstute Risen Raven, gewann 1988 die Belmont und die Preakness Stakes und war dritter im Kentucky Derby. Sein bester Sohn ist der Gruppe-I-Sieger Star Standard.

Der Hengst Salt Lake (v. Deputy Minister) hat 1993 die Beschälerbox bezogen. Er war 1996 mit 19 Zweijährigen-Siegern führender Freshman-Beschäler in den USA. Favorite Trick, zweijährig ungeschlagen zum Pferd des Jahres gewählt, und Gentlemen werden 1999, nach Beendigung ihrer Rennkarriere, auf der Claiborne Farm ihre Decktätigkeit aufnehmen.

Die Abstammungslinien der amerikanischen Topvererber Seattle Slew und Mr. Prospector sind bei den Walmac-Hengsten stark vertreten: Evansville Slew, Ferrara, Hickman Creek entstammen der Seattle Slew-Linie, Houston, Miswaki, Southern Rhythm, Latin American, Talkin Man, Texas City und West By West gehen väterlicher- oder mütterlicherseits auf Mr. Prospector zurück.

Nach der Morgenarbeit: Im Oktober beginnt für die Jährlinge das Training.

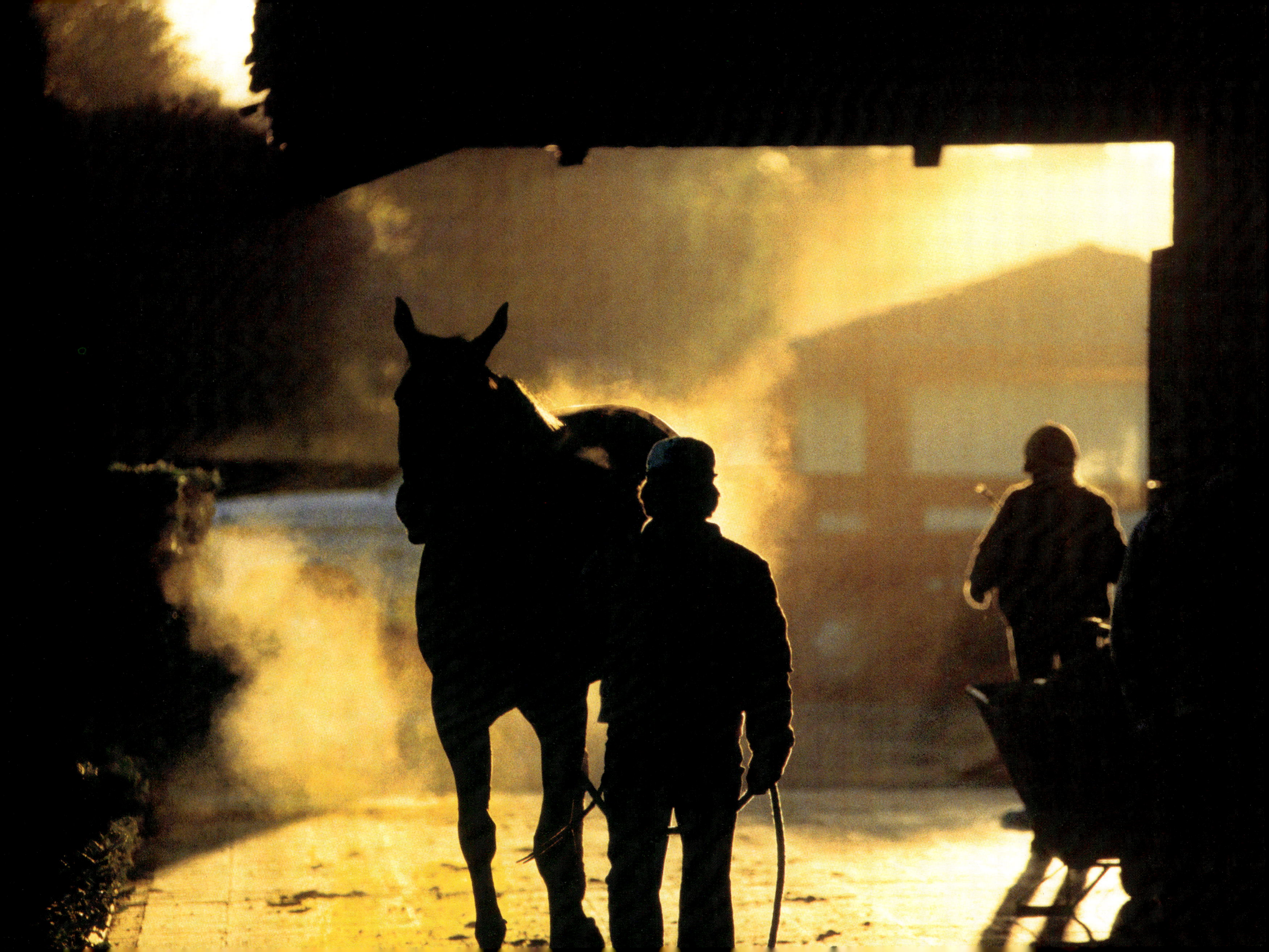

Galopprennen verlangen höchste Konzentration von Pferd und Reiter. Rechts: Derbysieger Lavirco.

DAS RENNPFERD

5

Seit Jahrhunderten werden
Vollblüter auf Schnelligkeit, Ausdauer
und Härte gezüchtet – für einen
faszinierenden, spannenden Sport,
den Galopprennsport.

„Das Vollblut galoppiert mit seiner Lunge, hält durch mit seinem Herzen und gewinnt mit seinem Charakter." *Federico Tesio.*

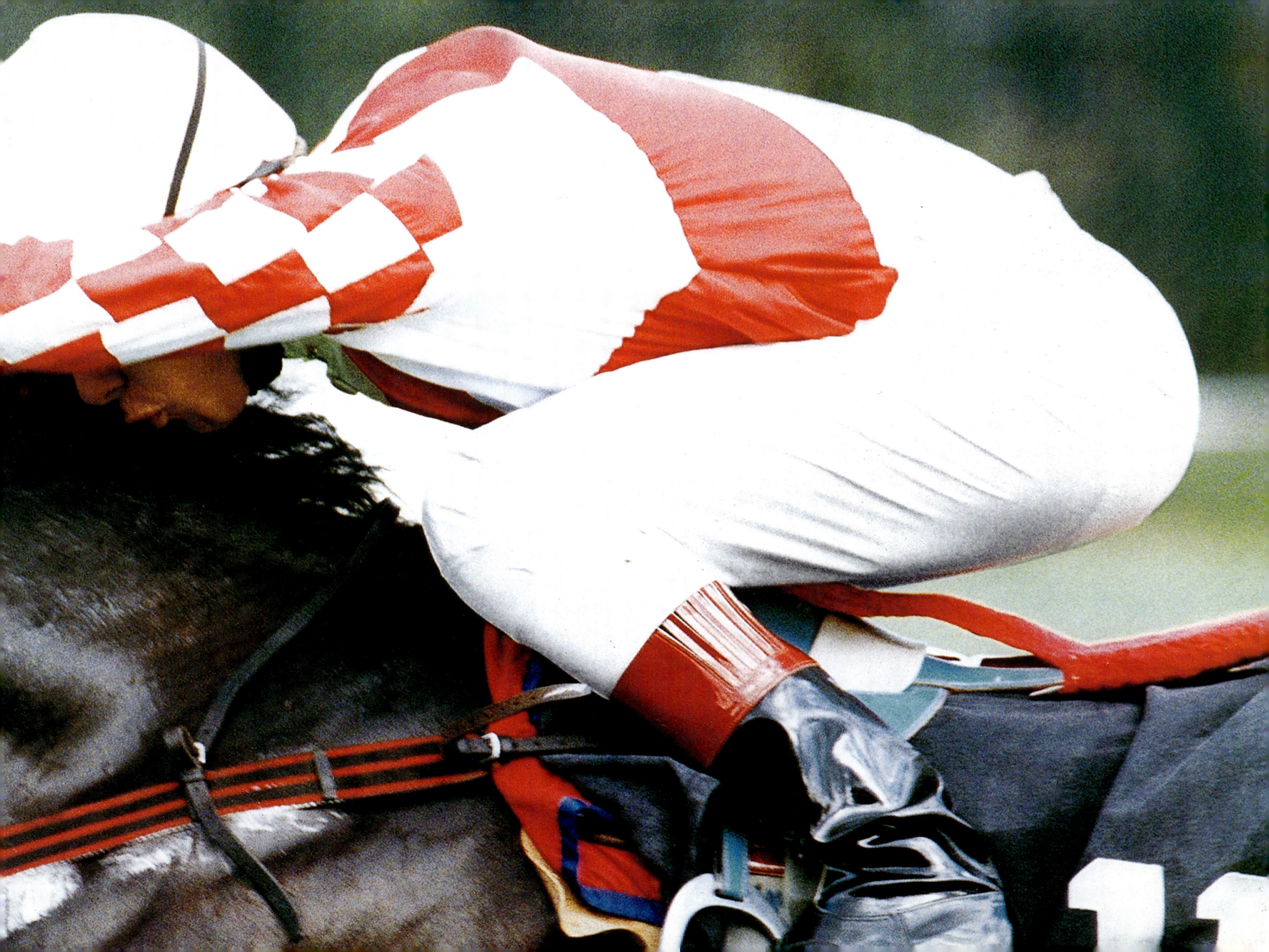

Jagdrennen, die härtesten und gefährlichsten Prüfungen für Vollblüter, werden mit der Flagge gestartet.

DAS RENNPFERD

Am 1. Januar werden alle Vollblüter ein Jahr älter. Dies ist für die Fohlen der erste Schritt in ein aufregendes Leben. Sie gelten jetzt, unabhängig vom Monat ihrer Geburt, als Jährling, und das ist das Alter, in dem sie vom Gestüt in den Rennstall überwechseln. Diejenigen, die zum Verkauf auf die Auktion gehen, werden bereits acht Monate nach ihrem ersten Geburtstag anlongiert. Möglichst weit entwickelt, kräftig und muskulös sollen sie im Verkaufsring erscheinen. Ein bis drei Monate später tragen die jungen Pferde bereits einen leichten Reiter über die Reitbahn. Nach Aufbau- und Intensivtraining starten viele von ihnen neun Monate später, im Mai, im Alter von zwei Jahren, in ihrem ersten Rennen. In Deutschland beschränkt sich die Anzahl der zugelassenen Starts für zweijährige Pferde auf acht Rennen, die meisten laufen jedoch nicht öfter als dreimal. In den USA, wo das Gros der Zweijährigen bereits regelmäßig startet und die meisten Rennen auf Sand ausgetragen werden, beenden viele Pferde schon zwei- oder dreijährig ihre Karriere auf der Rennbahn, weil sie den Anforderungen mental oder physisch nicht gewachsen sind.

In Deutschland werden seit 1837 Zweijährigenrennen ausgetragen. Seit Januar '93 müssen alle zweijährigen Rennpferde während des Trainings und vor dem ersten Start auf ihre Renntauglichkeit untersucht werden. Diese Bestimmung soll die jungen Pferde vor zu früher Belastung und Überforderung schützen. Die Untersuchung wird von zwei Tierärzten durchgeführt, von denen einer Fachtierarzt für Pferde sein muß.

Galopprennen sind harte Leistungsprüfungen. Nur gesunde Pferde sind den Anforderungen in Training und Rennen gewachsen. Herz, Lunge, Muskeln, Knochen und Sehnen werden beim Renngalopp aufs Äußerste beansprucht. Der Renngalopp, eine Vorwärtsbewegung im Sprung, besteht aus einer Aufprall- und einer Schwebephase. Die Pferdebeine werden dabei mit rund 500 Kilogramm Eigengewicht und zirka 50 bis 60 Kilogramm Reitergewicht belastet. Fünf bis sieben Meter legt ein Rennpferd dabei in einem Tempo von bis zu 65 Stundenkilometern zurück. Rund 400 Galoppsprünge muß ein Pferd auf einer 2400 m Strecke machen. Der Puls steigt im Rennen in wenigen Sekunden von 32 bis 40 Herzschlägen pro Minute (in Ruhestellung) auf 240 bis 300 Schläge. Atmung, Puls und Temperatur nehmen im Gleichmaß mit der Geschwindigkeit zu. Rennpferde funktionieren wie Turbomotoren.

Federico Tesio, der große italienische Horseman und Züchter, schrieb: „Das Vollblut gibt es, weil seine Selektion nicht von Experten, Technikern oder Zoologen bestimmt wurde, sondern von einem Holzpfahl – dem Zielpfosten des Epsom Derby."

Siegeswille oder Fluchtinstinkt – was bringt die großen Rennpferde zu Höchstleistungen? Diese Frage beschäftigt die Pferdeleute immer wieder. Sind die herausragenden Rennpferde die Alphatiere, die um die Führung kämpfen, oder sind es die besonders Ängstlichen ihrer Spezies? Keiner kann es genau sagen. Das Pferd bleibt ein Mysterium. Fest steht, daß Vollblüter, jahrhundertelang auf Schnelligkeit und Ausdauer gezüchtet, ein Leistungspotential mitbringen, das seinesgleichen sucht. Rennpferde sind Athleten, zum Höchstleistungssportler trainierte Powerpakete, die sich, wenn sie wollten, den reiterlichen Hilfen mit Leichtigkeit entziehen könnten. Die geballte Energie ihrer muskelbepackten, sehnigen Körper entlädt sich beim Start wie eine Explosion. Wie aus der Pistole schießen die Pferde aus den Startboxen.

Nur die Partnerschaft zwischen Reiter und Pferd ermöglicht den Erfolg. Kein Jockey kann sein Pferd zum Sieg prügeln. Will es nicht laufen, so wird es auch nicht gewinnen. Jockeys müssen sich im Rennen ein Stück weit aufgeben, sich der Geschwindigkeit hingeben. Keiner ist in der Lage, ein Pferd im Rennen anzuhalten. Größtmögliche Kontrolle zu behalten, das Pferd im Pulk zu dirigieren und im richtigen Moment an die gewünschte Position zu bringen, das ist die Kunst des Rennreitens. Ein Jockey muß eins werden mit dem Pferd, mit dessen Augen sehen und es möglichst wenig stören. Wer einmal ein amerikanisches Rennen mit den besten Jockeys in Zeitlupe verfolgt hat, versteht, was es bedeutet, sich mit der Bewegung des galoppierenden Pferdes in völliger Harmonie zu befinden: Jockey Jerry Bailey auf den letzten Metern zum Sieg – im Windschatten, flach auf dem Pferdekörper, die vorwärtstreibende Armbewegung exakt im Rhythmus mit dem

DAS RENNPFERD

Galopp, das Verschmelzen von Pferd und Reiter, ist ein Anblick vollkommener Schönheit.

Rennpferde sind bereit, alles zu geben, aus welchen Motiven auch immer. Wer die Zweikämpfe der amerikanischen Cracks Alydar und Affirmed gesehen hat, wird zumindest den Hengsten eine Portion Kampfgeist nicht absprechen. Stuten erwecken in ihrem ganzen Ausdruck im Rennen eher den Eindruck, auf der Flucht zu sein. Dies entspricht auch ihrer Bestimmung in der Natur. Die Leitstute führt die Herde in die richtige Richtung aus der Gefahr hinaus, der Hengst verteidigt eher seine Dominanz, sein Revier und mißt sich mit Konkurrenten.

Als im Jahre 1975 Bustino und Derbysieger Grundy Kopf an Kopf um die Führung in den King George VI and Queen Elizabeth Stakes rangen, pumpten sie alles, was an Kraft und Luft in ihren Körpern steckte, in die letzten Galoppsprünge vor dem Ziel. Es war ein gnadenloser Kampf. Grundy schlug Bustino mit einem kleinen Vorsprung und hatte einen neuen Bahnrekord aufgestellt. Keiner von beiden jedoch gewann danach ein weiteres Rennen.

Es gibt viele mittelmäßige, wenige gute und vereinzelte herausragende Rennpferde. Nicht jedes Pferd, das zum „Galopper des Jahres" gewählt wird, ist ein großes Rennpferd. „Great horses", das waren Eclipse, Northern Dancer, Nijinsky und The Minstrel. St. Simon war eines der größten Pferde des späten 19. Jahrhunderts. Er gewann den Ascot Gold Cup mit 20 Längen Vorsprung. The Tetrarch, das verspottete Wunderpferd mit den schlaksigen Beinen, gewann im Jahre 1913 in England alle seine sieben Rennen als Zweijähriger, Englands Triple Crown-Sieger Bahram ließ sich bei neun Starts nicht einmal schlagen, und Amerikas Man O' War gewann dreijährig alle seine elf Rennen, etliche in Rekordzeit. Hyperion war das kleinste Pferd, das je ein klassisches Rennen gewonnen hat. Ribot, 1952 von Federico Tesio gezogen, blieb in all seinen 16 Rennen unbesiegt und galoppierte im Prix de l'Arc de Triomphe zweimal die erlesene Gegnerschaft in Grund und Boden. Die Klassestuten Sun Chariot, Schwarzgold, Nereide und Miesque ließen sich auch von den Hengsten nicht schlagen. Calumets eisenharter Hengst Citation gewann Ende der vierziger Jahre insgesamt 32 Rennen bei 45 Starts, darunter die amerikanische Triple Crown, und war auch sechsjährig noch im vollen Besitz seiner Kräfte. Crudwell war das letzte Pferd, das in England 50 Rennen gewann, 46 davon auf der Jagdbahn. Im Alter von 14 Jahren siegte er noch in der Summerset Chase. Steeplerkönig Red Rum gewann 24 seiner 100 Rennen über die Sprünge – dreimal die Grand National. So ein Durchhaltevermögen grenzt an Wunder. Der Wallach Kelso zeigte eine so konstante Form, daß er fünf Jahre hintereinander zum amerikanischen Pferd des Jahres gewählt wurde, und Seattle Slew ging ungeschlagen in die dicht aufeinanderfolgenden Triple Crown-Rennen in den USA, gewann sie und schlug vierjährig, nach schwerer Krankheit, noch den dreijährigen Crack Affirmed. Derartig zähe Pferde gibt es heute kaum noch und besonders selten in den USA. Der amerikanische Seriensieger Cigar, der erst dreijährig seine ersten Rennen absolvierte und langsam aufgebaut wurde, zeigte wieder eine über mehrere Jahre andauernde Leistungskonstanz.

Zu den ganz großen Rennpferden zählten auch der 1962 geborene Hengst Sea Bird II, der sieben seiner acht großen Rennen mit einer einzigartigen Leichtigkeit, scheinbar ohne große Anstrengung gewann, und der amerikanische Triple Crown-Sieger Secretariat, der bereits zweijährig nicht zu schlagen war. Der Fuchs mit der Blesse und den drei weißen Beinen wurde schon als Youngster zum Pferd des Jahres gewählt. Das Kentucky Derby (2000 m) gewann er als erstes Pferd in weniger als zwei Minuten und die Belmont Stakes (2400m) mit 31 Längen Vorsprung in bis heute nicht wieder erreichter Rekordzeit. Seine Art zu siegen erinnerte an Eclipse. Er war eine mächtige Galoppiermaschine, die regelrecht über die Bahn rollte – ein Bein nach dem anderen aufsetzend, in mächtigen, raumgreifenden Sprüngen, voller Kraft und Dynamik. George Pratt vom Massachusetts Institute of Technologie geriet außer sich, wenn er von dem Hengst erzählte: „Würde man Secretariats Rennaktion in einen Computer einspeisen, so würde der zu qualmen anfangen."

Belmont Stakes 1973: Secretariat – der Rest nirgendwo. Rekordzeit: 2:24 min.

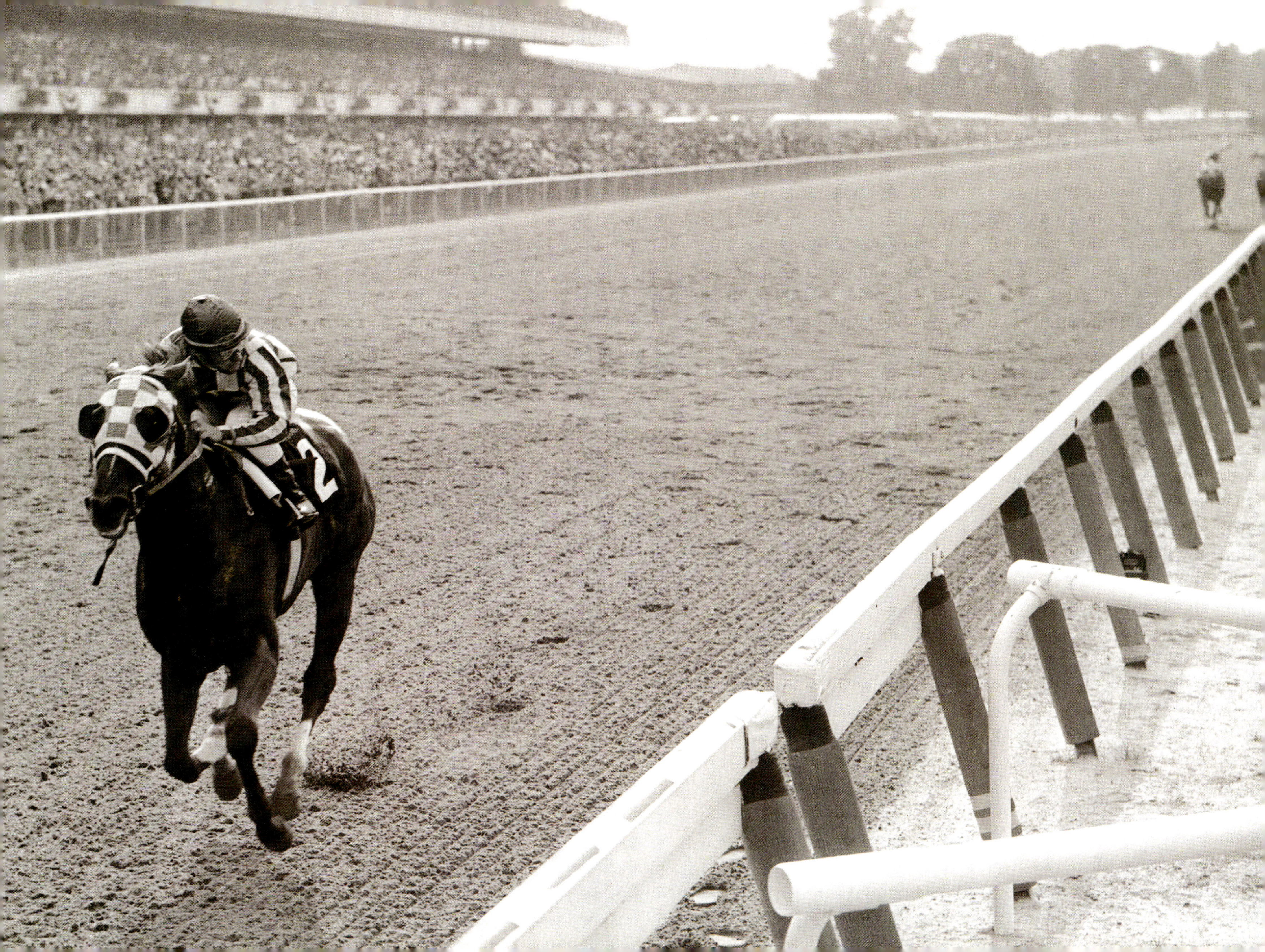

In Hürdenrennen springen die Pferde über bewegliche Hindernisse, sogenannte „Besen".

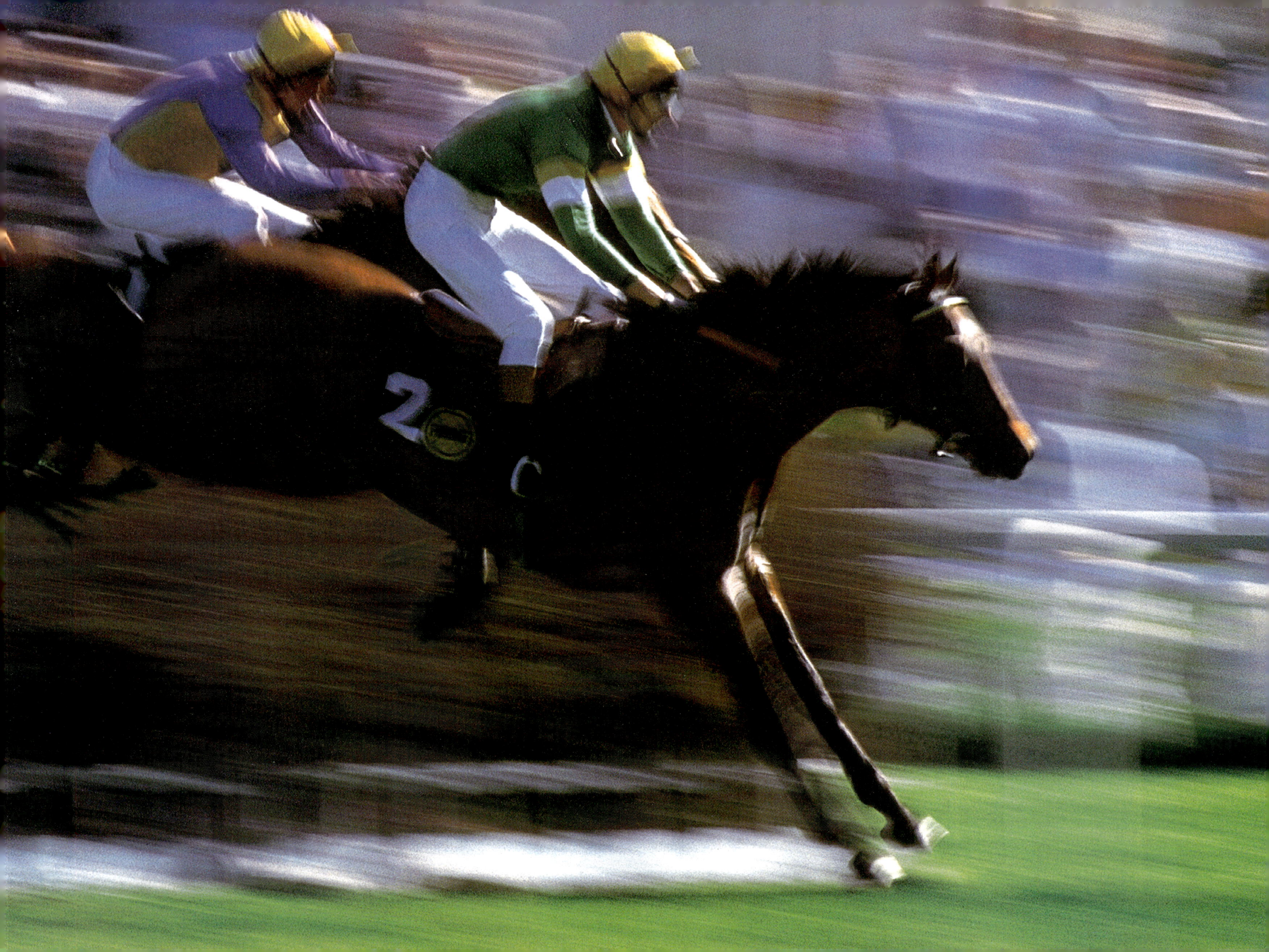
2

Galopprennen: der schnellste Sport mit natürlicher Kraft.

DAS EUROPÄISCHE RENNSYSTEM

Die Rennen in Europa sind in einem einheitlichen System geordnet und in verschiedene Kategorien eingeteilt.

Der Rennbetrieb unterliegt strengen Vorschriften und wird genauestens überwacht.

Ausgleichsrennen (Handicap) sind Rennen, in denen das Gewicht, das ein Pferd trägt, von seiner Leistung abhängt, um eine Chancengleichheit herzustellen. Der Ausgleicher (Funktionär des DVR) errechnet dieses Gewicht auf der Grundlage des Generalausgleichsgewichts und der letzten Leistungen im Verhältnis zu den Renngegnern. Das Mindestgewicht beträgt 47 Kilogramm.

Direktorium für Vollblutzucht und Rennen e.V. (DVR) ist der Dachverband des Galopprennsports und der Vollblutzucht in Deutschland. Aufgabe ist die Förderung der Vollblutzucht und die Aufsicht über die Rennen als Leistungsprüfung. Das Direktorium erläßt die Rennordnung, und es führt das Allgemeine Deutsche Gestütbuch für Vollblutpferde.

Generalausgleich (GAG): Nach Ende jeder Rennsaison erstellen die Ausgleicher einen Jahres-Generalausgleich. Sie legen fest, welches theoretische Gewicht (Handicap) jedes im vergangenen Jahr gelaufene Pferd erhalten soll. Pferde, die nicht gewonnen haben, erhalten erst ein GAG, wenn sie dreimal plaziert waren oder fünfmal an Rennen teilgenommen haben. Die Rennen sind so ausgeschrieben, daß ein Pferd nicht sein theoretisches Handicap tragen muß, sondern ein rennmäßiges Gewicht, das zwischen 48 und 65 Kilogramm liegt. Je höher die Rennleistung eines Pferdes ist, desto höher ist sein Generalausgleichsgewicht. Die Skala reicht von 37 bis zirka 105 Kilogramm.

Gestütbuch: Im Allgemeinen Deutschen Gestütbuch, das 1842 nach englischem Vorbild verfaßt wurde und alle drei Jahre neu aufgelegt wird, sind alle Vollblutpferde der Bundesrepublik verzeichnet. Auch importierte Vollblutpferde werden hier eingetragen. Ein Vollblutpferd muß das Produkt einer Paarung zwischen Pferden sein, die vor dem 1.1.1980 in einem anerkannten Gestütbuch eingetragen sind, oder es muß in allen Linien seiner Abstammung auf so eingetragene Pferde zurückgehen. Das Pferd muß acht aufeinanderfolgende Generationen solcher Pferde nachweisen.

Gewicht: Das real vom Pferd zu tragende Gewicht setzt sich zusammen aus dem Reiter, dessen Kleidung, dem Sattelzeug und eventuell zusätzlichem Bleigewicht.

Gewichtserlaubnis: Rennpferde tragen unterschiedliche Gewichte. Außer in Ausgleichsrennen haben Stuten zwei Kilogramm Gewichtserlaubnis und Wallache 1,5 Kilogramm gegenüber den Hengsten. In einem Ausgleichsrennen (Handicap) ist diese Erlaubnis vom Ausgleicher schon eingerechnet.

Gruppe-Rennen sind Galopprennen, deren Klassifizierung europaweit festgelegt ist (im Englischen: Group-Races). Damit die großen Galopprennen einzelner europäischer Länder miteinander vergleichbar sind, wurden 1971 die wichtigsten Rennen in drei Gruppen eingeteilt (Kategorie I bis III). Die schwersten und am höchsten dotierten Rennen sind die der Gruppe I. In Deutschland gibt es 39 Gruppe-Rennen, davon sechs der Gruppe I.

Jährling: Alle Vollblutpferde werden am 1. Januar ein Jahr älter. Jedes Vollblutpferd, das im vergangenen Jahr geboren wurde, gilt als Jährling, auch wenn es erst im Mai geboren wurde und real 7 Monate alt ist.

Hindernisrennen sind unterteilt in Jagd- und Hürdenrennen. Jagdrennen führen über feste Hindernisse auf einer Jagdbahn. Die Renndistanz bewegt sich zwischen 3200 und 7500 m. Hürdenrennen werden auf dem Kurs der Flachbahn über Reisighürden, sogenannte Besen, gelaufen. Die Mindestdistanz beträgt 3000 m.

Klassische Rennen sind nur für dreijährige Pferde offen. Alle Pferde tragen das gleiche Gewicht, abzüglich der standardisierten Gewichtserlaubnis von 2 kg für Stuten. Es gibt fünf klassische Rennen: Mehl-Mülhens-Rennen (Henckel-Rennen), Henkel-Rennen (Schwarzgold-Rennen), Preis der Diana, Deutsches Derby, Deut-

Auf der Sprintdistanz entscheidet sich das Rennen oft schon beim Start.

DAS EUROPÄISCHE RENNSYSTEM

sches St. Leger im Oktober in Dortmund. Das Schwarzgold-Rennen und der Preis der Diana sind nur für Stuten offen. Die fünf klassischen Rennen gibt es in ähnlicher Form in fast allen Ländern, die Galopprennen durchführen.

Die klassischen Rennen in der Reihenfolge ihres Entstehens: 1776: St. Leger, 2800 m; 1779: Oaks (Preis der Diana, auch Stutenderby genannt), 2400 m; 1780: Derby, 2400 m; 1808: 2000 Guineas (Mehl-Mülhens-Rennen), 1600 m; 1814: 1000 Guineas (Henkel-Rennen): 1600 m.

Krone, dreifache (Triple Crown) bedeutet in Europa, daß ein Pferd die 2000 Guineas (in Deutschland das Mehl-Mülhens-Rennen, über 1600 m), das Derby (2400 m) und das St. Leger (2800 m) gewinnt. In den USA: das Kentucky Derby, die Preakness- und die Belmont Stakes.

Meiler sind Pferde, die am erfolgreichsten in Rennen über die Mitteldistanz von 1600 – 1800 m laufen. In England und Irland sind es zum Beispiel die klassischen 1000 Guineas (nur für Stuten) und die 2000 Guineas, in Deutschland dementsprechend das Mehl-Mülhens-Rennen und das Henkel-Rennen.

Rennordnung ist das Gesetzbuch des Rennsports, das die Vorschriften für die Leistungsprüfungen der Vollblutzucht enthält. Auf rund 300 Seiten ist jeder Punkt des Rennsports und der Vollblutzucht festgehalten. Verwarnungen, Geldbußen und Reitverbote für Jockeys bei unfairer und gefährlicher Reitweise, Behinderung und falscher oder übertriebener Peitscheneinsatz sind hier u.a. geregelt.

Rennstrecke: Ein Flachrennen der Klasse A geht über mindestens 1000 m. Einschränkungen gibt es bei Rennen für zweijährigen Pferde: Die Rennstrecke ist vor dem 1.6. eines Jahres nicht länger als 1200 m, bis 1.8. nicht länger als 1400 m, vor dem 1.9. nicht länger als 1700 m und danach nicht länger als 2000 m.

Stakes: In den englischsprachigen Ländern: Gruppe- und Listenrennen.

Steher sind Pferde, die in Rennen auf Distanzen von 2200 m und darüber starten. Das Silberne Band der Ruhr führt über die Marathondistanz von 4000 m.

Totes Rennen: Zwei oder mehrere Pferde passieren exakt gleichzeitig die Ziellinie. Dies wird anhand der Zielfotografie ermittelt. Der Rennpreis wird in diesem Fall geteilt.

Steepler sind Pferde, die in Jagdrennen starten. Hier nehmen sie gerade den Becher's Brook, das schwerste Hindernis der halsbrecherischen Grand National Steeple Chase in Aintree/Liverpool.

Auf der 1000 m-Bahn der Flag Is Up Farms werden die jungen Pferde zunächst im ruhigen Kanter an die Rennbahn gewöhnt.

DAS ANREITEN DES RENNPFERDES BEI MONTY ROBERTS

Monty Roberts, der berühmte Horseman, Pferdepsychologe und Trainer, hat nach jahrelangem Forschen eine besonders sanfte und effektive Methode des Anreitens junger Pferde entwickelt, mit der er sensationelle Erfolge erzielt. In Kalifornien unterhält er einen Trainingsstall, in dem er die Jährlinge für die großen Rennställe anreitet.

Die Flag Is Up Farms in Kalifornien im Besitz von Monty und Pat Roberts sind Zucht- und Trainingseinrichtungen für Vollblüter und Quarter Horses. Quarter Horses sind ganz hervorragende Rennpferde über die Viertelmeile. Außerdem dienen sie hier den Vollblütern als beruhigende Begleitpferde im Training und auf dem Rennplatz zur Startmaschine. Quarter-Horse-Beschäler und Vollblut-Deckhengste, unter ihnen vor allem der in England und Amerika höchst erfolgreich gelaufene Urgent Request (v. Rainbow Quest), sind auf der Farm stationiert.

Die Flag Is Up Farms, eine halbe Autostunde nordöstlich von Santa Barbara gelegen, sind eine Oase in der trockenen, steppenartigen Landschaft. Ein schmiedeeisernes Gitter öffnet sich zu einer Allee aus Platanen, die in ein Paradies für Mensch und Tier führt. Wer einmal den Fuß auf diesen Weg gesetzt hat, vergißt nach wenigen Metern den Rest der Welt. Friedlich äsende Rehe, satte Weiden, grasende Pferde und darüber ein postkartenblauer Himmel.

Wenn die kalifornische Sonne ihr morgendliches Licht mit Intensität über die sanften Hügel des Santa Ynez Valley gießt, wird selbst ein notorischer Langschläfer zum Frühaufsteher. Der Trainingsstall ist eine überschaubare Anlage, umgeben von Laubbäumen, die Roberts selbst pflanzen ließ. Auf der 1000 m-Sandbahn absolvieren die jungen Vollblüter ihren ersten Canter im morgentlichen Dunst. Unter ihnen befand sich auch der zweifache Prix de l' Arc de Triomphe-Sieger, Dreijährigenjährigen-Champion und Topvererber Alleged. Über 200 Stakes-Sieger wurden auf den Flag Is Up Farms antrainiert.

Die Kulisse hier erscheint wie mit Aquarellfarben gemalt. Zarte Beige-, Braun- und Grüntöne überziehen das Terrain. Überall versprühen Beregnungsanlagen das Wasser, das so selten aus dem kalifornischen Himmel fällt, und lassen Weiden und Rasen ergrünen. Hin und wieder Wildwechsel auf der Trainingsbahn; der Futterwagen, gezogen von zwei belgischen Kaltblütern, rollt gemächlich vorbei und bringt das dunkelgrüne Heu und den Hafer heran.

In den beiden Round Pens (Rundhallen) machen die Jährlinge erste Bekanntschaft mit Sattel, Trense und Reiter nach dem „Join Up", wie Roberts seine Methode nennt. Sie bezieht sich auf die ersten 90 Tage der Ausbildung, danach beginnt auch hier ein ganz normales Galopptraining.

In Spitzenzeiten sind es bis zu 20 Pferde pro Tag, die für die großen Trainingsställe und Auktionen vorbereitet werden. Taylor Made, Gainesway und Prestonwood Farm gehören zu Roberts' Klientel. Um die 10 000 Pferde hat er hier nach seiner „Advance and Retreat"-Methode auf den Wettkampf vorbereitet, und sogar 1100 Mustangs der Landesverwaltung kanterten nach 30 Minuten brav unter ihrem Reiter in der Rundhalle herum.

Eine wichtige Lektion für junge Rennpferde: die Übung an der Startmaschine. Monty Roberts ist ein Spezialist für schwierige Fälle.

DAS ANREITEN DES RENNPFERDES BEI MONTY ROBERTS

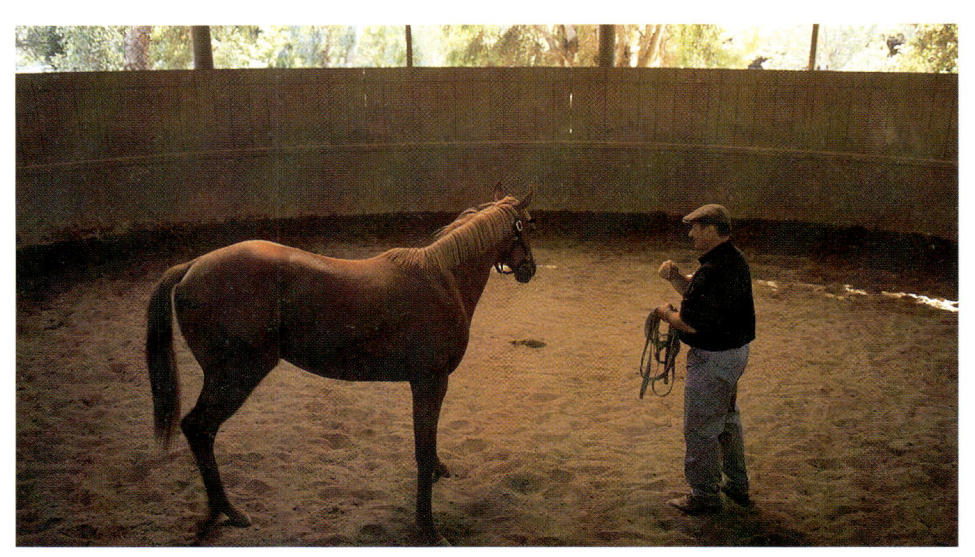

Monty Roberts' „Advance and Retreat"-Methode beruht auf der Kommunikation mit dem Pferd, dem Annehmen seiner Körpersprache. Mit genauer Beobachtung und feinsten Signalen wird Vertrauen aufgebaut und die Bereitschaft zu freiwilliger Mitarbeit beim jungen, rohen Pferd erzeugt.

Das „Advance and Retreat" (Annäherung und Rückzug) basiert auf Vertrauen und Partnerschaft mit dem Tier. Dem Zuschauer erscheint es wie ein Wunder, für Roberts ist es schlicht das Ergebnis jahrelanger Tierstudien und Erfahrungen, für jeden Pferdeverständigen erlernbar. „Ich arbeite mit den Pferden, als wenn sie Schüler oder Partner sind, das hat nichts mit mysteriösen Fähigkeiten zu tun", erklärt Roberts. Eines jedoch hat er vielen voraus: absolute Selbstdisziplin und endlose Geduld.

Die Grundlagen der „Advance and Retreat"-Methode beruhen auf einer Technik, die Indianer anwandten, um Mustangs einzufangen. Roberts selbst erprobte sie in der Wildnis. Er setzte die wilden Mustangs zuerst unter Druck, indem er sie zwei, drei Tage lang vor sich hertrieb. Dann drehte er um, in die entgegengesetzte Richtung. Die Pferde wurden neugierig, folgten ihm und ließen sich dann einkreisen, so daß Roberts sie einfangen konnte. In der Erkenntnis, daß das Zusammenspiel von Fluchtinstinkt, Neugierde und dem Willen zu folgen eine Kommunikationsebene zwischen Mensch und Tier eröffnet, liegt der durchschlagende Erfolg dieser Technik. Roberts hat diese Grundlagen verfeinert. Er schlüpft sozusagen in die Haut des Pferdes, nimmt seine Körpersprache an und ermuntert das Pferd zur Zusammenarbeit, ohne es zu etwas zu zwingen. Er spricht deshalb nicht vom Einbrechen eines Pferdes, sondern vom Starten – ohne Schmerz und ohne Trauma. Bei seiner Methode hat das Pferd die Freiheit, zu fliehen, und aus dieser Freiheit heraus entscheidet es sich meist dafür, beim Menschen zu bleiben.

Von den Vollblutjährlingen, die Roberts antrainiert, gehen im Schnitt 82 Prozent an den Start, um die 80 Prozent werden Sieger und 20 Prozent Stakes-Pferde. Ein sensationeller Erfolg!

Mit der Doppellonge wird das Pferd zum Traben und Galoppieren gebracht, bevor es mit Sattel und Reiter vertraut gemacht wird.

Heute werden sogar die Pferde der königlichen Kavallerie in London nach seiner Methode angeritten. Roberts tourte auf Einladung der Queen durch England und Irland und gab Vorführungen. Es folgten Einladungen nach Kanada, Australien, Neuseeland, Fernost, bis er seine Methode schließlich auch in Deutschland zeigte. Rennstall- und Gestütsbesitzer Walther J. Jacobs hat Roberts zuerst 1991 nach Deutschland geholt, um Stargalopper Lomitas wieder Vertrauen in die Startmaschine einzuflößen. Nachdem der Crack „kuriert" war und wieder zu alter Leistung auflief, stellte Jacobs den Kalifornier unter Exklusivvertrag als Ausbilder der Jährlinge und als Vollblutagent. Quebrada, Risen Raven und Macanal, drei Pferde, die Roberts in den USA für Jacobs aussuchte, gewannen wichtige Gruppe-Rennen in Deutschland, und die unter Roberts' Obhut angerittenen Fährhofer Zöglinge starten mit dem nötigen Selbstvertrauen in ihre großen Prüfungen.

Das „Join Up"

Zur Ausrüstung gehören eine Trense ohne Reithalfter mit einem Sweet-Iron-Trainingsgebiß, einer dünnen Wassertrense oder einem Kunststoffgebiß, Sattel (egal, welcher Art), Sattelunterlage, zwei Longen und ein Riemen zum Festschnallen der Steigbügel am Pferdeleib. Roberts' Technik funktioniert am besten in einer Rundhalle (Round Pen) mit zirka 16 m Durchmesser, weil das Pferd darin nicht in die Ecken ausweichen kann.

Das Pferd wird mit Halfter in die Halle gebracht und begrüßt, indem es kurz auf der Stirn gekrault, nicht geklopft wird. Wenn das Pferd schon an den Menschen gewöhnt ist, wird dies kein Problem sein. Dann beginnt der Prozeß des „Advance and Retreat". Das Pferd wird weggetrieben, indem die Longe hinterhergeworfen wird, jedoch nicht mit der Peitsche. Hierbei löst der Blick in die Augen des Tieres den Fluchtinstinkt aus. Die Schultern sind beide parallel zum Pferd gerichtet, und das Heben der Arme treibt das Pferd zur Bewegung an: Dies ist die aggressive Haltung. Sie zeigt dem Pferd erst einmal, wer hier der Chef ist. Irgendwann ist das Pferd müde, wegzulaufen. Es möchte mit dem Menschen kommunizieren. Es senkt den Kopf, richtet das innere Ohr zum Ausbilder in der Mitte der Halle und beginnt zu kauen und sich die Lippen zu lecken, was soviel heißt wie: „Ich will nicht mehr weglaufen, laß uns einen anderen Weg gehen", den des Join Up. Mit dieser Geste signalisiert das Pferd seine Freßwilligkeit und somit sein Vertrauen.

Nun wendet sich der Blick des Ausbilders über den Pferderücken hinweg zu Boden. Die Schulter wird weggedreht. Das Pferd sollte jetzt zumindest Interesse am Menschen zeigen, am besten hinter ihm herkommen. Tut es dies noch nicht, so wird es wieder zum Laufen gebracht. Wenn das Pferd in Richtung Mensch ins Zentrum der Halle kommt, heißt es, daß es Kontakt aufnehmen will. Der Ausbilder zeigt ihm, wie gut das ist, indem er das Pferd auf der Stirn krault. Läßt es dies zu, so ist das Vertrauen aufgebaut, denn die Stirn ist die einzige Stelle seines Körpers, die es nicht einsehen kann.

Nun wendet sich der Ausbilder wieder ab. Geht das Pferd in die andere Richtung, wird es wieder angetrieben. Folgt es dem Menschen, wird es gelobt und durch die weggedrehte Schulter und einige Schritte in die andere Richtung aufgefordert, zu folgen. Dann soll das Pferd ruhig in der Halle stehen.

Der zweite Schritt folgt – das zarte Berühren der empfindlichen, verletzlichen Stellen des Pferdes, dort, wo die Raubtiere angreifen würden: Flanken, Brust, Nacken, Rücken. Alle vier Hufe werden aufgenommen, ohne das Pferd festzuhalten oder anzubinden. Alles geschieht in Freiwilligkeit.

Nun werden Satteldecke, Sattel und Trense in die Mitte der Halle gelegt, so daß das Pferd sich die Ausrüstung angucken kann, bis es dann vorsichtig getrenst und gesattelt wird. Die Steigbügel werden mit einem Riemen, der unter dem Pferdebauch hindurchführt, zusammengehalten. Alles geschieht in absoluter Ruhe und mit langsamen, sanften Bewegungen. So ausgerüstet, wird das Pferd an der Doppellonge (wenn damit keine Erfahrung vorliegt, nur an einer Longe) im Trab und Canter in beide Richtungen auf der richtigen Hand bewegt, bis schließlich der Reiter die Halle betritt und sich mit dem Pferd vertraut macht, indem er es ebenfalls an Bauch, Flanken und Rücken streichelt. Dann hebt ihn der Ausbilder vorsichtig in den Sattel, ohne daß die Beine den Pferdekörper berühren. Bleibt das Pferd ruhig stehen, werden die ersten Schritte im Kreis gemacht, zuerst im Schritt, dann im Trab. Das Pferd ist nun angeritten und hat bei dieser Methode zu 90 Prozent nicht gebuckelt.

Die Flag Is Up Farms im Santa Ynez Valley, von Monty Roberts selbst architektonisch gestaltet und begrünt, mit der 1200 m-Trainingsbahn links im Hintergrund.

AUSBILDUNG BEI D. WAYNE LUKAS

Perfektion heißt die Devise von US-Championtrainer D. Wayne Lukas.

Die systematische Schulung der jungen Vollblüter sucht ihresgleichen im Rennsport.

Die D. Wayne Lukas Racing Stables, die ab 1999 nach Florida, in den Trainingskomplex von Satish Sanan in Summerfield verlegt werden, gleichen eher einer Nobelrennbahn als einem Trainingsstall. Der Eingang der Anlage, gesäumt von akkurat geschnittenen Büschen und üppigen Blumen, verspricht nicht zuviel. Der Trainingsstall von D. Wayne Lukas ist ein Musterbeispiel für architektonische und funktionelle Harmonie, Gepflegtheit und Organisation. Und man ist stolz darauf. Auf Stalltüren und Satteldecken leuchten die Initialen des Erfolgstrainers, über dem Eingang zur Sattelkammer hängt die Siegerdecke des Kentucky Derby und darunter ein Schild mit der Aufschrift „Home of Champions".

Lukas, einer der besten Trainer der Welt und Amerikas Nummer eins, wurde 1935 in Antigo/Wisconsin geboren. Das Erstaunliche an seiner Karriere: Der mehrfache Champion entstammt weder einer Familie von Pferdeleuten, noch hat er jemals Rennen geritten. Er hat nie für einen anderen Trainer gearbeitet oder sich an einem Vorbild orientiert. Seine Erfahrung mit Pferden begann mit einem Rennpony namens Queenie, seine Trainerkarriere mit Quarter Horses. Während seines Studiums in Sporterziehung an der University of Wisconsin jedoch lernte Lukas alles über die Struktur und die Funktion von Muskeln und Sehnen, über die Energieversorgung und die Vor- und Nachteile von Intervalltraining.

Bereits im Alter von 16 Jahren erwarb der ambitionierte Reiter von Westernpferden seine Trainerlizenz für Quarter Horses und ein Jahr später die für Vollblüter. Auf Auktionen schulte er sein Auge, kaufte Pferde und verkaufte sie mit Gewinn. Mit 22 Jahren arbeitete Lukas als Lehrer an der High-School einer kleinen Farmersstadt, und vier Jahre später war er leitender Basketball-Coach an der Logan High-School in Wisconsin. Nebenbei trainierte er Quarter Horses für die Rennbahn.

1967 hängte Lukas den Lehrerjob an den Nagel und wurde Berufstrainer. Quarter-Horse-Rennen waren damals höher dotiert als Rennen für Vollblüter: die All-American Futurity für Quarter Horses mit 486 600 Dollar, das Kentucky Derby dagegen nur mit 162 200 Dollar. Als Trainer jedoch verdiente man schlecht in dieser Sparte des Rennsports, und so stieg Lukas 1978 auf Vollblüter um. Der Erfolg ließ nicht lange auf sich warten. 1990 erreichte der Selfmade-Trainer mit den Gewinnen der von ihm trainierten Pferde die 100 Millionen-Marke.

Lukas ist der gewinnreichste Trainer der Welt. Ein ganz besonderes Händchen hat er für Zweijährige und Stuten, Pferde mit denen man besonders sensibel umgehen muß. Bereits fünfmal hat er den Breeder's Cup Juvenile für zweijährige Pferde gewonnen. Golden Attraction, Hennessy, Tabasco Cat, Timber Country und Grand Slam sind die jüngsten Beispiele seiner Erfolge mit Zweijährigen. Auch die von ihm trainierte Championstute Serena's Song, gewinnreichste Stute aller Zeiten, begann ihre Karriere als glänzende Zweijährige.

Die Erfolge mit den Youngsters kommen nicht von ungefähr. In Lukas' 65 Hektar großen Trainingsdepen-

AUSBILDUNG BEI D. WAYNE LUKAS

Sanfte Umgewöhnung: Die Jährlinge wechseln vom Gestüt in den Rennstall zu D. Wayne Lukas; zunächst in eine Box mit Paddock.

Die Rundhalle zum Anlongieren der Jährlinge paßt sich stilvoll in die topgepflegte Trainingsanlage ein.

dance im Santa Ynez Valley werden die jungen Pferde gehegt und gepflegt wie Königskinder. Rund 60 Angestellte betreuen hier bis zu 200 Pferde. Der größte Teil der Tiere sind Jährlinge, der Rest besteht aus Zweijährigen, einigen Dreijährigen und Rekonvaleszenten. Die zehn bis zwölf Arbeitsreiter steigen auf geputzte und gesattelte Pferde. Für die niedrigeren Arbeiten sind die Grooms (Stallknechte) zuständig – zum größten Teil Mexikaner.

Wenn die Jährlinge im Herbst vom Gestüt in den Trainingsstall überwechseln, bedeutet das für sie eine große Umstellung. Lukas macht es den „Babies" leichter, indem er ihnen als Übergang ein „Häuschen mit Garten" zur Verfügung stellt: Jedes Pferd bezieht für einige Monate eine Einzelbox mit einem zirka 100 qm großen Paddock. Hier können die Jährlinge noch ein Stückchen Freiheit genießen und bleiben tagsüber im Freien.

Um sechs Uhr morgens – die aufgehende Sonne färbt den Himmel über den Bergen zartrosa – erscheinen die ersten Pferde auf der 1600 m-Sandbahn. Es sind die Fortgeschrittenen unter den Jährlingen, die einen ruhigen Canter neben dem Führpony absolvieren. Die bereits gut bemuskelten, gut konditionierten Zweijährigen gehen schon mal einen „breeze" (einen kurzen scharfen Galopp). Der Co-Trainer von Lukas steht auf der Aussichtsplattform, die Stoppuhr in der Hand, und beobachtet jeden Arbeitsgalopp. Vom Schritt- und Trabring zum Trainingsbereich führt ein schmaler, gerader Weg, gesäumt von hohen Hecken.

Zuerst lernen die Jährlinge, sich auf dem großen Reitplatz im Trab und Galopp vorwärts-abwärts zu lösen.

Der Co-Trainer kontrolliert auf seinem Führpferd, ob die Pferde auf der richtigen Hand galoppieren.

Hier lernen die jungen Pferde, gerade und diszipliniert zur Rennbahn zu gehen. An der Startmaschine werden die Youngsters auf ihren ersten Start vorbereitet.

In der Round Pen werden die Jährlinge anlongiert und angeritten, schwierige Kandidaten nach der Join-Up-Methode von Monty Roberts angelernt. Dieser Abschnitt der Ausbildung dauert im Schnitt acht bis zehn Tage.

Die Sonne ist über die Berge gestiegen, und auf dem riesigen Reitplatz beginnt die Ausbildung der Anfänger. Dickbäuchige, schlaksige Jährlinge traben und galoppieren auf dem Zirkel, üben sich im Galoppwechsel und im elastischen Biegen ihrer noch unförmigen, steifen Körper. Höchstes Augenmerk liegt auf dem schwungvollen Vorwärtsgehen durch das Genick – in deutschen Rennställen eher ein Fremdwort. Die Reiter sitzen im Galopp aus und bringen die Pferde an den Zügel. Alle Pferde sind mit Martingal und Kupfergebiß ausgerüstet, das die Kautätigkeit anregt und die Pferde schnell dazu bringt, das Gebiß anzunehmen.

Alles geschieht unter den wachsamen Augen des Co-Trainers, der den Reitern von seinem Pony aus Anweisungen und Korrekturen gibt. Haben die Youngsters die Grundbegriffe der Dressur gelernt – im Schnitt nach zwei bis drei Wochen – so beginnen sie auf der Trainingsbahn ruhig zu kantern, erst am Führpferd, dann alleine, erst 1000 m, später 1600 bis 3000 m. Das sogenannte Slowwork (immer länger dauernde Canter), bringt Kondition, stärkt Herz und Lunge und

Die ersten schnellen Arbeiten der Zweijährigen geben dem Trainer Aufschluß über die Qualität des Pferdes.

AUSBILDUNG BEI D. WAYNE LUKAS

Die D. Wayne Lukas Stables: ein Luxusetablissement für Pferde.

D. Wayne Lukas auf der Rennbahn in Keeneland mit Jockey Donna Barton.

erste Spritzer, die erste scharfe Arbeit über 400 m, zeigt den jungen Vollblütern, was ihre Bestimmung ist.

Die Kunst des Trainings besteht darin, zu erkennen, wann ein junges Pferd in der Lage ist, eine Steigerung im Tempo zu verkraften. Das Training eines jungen Rennpferdes ist eine Gratwanderung zwischen Leistungssteigerung und Überforderung. „Zu große Erwartungen sind gefährlich für ein Training, das ruhig, geradlinig und entspannt verlaufen sollte. Die Pferde sollten nie völlig erschöpft von der Trainingsbahn kommen, sondern frisch und gestärkt", erklärt Lukas.

Die Grooms nehmen die schwitzenden Pferde in Empfang, um sie abzuschampoonieren. Die Stallgasse gleicht einem Dampfbad. In etwa 20 aneinandergereihten Abspritzboxen wird geseift, gespült und abgerieben. Zwei bis drei Pfleger arbeiten an einem Pferd. Nach dem Bad massieren sie den Tieren die Beine mit kampferhaltigen, kühlenden Lotionen und versehen sie anschließend mit dick gepolsterten Bandagen. Einige Pferde kommen nachmittags noch in die Führmaschine. Gut verpackt und beköstigt, verbringen sie dann die Nacht in ihren geräumigen, frisch eingestreuten Boxen, um am nächsten Tag wieder fit zum wohldosierten Training anzutreten. Nach zwei bis drei Monaten werden sie dann in Lukas' Trainingszentrale in Santa Anita gebracht oder auf die großen Rennbahnen verteilt, auf denen er, je nach Rennprogramm, seine Pferde stationiert. Nun beginnt der Ernst des Lebens für die exzellent vorbereiteten Pferde.

AUSBILDUNG BEI D. WAYNE LUKAS

Lukas hat nach der Devise „Learning by doing" seine eigene Trainingsphilosophie entwickelt. Sein Erfolgsrezept basiert auf sechs Punkten:

- Weniger ist mehr: Warum ein Pferd alle vier Tage schnell arbeiten lassen, wenn man dasselbe Ergebnis, nämlich Ausdauer- und Speedförderung, im Sieben-Tage-Rhythmus erzielt. Vor allem das Pensum für junge Pferde darf nur alle zwei Wochen in kleinen Schritten erhöht werden. Stuten sind mit besonderer Vorsicht zu arbeiten.
- Nicht nur die körperliche Vorbereitung (Muskelaufbau, Förderung der Herz- und Lungentätigkeit, Vergrößerung der Blutmenge) ist wichtig, sondern die mentale Vorbereitung auf den Wettkampf.
- Das Erkennen der feinen Grenze zwischen körperlicher Fitness und mentaler Abgestumpftheit ist der Schlüssel zum Erfolg.
- Das Verstehen der Zeichen eines Pferdes für seinen psychischen und physischen Zustand durch genaue Beobachtung ist oberstes Gebot.
- Das Beobachten des gearbeiteten Pferdes beim Abkühlen, beim Abspritzen und Waschen gibt Aufschluß über seinen Fitnessgrad, bezogen auf die entsprechende Arbeit. Die Länge der Erholungsphase, vor allem nach schnellen Galopps (Atmung, Herzfrequenz, Puls, Schweißbildung) und die mentale Verfassung wie Gelassenheit oder Nervosität geben dem Trainer Auskunft darüber, ob die Trainingseinheit für das jeweilige Pferd angemessen war, oder ob er in Länge und Tempo der Galopparbeit zurückschrauben muß.
- Fazit: Der größte Fehler ist die Überforderung der Pferde im Training.

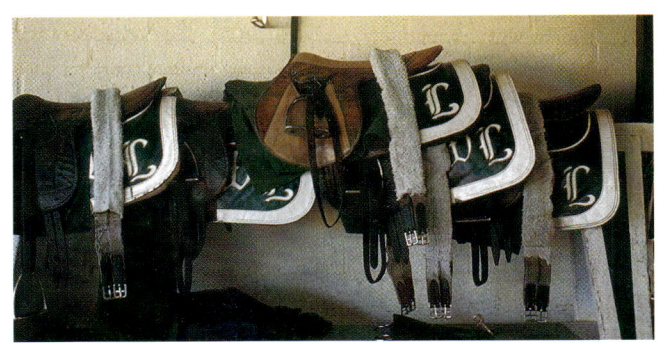

Eine der begehrtesten Trophäen: Die Siegerdecke des Kentucky Derby. Die Initialen von Trainer D. W. Lukas stehen für Weltklasse.

Lukas läßt seine Pferde häufig starten, die Stute Life's Magic zum Beispiel 50mal, aber seine Trainingseinheiten bestehen aus weniger schnellen Arbeiten als die anderer amerikanischer Trainer, und er hat den größten Erfolg damit.

Wayne Lukas' Erfolgsbiographie:

1974 bis '76 führender Quarter-Horse-Trainer
Gewinnreichster Vollblut-Trainer von 1983 bis 1992 mit 17,5 Millionen Dollar (Preisgeld der siegreichen und plazierten Pferde) pro Jahr.
Er bekam den Eclipse Award als führender Trainer in den USA 1985, '86, '87, 94, 95, 96 und ist der erfolgreichste Trainer aller Zeiten während der Keeneland Meetings.
Lukas hat 16 Championpferde trainiert: Althea, Capote, Lady's Secret (Pferd des Jahres 1986), Criminal Type (Pferd des Jahres 1990), Family Style, Flanders, Gulch, Landaluce, Life's Magic, North Sider, Open Mind, Sacahuista, Steinlen, Timber Country, Winning Colours, Thunder Gulch (Pferd des Jahres 1995).
D. Wayne Lukas ist mit 13 Siegern und 12,4 Millionen Dollar der erfolgreichste Trainer in der Geschichte des Breeder's Cup. In den klassischen Rennen der USA, den Triple-Crown-Rennen, legte Lukas in den letzten Jahren eine erstaunliche Serie hin: 1994 gewann Tabasco Cat unter seiner Ägide die Preakness- und die Belmont Stakes. Grindstone siegte 1996 im Kentucky Derby und damit im sechsten klassischen Rennen in Folge für Lukas. Das erste Kentucky Derby gewann die Stute Winning Colours 1988 für Lukas.

Top-Pflege im Top-Rennstall: Die D. Wayne Lukas Racings Stables sind ein Luxus-Fitnesscenter für zukünftige Championpferde.

DAS TRAINING DES RENNPFERDES

Das Training des Rennpferdes ist eine Kunst. Sie besteht darin, zu erkennen, welches Pferd wieviel und welche Arbeit braucht,

die passende Distanz herauszufinden und das Tier vor dem Rennen auf den Punkt fit zu haben.

Vollblüter sind durchweg frühreife Pferde mit sehr unterschiedlicher Konstitution und individuellen Vorlieben. Das Training läßt sich also nur bedingt in Regeln fassen. Das Aufbautraining beginnt im Alter von 18 bis 20 Monaten. Es ist mittlerweile erwiesen, daß das Skelett des Rennpferdes durch frühe Gewöhnung an regelmäßige Galopparbeit in der abschließenden Wachstumsphase anpassungsfähiger und stabiler wird. Die einzige Gefahr ist dabei die Überforderung der jungen Pferde und ihre zu frühe 23stündige Aufstallung ohne Auslauf. Ein frühes Training mit vielen Geländeritten und gleichzeitigem Auslauf auf der Weide oder einem Paddock sichert eine optimale Entwicklung. Gelenke, Knochen und Sehen entwickeln sich bei gleichmäßiger Bewegung besser, die Gelenke werden geschmiert, und die Pferde fühlen sich mental wohler.

Rennpferde sollen zwar vor allem schnell sein, aber ohne Grundschulausbildung, ohne Gehorsamsübungen, werden sie leicht zu unkontrollierbaren Rennmaschinen, die gefährliche Situationen verursachen können. Zu den Gehorsamsübungen gehören das ruhige Stehenbleiben an der Rennbahn, wenn andere Pferde vorbeigaloppieren, und das Rückwärtsrichten, das am besten schon beim Anreiten in der Halle geübt wird. Meistens lernen Stuten ihre Lektionen schneller als Hengste.

Die Schulung an der Startmaschine ist eine wichtige Lektion und beginnt bereits im Jährlingsalter, wenn die Pferde besonders aufnahmefähig, unvoreingenommen und wenig beansprucht sind. Zuerst gehen sie in Begleitung eines erfahrenen, zuverlässigen älteren Pferdes durch die offene Box, dann werden die Klappen geschlossen, und die Pferde gehen nach dem Öffnen ruhig hinaus. Funktioniert alles problemlos, dann üben die Pferde später das Abspringen aus der Box. In den USA sieht man selten startschwierige Pferde, weil auch Trainingsgalopps immer wieder aus der Startmaschine absolviert werden, so daß es für die Tiere nichts Bedrohliches ist. Auf der Trainingsbahn werden die Pferde allein, zu zweit und im Lot (größere Gruppe) gearbeitet. Im ruhigen Canter sollen sie vorwärts-abwärts gehen, leicht in der Hand und ohne zu pullen. Das Wichtigste bei der Ausbildung sind Ruhe, Geduld und Freundlichkeit. Bevor die jungen Pferde im höheren Tempo gehen, sollten sie über längere Strecken joggen, das heißt in einem ganz ruhigen, lockeren Galopp Kondition aufbauen.

Es gibt Trainer, vor allem in Frankreich und den USA, die ihre Pferde kaum traben lassen, sie statt dessen joggen lassen, um sie vor dem Galopp zu lockern und warm zu machen. Wenn die jungen Pferde so weit sind, daß sie 4000 m im Schritt, Trab, Joggingtempo und Canter zurücklegen, ohne Zeichen von Anstrengung zu zeigen, so können sie auf den letzten 300 bis 400 m schon einmal etwas aus der Hand gehen, das heißt im Tempo zulegen. Dieser Trainingsstand kann bei frühreifen Pferden in wärmeren Regionen am Ende des Jährlingsalters erreicht sein, meistens aber erst im Alter von zwei Jahren, zu

Die Rennreiterausrüstung: Helm, Schutzbrille, Peitsche und Sattel.

Lomitas war auch im Training ein Paradegalopper: fleißig und ehrlich, dabei immer gut zu regulieren.

DAS TRAINING DES RENNPFERDES

Beginn der Rennsaison. Solche „Spritzer" (kurze, scharfe Galopps) werden nicht öfter als im Wochenabstand wiederholt. In Deutschland starten viele Pferde erst dreijährig in Rennen, weil sie den nötigen Entwicklungsstand noch nicht erreicht haben. Alle zweijährigen Pferde werden in Deutschland während des Trainings und vor ihrem ersten Start von zwei unabhängigen Tierärzten auf ihre Renntauglichkeit hin untersucht.

Im Frühjahr geht es dann schon richtig zur Sache mit den gut entwickelten Zweijährigen. Auf keinen Fall aber sollten die scharfen Arbeiten in den ersten Monaten über 400 m gesteigert werden. Bei den gemeinsamen Trainingsgalopps werden die Pferde auf verschiedenen Positionen galoppiert, um später jeder Rennsituation gewachsen zu sein. Vor allem müssen sie lernen, Kopf an Kopf zu galoppieren und Spur zu halten.

Die größte Gefahr bei den ersten Leistungssteigerungen ist das Entstehen der sogenannten Schienbeine, einer Knochenhautentzündung, die meistens an den Vorderröhren auftritt und das Training für mehrere Monate unterbricht.

Sind die ersten kurzen Arbeiten, die „Spritzer" von etwa 400 m in zirka 24 bis 30 Sekunden auf der Sand- oder Grasbahn erfolgreich verlaufen, und die Pferde sind nach der Arbeit fit, frisch und dennoch ruhig, so wird das Pensum vorsichtig im Zweiwochenrhythmus auf 600 und anschließend auf bis zu 1200 m erhöht. Sprinter oder Meiler gehen dabei nicht über 800 bis 1000 m hinaus. Vor einer scharfen Arbeit gehen die Pferde entweder nur Schritt, joggen oder traben. Danach bekommen sie eine Ruhepause, während der sie jedoch auch leichte Bewegung im Schritt oder im besten Fall Auslauf auf einem Paddock oder einer Weide haben. Nichts ist schädlicher und gefährlicher für hochtrainierte Pferde, als den ganzen Tag in der Box zu stehen. Es kann zu Verschlag und Verspannungen führen.

Dreijährige Pferde, die bereits im Alter von zwei Jahren Rennen gelaufen sind und auf Steherdistanzen vorbereitet werden, beginnen die neue Saison mit langen, ruhigen Galopps, bevor sie sich mit 400 bis 600 m-Spritzern wieder Luft und Speed holen. Vor den Rennen arbeiten sie auf Distanzen bis zu 2000 m. Auf keinen Fall wird die gesamte Renndistanz im Renntempo absolviert. Die Trainingsleistung bleibt immer etwas unter dem, was im Wettkampf verlangt wird, denn der positive Trainingseffekt besteht darin, Kondition und Schnelligkeit zu erhöhen, ohne an den Reserven zu zehren. Es ist wie mit einem Luftballon, der durch häufigere Dehnung mehr Sauerstoff faßt, diese aber möglichst vor dem Abflug nicht verlieren soll. Prall gefüllt zum Höhenflug – das ist das Ziel.

Rennvorbereitende Arbeiten über lange Strecken beginnen immer im moderaten Tempo und werden dann zum Renntempo gesteigert. Die Mehrzahl der Trainer schickt ihre Pferde vier bis fünf Tage vor dem Rennen auf der Grasbahn zu einer scharfen Arbeit. Aber jedes Pferd ist anders, braucht unterschiedlich intensive und unterschiedlich lange „Heats" im individuellen Rhythmus. Es gibt Pferde, die im Rennen erst voll da sind, wenn sie ein bis zwei Tage vor dem Start noch einmal richtig sprinten, noch einmal Luft holen durften. Auf jeden Fall brauchen jüngere Pferde mehr Arbeit als ältere. Lukas läßt seine fortgeschrittenen Zweijährigen durchweg alle sechs bis sieben Tage über Distanzen von maximal 1400 m

Zwei Cracks: Championtrainer Heinz Jentzsch mit Lando, Galopper des Jahres 1994.

Einteilung der Morgenarbeit: Der 31fache Championtrainer Heinz Jentzsch mit seinem Nachfolger Peter Schiergen (links) vor dem Asterblüte-Stall in Köln.

DAS TRAINING DES RENNPFERDES

Bruno Schütz mit Jockey Andrasch Starke im Führring.

schnell gehen. Kurze Luftholer über 400 m gibt es auch schon mal im viertägigen Rhythmus. Die Intervalle bei den Älteren betragen zwischen sieben und zehn Tagen. Wird die schnelle Arbeit vier Tage vor dem Rennen gegangen, so überschreitet sie keine 1000 m, und solche, die zwei Tage vor dem Rennen stattfindet, ist meist nicht mehr als ein „Blowout", ein Spritzer über 200 bis 300 m. Die gesamte Strecke beträgt je nach Länge des bevorstehenden Rennens 1200 bis 1800 m. Nach den Rennen gönnt Lukas seinen Pferden drei Tage Ruhe, an denen sie nur Schritt gehen und am dritten Tag höchstens eine kleine Strecke joggen. Hierzu sei gesagt, daß die jungen Pferde in den USA wesentlich öfter starten als in Deutschland.

Die Vorbereitung talentversprechender Dreijähriger ist eine diffizile Sache für die Trainer. Es gilt zu erkennen, welches Pferd auf welche Distanz gehört, ob sich die Pferde auf der Sprintdistanz von 1000 bis 1400 m, auf der Mittelstrecke von 1500 bis 1800 m oder auf der Steherdistanz von 1900 bis 2400 oder sogar 2800 m am besten entfalten. Sprintertypen zeichnen sich häufig durch einen eher gedrungenen Körper mit schräger bis abfallender Kruppe aus. Sie besitzen kurze, schnell kontraktile, voluminösere Muskeln, haben einen schnellen Antritt, galoppieren spritziger und meist mit nach unten gestrecktem Kopf. Langstreckler haben vorzugsweise lange Beine, sind eher von großer Statur, leichter im Körperbau und haben eine raumgreifende Galoppade. Aber auch diese Merkmale sind, zusätzlich zum Pedigree des Pferdes, nur kleine Hilfen für den Trainer, und manchmal liegt man mit ihnen völlig daneben. Schließlich waren sowohl Hyperion wie Northern Dancer und Sadler's Wells sehr kleine, untersetzte Pferde, die sich auch auf mittleren bis längeren Strecken hervorragend schlugen.

Die nächste Frage ist die nach der Qualität eines Pferdes. Ist ein Pferd gut genug für die klassischen Rennen, wird es ein Derbykandidat? Bei den anspruchsvolleren, schnellen Arbeiten auf der Grasbahn trennt sich meist die Spreu vom Weizen, aber es gibt auch Pferde, die im Training nicht alles zeigen, was in ihnen steckt, die faul sind und dennoch später im Rennen einen unvermuteten Kampfgeist zeigen. Hier ist ein gutes Auge für die Klasse eines Pferdes gefragt. Statur, Charakter, Galoppade des Pferdes geben dem erfahrenen Trainer Aufschluß über dessen Leistungspotential. Enttäuschungen und Fehlinterpretationen machen jedoch auch vor dem erfolgreichsten Trainingsquartier nicht halt.

Die beiden renommiertesten Trainingsställe in Deutschland sind 1998 in neue, junge Hände übergegangen. Der 31fache Champion Heinz Jentzsch, 1920 in Neuenhagen geboren, ist im Alter von 77 Jahren in Pension gegangen. Deutschlands Championjockey Peter Schiergen (Europarekordler mit 271 Jahressiegen) hat nun die Regie über den Asterblüte-Stall in Köln übernommen. Ein schweres Erbe, denn die Betreiber dieses Stalles, die Besitzergemeinschaft (u. a. Gestüt Fährhof, Schlenderhan, Bona, Graditz und vormals Ittlingen) ist erfolgsgewöhnt.

Caitano, von Schütz trainiert, gewinnt 1997 den Aral-Pokal in Gelsenkirchen.

Der letzte Derbysieg von Heinz Jentzsch mit Laroche im Jahre 1994 war bereits der achte des großen Meisters. Die drei Schlenderhaner Don Giovanni, Alpenkönig und Stuyvesant waren die ersten Treffer, gefolgt von Zauberer, Lagunas, Acatenango, Lando und Laroche. Zu den ganz großen Rennpferden, die bei Jentzsch das Laufen gelernt haben, gehörten unter anderem Abary, Dschingis Khan, Esclavo, Lirung, Lombard, Monsun, Priamos, Quebrada und Risen Raven. Der krönende Abschluß seiner großartigen Karriere war der Sieg von Lando im Japan Cup '95.

Heinz Jentzsch ist familienbedingt zum Rennsport gekommen – Vater Trainer, Onkel Jockey. Es war also naheliegend, daß Jentzsch bei seinem Vater Hans in die Jockeylehre ging. Er gewann einige Rennen, hatte bei seiner Größe aber Probleme, das im Rennen verlangte Gewicht zu halten. Also ging er als Trainer nach Dresden. Nach der Rückkehr aus der Kriegsgefangenschaft 1946 ging Jentzsch nach Hoppegarten und zog danach 1949 mit seiner Frau nach Köln. Mit dem Wechsel an den Asterblüte-Stall 1960 begann die großartige Erfolgsgeschichte, die über 30 Jahre währte: 4000 Siege, davon 44 in den klassischen Rennen, haben die Jentzsch-Pferde errungen.

Einige Meter vom Asterblüte-Stall entfernt trainierte Bruno Schütz bis Ende 1997 um die 150 Pferde. Er war als Public Trainer der gewinnreichste seiner Zunft in Deutschland. Auch Schütz wurde in den Galoppsport hineingeboren. Im Bauch seiner Mutter gewann er das erste Rennen und ritt mit sechs Jahren bereits im Training mit. Später bestritt er Ponyrennen, Jagden und schließlich Galopprennen, wegen seiner Größe und seines Gewichts in der Hauptsache Amateur- und Hindernisrennen. Fünfmal war Schütz Champion der Amateure.

Die Familie war vor allem im Halbblutsport aktiv. Großvater Friedrich Schütz trainierte und ritt Rennpferde und gab die Begeisterung an seine Söhne Heini und Willi weiter. Enkel Bruno Schütz absolvierte auf Anraten seines Vaters Willi eine Ausbildung zum Industriekaufmann, fühlte sich jedoch mehr von den schnellen Pferden angezogen und stieg 1965, zuerst in Zusammenarbeit mit seinem Onkel, in den Trainerberuf ein. Zweimal errang er das Trainerchampionat, das sich in Deutschland aus der Anzahl der Sieger ergibt. Selbst wenn Uwe Stoltefuß 1997 Trainerchampion war, so hat Schütz im selben Jahr mit einer Jahresgewinnsumme von über sieben Millionen Mark einen Rekord aufgestellt. Viermal hat Bruno Schütz das Derby gewonnen: 1987 mit Lebos, 1990 mit Karloff, 1991 mit Temporal und 1997 mit Borgia. Die Klassepferde Lebos, Helikon, Filia Ardross, Britannia, Medicus, Platini, Princess Nana, Pinot, Bad Bertrich, Germany und La Blue wurden von Bruno Schütz betreut. Sohn Andreas, schon lange Assistenztrainer am Stall, hat 1998 die Regie übernommen und damit auch die deutschen Top-Rennpferde Borgia (Galopper des Jahres '97) sowie Caitano, Oxalagu und Elle Danzig.

ENGLANDS TRAININGSZENTRALE NEWMARKET

Newmarket ist Englands Zucht-und Trainingszentrale und Sitz des Jockey Clubs, Englands Verwaltungs- und Kontrollinstanz des Galopprennsports. Das kleine Provinzstädtchen, 112 Kilometer nordöstlich von London gelegen, lebt von den Pferden und von denen, die mit ihnen arbeiten.

In Newmarket regiert das Vollblut. Über 2000 Rennpferde galoppieren hier, im Herzen Englands, tagein, tagaus über die endlosen Gras- und Sandbahnen. Auf der Rowley Mile und dem July Course finden im Mai, Juli, September und Oktober die großen Rennmeetings statt, mit den 1000 und den 2000 Guineas als Jahreseinstand. In der riesigen Auktionshalle wechseln Tausende hochkarätiger Vollblüter Jahr für Jahr ihre Besitzer.

Die Trainingsflächen von Newmarket breiten sich zu beiden Seiten der Stadt aus wie riesige Schmetterlingsflügel: Rund 1200 Hektar Land im Besitz des Jockey Clubs, das seit 1660 nicht mehr gepflügt wurde, steht allein den Rennpferden zur Verfügung. Hunderte von Pferden verteilen sich auf den endlosen „Galopps", wenn die Sonne langsam über die grünen Hügeln kriecht. Um sechs Uhr morgens strömen die Pferde aus den altehrwürdigen „Headquarters" des Turf, den Trainingsställen, in denen seit über 100 Jahren Rennpferde stehen. Selbst die Straßen in Newmarket gehören den Pferden. Es ist ungeschriebenes Gesetz, daß sie Vorfahrt haben, wo auch immer sie eine Straße überqueren.

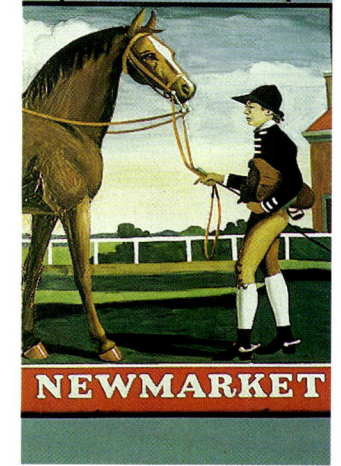

Draußen vor den Toren der Stadt, auf den Newmarket Heath Galopps, den New Winter Ground, Southfield, Yearling Ground Galopps im Süden und Long und Bury Hill, Limekilns und Warren Hill im Norden, überall tauchen Pferde auf. Das Schnaufen der galoppierenden Tiere und das dumpfe Trommeln ihrer Hufe sind die einzigen Geräusche, die die morgendliche Stille durchdringen. Auf der Bury Road, dem Rowley Drive, der Moulton und der Hamilton Road, den Straßen, die das Trainingsgebiet durchschneiden, ermahnen gelbe Blinklichter zum langsamen Fahren. An Stelle einer Mutter mit Kind ist ein Pferd auf den Achtung-Schildern abgebildet.

Newmarket kennt viele Stimmungen. Im Frühjahr liegt der Morgentau in der aufgehenden Sonne auf den weiten Rasenflächen. Im Herbst schieben sich dicke, schwarze Wolken über die Hügel und kippen ihren Regen über das grüne Land. Der Winter bringt scharfen, schneidenden Wind, der Reitern und Pferden die Luft abschnürt. Auch der Schnee bringt hier den Trainingsbetrieb nicht zum Erliegen. Die wohlgepflegten und gut präparierten Allwetterbahnen ziehen ihre Schneisen durch die schneebedeckten Rasenflächen, und dickvermummte kleine Menschen kauern auf dampfenden Pferden, die unter schützenden Wolldecken ihr Training bis in die nächste Rennsaison hinein fortsetzen oder es gerade beginnen.

Die Arbeitsreiter und diejenigen Jockeys, die noch am Anfang ihrer Karriere stehen, versorgen die Pferde im Full Service: Putzen, Reiten, Tränken, Füttern, Misten und Lederpflege. Das ist in ganz Europa üblich und bedeutet Knochenarbeit für wenig Geld.

Nach Beendigung der Morgenarbeit verfällt die Stadt wieder in ihre Schläfrigkeit. Die riesigen Tore zwischen den mannshohen Backsteinmauern, hinter denen sich die traditionsreichen Trainingsquartiere verstecken, schließen sich wieder.

Newmarket ist eine Kleinstadt mit 17 000 Einwohnern, rund 2500 Rennpferden, diversen Sattlereien und Pubs, an deren

Wenn die riesigen Lots der großen Trainer in die Ställe heimkehren, glaubt man Heerscharen zu begegnen.

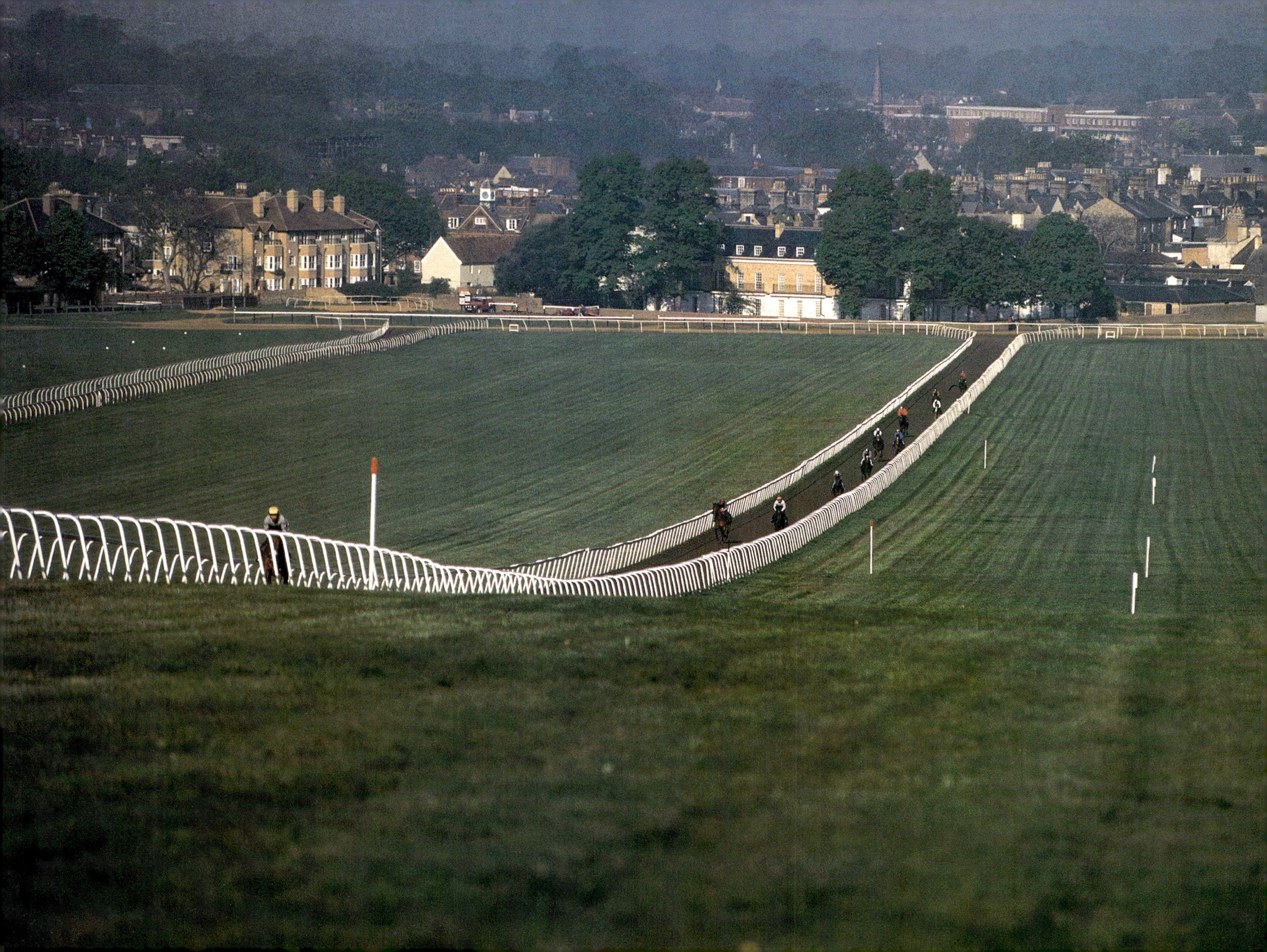

ENGLANDS TRAININGSZENTRALE NEWMARKET

Wänden natürlich Fotos von Jockeys und Pferden hängen. Am Freitagabend – der Wochenlohn ist eingestrichen – fließen hier englisches und irisches Bier, und Jockeys und Stallknechte klopfen den Mädchen schon einmal ebenso derb auf den Hintern wie am Tage den Pferden. Hier geht es rauh und herzlich zu. Das Training und die Pflege von Rennpferden sind harte Arbeit und nichts für Herrenreiter. Newmarket ist eine Stadt mit 65 Rennställen und 50 Gestüten, fünf Pferde-Swimmingpools und einem einzigen Schwimmbad für das Volk, zwei Rennbahnen mit 32 Renntagen im Jahr, einem Rennsportmuseum, einer Pferdebuchhandlung und einem Ausbildungszentrum für Rennreiter. Bereits im zehnten Jahrhundert wurden in Newmarket Pferde trainiert, allerdings nicht für Rennen, sondern für große Schlachten. Die Hasenjagd brachte King James I. 1605, zwei Jahre nach seiner Thronfolge, in die ländliche Kleinstadt. 1622 fanden die ersten Match-Rennen zwischen adligen Reitersleuten statt und während der Regentschaft von King Charles I. wurden dort seit 1627 regelmäßig Jagden und kleine Rennen abgehalten. Nach der vergnügungsfeindlichen puritanischen Zeit in England, Mitte des 17. Jahrhunderts, entwickelte King Charles II. Newmarket zu dem, was es heute ist: zum Zentrum des europäischen Galoppsports.

In Newmarket trainierte Pferde gewannen in den letzten 30 Jahren mehr als ein Drittel aller klassischen Rennen in England. Und wen wundert es. Newmarket besitzt die besten Trainingsböden- und einrichtungen der Welt: 64 Kilometer Grasbahnen, 27 Kilometer künstlich präparierte Galoppstrecken (Sand, Holzspäne, Torf-Moos und Gummigemisch) und hervorragende Steeple-Chase-Trainierbahnen stehen Englands Top-Class-Vollblütern zur Ver-fügung. Alle großen Sandbahnen sind von weißen Kunststoffgeländern eingefaßt, um Pferden und Reitern ein Maximum an Sicherheit zu bieten.

Die Vielschichtigkeit des Geländes ermöglicht es den Trainern, ihre Pferde auf die verschiedenen englischen Rennbahnen mit ihren sehr unterschiedlichen Kursen und Böden vorzubereiten. Jedes Pferd kann individuell, entsprechend seinen Vorlieben und Neigungen, trainiert werden: Die Sprinter entwickeln ausgeprägte Antriebsmuskeln, indem sie die 1000 m-Gerade des Warren Hill mit zirka fünf Prozent Steigung hinaufackern. Bury Hill zieht sich über 1800 m langsam bergauf und ist ideal für das Training von Langstrecklern. Long Hill steigt über 1300 m seicht bergan und bietet jedem Pferd ein ideales Muskeltraining. Derbykandidaten können sich auf dem kalkhaltigen Grasboden der „Limekilns Galopps" im Linkskurs auf den eigenwilligen Rennbahnverlauf und die speziellen Bodenverhältnisse von Epsom vorbereiten. Rechts der Cambridge Road, zwischen Rowley Mile und July Course, erstreckt sich ein wahres Turf-Paradies: 3200 m können die Pferde hier geradeaus galoppieren.

Die Trainer in Newmarket genießen einen einzigartigen Service: Ihre Pferde können jeden Tag über frischen Turf galoppieren. Die Grasbahnen sind im Wechsel geöffnet, damit das kostbare Gras genügend Zeit hat, sich zu regenerieren.

Die Kosten für Trainer und Besitzer sind entsprechend hoch, und so läßt sich nur mit guten Pferden ein Gewinn erwirtschaften. Zwischen 13 000 und 17 000 Pfund im Jahr, das sind etwa 39 000 bis 50 000 Mark, muß ein Besitzer aufbringen, um sein Pferd fürs Rennen ernähren, pflegen und in Kondition bringen zu lassen.

Entlang der Fordham, der Snailwell und der Bury Road liegt ein Trainingsstall am anderen.

Warren Hill: Galopparbeit bergauf bringt Puste und Sprintmuskeln.

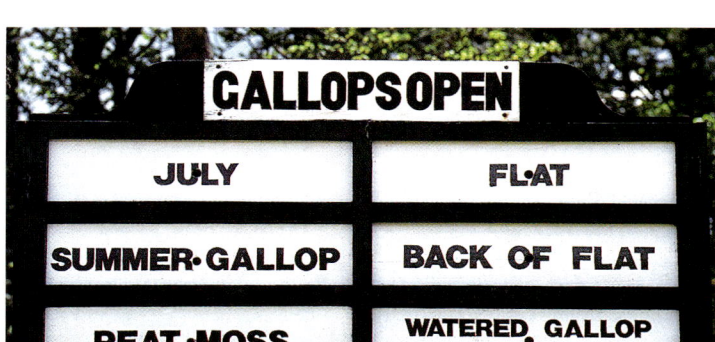

Das Schild zeigt an, welche Trainingsbahnen zur Zeit für die Benutzung freigegeben sind.

ENGLANDS TRAININGSZENTRALE NEWMARKET

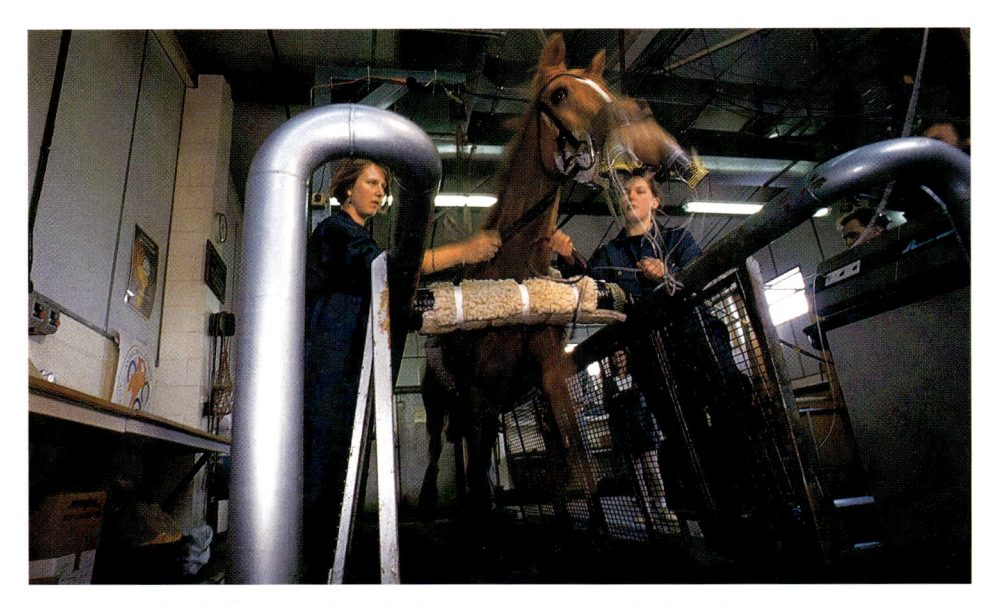

Laufband für Vollblüter: Im „Animal Health Trust", dem Gesundheitszentrum für Tiere in Newmarket, werden Herzfrequenz und Laktatwerte gemessen.

Über eine Sauerstoffmaske werden das Volumen und die Leistungsfähigkeit der Lunge eines Rennpferdes gemessen.

Viele der Quartiere haben eine lange Geschichte. Sie wurden um die Jahrhundertwende erbaut und gingen durch mehrere Hände.

Zwischen Long Hill und Bury Road, direkt vor den Toren von Newmarket, liegen die Heath House Stables. Sie wurden 1885 im klassisch victorianischen Backsteinstil erbaut. Mat und George Dawson waren die ersten Trainer in Heath House unter der Patronage des Herzogs von Portland. Dann kam der Amerikaner Jack Huggins, der 1901 den Derbysieger Volodyovski betreute, und darauf folgte Jack Waugh aus Roxburghshire. Heute residiert hier Sir Marc Prescott, dienstältester Trainer von Newmarket, mit seinen rund 50 Pferden. Als er 1970 im Alter von 19 Jahren den Stall übernahm, war er der jüngste. Prescott ist ein Haudegen, ein Horseman der alten Schule – nicht zimperlich im Umgang mit Pferd und Reiter. Er hat sein Quartier exquisit ausgestattet, mit Swimmingpool und Solarium für die Pferde. Mit strengem Regiment führt er seinen Stall, der in der Trainerstatistik in Bezug auf die prozentuale Erfolgsquote gleich hinter dem von Henry Cecil liegt. Prescott ist berühmt für sein Talent, auch aus mittelmäßigen Pferden das Maximum herauszuholen. Berühmt wurde er 1980 mit dem Hengst Spindrifter, der im Alter von zwei Jahren 13 Rennen gewann. Eines seiner besten Pferde war der Gruppe-I-Sieger Pivotal. Prescott trainiert einige Pferde für Prinz Fahd Salman, für Sheikh Ahmed Al Maktoum und für einige Industrielle und Journalisten.

Einige hundert Meter weiter in Richtung Norden an der Bury Road liegen die Bedford Stables von Luca Cumani, die von einer 130jährigen Geschichte geprägt

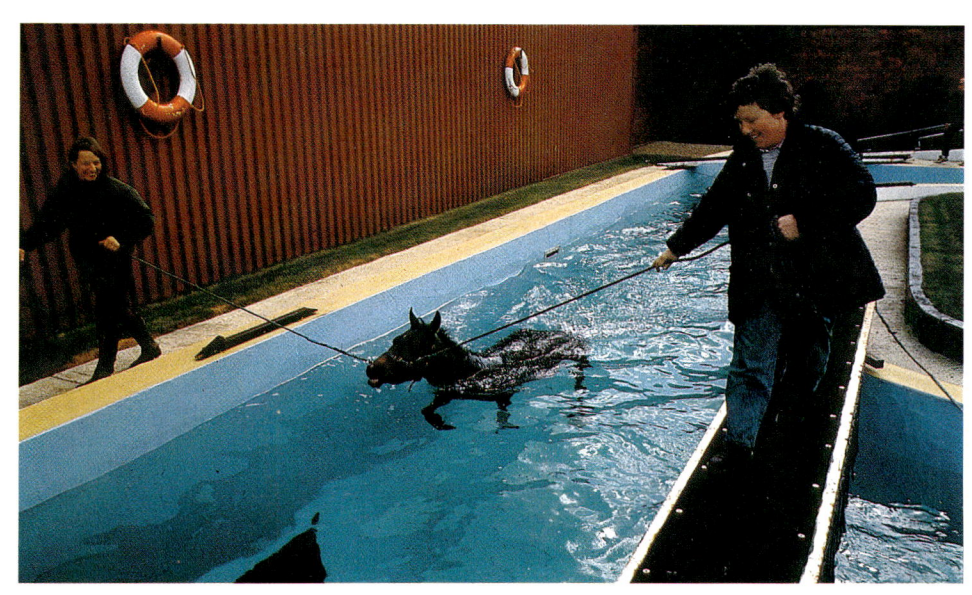

Schwimmtraining bei Trainer Sir Marc Prescott in den Heath House Stables: gut für strapazierte Sehnen und Gelenke.

sind. Lange hatte der Aga Khan hier seinen Rennstall, und auch Sheikh Mohammed Al Maktoum gehörte zu den Besitzern.

Einige Häuser weiter in Richtung Nordosten liegen die Ställe von Geoffrey Wragg und Michael Stoute. Wraggs Abington Place war bereits im 19. Jahrhundert ein Erfolgsquartier und liegt heute regelmäßig unter den Top Ten der englischen Trainingsställe.

Stoute wurde 1945 auf Barbados als Sohn eines Polizeikommissars geboren. Die Familie wohnte direkt neben der einzigen Rennbahn der Insel, und so kam Stoute schon früh mit Rennpferden in Kontakt. 1965, im Alter von 20 Jahren, begann er in England eine Lehre bei Pat Rohan in Yorkshire. Anschließend arbeitete er bei Doug Smith und leitete die Park Lodge Stables, wechselte später zu Tom Jones und machte sich von dort aus 1972 in den Cadland Stables selbständig. Anfang der siebziger Jahre übernahm er die Beech Hurst Stables und später auch noch die Freemason Lodge in Newmarket von Henry Cecil. Das herausragendste Pferd der Beech Hust Stables war Shergar (im Besitz des Aga Khan), der 1981 das englische und das irische Derby sowie die King George VI and Queen Elizabeth Stakes gewann und Stoute zum Trainerchampionat verhalf. Shahrastani brachte ihm fünf Jahre später den zweiten Sieg im englischen und den dritten Sieg im irischen Derby.

Zu Stoutes herausragenden Pferden gehörten auch Doyoun und Opera House und Anfang der achtziger Jahre Sheikh Maktoum Al Maktoums Shareef Dancer, der 1983 das irische Derby gewann. 1998 errang Stoute sein fünftes Trainerchampionat. Seine jüngsten Erfolge hatte er in den USA, Japan und in Dubai: Pilsudski und Singspiel belegten für ihn die beiden ersten Plätze im Breeder's Cup Turf 1996. Singspiel (im Besitz von Sheikh Mohammed) und ein Jahr später Pilsudski, holten sich dann noch den Japan Cup. 1996 gewann Stoute mit Singspiel die teuerste Trophäe der Welt, den Dubai World Cup sowie die Canadian International Stakes. 1997 gewann er mit Entrepreneur die 2000 Guineas.

Henry Cecil ist nicht nur Englands Toptrainer, er wohnt auch „on the top" des Warren Hill im besten Quartier von Newmarket. Warren Place, das ist Newmarkets beste Adresse seit Mitte der zwanziger Jahre. Damals trainierte hier Sam Darling Junior. Später kam das Anwesen in den Besitz des Maharadschas von Baroda. Er engagierte Sam Armstrong als Trainer. Als Erfolgstrainer Sir Noel Murless mit seinen Pferden in Warren Place einzog, begann die große Ära dieses Traditionsstalls. Nachdem sich Starjockey Sir Gordon Richards 1954 zur Ruhe gesetzt hatte, wurde Lester Piggott Stalljockey in Warren Place. In diesen 21 Jahren brachte das Team Murless-Piggott so hervorragende Pferde wie Crepello, Petite Étoile und St. Paddy heraus.

1976 übernahm Henry Cecil, der mit Tochter Julie Murless verheiratet war, den Trainingsstall. Cecil wurde 1943 geboren, zwei Wochen nachdem sein Vater im Krieg in Nordafrika gefallen war. Ein Jahr später heiratete seine Mutter Cap-

TRAININGSZENTRALE NEWMARKET

Michael Stoutes Freemason Lodge. Rechts: Entrepreneur nach seinem Sieg in den 2000 Guineas 1997.

tain Cecil Boyd-Rochfort, den Trainer der Pferde von König George VI. und später von Queen Elizabeth II.. Cecil wurde 1964 Assistenztrainer bei Boyd-Rochfort und übernahm vier Jahre später die Regie über die Freemason Lodge. Seine Ex-Frau, die geborene Julia Murless, wird als eine der begnadetsten „Horsewomen" von Newmarket bezeichnet und führt heute, nach der Scheidung von Cecil, einen eigenen Rennstall.

1976, '78 und '79 war Cecil Championtrainer und setzte 1979 eine Rekordmarke mit 128 Siegen. 1985 gewann er mit Slip Anchor das erste Derby. In A Million, Le Moss, Oh So Sharp, Derbysieger Reference Point, Irish-Derby-Sieger Old Vic und Derbysieger Commander In Chief, Ardross, Kris, Belmez und King's Theatre gehörten zu seinen Cracks. Bis 1995 betreute Cecil die Pferde von Sheikh Mohammed, die ihm zu vielen großen Siegen verhalfen, bis Saeed Bin

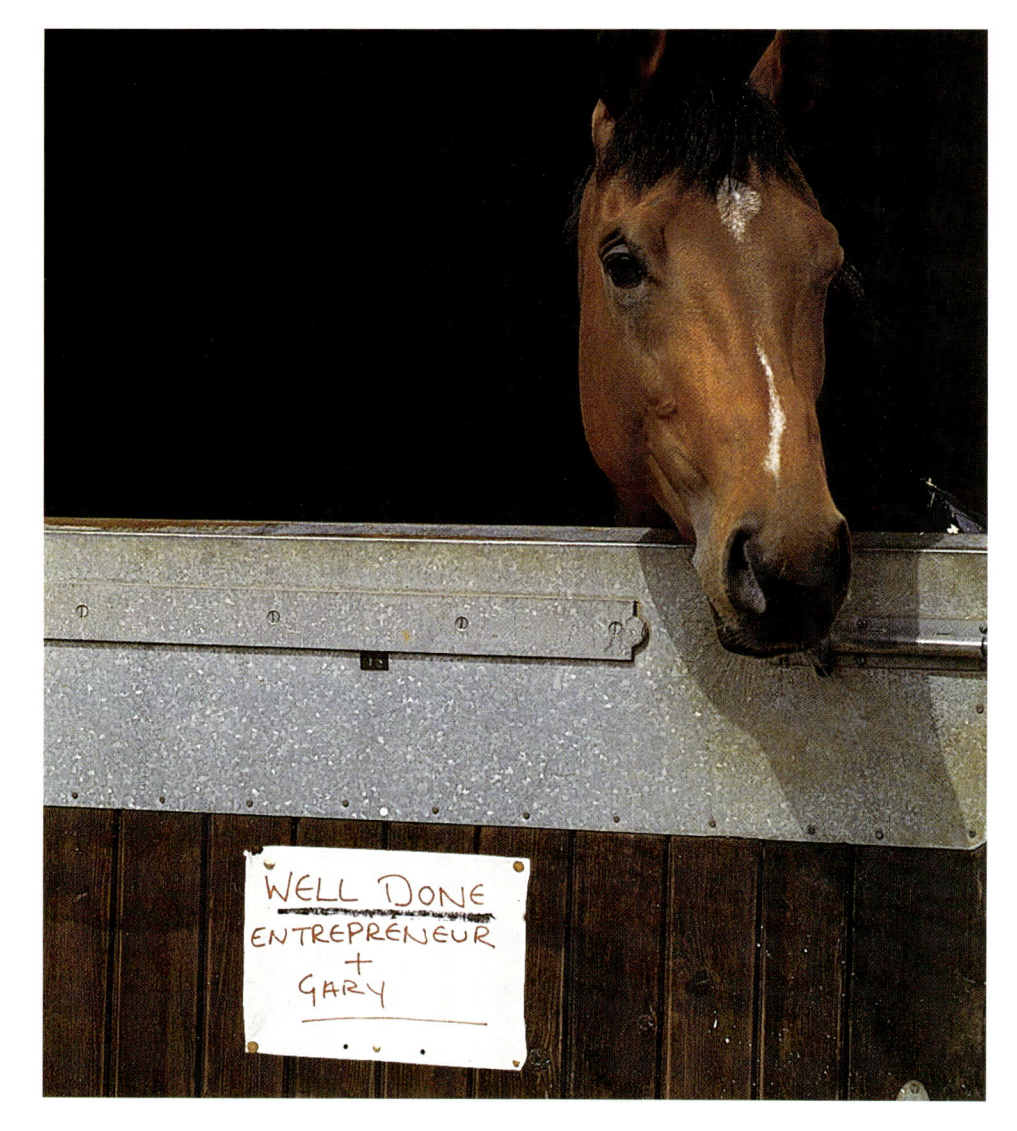

Suroor aus Dubai die Pferde des Godolphin Teams von Sheikh Mohammed übernahm. Die von Cecil betreute Stute Bosra Sham – zweijährig ungeschlagen – war 1996 beste dreijährige Stute, und Lady Carla gewann im selben Jahr die Oaks. Cecil stand 1996 ganz knapp hinter dem Dubai-Trainer bin Suroor an der Spitze der Trainerstatistik.

Die Stanley House Stables von John Gosden liegen zwischen Fordham und Bury Road im Norden von Newmarket. Die Geschichte dieses Quartiers ist über 100 Jahre alt und geprägt von großen Trainern und großen Pferden wie Hyperion, Karabas, Sharpen Up, High Top, Mashaalah, Wolfhound und Catrail. Als F. A. Stanley 16. Earl of Derby wurde, erbte er ein riesiges Vermögen. 1903 baute er auf dem Land der ehemaligen Sefton Stud Farm die Stanley House Stables. George Lambton trainierte dort im Alter von 73 Jahren in seiner letzten Saison den berühmten Derbysieger und Vererber Hyperion. Nachdem zwei weitere Trainer ihre Triumphe in Stanley House feierten, kaufte Sheikh Mohammed den Traditionsstall. Er restaurierte die Stallungen, die heute ihresgleichen suchen, und überflügelte die großartige Turfgeschichte von Stanley House mit seinen aktuellen Erfolgen um ein Vielfaches. John Gosden war der glückliche Auserwählte des Scheichs aus Dubai. Der Sohn des renommierten Trainers Towser Gosden hat in Cambridge studiert und die Ferien auf amerikanischen Rennbahnen verbracht. Nach Assistenzen bei Weltklassetrainer Vincent O'Brien, bei Noel Murless in Warren Place und bei Tommy Doyle in den USA etablierte er sich 1979 in Kalifornien (Santa Anita, Hollywood Park und Del Mar) als Coach. Es dauerte nicht lange, und Gosden gehörte zu den führenden Trainern u. a. für Besitzer wie Robert Sangster, Sheikh Mohammed und Khalid Abdullah. Der große Durchbruch kam mit dem Hengst Bates Motel, der unter seiner Ägide das Santa Anita Handicap gewann.

Sheikh Mohammed holte Gosden aus den Staaten zurück und etablierte mit ihm in Stanley House eines der erfolgreichsten Trainingszentren in Europa. 1998 rangierte er gleich hinter Michael Stoute. Zu den großen Besitzern des Quartiers zählen außer der Maktoum-Familie vor allem Lord Derby, Lord Hartington, Cheveley Park Stud, Robert Sangster, Robert Clay, Mike Rutherford, W. S. Farish III und David Thompson.

Ein Verlust für die Newmarket-Trainer ist Sheikh Mohammeds Abzug seiner Zweijährigen in sein neues Trainingsquartier auf der Rennbahn von Evry.

Top-Trainingsstall Warren Place.

In Newmarket ist die Vorfahrt der Pferde ungeschriebenes Gesetz.

In Newmarket regieren die Vollblüter. Bis um zwölf Uhr mittags bestimmen sie das Straßenbild.

FRANKREICHS TRAININGSZENTRALE CHANTILLY

Chantilly ist das Newmarket von Frankreich: 13 000 Einwohner und rund 3000 Pferde, die von 100 Trainern betreut werden. Das Rennpferd ist Mittelpunkt der Kleinstadt im Norden von Paris.

Das Trainingsgebiet von Chantilly ist eine Welt für sich. 400 Hektar Kunst- und Naturlandschaft inmitten eines wunderschönen Waldgebiets – nur für Pferde. Jenseits der Route Nationale von Paris nach Amiens, versteckt hinter Bäumen, Hecken und hohen Mauern, befindet sich ein Paradies für Vollblüter. Endlose Galopp- und Spazierwege durchschneiden Wälder und Wiesen, riesige Rasenflächen bieten ein Topgeläuf für die Speedarbeiten der Renner. 160 Kilometer bewässerte Grasbahn und 120 Kilometer Sand- und Holzspänebahnen: Chantilly ist ein Luxus-Fitnesszentrum für Galopper.

Die Crème de la Crème der französischen Rennpferde wird hier von international renommierten Trainern für den Wettkampf fit gemacht. So namhafte Besitzer wie der Aga Khan, Baron de Rothschild, der Pariser Kunsthändler Daniel Wildenstein und die Brüder Wertheimer betreiben hier ihre Rennställe.

Bereits 1833 veranstalteten Jagdreiter das erste wilde Rennen am Schloß von Chantilly. Am 15. Mai 1834 fand das erste organisierte Rennen über 2100 m statt. Es war ausgeschrieben für Vollbluthengste und -stuten jeden Alters, die in Frankreich geboren und aufgezogen wurden. Um die Jahrhundertwende waren in Chantilly bereits 1800 Pferde stationiert.

1840 errichteten hier Lord Seymour (der erste Präsident der Société d' Encouragement) und der Baron de Rothschild ihre Jagd- und Rennställe. Ein Jahr später kamen die Engländer, die das Training professionalisierten. Sie brachten ihre Jockeys, Stallburschen und Jagdtreiber mit. Unter den Jockeys befanden sich die späteren Trainer Cunnigton, Wetting, Jennings und Carter.

In den Jahren 1960 bis 1974 wurde das Trainingsgebiet systematisch erweitert und ausgebaut, alte Trainingsquartiere renoviert und neue dazugebaut. Die idealen Bodenverhältnisse ließen in Chantilly eines der bestausgestatteten Trainingszentren der Welt entstehen. Der Natursand besteht aus reiner Kieselerde, der Unterboden aus porösem, durchlässigem Kalk, der das Regenwasser schnell versickern läßt. Die Baumkronen, die die Sandbahnen säumen, bilden einen Tunnel, der im Sommer Schatten spendet und im Winter ein Gefrieren des Sandes verzögert. Bei ganz hartem Frost bietet die Torfpiste eine Ausweichmöglichkeit. Keine Widrigkeit der Natur ist in der Lage, das Fitnessprogramm der Rennpferde in Chantilly zu unterbrechen. Drainagen, Bewässerungsanlagen und Allwetterbahnen unterschiedlichster Struktur ermöglichen ein kontinuierliches Training der französischen Spitzengalopper.

Das Gelände besteht aus fünf Bereichen: der Rennbahn von Chantilly mit dem Schloß als Kulisse und den vier Trainingsgebieten. Um Les Aigles sur Gouvieux herum konzen-

Rennstall mit Tradition und Klasse: Christiane Head trainiert in Les Aigles/Chantilly rund zweihundert Vollblüter.

Die 4000 m-Gerade in Chantilly, mit leichter Steigung, gesäumt von Bäumen, bietet Pferd und Reiter optimale Trainingsbedingungen für schnelle Arbeiten.

FRANKREICHS TRAININGSZENTRALE CHANTILLY

Die Bahnpolizei regelt den Verkehr beim Überqueren der 4000 m-Bahn.

Vorbildliche Trainingsbedingungen für Hindernispferde bietet Lamorlaye.

trieren sich die großen Rennställe mit rund 1500 Pferden. 50 Trainer, unter ihnen keine geringeren als Europachampion André Fabre und Toptrainerin Christiane Head, sind hier ansässig und teilen sich ein Terrain von 220 Hektar Land, das aus 70 Hektar Gras und 33 Kilometern Sandpiste besteht.

Lamorlaye und Coye-la-Forêt umfassen insgesamt 75 Hektar Land mit 15 Hektar Grasbahn, 22 Kilometer Sandpiste und 6 Kilometer Hindernisbahn (Hürden- und Jagdbahn). Eine Sandbahn mit relativ engen, erhöhten Kurven im amerikanischen Stil bietet auch Startern in Übersee beste Vorbereitungsmöglichkeiten.

Avilly-St-Léonard ist mit einer Fläche von rund 34 Hektar Land das kleinste Gebiet. Es wurde in den siebziger Jahren angelegt und beherbergt ungefähr 100 Pferde. La Forêt de Chantilly ist, wie der Name schon sagt, ein Waldgebiet. Die Ausmaße sind beeindruckend: 1500 Hektar Wald mit Reitwegen und Sandbahnen. Das Zentrum bildet die berühmte „Piste de Lions", eine vier Kilometer lange, gerade und von hohen Bäumen eingefaßte Sandbahn, auf der man vom Schloß bis nach Lamorlaye galoppieren kann. Herrliche Sandwege für ausgedehnte Schrittarbeit kreuzen die 4000 m-Bahn, an der ein Polizist den „Verkehr" regelt. Die Galoppbahn hat natürlich Vorfahrt, denn hier wird Gas gegeben.

Die Sandpisten werden drei- bis fünfmal am Tag geeggt und regelmäßig aufgeschüttet und begradigt, die Grasbahnen nach den Galopparbeiten manuell geglättet, vor und nach der Benutzung gewalzt und im Sommer täglich gewässert.

Auch Frankreichs hervorragenden Hindernispferden bietet Chantilly geeignete Trainingseinrichtungen: 18 Kilometer eingefaßte, gut präparierte Hürdenbahnen ermöglichen ein sicheres, fachgerechtes Einspringen der Pferde.

FRANKREICHS TRAININGSZENTRALE CHANTILLY

Frankreichs Championtrainer André Fabre führt sein Lot zur Trainingsbahn.

Eine Pause im Gras stärkt die Nerven der Rennpferde.

Die langen Schritt- und Trabstrecken durch den Wald entspannen Beine und Pferdenerven. Führmaschinen sind in Chantilly selten in Betrieb. Personalprobleme gibt es kaum, denn die Löhne und Gehälter sind hier wesentlich höher als in England und Deutschland. Die Ausbildung zum Rennreiter ist vorbildlich, und dementsprechend die Ausbildung der Pferde. Der Beruf des Rennreiters genießt in Frankreich ein viel höheres Ansehen als in Deutschland. Zwischen umgerechnet 2500 und 3500 Mark netto verdient ein Rennreiter hier zuzüglich der sieben Prozent Gewinnbeteiligung am Rennen. Voraussetzung für die Aufnahme in die Jockeyschule von Chantilly sind ein Mindestalter von 14 Jahren, eine maximale Körpergröße von 1,40 m und ein Höchstgewicht von 36 Kilogramm. Die Ausbildung dauert drei bis vier Jahre, je nach Abschluß. Arbeitsreiter und Jockeys durchlaufen die gleiche Schulung. Nur das Talent entscheidet darüber,

wer zum Start auf der Rennbahn zugelassen wird. Wer Trainer werden will, braucht keine Jockeyausbildung und keine Erfahrung als Rennreiter. Er beginnt als Assistenztrainer an einem möglichst großen und renommierten Stall.

Die ersten Pferde, die in der Morgensonne auf den Trainingsbahnen erscheinen, sind die Zweijährigen und die Pferde, die mit einer scharfen Arbeit auf ein bevorstehendes Rennen vorbereitet werden. Sie preschen als erste über den taufrischen Rasen. Der Grasgalopp, vom Trainer sehr genau beobachtet, ist der letzte Test und Fitmacher vor dem Wettkampf. Die tägliche Arbeit findet auf der Sandbahn statt. Jeder Trainer hat seine festen Strecken, denn die tägliche Routine ist für die vom Rennbetrieb gestreßten Pferde wichtiger als Abwechslung.

Nach und nach erscheinen große Gruppen von Pferden auf den Gras- und Sandbahnen. Diejenigen, die gearbeitet haben, stehen dampfend auf den weit-

Kräftemessen auf der Graspiste von Les Aigles.

läufigen Rasenflächen zwischen den abgesteckten Bahnen – ein Bild wie aus einem amerikanischen Pionierfilm. Die Reiter sind abgestiegen und lassen ihre Pferde am Zügel grasen. Das ist Balsam für die sensiblen Pferdeseelen.

Weltklassetrainer André Fabre trainiert in Les Aigles über 200 Pferde, darunter auch Peintre Célèbre, weltbestes Pferd des Jahres 1997. Über 100 Angestellte arbeiten in dem Championstall. Ein Arbeitsreiter ist bei Fabre für zwei bis drei Pferde zuständig, die er allround versorgt. Man kann sich also Zeit nehmen fürs einzelne Pferd, kann den Pferden Entspannungspausen zum Grasen gönnen.

Fabre, Jahrgang '45, hat das Trainerchampionat quasi abonniert. Kein Coach in Europa hat so viele Gruppe-Rennen mit seinen Schützlingen gewonnen wie der Diplomatensohn mit abgeschlossenem Jurastudium. Seine guten Deutschkenntnisse erwarb er bei Studienaufenthalten in Berlin und Saarbrücken. Eingestiegen in den Galopprennsport ist Fabre als Amateurrennreiter bei Trainer André Adèle in Maisons-Laffite. Er siegte in über 250 Rennen, u. a. 1977 in der Grand Steeple Chase de Paris. Als Trainer hat er dieses schwere Jagdrennen dreimal gewonnen.

Seit 1984 trainiert Fabre ausschließlich Pferde für Flachrennen, mit überwältigendem Erfolg. Es gibt in Frankreich kein Gruppe-1-Rennen, das er nicht wenigstens einmal gewonnen hat. Den Prix de l' Arc de Triomphe holte er sich 1997 mit Peintre Célèbre sogar zum vierten Mal, und der war es auch, der ihm endlich zum Derbysieg verhalf. Selbst in den USA landete Fabre einige ganz große Treffer: Er gewann mit In The Wings 1990 den Breeder's Cup Turf, drei Jahre später mit Arcangues den Breeder's Cup Classic und mit Mill Native die Arlington Million.

Northern Dancer mit der Rosendecke nach seinem Sieg im Kentucky Derby 1964 mit seinem Besitzer E. P. Taylor.

NORTHERN DANCER

Northern Dancer war die Verkörperung von Kraft, Ausdauer, Härte und Potenz. Sein Wille,

erster zu sein, wo immer er in Erscheinung trat, war durch nichts zu brechen.

Northern Dancer, der kleine bullige Hengst, den als Jährling niemand haben wollte, ist der Größte in der Geschichte der Vollblutzucht geworden, vor allem als Vater von Vätern, die über ihre zahlreichen Nachkommen die Rennbahnen beherrschen. Northern Dancer ist ein Hengst, der von seiner Statur her ganz und gar nicht dem Idealbild des Vollblüters entspricht: unproportioniert, vom Typ her ein Sprinter, vom Temperament her ein Pferd, das sich auch hervorragend auf Distanzen zwischen 1600 und 2000 m schlug – ein Phänomen der Turfgeschichte.

Northern Dancer wurde am 27. Mai 1961 im Süden von Ontario geboren, einem Landstrich, in dem die Sommer heiß und die Winter streng und lang sind – also kein Land mit idealem Klima für die Vollblutzucht.

Das Exterieur eines Pferdes läßt sich in etwa kopieren und kann ein Faktor für den Erfolg sein. Aber der Wille zum Sieg und die Leistungsbereitschaft geben letzlich den Ausschlag für den Erfolg auf der Rennbahn. Die züchterische Leistung beruht sicherlich auf der Auswahl und Zusammenstellung von Pferden mit erfolgsbestimmten Pedigrees, aber eine Garantie gibt es nicht. Die Zucht und die Auswahl von Rennpferden ist und bleibt eine unberechenbare Kunst. Und gerade das macht den Reiz aus. Die Spannung, ob Erfolg oder Flop, beginnt mit den ersten Galoppsprüngen der Fohlen auf der Koppel. Und wer hätte da gedacht, daß der kleine, kurzbeinige Hengst mit dem klingenden Namen Northern Dancer der Jahrhundertvererber wird?

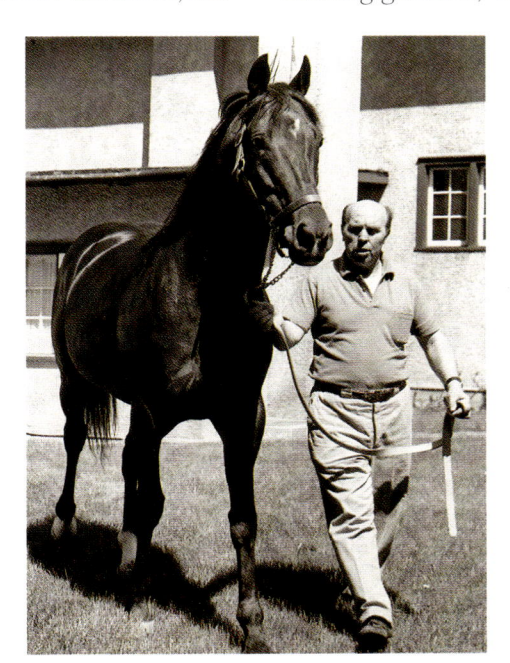

Nearctic: Vater von Northern Dancer.

Für seinen Besitzer Edward Plunket Taylor war mit Northern Dancer ein ganz besonderer Traum in Erfüllung gegangen: Es war ihm gelungen, auf seiner Windfields Farm im hohen Norden des amerikanischen Kontinents – in Kanada – einen Champion zu züchten. Northern Dancer war in der Lage, allen allgemein verbreiteten Züchterweisheiten zu trotzen: Spät im Jahr, im kalten Norden als Erstling geboren, viel zu klein und gedrungen – ob 152 oder 159 Zentimeter im Stockmaß, weiß keiner ganz genau – lief er seine Konkurrenten mit unbändiger Energie in Grund und Boden.

E. P. Taylor, Präsident und Manager der riesigen, von ihm gegründeten Brauerei-Cooperative in Ontario, war der Mann, der dem kanadischen Rennsport erst so richtig auf die Beine half. Er leitete Anfang der fünfziger Jahre eine Initiative des kanadischen Jockey Clubs zur Renovierung der heruntergekommenen Rennbahnen und zum Neubau der Rennbahn in Woodbine. Später kaufte er über den Jockey Club alle kanadischen Rennbahnen und bewahrte den Rennsport in seinem Land vor dem drohenden Kollaps. Taylor war es auch, der 1950 die kanadische National Stud Farm gründete. Northern Dancers Heimat, Taylors Windfields Farm, hatte sich Anfang der fünfziger Jahre von einem Vierboxenquartier zu einer schmucken Farm entwickelt.

Northern Dancer ist in seinem Äußeren, verglichen mit seiner Rennleistung, zwar eine Ausnahmeerscheinung, da er dem Idealbild des perfekten Rennpferdes entgegensteht. Seine Gene jedoch bestätigen die gezielte Paarung von

NORTHERN DANCER

erfolgreichen Pferden über Generationen: Nearco, Pharos, Hyperion, Native Dancer, Polynesian, Almahmoud, Mahmoud – das sind die klingenden Namen in seinem Pedigree. Nearctic, 1954 auf der Windfields Farm von E. P. Taylor gezogen, war mit 21 Siegen 1958 Pferd des Jahres in Kanada und zeugte 49 Stakes-Sieger. Er ist das beste Pferd aus der Paarung von Nearco mit Hyperion-Stuten und ähnelt im Exterieur seinem Vater Nearco: kompakt, muskulös und nicht sehr groß. Hyperion, Muttervater von Nearctic, war das kleinste Pferd, das je ein klassisches Rennen gewonnen hat – und er war damals der schnellste Derbysieger. Bei der Geburt soll er so winzig gewesen sein, daß die Stallangestellten meinten, er gleiche eher einem Golden Retriever als einem Pferd. Hyperion wurde ein Toprennpferd und ein herausragender Mutterstutenvererber.

Man geht davon aus, daß Stuten zu mindestens 50 Prozent an der genetischen Vererbung beteiligt sind. Auch wenn sie selbst keine große Rennleistung aufweisen, die Veranlagungen ihrer Väter geben sie weiter. Das bestätigte Lady Angela, Tochter von Hyperion und Mutter von Nearctic. Nearco, gezogen von Federico Tesio, blieb in seinen 14 Rennen ungeschlagen. Er war ein Musterbeispiel für Härte und Siegeswillen. Northern Dancers Mutter Natalma brachte über Mutter und Vater auch beste Referenzen mit: Almahmoud war selbst eine hervorragende Rennstute, und ihr Vater Mahmoud gewann das Epsom Derby. Natalmas Partner Native Dancer war Anfang der fünfziger Jahre Amerikas bestes Pferd seit Man O'War. Northern Dancers Qualitäten beruhen also auf der Grundlage: „Breed the best to the best and hope for the best."

Am 16. September 1962 fand auf der Windfields Farm, wie jedes Jahr, der private Jährlingsverkauf statt. Northern Dancer gehörte zu den drei Topangeboten – zum allgemeinen Erstaunen der Käufer. Denn der Jährling, der durch den Ring geführt wurde, glich eher einem Quarter Horse als einem Vollblut. Keiner interessierte sich für den Knirps, und so blieb Northern Dancer mit den anderen 32 nicht verkauften Jährlingen im Besitz der Windfields Farm. Schon nach wenigen Wochen Training entwickelte er sich zu einem kleinen Schwarzenegger. Muskelbepackt und voller Energie zeigte sich Northern Dancer bei den ersten Runden in der Reithalle und entledigte sich regelmäßig seiner Reiter. Er war ein schwer zu zähmendes Powerpaket, jederzeit bereit zu explodieren.

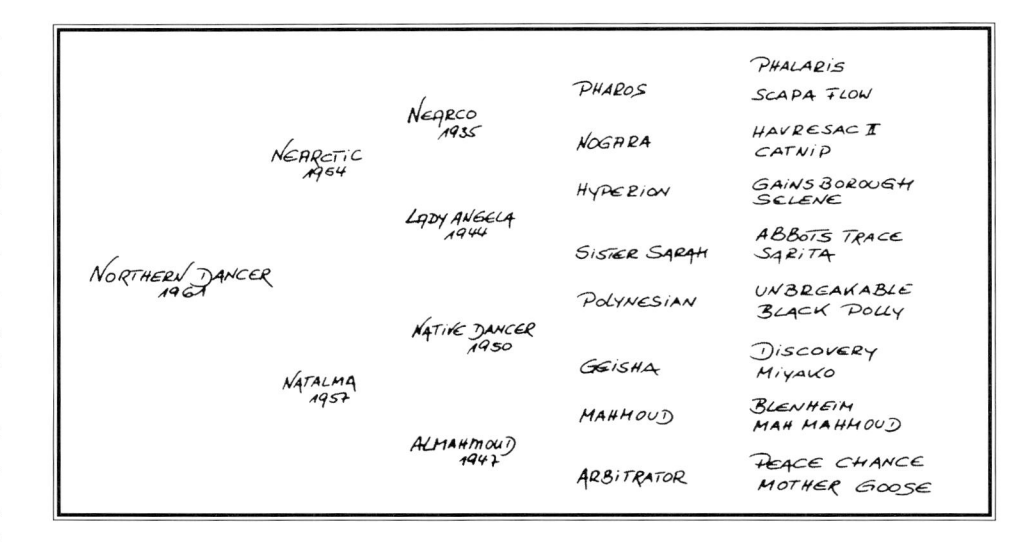

Im März 1963 wurde Northern Dancer an der Rennbahn von Woodbine bei Trainer Horatio Luro stationiert. Seine ersten scharfen Arbeiten aus der Startmaschine beeindruckten. Northern Dancer sah nicht nur aus wie ein Quarter Horse, er sprang auch so aus der Maschine. Wie eine Rakete schoß er in Rekordzeit mit seinem hilflosen Reiter um die Bahn und brachte so manches Mal den Trainingsplan durcheinander, indem er statt eines kleinen Luftholers eine richtige Arbeit hinlegte. Auf der Fort Erie Rennbahn in Ontario wurde Northern Dancer auf seinen ersten Start vorbereitet. Am 13. Juli sauste er mit seinem überraschten Reiter in 48,8 Sekunden über 800 m Sandbahn: eine Sekunde langsamer als der Rennbahnrekord.

Northern Dancer gewann sein erstes Rennen mit gewaltigem Speed. Angetrieben von einem einzigen Peitschenschlag rannte der kleine Braune mit der schrägen Blesse mit acht Längen Vorsprung über die Ziellinie.

In seinem zweiten Rennen wurde Northern Dancer knapp geschlagen, nach einem ermüdenden Duell mit seinem Kontrahenten Brockton Boy. Sein drittes Rennen im Monat August gewann er wieder, dann bekam er endlich Ruhe – für vier Wochen – dann folgte der nächste Start. Er wurde unter Topgewicht (62 Kilogramm) zweiter in den Saucer Stakes. Bereits am 7. Oktober startete Northern Dancer in einem Vorbereitungslauf zu Kanadas Hauptrennen für Zweijährige und gewann mit eineinhalb Längen. Fünf Tage später, am 12. Oktober, startete der Hengst in den Coronation Futurity und gewann sie mit über sechs Längen. Northern Dancer war ein Pferd, das weder im Training noch im Rennen zu bremsen war, das über seine eigenen physischen Grenzen hinaus alles gab. Dieser Fakt und die häufigen Starts in harten Rennen führten dann leider zu frühzeitigem Verschleiß. Am 6. November gewann der Hengst unter 61 Kilogramm Gewicht die Carleton Stakes in Toronto, zehn Tage später das Sir Gaylord Purse-Meilenrennen in Aqueduct/New York mit acht Längen Vorsprung vor Bupers, dem Sieger in den New York Futurity. Neun Tage später folgte der nächste Sieg in den Remsen Stakes. Danach kam eine Zwangspause durch eine Verletzung am Huf. Aber mit einem Spezialbeschlag wurde der Superhengst schnell wieder auf die Beine gebracht und zu den Triple Crown-Rennen angemeldet. Northern Dancer hatte seine Saison als Zweijähriger mit sieben Siegen als Champion abgeschlossen.

Die nächste Saison begann, wie die vorangegangene aufgehört hatte. Am 3. März 1964 siegte Northern Dancer in den Flamingo Stakes unter Billy Shoemaker und fünf Tage später mit vier Längen in einem Vorbereitungsrennen zum Florida Derby, das er am 4. April leicht gegen The Scoundrel gewann. Shoemaker hatte nicht einmal die Peitsche gebraucht, und am Tag zuvor hatte der Hengst eine Morgenarbeit von 1000 m, die eigentlich nur ein kurzer Spritzer zum Luftholen werden sollte, in 58,6 Sekunden hingelegt. Welch ein Pferd!

Am 6. April reiste Northern Dancer nach Keeneland, eine Fahrt über fast 2000 Kilometer, um dort die Bluegrass Stakes, ein Rennen über 1800 m, zu bestreiten. Er hatte dort, in herrlicher ländlicher Umgebung, endlich etwas Zeit, sich zu erholen. Und so gewann er auch dieses Rennen, die letzte Prüfung vor dem Kentucky Derby, das neun Tage später stattfinden sollte. Hier nun sollte Northern Dancer endgültig beweisen, ob er die Ausdauer hätte und auch über die Distanz von 2000 m bestehen würde.

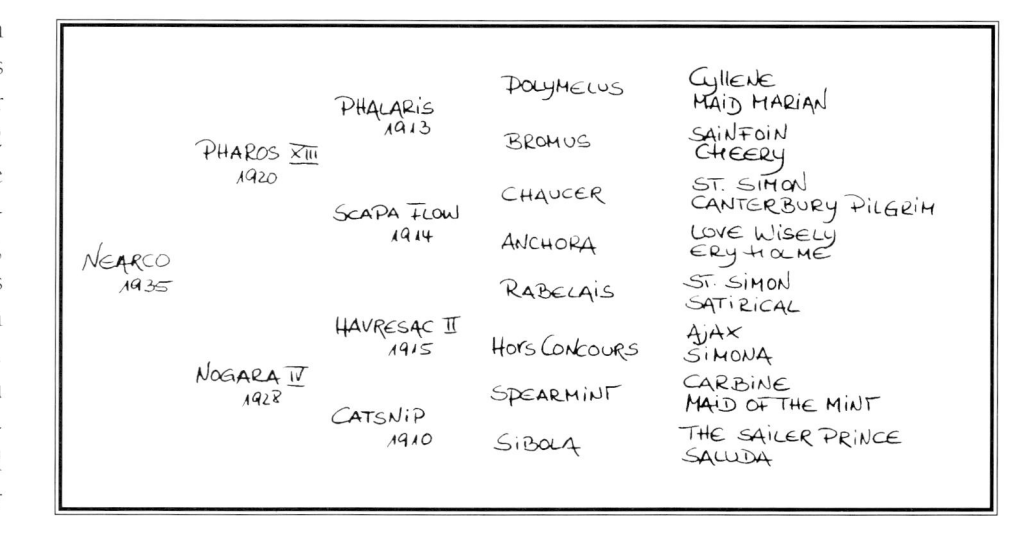

Shoemaker hatte sich für den Favoriten Hill Rise entschieden, ein mächtiges, eindrucksvolles Pferd aus Kalifornien, mit dem er gerade die Derby Trial Stakes gewonnen hatte. Die Presse sah Northern Dancer auf dem zweiten Platz. Der Morgen vor dem Derby begann für den Hengst mit einer Arbeit über 2600 m, von denen Northern Dancer nur 400 m ruhig zu halten war. Er legte 1000 m in einer Minute zurück. Der Hengst zeigte sich also in Topform.

Am 2. Mai gewann Northern Dancer vor über 100 000 Zuschauern das Kentucky Derby, das Rennen aller Rennen in Amerika. Mit seinen kurzen, energischen Galoppsprüngen überrollte er seinen schärfsten Konkurrenten Hill Rise um die Länge eines Halses in der damaligen Rekordzeit von zwei Minuten. Er war schneller als Citation, Whirlaway, Swaps, Count Fleet und War Admiral.

NORTHERN DANCER

Das Kentucky Derby, eines der prestigeträchtigsten Rennen, war gewonnen, und schon sah der kleine, zähe Hengst der nächsten Herausforderung entgegen: Die zweite Station zur Triple Crown stand bevor, die Preakness Stakes, und das bereits zwei Wochen später. Wieder traf Northern Dancer auf den kalifornischen Champion Hill Rise, und wieder schlug er ihn und auch The Scoundrel. Northern Dancer befand sich auf dem Wege zum Triple Crown-Sieger. Aber die härteste Prüfung, die Belmont Stakes, konnte er nicht mehr bestehen. Es gab viel Spekulationen und die unterschiedlichsten Kommentare, aber es waren wohl seine Sehnen, die ihm schon zu dem Zeitpunkt Probleme bereiteten. Und wen hätte das gewundert. Sein letztes Rennen gewann Northern Dancer in seiner Heimat. Der unbeirrbare Hengst lief gegen seine Schmerzen an, denn die Queen's Plate in Woodbine/Toronto beendeten seine Karriere mit einem irreparablen Sehnenschaden. Zwei- und dreijährig Champion mit 14 Siegen bei 18 Starts und als Pferd des Jahres in Kanada verließ der kleine Große die Rennbahn in Richtung Windfields Farm, um dort noch größeres zu vollbringen. Er wurde der erfolgreichste Vererber der modernen Vollblutzucht.

Mit einer bescheidenen Decktaxe von 10 000 Dollar begann der Champion seine Laufbahn als Beschäler neben acht weiteren Hengsten, zu denen auch sein Vater Nearctic gehörte. Aber der Preis für seine Dienste stieg rasant mit den Erfolgen seiner Nachkommen und schraubte sich in den achtziger Jahren zeitweise auf bis eine Million Dollar hoch.

Für den neuen Beschäler auf der Windfields Farm wurde in der Deckhalle eine kleine Anhöhe gebaut, denn die meisten Stuten waren größer als Northern Dancer. So auch seine erste „Braut". Victoria Regina war eine gestandene Rennstute. Sie fohlte elf Monate später den Zweijährigen-Champion Viceregal. Der wunderschöne Fuchs hatte äußerlich nur die Blesse von seinem Vater geerbt, aber dessen vollen Kampfgeist mitbekommen. Bereits zweijährig zeigte er alles, was in ihm steckte: Er gewann jedes seiner acht Rennen. Dreijährig verletzte er sich bei seinem ersten Start. Wie sein Vater kämpfte er trotz Schmerz bis zur letzten Sekunde und wurde noch dritter. In der Zucht bestätigte er seine Klasse.

Die zweite prominente Partie für den überaus agilen Beschäler Northern Dancer war die Stute Flaming Page. Sie hatte die kanadischen Oaks und die Queen's Plate Stakes gewonnen und brachte 1967 auf der Windfields Farm den Hengst Nijinsky zur Welt, der seinem prominenten Namensgeber alle Ehre machte. Der Hengst, der seine Größe und Klasse von der Mutter und sein Kämpferherz von seinem Vater geerbt hatte, räumte in England eine Trophäe nach der anderen ab und gewann als erstes Pferd nach 35 Jahren die englische Triple Crown. Er war im September 1968 für 84 000 Dollar als teuerstes Pferd in Kanada aus dem Auktionsring gegangen und brachte den prosperierenden Vollblutmarkt so richtig in Schwung: Mitte der siebziger Jahre begann auf dem amerikanischen Kontinent eine Epoche in der Vollblutzucht, in der nicht mehr nur Dollar-Millionen in Pferde investiert wurden, sondern auch Millionen mit Pferden zu verdienen waren, und das vor allem in den Gestüten. Aus dem Hobby Vollblutsport- und zucht wurde eine Vollblutindustrie, und die Ergebnisse der amerikanischen Auktionen wurden sogar im Wall Street Journal veröffentlicht.

Northern Dancer zeugte 635 Nachkommen. Von den 80 Prozent (511 Pferden), die in Rennen starteten, waren 80 Prozent Sieger und 146 Pferde Stakes-Sieger. 26 von ihnen waren Championpferde in aller Welt. Welch ein Schicksalsstreich, daß sich gerade Snaafi Dancer, den Sheikh Mohammed für 10,2 Millionen Dollar auf den Keeneland Sales ersteigert hatte,

Northern Dancer als Deckhengst.

als absoluter Flop entpuppte. Das Auktionsduell um den Northern Dancer-Sprößling war der Höhepunkt eines Machtkampfes um die Vormachtstellung im Rennsport zwischen dem Vollblutmagnaten Robert Sangster und dem ehrgeizigen Herrscher aus Dubai. Sangster überbot den Scheich später an Kühnheit, indem er den Rekordpreis von 13,1 Millionen Dollar für einen Northern Dancer-Jährling hinblätterte. Es entbrannte ein regelrechter Wettstreit um den Erwerb der Northern Dancer-Nachkommenschaft, der die Preise explodieren ließ.

Sein erster Jahrgang bestand aus 21 Pferden, von denen 18 liefen und 16 siegten, zehn davon in Stakes-Rennen (als Vergleich: Nur knapp die Hälfte aller in den USA geborenen Vollblüter geht auf die Rennbahn, nur zirka zwölf bis 13 Prozent von ihnen siegen in ihrer ersten Saison). Von Northern Dancers Nachkommen des ersten Jahrgangs siegten 76,2 Prozent – drei wurden Championpferde: Viceregal, Dance Act und One For All.

Nijinsky war nicht nur auf der Rennbahn ein Kracher, er überragte seine Boxennachbarn auch als Deckhengst, auf der Claiborne Farm in Kentucky. Er war der Hengst mit dem höchsten Prozentsatz an Gruppe-Siegern, nämlich mit 11,3 Prozent der von ihm gezeugten Fohlen. Auch der im gleichen Jahr geborene Vice Regent wurde ein herausragender Vererber. Vor allem über seinen Sohn Deputy Minister gab er die Erfolgsgene von Northern Dancer weiter.

1969 wurde Lyphard geboren. Er war ein Abbild seines Vaters: klein, muskulös, mit großer Blesse. Er wurde Championvererber. Northern Dancers Sohn The Minstrel wurde 1974 in Kanada geboren. Der doppelte Derbysieger (englisches und irisches) wurde ebenfalls ein hervorragender Deckhengst. Im gleichen Jahr erblickte der Topvererber Be My Guest das Licht der Welt, und 1977 folgte der nächste Champion mit dem Namen des zweiten großen Tänzers – Nureyev. Auch der Supervererber Danzig kam 1977 zur Welt, dann Storm Bird, gefolgt von Shareef Dancer, Secreto, El Gran Senor, Fabulous Dancer und 1981 von dem alle überragenden Sadler's Wells sowie anschließend seinem Bruder Fairy King.

1993 wurden das Epsom Derby, das Kentucky Derby, das Irish Derby und das französiche Derby von Northern Dancer-Urenkeln gewonnen. Northern Dancer hat direkt und über seine Nachkommen 14 Epsom Derby-Sieger, 15 Irish Derby-Sieger und über 50 Sieger in den Breeder's Cup-Rennen gebracht. Im Herbst 1993 gehörten 36 von 88 dort genannten Pferden zu seinen direkten Nachkommen, ein Jahr später waren es 56 von 92 Pferden.

Ab Oktober 1968 stand Northern Dancer auf der Dependance der Windfields Farm in Maryland/USA. Er starb dort am 16. November 1990. Begraben wurde der unvergessene Hengst jedoch in Kanada, wo er geboren wurde.

Northern Dancers Söhne, die in der Zucht aktiv waren oder sind:

Ajdal (1984)	Glow (1983)	Nureyev (1977)
Alwasmi (1984)	Hero's Honor (1980)	One for All (1966)
Ankara (1980)	Hurok (1973)	Orbit Dancer (1973) nicht gelaufen
Antheus (1982)	Imperial Falcon (1983)	Pas Seul
Bairn (1982)	Imperial Fling (1976)	Pilgrim (1979)
Ballydoyle (1980)	Lingot d'Or (1978)	Rambo Dancer
Barachois (1969)	Local Talent (1977)	Ribet
Be My Guest (1974)	Lomond (1980)	Sadler's Wells (1981)
Carnivalay (1981)	Lyphard (1969)	Salmon Leap (1980)
Champagne Charlie	Magesterial (1977)	Secreto (1981)
Cresta Rider (1978)	Mambo	Shareef Dancer (1980)
Dance Act (1966)	Mari's Book (1978)	Shotiche (1986)
Dance Bid (1978)	Mashhor Dancer (1983)	Solar City (1981)
Dance in Time (1974)	Minshaanshu	Sovereign Dancer (1975)
Dance Spell (1973)	Nabeel Dancer (1985)	Storm Bird (1978)
Danzatore (1980)	Night Shift (1980)	Tate Gallery (1983)
Danzig (1977)	Nijinsky (1967)	The Minstrel (1974)
Dixiland Band (1980)	Nordico (1981)	Thorn Dance (1986)
El Gran Senor (1981)	Northern Answer	Topsider (1974)
Fabulous Dancer (1976)	Northern Baby (1976)	Try My Best (1975)
Fairy King (1982)	Northern Fashion (1980)	Unfuwain
Fairway Fortune (1980)	Northern Flagship (1986)	Vice Regent (1967)
Far North (1973)	Northern Horizon (1977)	Viceregal (1966)
Fire Dancer (1975) nicht gelaufen	Northern Jove (1968)	Viking (1977)
Fulmar	Northern Park (1988)	Yukon (1979) nicht gelaufen
Giboulee (1974)	Northern Treat (1976)	
Glenstal (1980)	Northfields (1968)	(Wir erheben keinen Anspruch auf Vollstandigkeit.)

„Nur wenn man zur Seite blickt und sieht, daß man alle anderen überholt, spürt man, daß man beschleunigt." – Jerry Baily über seine Ritte auf Cigar.

SUPERSTAR – CIGAR

Cigar ist Northern Dancers gewinnreichster Urenkel und Champion der neunziger Jahre mit 16 Siegen in Folge.

19 Siege in drei Jahren: Cigar gab niemals auf.

Legt man die Porträts von Northern Dancer und seinem Urenkel Cigar nebeneinander, so ist eine Ähnlichkeit in Ausdruck und Gesichtsschnitt nicht zu verkennen, auch wenn Cigar das elegantere Pferd ist. Er ist in seiner Erscheinung, im Gegensatz zu seinem Urgroßvater, die Perfektion des Vollbluts schlechthin. Alles an seinem Gebäude weist auf Rennvermögen und Schnelligkeit hin.

Ein Stockmaß von 1,62 m, ein Brustumfang von 1,83 m, eine schräge Schulter im gleichen Winkel zur Hüfte, ein korrekt gewinkeltes Sprunggelenk und lange Beine in perfekter Proportion von Röhre zu Oberschenkel, alles stimmt an diesem Pferd. Cecil Seaman, Experte für Pferdeanatomie, hat dreißig Jahre lang Pferde vermessen, verglichen und eine Datenbank von 45 000 Vollblütern zusammengestellt, darunter 100 Championpferde. Er speiste auch die Daten von Cigar in seinen Computer und kam zu dem Ergebnis: so gut wie perfekt. Seine Maße führten zu Zahlen, die ihn in die drei Prozent der Topvollblüter einreihen. Beste Voraussetzung also für ein hervorragendes Galoppiervermögen und Stamina. Cigar ist damit das Ergebnis gezielter Selektion und Paarung, die Northern Dancers Qualitäten erhalten haben, nämlich Kampfgeist, Dominanz und Speed, seine Handicaps im Gebäude aber, über den Einfluß der Mutterlinie, zurückgedrängt haben. Seine Mutter Solar Slew, die auf der Rennbahn keine 6000 Dollar verdiente, bringt über ihren Vater, den Triple Crown-Sieger Seattle Slew, beste Referenzen mit. Er ist ein kräftiges Pferd mit einem Stockmaß von 1,62 m.

Cigar als Sieger im Breeder's Cup 1995.

Cigars Vater Palace Music war ein imposantes Pferd mit langen Beinen und langem Hals. Erst im Alter von drei Jahren lief er sein erstes Rennen, gehörte aber zu den besten seines Jahrgangs. 1986 war er Amerikas Grasbahnchampion und hatte insgesamt 918 700 Dollar eingelaufen.

Cigars unglaubliche Geschichte begann im Juli 1982 auf den Keeneland Yearling Sales in Kentucky, als der Großindustrielle Allen Paulson die Stute Solar Slew für 510 000 Dollar ersteigerte. Es war der höchste Preis des Jahres, der für eine zweijährige Stute bezahlt wurde. 1984 kaufte Paulson einen Anteil an dem Hengst Palace Music und stellte ihn auf seiner neu erbauten Brookside Farm auf. Fünf Jahre später deckte der Hengst die Stute Solar Slew, und am 18. April 1990 fohlte sie einen kräftigen, braunen Hengst, der früh auf sich aufmerksam machte. Cigar (benannt nach einem Flugzeug-Checkpoint) war schon als Fohlen ein Pferd mit Charakter und Persönlichkeit, dominant in der Herde, unerschrocken und auffallend in der Erscheinung.

Besitzer Allen Paulson ist ein Selfmademan par Exzellence. Er stammt aus einfachen, ländlichen Verhältnissen und profilierte sich nach seinem Ingenieurstudium als verwegener Testflieger. In den fünfziger Jahren gründete er das Flugzeugbau-Unternehmen „Gulfstream Aerospace Technologies" und machte es 1983 zu einem der größten Aktienunternehmen der USA. In den sechziger Jahren baute Paulson mit dem gleichen Pioniergeist ein Vollblutunternehmen auf. Von 1983 bis '85 gab er rund

CIGAR

Cigar zeigte sich beim Anreiten auf der Brookside Farm gelehrig und unkompliziert. Er war eines der Lieblingspferde der Arbeitsreiter. Aber er kam zweijährig wegen seines späten Wachstums noch gar nicht auf die Beine. Dreijährig begann endlich für ihn der Ernst des Lebens. Seine ersten Arbeiten im Renntempo waren zufriedenstellend und ließen auf einen guten Start schließen. Am 17. Februar 1993 lief Cigar in einem Sieglosen-Rennen für dreijährige Hengste in Santa Anita. Aber er kam nur als siebter von 13 Startern über die Ziellinie. Aus dem ersten Versuch ließ sich noch nicht viel folgern. Er absolvierte eine hervorragende Morgenarbeit und gewann sein nächstes Rennen am 9. Mai mit über zwei Längen. Aber Cigar zeigte immer wieder Anzeichen von Überanstrengung in den Beinen. Und so beschloß man, ihn auf Gras laufen zu lassen. Es folgten einige Plazierungen in gehobenen Rennen. Er lief gut, knapp geschlagen, aber zum Sieg reichte es nicht. Dennoch erhielt Cigar eine Nennung im Hollywood Derby. Er wurde elfter von 13 Pferden. Die anschließende Untersuchung ergab: haarfeine Absplitterungen in den Karpalgelenken. Cigar wurde einer Operation unterzogen.

Seine neue Rennsaison begann der Vierjährige bei Trainer Bill Mott. Er ritt den Hengst selbst in der Morgenarbeit und war beeindruckt. Cigar konnte aus jeder Kurve und aus jedem Tempo heraus beschleunigen und galoppierte in weiten, gleitenden Sprüngen, ohne Anstrengung wie ein gut geölter Motor. „Cigar ist das beste Pferd seit langem, auf dem ich gesessen habe", schwärmte der Trainer. Auch bei den Arbeitsreitern machte der große, kräftige Hengst Eindruck. Er war ein Pferd, von dem man zuerst dachte, es wäre schwer zu kontrollieren. Immer wieder versuchte er, sich aufs Gebiß zu legen und loszusprinten. Aber sobald man ihm kurz und energisch zu verstehen gab, daß er nur einen ruhigen Kanter absolvieren sollte, beruhigte er sich und galoppierte leicht in der Hand. Cigar war ein Pferd mit guten Manieren und guten Nerven. Er konnte an der Rennbahn stehen und ruhig zuschauen, wie andere Pferde an ihm vorbeirannten, bis er an der Reihe war. Nach weiteren vier Rennen kam er endlich ins Rollen, und zu seiner Spitzenform lief er erst fünfjährig auf. Dann aber begann Cigar seine Siegesserie, in einem Alter, in dem andere Hengste die Rennbahn verlassen und die Beschälerbox beziehen.

Cigar joggt sich vor seiner letzten Morgenarbeit zum Dubai World Cup warm – natürlich mit seinem Führpony Snowball.

42 Millionen Dollar für Jährlinge und zweijährige Vollblüter aus. Von 1983 bis '87 kaufte er 210 Pferde auf öffentlichen Auktionen. Aber der Anfang war beschwerlich und verlustreich. Mistral Dancer, ein Sohn von Northern Dancer, für 2,7 Millionen Dollar erworben, verdiente keinen Cent; von dem Hengst Allen's Alydar, gekauft für 950 000 Dollar und in England trainiert, hörte man nichts mehr, und Anandar, für 750 000 Dollar erworben, lief viermal und gewann kein einziges Rennen.

Mit dem Aufbau seiner luxuriösen, über 600 Hektar großen Brookside Farm im Herzen des Bluegrass stellte sich so langsam der Erfolg ein. Als Cigar im Rampenlicht des Rennsports erschien, hatte sich Paulsons Vollblutimperium bereits über Kalifornien, Kentucky, Florida und New York ausgedehnt, und er besaß mit Arazi eines der besten Pferde der Welt.

Am Ende seiner Vierjährigensaison, im Oktober '94, drehte Cigar auf und war nicht mehr zu schlagen. Der Knoten war geplatzt, seit man Cigar auf dem „Dirt-Track" (Sandbahn) startete. Nach seinem neunten überlegenen Sieg in Folge, 1995 im Hollywood Gold Cup in Los Angeles, waren alle Zweifel hinfortgefegt. Sein Sieg im Breeder's Cup Classic 1995 war der elfte in Folge – eine Leistung, die in den letzten 60 Jahren nur einmal zuvor vollbracht wurde. Cigar reiste dafür nach Florida, Arkansas, Maryland, Massachusetts, Kalifornien und New York, und am 27. März 1996 gewann er das teuerste Rennen der Welt, den Dubai World Cup. Er verdiente in zwei Minuten 2,4 Millionen Dollar.

Der Hengst wurde in Amerika wie ein Held gefeiert und zum Pferd des Jahres gewählt. Den Titel verteidigte er auch im folgenden Jahr. Und mehr noch: Cigar egalisierte 1996 den Rekord von Citation nach 46 Jahren mit einer Serie von 16 Siegen in Folge. 34 000 Menschen waren nach Chicago gereist, um die Entscheidung mitzuerleben. Die Fans hatten ihre Transparente aufgespannt: „Cigar you'll make it" stand darauf und „Cigar we believe in you". Cigar enttäuschte sie nicht. Mit seinem zweiten Sieg im Massachusetts Handicap am 1. Juni war er 1996 das beste Rennpferd der Welt und generell eines der besten seit Citation.

Am 10. August '96 beendete Dare and Go die Siegesserie von Cigar im Pacific Classic-Rennen in Del Mar. Cigar lief noch zweimal und siegte noch einmal in Belmont Park. Er hatte 19 seiner 33 Rennen gewonnen und die Weltrekordsumme von 9 999 813 Dollar in drei Rennbahnjahren erzielt. Seine Zukunft allerdings ist weniger glanzvoll. Der Champion der Champions erwies sich im Ashford Stud als unfruchtbar. Seine Gene bleiben der Vollblutzucht verwehrt. Cigar ist ein Versicherungsfall mit ungewisser Zukunft.

Cigars Gruppe-I-Siege

Breeder' Cup Classic mit 2 1/2 Längen, Dubai World Cup mit 1/2 Länge, Woodward Stakes mit 4 Längen, Woodward Stakes mit 2 3/4, Nyra Mile Handicap mit 7 Längen, Jockey Club Gold Cup mit 1 Länge, Hollywood Gold Cup Handicap mit 3 1/2 Längen, Pimlico Special Handicap mit 2 1/4 Längen, Oaklawn Handicap mit 2 1/2 Längen, Donn Handicap mit 5 1/2 Längen, Gulfstream Park Handicap mit 7 1/2 Längen, Donn Handicap mit 2 Längen

Der Scheich von Dubai überreicht Allen und Madeleine Paulson die Siegestrophäe, rechts Trainer Bill Mott.

1997 gewinnt Benny the Dip das englische Derby in Epsom, das wichtigste Rennen für dreijährige Pferde in Europa.

DIE HIGHLIGHTS DES RENNSPORT

6

In aller Welt laufen Vollblüter unter ähnlichen Bedingungen und Rennsystemen. Die Dotierungen erreichen schwindelerregende Höhen und die Sieger werden gefeiert und verehrt wie Fußball- oder Tennisstars.

DIE HIGHLIGHTS DES RENNSPORT

Große Rennpferde werden nicht gemacht, sie werden geboren. Sie werden harten Leistungsprüfungen unterzogen, die in aller Welt in etwa den gleichen Regeln unterliegen. Die Verschiedenheiten beschränken sich auf Rennbahnkurs und -beschaffenheit, Ausschreibungen und Verhaltensregeln wie Peitscheneinsatz, Doping und die Ahndung von Verstößen. Längst sind zu den großen klassischen Rennen europäischen Ursprungs die wesentlich höher dotierten Rennen der Newcomer-Länder Dubai, Japan und Hongkong gekommen. Die USA stehen mit dem Kentucky Derby und dem Breeder's Cup im Rampenlicht der Welt, die Australier mit dem Melbourne Cup. Dennoch haben die klassischen Rennen in Europa nichts von ihrer Attraktion und ihrem Gewicht für die internationale Vollblutzucht eingebüßt.

England – Geburtsstätte des Rennsports

Newmarket ist der Geburtsort der Pferderennen. Die Saison der klassischen Rennen und der Großen Preise in England beginnt mit dem Mai-Meeting in Newmarket und der ersten Station zur Triple Crown. Newmarket – das bedeutet volle Starterfelder mit bis zu 30 Pferden und ein Kennerpublikum aus ganz Europa.

Die 2000 Guineas und die 1000 Guineas sind die ersten Klassiker der Saison. Das Jahr 1971 bot eines der spannendsten Rennen der Nachkriegsgeschichte auf der Rowley Mile: Die drei Cracks Mill Reef, My Swallow und Brigadier Gerard trafen erstmals aufeinander und lieferten sich ihr eigenes Rennen in einem Feld von nur sechs Pferden. Brigadier Gerard besiegte Mill Reef mit drei Längen.

- *1000 Guineas Stakes*, Newmarket, seit 1814, für dreijährige Stuten, 1600 m, im Mai. Siegerinnen u. a. Oh So Sharp, Miésque, Salsabil, Shadayid, Hatoof, Bosra Sham, Sleepytime, Cape Verdi.
- *2000 Guineas*, Newmarket, seit 1809, für dreijährige Hengste und Stuten, 1600 m, im Mai. Sieger u .a. Nijinsky, High Top, El Gran Senor, Shadeed, Dancing Brave, Doyoun, Nashwan, Tirol, Rodrigo De Triano, Zafonic, Mister Baileys, Pennekamp, Mark Of Esteem, Entrepreneur, King Of Kings.

Epsom entwickelte sich vom Heilbad zum Austragungsort des Derbys, dem berühmtesten Rennen der Welt. Bereits 1632 wurden hier Pferderennen veranstaltet. Das Derby in *Epsom* war das erste Rennen mit diesem Namen. Der 12. Earl of Derby war 1780 der Namensgeber für die klassische Prüfung. Von seinem Landhaus „The Oaks" baute der Earl Epsom zum südlichen Zentum des englischen Turfs aus. Anthony St. Leger, der Namensgeber des heute längsten klassischen Rennens, überzeugte den Earl of Derby davon, die Rennen von 3200 m auf 1600 bis 2400 m zu verkürzen und das Alter der startenden Pferde herabzusetzen.

1779 wurden erstmals die „Oaks Stakes" ausgetragen, wobei Bridget, die Stute des Earl, gewann. Der erste Klassiker für dreijährige Stuten über 2400 m war geboren. Vom Erfolg des Experiments beflügelt, rief man während der Siegesfeier in feucht-fröhlicher Runde für das Jahr 1780 ein Rennen ins Leben, in dem dreijährige Stuten und Hengste gegeneinander antreten sollten. Für die Namensgebung des

Royal Ascot: Mann trägt Zylinder.

Die 2000 m-Gerade der Rowley Mile verliert sich am Horizont.

Rennens wurde, so sagt man, per Münzwurf zwischen Sir Charles Bunbury (Präsident des Jockey Clubs) und dem Hausherren, Earl of Derby, zugunsten von Derby entschieden. Bunburys Pferd Diomed gewann dafür 1780 das erste Derby, das damals noch über 1600 m führte.

Ab 1784 wurde die klassische Distanz von 2400 m ausgeschrieben. 1844 gewann der vierjährige Running Rein das Derby, den man ein Jahr zuvor bereits in ein Rennen für Zweijährige eingeschleust hatte. Er wurde jedoch disqualifiziert. Ein Starter aus Deutschland entpuppte sich sogar als sechsjährig. Der Derbytag hat in England denselben Stellenwert wie Ostern und Weihnachten. Menschenmassen ergießen sich aus Londons U-Bahnen in Richtung Epsom Downs, wenn sich die europäische Galopperelite zum Kräftemessen versammelt.

Nur eisenharte Pferde vermögen das Derby zu gewinnen, das den wichtigsten Mosaikstein zur Englischen Triple Crown bildet. Einer der beeindruckendsten Siege der jüngeren Geschichte von Epsom war der von Lammtarra, der das Feld in dem schnellen Rennen in Rekordzeit vom letzten Platz her aufrollte. Der Linkskurs der Bahn gilt als der schwierigste der Welt: Er führt zuerst bergauf und bergab, macht einen kleinen Rechtsknick vor dem Bogen und steigt dann zur Geraden wieder an. Epsom unterliegt in jeder Hinsicht seinen eigenen Gesetzen: Es gibt keine Zäune, und der Eintritt ist frei. Nur Tribünen- und Sattelplatz sind kostenpflichtig.

Desert King sorgt dafür, daß das irische Derby 1997 wieder im Lande bleibt.

• *Derby Stakes*, Epsom, seit 1780, für dreijährige Hengste und Stuten, 2400 m, im Juni. Sieger u. a. Voltigeur, Ormonde (Triple Crown), Isinglass (Triple Crown), St. Simon, Gladiateur, Persimmon, Hyperion, Bahram (Triple Crown), Crepello, Sir Ivor, Sea Bird II, Nijinsky (Triple Crown), Mill Reef, Roberto, Grundy, The Minstrel, Shirley Heights, Shergar, Golden Fleece, Teenoso, Secreto, Slip Anchor, Shahrastani, Reference Point, Kahyasi, Nashwan, Quest For Fame, Generous, Dr Devious, Commander in Chief, Erhaab, Lammtarra, Shamit, Benny The Dip.
• *Oaks Stakes*, Epsom, für dreijährige Stuten, 2400 m, im Juni. Sieger u. a. Oh So Sharp, Salsabil, User Friendly, Balanchine, Moonshell, Reams Of Verse.
• *Coronation Cup*, Epsom, seit 1902, für Vierjährige und ältere, 2400 m, im Juni. Sieger u. a. Rainbow Quest, Triptych, In The Wings, Saddler's Hall, Opera House, Swain, Singspiel.

DIE HIGHLIGHTS DES RENNSPORTS

Start vor dem Schloß in Chantilly zum Prix du Jockey Club (französ. Derby).

Peintre Célèbre: 1997 bestes Pferd der Welt mit Siegen u.a. im Prix du Jockey Club und im Arc.

Seit 1711 finden in *Ascot* Rennen statt. Queen Anne befahl dem Duke of Somerset, zum nächsten Aufenthalt der königlichen Familie in Windsor einige Rennen zu veranstalten. Noch heute erinnern die Queen Anne Stakes als Eröffnungsrennen des Royal Meetings im Juni an die Urheberin.

1807 wurde der Gold Cup aus der Wiege gehoben, gleich nach dem Bau der ersten Tribüne für 1650 Menschen. Der Ursprung der Ascot-Traditionen. „Der Mann von Welt", so verkündete der Dandy Beau Brummel, enger Freund des späteren King George IV., „trägt schwarze Überzieher, einen weißen Binder, lange Hosen und Zylinder". Die von Brummel kreierte Mode für den Herrn ist bis auf den heutigen Tag die vorgeschriebene Kleidung für die königliche Loge. Aber nicht nur dort prägt der Zylinder das Bild. Als 1968 eine Lockerung der Kleidervorschrift eingeführt wurde, die hohen Herren davon aber keinen Gebrauch machten, führte man die alte Ordnung wieder ein. Ascot – das ist England pur.

Der Architekt des Buckingham Palace, John Nash, entwarf 1822 im Auftrag von King George IV. die Royal Loge. Noch heute ziehen die königlichen Abgesandten in offenen Kutschen am Publikum vorbei.

Royal Ascot – das bedeutet traditionelle Rituale und Modenschau. Der grüne Rasen und die herrlichen Pferde bieten eine passende Kulisse für riesige Hüte mit Blumen, Federn, Gaze oder Pferdemodellen, für Seidenkostüme, wallende Kleider oder hautenge Röcke. Sehen und gesehen werden – es ist erlaubt, was teuer und schick ist.

Königliche Präsenz ist bei den Rennveranstaltungen gesetzlich verankert. Neben der Royal Box mit „Tea Room" stehen den Lords, Sirs, Dukes, Jockeys, Club-Mitgliedern, ihren Gästen und ihrem Gefolge 280 private Boxen zur Verfügung. Hummer, Kaviar, Lachs und Champagner sorgen für den passenden kulinarischen Rahmen.

• *St. James's Palace Stakes*, Royal Ascot, seit 1925, für Dreijährige, 1600 m, im Juni. Sieger u. a. Chief Singer, Persian Heights, Shaadi, Biju D' Inde, Kingmambo, Grand Lodge, Scarborough.

• *Coronation Stakes*, Royal Ascot, seit 1870 ausgetragen, für dreijährige Stuten, 1600 m, im Juni. Sieger u. a. Flame Of Tara, Ridgewood Pearl, Rebecca Sharp.

• *Ascot Gold Cup*, Royal Ascot, seit 1807, für Dreijährige und ältere, 4000 m, im Juni. Sieger u. a. Double Trigger, Classic Cliché, Celeric.

• *King George VI and Queen Elizabeth Diamond Stakes*, Royal Ascot, seit 1951, für Dreijährige und ältere, 2400 m, im Juli. Sieger u. a. Ribot, Nijinsky, Mill Reef, Brigadier Gerard, Grundy, The Minstrel, Ile De Bourbon, Ela Mana Mou, Shergar,

Der Prix de l'Arc de Triomphe ist eines der wichtigsten Rennen der Welt. Hinter Peintre Célèbre und Pilsudski holt sich Borgia noch einen guten dritten Platz.

DIE HIGHLIGHTS DES RENNSPORT

Das berühmte Seejagdrennen ist eine der großen Attraktionen in Hamburg.

Der Derbysieger wird mit dem großen Lorbeerkranz geschmückt.

Kalaglow, Dancing Brave, Reference Point, Mtoto, Nashwan, Belmez, Generous, St. Jovite, Opera House, King's Theatre, Lammtarra, Pentire, Swain.
• *Queen Elizabeth II Stakes*, Ascot, seit 1955, für Dreijährige und ältere, 1600 m, im September. Sieger u. a. Brigadier Gerard, Kris, Warning, Zilzal, Bahri, Mark of Esteem, Air Express.

Englands Hauptereignisse im Herbst sind das St. Leger als längste klassische Prüfung und letzte Station zur Triple Crown sowie die Dewhurst Stakes für Zweijährige und die Champion Stakes in Newmarket.
• *St. Leger Stakes*, Doncaster, seit 1776, für dreijährige Hengste und Stuten, 2920 m, im September. Sieger u. a. Nijinsky, Bustino, Light Cavalry, Oh So Sharp, Reference Point, Snurge, User Friendly, Moonax, Classic Cliché, Shantou, Silver Patriarch.
• Champion Stakes, Newmarket, seit 1877, für Dreijährige und ältere, 2000m,.

• *Dewhurst Stakes*, Newmarket, seit 1875, für Zweijährige, 1400 m, im Oktober. Sieger u. a. Nijinsky, Mill Reef, Grundy, The Minstrel, Storm Bird, Diesis, El Gran Senor, Dashing Blade, Generous, DrDevious, Zafonic, Grand Lodge, Pennekamp, Xaar.

Irland – vom Nachbarn England geprägt

Irlands berühmteste Rennbahn ist der Curragh. Hier werden das irische Derby und die Guineas-Rennen ausgetragen.
• *Irish 2000 Guineas*, The Curragh, seit 1921, für dreijährige Hengste und Stuten, 1600 m, im Mai. Sieger u. a. Sadler's Wells, Triptych, Shaadi, Tirol, Rodrigo De Triano, Barathea, Turtle Island, Spectrum, Spinning World, Desert King.
• *Irish 1000 Guineas*, The Curragh, seit 1922, für dreijährige Stuten, 1600 m, im Mai. Siegerinnen u. a. Al Bahathri, Ridgewood Pearl, Classic Park.

Nach 42 Jahren wieder ein Stutensieg. Borgia gewinnt das Deutsche Derby '97.

- *Irish Derby*, The Curragh, seit 1866, für dreijährige Hengste und Stuten, 2400 m, im Juni. Sieger u. a. Nijinsky, Grundy, The Minstrel, Shirley Heights, Shergar, Assert, Shareef Dancer, El Gran Senor, Law Society, Shahrastani, Kahyasi, Old Vic, Salsabil, Generous, St. Jovite, Balanchine, Winged Love, Zagreb, Desert King.
- *Irish Oaks*, The Curragh, seit 1895, für dreijährige Stuten, 2400 m, im Juli.
- *Irish St. Leger*, The Curragh, seit 1915, für Dreijährige und ältere, 2800 m, im September. Sieger u. a. Vintage Crop zweimal, Oscar Schindler zweimal.

Frankreich – Im Mittelpunkt steht der Prix de l' Arc de Triomphe

Die Höhepunkte konzentrieren sich in der Grande Nation auf die vier großen Rennbahnen Longchamp, St. Cloud, Chantilly und Maisons-Laffitte. Paris-Longchamp ist das Ascot von Frankreich in Bezug auf Eleganz und extravagante Mode.

Longchamp liegt mitten in *Paris*, im Bois de Boulogne. Am 27. April 1857 eröffnete Napoleon die Rennbahn mit feierlicher Zeremonie.

Wie in England, so beginnt auch in Frankreich die Saison mit den beiden Klassikern für dreijährige Pferde über die Meile.
- *Poule d' Essai des Poulains*, Longchamp, für dreijährige Hengste, 1600 m, im Mai. Sieger u. a. Soviet Star, Kendor, Linamix, Hector Protector, Kingmambo, Green Tune, Ashkalani, Daylami, Victory Note.
- *Poule d' Essai des Pouliches*, Longchamp, für dreijährige Stuten, 1600 m, im Mai. Siegerinnen u. a. Masarika, Baiser Vole, Mièsque, Pearl Bracelet, Danseuse Du Soir, Madeleine's Dream, East Of The Moon, Ta Rib, Always Loyal, Zalaiyka.
- *Prix du Jockey Club* (französisches Derby), Chantilly, für dreijährige Hengste und Stuten, 2400 m, im Juni. Sieger u .a. Sassafras, Top Ville, Bikala, Assert, Caerleon, Darshaan, Bering, Old Vic, Sanglamore, Suave Dancer, Hernando, Celtic Swing, Peintre Célèbre.
- *Prix de Diane*, Chantilly, für dreijährige Stuten, 2100 m, im Juni. Siegerinnen u. a. Indian Skimmer, Resless Kara, Jolypha, East Of The Moon, Vereva.
- *Grand Prix de Paris*, für dreijährige Hengste und Stuten, 2000 m, im Juni. Sieger u. a. Saumarez, Subotica, Homme De Loi, Valanour, Grape Tree Road, Peintre Célèbre.
- *Grand Prix de Saint-Cloud*, für dreijährige und ältere Hengste und Stuten, 2400 m, im Juli. Sieger u. a Teenoso, Acatenango, In The Wings, Épervier Bleu, Helissio.
- *Grand Criterium*, Longchamp, für zweijährige Hengste und Stuten, 1600 m, im Oktober. Sieger u. a. Kendor, Hector Protector, Arazi, Loup Solitaire, Revoque, Second Empire.

Der Prix de l' Arc de Triomphe ist Europas anspruchsvollste Prüfung für Pferde aller Altersklassen vom dritten Lebensjahr aufwärts. Die Elitegalopper der großen Rennsport-Nationen treffen sich am ersten Sonntag des Oktobers, am Ende der Rennsaison, zu dem Grand Prix. Die Pferde, die hier gegeneinander antreten, sind schon gestandene Persönlichkeiten und die besten Europas. Die Hengste Ksar, Tantième, Ribot und Alleged sowie die Stute Corrida konnten das Monsterrennen sogar zweimal gewinnen. Der Epsom Derby-Sieger Sea Bird gewann den Arc 1966

Galopprennen in Baden-Baden sind ein unvergeßliches Erlebnis.

DIE HIGHLIGHTS DES RENNSPORT

gegen vier Derbysieger aus vier Ländern im Handgalopp. Neun Jahre später siegte seine Tochter Allez France in dem Rennen. Nijinsky verlor das Rennen 1970 um die Länge eines Kopfes an Sassafras.

Der Arc ist ein Kräftemessen der Stärksten. Und so war der dritte Platz von Gestüt Ammerlands Stute Borgia 1997 hinter den europäischen Paradegaloppern Peintre Célèbre und Pilsudski eine exzellente Leistung.

• *Prix de l' Arc de Triomphe*, Longchamp, seit 1920, für dreijährige und ältere Hengste und Stuten, 2400 m, im Oktober. Sieger außerdem: Comrade, Vaguely Noble, Sassafras, Mill Reef, San San, Rheingold, Allez France, Star Appeal, Ivanjica, Three Troikas, Sagace, Rainbow Quest, Dancing Brave, Trempolino, Carroll House, Saumarez, Suave Dancer, Subotica, Urban Sea, Carnegie, Lammtarra, Helissio, Peintre Célèbre.

Deutschland – Rund um Hamburg und Baden-Baden

• *Henkel-Rennen, German 1000 Guineas*, Düsseldorf, für dreijährige Stuten, 1600 m, im Mai. Siegerinnen u. a. Schönbrunn, Slenderella, Comprida, Majorität, Alte Zeit, Filia Ardross, Princess Nana, Quebrada, Life's Luck, Tryphosa, La Blue, Que Belle, Elle Danzig.

• *Mehl-Mülhens-Rennen*, in Köln, für dreijährige Hengste und Stuten, 1600 m, im Mai. Sieger u. a. Dschingis Khan, Literat, Lombard, Königsstuhl, Wauthi, Orofino, Lirung, Turfkönig, Platini, Kornado, Royal Abjar, Air Express.

• *Preis der Diana*, Mülheim, für dreijährige Stuten, 2200 m, im Mai. Siegerinnen u. a. Night Petticoat, Que Belle.

Das Deutsche Derby, Höhepunkt des deutschen Galoppsports, ist das Highlight des einwöchigen Meetings in Hamburg, weitab der anderen Rennsport- und Trainingsplätze. Dennoch ist es der Stadt im hohen Norden 1992 gelungen,

Oxalagu gewinnt 1997 in Baden-Baden den Großen Preis der Industrie und Wirtschaft.

einen eigenen Derbysieger zu stellen. Pik König wurde in Albert Darbovens Gestüt Idee in Hamburg geboren und in seiner Geburtsstadt mit dem Lorbeerkranz geschmückt. In Bezug auf Rennprogramm, Besucherzahlen, Mode und Hutschmuck steht das Derbymeeting den Baden-Badenener Rennwochen kaum nach. In der Hansestadt trifft sich einmal im Jahr alles, was im Vollblutsport Rang und Namen hat. 1869 wurde das Rennen aller Rennen vom 17 Jahre zuvor gegründeten Hamburger Renn-Club ins Leben gerufen. Am 11. Juli gewann der Hengst Investment das erste Deutsche Derby auf dem Horner Moor.

Um die 500 Pferde werden Jahr für Jahr anderthalb Jahre im voraus für das Derby genannt. Zugelassen werden am Ende nur die besten der besten in Europa trainierten Pferde. Lando hat 1993 den Bahnrekord von 2:26,8 Minuten aufgestellt und war damit schneller als Nereide und Athenagoras.

• *Deutsches Derby*, Hamburg, seit 1869, für dreijährige Hengste und Stuten, 2400 m, im Juli. Sieger u. a. Sieger, Landgraf, Alchimist, Nereide, Schwarzgold, Ticino, Birkhahn, Asterblüte, Neckar, Lustige, Orsini, Alpenkönig, Athenagoras, Marduk, Surumu, Königsstuhl (Triple Crown), Orofino, Ordos, Lagunas, Acatenango, Lebos, Luigi, Mondrian, Pik König, Lando, Laroche, Lavirco, Borgia.

Die nächste Gruppe-I-Prüfung findet auf dem Düsseldorfer Grafenberg statt:

• *Deutschland Preis*, Düsseldorf, für dreijährige und Ältere, 2400 m, im Juli. Sieger u. a. Abary, Ordos, Acatenango, Le Glorieux, Mondrian, Lomitas, Platini, Kornado, Sternkönig, Hollywood Dream, Lando, Luso.

• *Großer Dallmayr-Preis (Bayr. Zuchtrennen)*, für Dreijährige und ältere, München, 2000 m, im August. Sieger u. a. Kooyonga, Market Booster, Germany, Timarida, Oxalagu.

DIE HIGHLIGHTS DES RENNSPORT

Hüte spielen auf den großen, eleganten Rennplätzen Europas eine große Rolle.

Rennsportprogramm in einem exklusiven Rahmen. Das Hauptereignis des Baden-Badener Frühjahrsmeetings ist der Große Preis der Wirtschaft, den 1997 Oxalagu gewonnen hat. Das Highlight ist jedoch der Große Preis von Baden, der Anfang September mit großer ausländischer Präsenz ausgetragen wird.

• *Großer Preis von Baden*, für Dreijährige und ältere, 2400 m, im September. Sieger u. a. Sheshoon, Alpenkönig, Caracol, Athenagoras, Marduk, Windwurf, Nebos, Acatenango zweimal, Carroll House, Mondrian zweimal, Lomitas, Mashaallah, Lando zweimal, Germany, Pilsudski, Borgia.

Deutschlands Rennsportzentrale Köln ist Schauplatz des letzten Grand Prix' der Saison, der zur Gruppe I gehört.

• *Europa-Preis*, Köln, für Dreijährige und ältere, 2400 m, im September. Sieger u. a. Esprit Du Nord, Lombard, Windwurf zweimal, Esprit Du Nord, Kamiros, Mondrian, Lomitas, Apple Tree, Monsun zweimal, Lavirco, Taipan.

Im Oktober beendet das deutsche St. Leger, wie in England und Frankreich, die Saison der klassischen Rennen und bietet den Mehl-Mülhens- und Derbysiegern die Chance auf die Triple Crown.

• *Großer Preis der Continentale – St. Leger*, Dortmund, für dreijährige Hengste und Stuten, 2800 m, im September. Sieger u. a. Herold, Lombard, Marduk, Windwurf, Königsstuhl, Ordos, Prairie Neba, Gondola, Britannia, Wurftaube, Ungaro.

• *Aral Pokal*, 1956-1997, Gelsenkirchen, für Dreijährige und ältere, 2400 m, im August. Sieger u. a. Acatenango, Mondrian zweimal, Indica, Tel Quel, Monsun, Luso, Caitano.

Das Frühjahrsmeeting im Mai und die Große Woche im September in *Baden-Baden* sind Deutschlands internationalste und mondänste Rennveranstaltungen. Der alte Kurort im nördlichen Schwarzwald mit seinem herrschaftlichen Kurhaus, den alten, eleganten Hotels und dem noblen Spielkasino besitzt im benachbarten Iffezheim eine der schönsten Rennbahnen Europas. Seit 1858 finden in der ehemaligen Residenz der badischen Großherzöge Rennen statt. Der Internationale Club, eine Vereinigung führender Turfspezialisten, sorgt seit 1872 für ein erstklassiges

Italien – Heimat von Federico Tesio

• *Premio Presidente della Repubblica*, Rom, für Dreijährige und ältere, im Mai. Sieger u. a. Hollywood Dream, Arta, Polar Prince • *Derby Italiano*, Rom, für dreijährige Hengste und Stuten, im Mai. Sieger 1997: Single Empire • *Gran Premio di Milano*, für dreijährige Hengste und Stuten, im Juni • *Gran Premio del Jockey Club e Coppa d' Oro*, Mailand, für dreijährige und ältere Hengste und Stuten, 2400 m, im Oktober. Sieger u. a. Lando, Shantou, Caitano.

Winterliches Rennsporterlebnis in St. Moritz: Im Februar finden in dem mondänen Wintersportort Galopprennen auf dem zugefrorenen See statt.

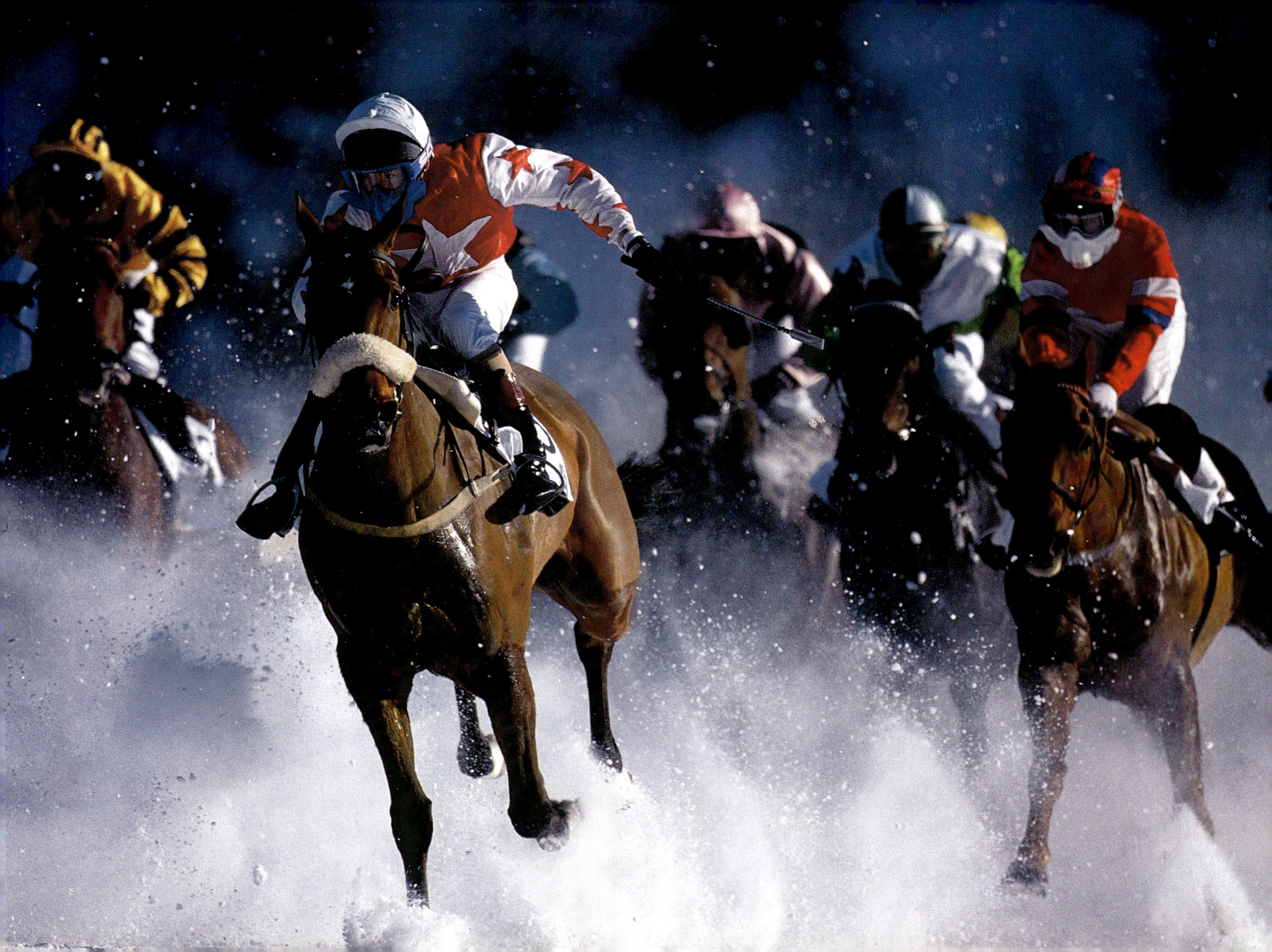

DIE HIGHLIGHTS DES RENNSPORTS

Singspiel gewinnt für den Gastgeber Sheikh Mohammed den zweiten Dubai World Cup. Der Siegpreis für den wertvollsten Sieg der Welt bleibt im Lande.

Der Kentucky-Derby- und Preakness-Stakes-Sieger Silver Charm gewinnt 1997 den Dubai World Cup knapp vor Godolphins Swain.

Dubai – aufstrebendes Rennsportland der Maktoumfamilie
Die Vereinigten Arabischen Emirate, Dubai und Abu Dhabi, sind nur 77 700 Quadratkilometer groß, besitzen aber sechs top-eingerichtete Rennbahnen sowie hervorragende Zucht- und Trainingseinrichtungen. Der World Cup, mittlerweile ein Rennen der Gruppe I, ist eine Veranstaltung der Superlative. Die Galopperstars aus aller Welt werden eingeflogen, wenn im Land der erfolgreichsten Rennstallbesitzer und Züchter Ende März gegen 20.30 Uhr im Flutlicht ein Rennen ausgetragen wird, bei dem der Sieger in rund zwei Minuten 2,4 Millionen Dollar verdient. Das Rahmenprogramm dieses Weltereignisses, das per Satellit in 200 Staaten übertragen wird, sucht seinesgleichen: Das Rennen wird von einer prachtvollen Parade arabischer Pferde eingeleitet, deren Reiter Gewänder und Fahnen in den Dubaier Nationalfarben tragen. Tausendundeine Nacht – der Dubai World Cup, eine Rennveranstaltung wie im Märchenbuch.
• *Dubai World Cup,* Nad Al Sheba, für Vierjährige und ältere, 2000 m, im März. Sieger u.a. Cigar, Singspiel, Silver Charm.

USA – Rund um die Triple Crown und Breeder's Cup
Galopprennen gehören in den USA zu den meistbesuchten Sportveranstaltungen. Die Saison der großen Stakes-Rennen beginnt bereits im Februar und dauert bis in den November hinein. Kalifornien macht den Auftakt.
• *Santa Anita Handicap,* Kalifornien, seit 1935, 2000 m, im März. Sieger u. a. Bates Motel, Greinton, Broad Brush, Alysheba, Mr. Purple.

Der Eingang zur Dubaier Rennbahn Nad Al Sheba erstrahlt wie ein Palast, wenn abends um 20.30 Uhr mitteleuropäischer Zeit der Dubai World Cup stattfindet.

DIE HIGHLIGHTS DES RENNSPORTS

Der teuerste Pokal der Welt, der im Pferdesport vergeben wird: der Dubai World Cup.

- *Florida Derby*, Gulfstream Park, für Dreijährige, 1800 m, im März. Sieger u. a. Alydar, Northern Dancer, Unbridled, Fly So Free, Holy Bull, Go For Gin, Thunder Gulch, Unbridled's Song.
- *Santa Anita Derby*, Kalifornien, seit 1935, für Dreijährige, 1800 m, im April. Sieger u. a. Winning Colors, Sunday Silence, A. P. Indy, Personal Hope, Brocco.
- *Kentucky Derby*, Churchill Downs/Louisville, seit 1875, für Dreijährige, 2000 m, im Mai. Sieger u. a. Whirlaway, Count Fleet, Assault, Citation, Northern Dancer, Secretariat, Seattle Slew, Affirmed, Spectacular Bid, Swale, Alysheba, Winning Colors, Sunday Silence, Unbridled, Strike The Gold, Sea Hero, Go For Gin, Thunder Gulch, Grindstone, Silver Charm, Real Quiet.

Das Kentucky Derby ist das größte Rennsport-Spektakel der Welt, zu dem die Turfgrößen von überall her anreisen. Auf Louisvilles Flugplatz ist Hochbetrieb. Die Prominenz aus dem Inland fliegt per Privatjet oder Hubschrauber ein, und die kleinen Terminals des öffentlichen Flugverkehrs platzen aus den Nähten. Ganz Louisville, eigentlich eine unscheinbare Industriestadt mit 300 000 Einwohnern, steht Kopf, wenn sich die Menschenmassen zum großen Derby-Festival durch die Straßen schieben. Hunderttausende Besucher erstürmen die Tribünen und die Rasenfläche im Inneren der Rennbahn. Das Gelände gleicht einem Jahrmarkt. Zum 100. Derbylauf 1974 kamen über 163 000 Zuschauer nach Churchill Downs. Das Kentucky Derby, einst höchstdotiertes Rennen der Welt, wird immer am ersten Samstag des Monats Mai ausgetragen. Es war 1998 mit einer Million Dollar dotiert.

Colonel M. Lewis Clark gründete Churchill Downs 1872, nach ausgiebigen Inspektionsreisen nach England. Nach dem Vorbild der Ausschreibungen und Regeln der klassischen englischen Rennen rief Clark das Kentucky Derby, die Kentucky Oaks und das Clark Handicap ins Leben. Die Tribünen und das Clubhaus von Churchill Downs wurden zwischen 1874 und '75 erbaut. Das erste Rennen wurde 1874 gelaufen und ein Jahr später zum Derby ernannt. Es ist das älteste

Great Prospector beißt Golden Derby im Finsh der Tremont Stakes 1980. Das Foto wurde mit dem Eclipse Award ausgezeichnet.

DIE HIGHLIGHTS DES RENNSPORTS

Auf den amerikanischen Rennbahnen begleiten Quarter Horses oder Warmblüter die Rennpferde am Führzügel zur Startmaschine.

amerikanische Rennen, das regelmäßig ausgetragen wird. Ursprünglich wurde auch das Kentucky Derby über die klassische Distanz von 2400 m gelaufen. Im Jahr 1896 setzte man die Distanz auf 2000 m herab. Der Sieger wird mit einem Flor aus Rosen geschmückt, weshalb das Derby auch „Run For The Roses" heißt.

Die Rennbahn ist nicht nach dem Politiker Churchill, sondern nach den früheren Landbesitzern benannt. Sie ist ein gleichmäßiges 1600 m-Oval mit einer außen herum verlaufenden Sandbahn und einer 1400 m langen Grasbahn. Das Derby findet auf Sand („Dirt") statt und kann, neben den anderen Triple-Crown-Rennen, als eine der härtesten Prüfungen der Welt bezeichnet werden – denn die amerikanischen Rennen werden durchweg Start-Ziel in hohem Tempo geritten.

In den US-Derby-Stakes dürfen auch Wallache starten, aber sie sind doch eher selten dabei. Sieben Wallache und drei Stuten gewannen das Kentucky Derby. Die Stuten waren Regret im Jahr 1915, Genuine Risk 1980, Winning Colors 1988. Das Kentucky Derby ist der erste Meilenstein zur amerikanischen Triple Crown, gefolgt von den Preakness Stakes zwei Wochen später und den Belmont Stakes über die klassische Distanz von 2400 m als Abschluß. Silver Charm und Real Quiet hätten es fast geschafft. Nach ihrem Sieg im Kentucky Derby und in den Preakness Stakes glaubte man, ihrer „Krönung" stünde nichts mehr im Wege. Aber dann vereitelten ihnen Touch Gold 1997 und Victory Gallop 1998 in den Belmont Stakes ganz knapp die Triple Crown. Vor ihnen haben schon viele Pferde knapp das große Ziel verpaßt, und wenige haben es geschafft:

Die amerikanischen Triple Crown-Sieger sind:
1919 Sir Barton, 1930 Gallant Fox, 1935 sein Sohn Omaha, 1937 War Admiral, 1941 Whirlaway, 1943 Count Fleet, 1946 Assault, 1948 Citation, 1973 Secretariat, 1977 Seattle Slew, 1978 Affirmed.

Calumets großartiger Hengst Alydar startete in allen drei Triple Crown-Rennen und verlor alle drei nach Kampf an Affirmed. Die Kopf-an-Kopf-Duelle der beiden Hengste gingen als die ganz großen Attraktionen in die Geschichte des amerikanischen Rennsports ein.

- *Preakness Stakes*, Pimlico/Baltimore, seit 1873, für Dreijährige, 1900 m, im Mai. Sieger u. a. War Admiral, Whirlaway, Count Fleet, Assault, Citation, Secretariat, Seattle Slew, Affirmed, Alysheba, Risen Star, Sunday Silence, Summer Squall, Hansel, Tabasco Cat, Timber Country, Louis Quatorze, Silver Charm, Real Quiet.
- *Belmont Stakes*, Belmont Park/New York, seit 1867, für Dreijährige und ältere, 2400 m, im Juni. Bahnrekord, bis heute nicht egalisiert: 1973 Secretariat. Sieger außerdem: War Admiral, Whirlaway, Count Fleet, Assault, Citation, Seattle Slew, Affirmed, Swale, Danzig Connection, Easy Goer, Hansel, A. P. Indy, Colonial Affair, Tabasco Cat, Thunder Gulch, Touch Gold, Victory Gallop.
- *Jockey Club Gold Cup*, für Dreijährige und ältere, 2000 m, im Oktober.

Ein Höhepunkt des amerikanischen Rennsports sind die sieben Rennen des Breeder's Cup Anfang Oktober, die abwechselnd auf den großen Rennbahnen von Kalifornien, New York, Kentucky und Florida ausgetragen werden. John Gaines,

Silver Charm gewinnt das Kentucky Derby 1997 gegen Captain Bodgit.

Die Belmont Stakes 1978: Die größten Rivalen der amerikanischen Rennsport-Geschichte liefern sich ein packendes Duell. Auch das dritte Rennen der Triple Crown gewinnt Affirmed gegen Alydar.

DIE HIGHLIGHTS DES RENNSPORTS

Touch Gold verhindert auf den letzten Metern den Triple-Crown-Sieg von Silver Charm (rechts) in den Belmont Stakes 1997.

Favorite Trick gewinnt 1997 den Breeder's Cup Juvenile.

Gründer der Gainesway Farm, rief die Breeder's Cup-Rennen 1984 ins Leben. Die gigantischen Rennpreise werden aus Abgaben der Züchter im Verhältnis zur Decktaxe ihrer Hengste finanziert. 1995 war Belmont Park Schauplatz einer ganz besonderen Attraktion: Cigar holte sich den elften Sieg in Folge.

1996 fanden die Rennen in Woodbine/Toronto statt. Cigars zweiter Start im Breeder's Cup Classic nach 16 Siegen in Folge zog die Massen an und sorgte für eine Rennveranstaltung der Superlative. Der Schimmel Alphabet Soup stahl Cigar jedoch die Show. Er besiegte den Champion und stellte einen neuen Bahnrekord auf: 2000 m in 2:01 Minuten. Pilsudski gewann den Breeder's Cup Turf.

1997 war Hollywood Park Austragungsort des Cup. Mit dem zweiten Platz von Borgia in dem über 2400 m führenden Breeder's Cup Turf zeigte der deutsche Galoppsport, daß er auch auf höchstem internationalem Parkett mithalten kann. Der Kanadier Chief Bearhart erreichte das Ziel lediglich eine dreiviertel Länge vor Borgia in der Superzeit von 2:23,94 Minuten. Der Nureyev-Sohn Spinning World holte den einzigen Sieg für Europa in der Breeder's Cup Mile. Im Juvenile, der Prüfung für die Zweijährigen, siegte Favorite Trick und wurde so vor Skip Away zum Pferd des Jahres gewählt. Skip Away hatte im Hauptrennen, dem Classic, eine Nachnennung erhalten. Die Gebühr wurde auf die Gesamtbörse aufgeschlagen und machte den Breeder's Classic so zum weltweit höchstdotierten Rennen. Der „Nachzügler" holte sich dann den Siegpreis von 2 288 000 Dollar und rangiert somit unter den Weltspitzenverdienern mit 6,8 Millionen Dollar auf Platz zwei hinter Cigar. Er brach auch die von Cigar 1995 aufgestellte Rekordzeit mit 1:59,16 Minuten. Auch im Sprintrennen wurde ein neuer Rekord aufgestellt: Elmhurst gewann die 1200 m-Strecke in 1:08,01 Minuten. Der Breeder's Cup – bestes Beispiel dafür, daß die schnellen Pferde doch immer noch schneller werden. Elf Millionen Dollar werden an einem Tag an die Sieger und Plazierten der sieben Rennen verteilt:

• *Juvenile Fillies*, für zweijährige Stuten, 1700 m, Dotierung: 1 Mio. Dollar. Sieger u. a. Twilight Ridge, Go For Wand, Flanders, Storm Song, Countess Diana.
• *Juvenile*, für zweijährige Hengste und Wallache, 1700 m, Dotierung: 1 Mio. Dollar. Sieger u .a. Chief's Crown, Capote, Rhythm, Fly So Free, Arazi, Brocco, Timber Country, Unbridled's Song, Favorite Trick • *Sprint*, für Dreijährige und

Der Melbourne Cup ist ein buntes Massenspektakel mit Verrücktheiten, karnevalartigen Verkleidungen und Rennen mit riesigen Starterfeldern.

Ältere, 1200 m, Dotierung: 1 Mio. Dollar • *Distaff*, für dreijährige und ältere Stuten, 1800 m, Dotierung: 1 Mio. Dollar, Siegerin 1997: Ajina • *Mile*, für Dreijährige und Ältere, 1600 m, Turf, Dotierung: 1 Mio. Dollar. Sieger u. a. Cozzene, Last Tycoon, Mièsque, Steinlen, Royal Academy, Lure (zweimal), Barathea, Ridgewood Pearl, Spinning World • *Turf*, für Dreijährige und Ältere, 2400 m, Turf, Dotierung: 2 Mio. Dollar. Sieger u. a. Manila, Theatrical, In The Wings, Miss Alleged, Tikkanen, Northern Spur, Pilsudski, Skip Away • *Classic*, für Dreijährige und Ältere, 2000 m, Dotierung: 4 Mio. Dollar. Sieger u. a. Wild Again, Ferdinand, Alysheba, Sunday Silence, Unbridled, A. P. Indy, Arcangues, Concern, Cigar, Alphabet Soup.

Kanada:
- *Queen's Plate Stakes*, Woodbine, seit 1860, für Dreijährige, 2000 m, im Juli.
- *Woodbine Million*, für Dreijährige, 1800 m, im September. Sieger 1996: Skip Away.
- *Canadian International Stakes*, seit 1938, für Dreijährige und ältere, 2400 m, im September. Sieger u. a. All Along, Snurge, Singspiel.

Australien – Der verrückte Melbourne Cup

In der südlichen Hemisphäre gehen die Uhren bekanntlich anders, und so beginnt die Saison für die Zweijährigen dort im April. Die dreijährigen Stuten werden anschließend in den Oaks geprüft. Dann folgen die ganz großen Highlights:
- *Australian Derby*, Randwick, für dreijährige Hengste und Stuten, 2400 m, im April, Sieger 1996: Octagonal • *Victoria Derby*, Flemington, für dreijährige Hengste und Stuten, 2500 m, Oktober.
- *Melbourne Cup*, Flemington/Victoria, seit 1861, Handicap für Pferde aller Altersklassen, 3200 m, im November. Der berühmteste Sieger ist Phar Lap, der unter Höchstgewicht gewann. Vintage Crop war 1993 der erste in Europa trainierte Sieger. Der Cup, mit 2,2 Millionen Austral-Dollar, ist ein gigantisches Rennen. 1890 starteten 39 Pferde, und Carbine gewann mit 66 Kilogramm Renngewicht. Die Rekordzeit von 3:16.3 Minuten lief Kingston Rule 1990.

Might And Honor. Sieger in Australiens Melbourne Cup.

DIE HIGHLIGHTS DES RENNSPORTS

Lando gewinnt 1995 den mit 4 Millionen Dollar dotierten Japan Cup vor erlesener Gegnerschaft und wurde damit das gewinnreichste Pferd Europas.

Lando nach seinem Sieg mit Trainer Heinz Jentzsch (links), Pfleger Pavel Gargulak und Züchterin und Besitzerin Janet Ostermann.

Japan – Über 30 Milliarden Dollar Wettumsätze
In Japan werden enorme Summen in den Rennsport investiert, der sich großer Beliebtheit erfreut. Der Japan Cup ist ein Einladungsrennen auf höchstem Niveau. 1986 zog der Cup Pferde aus England, USA, Kanada, Neuseeland und Frankreich an. Lando gewann am 26. November 1995 den 15. Japan Cup vor 180 000 Zuschauern auf der High-Tech-Rennbahn von Tokyo. Er war zu dem Zeitpunkt mit vier Millionen Dollar das höchstdotierte Galopprennen der Welt. Lando besiegte unter anderen Japans Favoritin, die Superstute Hishi Amazon, sowie Hernando, den zweiten im Prix de l'Arc de Triomphe von 1994, die klassischen Siegerinnen Pure Grain und Carling, den australischen Topgalopper Danewin und den Arlington-Million-Sieger Awad. Ein Jahr später schlug Sheikh Mohammeds Singspiel die dreijährige japanische Favoritin Fabulous La Fouine um Nasenlänge.

• *Japan Cup*, Tokyo, seit 1981, für Dreijährige und ältere, 2400 m, im November. Sieger u. a. Le Glorieux, Lando, Singspiel, Pilsudski.

Hongkong – im Wettrausch
Ungefähr ein Drittel der rund sechs Millionen Bewohner Honkongs wetten regelmäßig, und das meistens auf die Pferde, die auf den zwei Rennbahnen laufen: Sha Tin und Happy Valley. Rennpferde sind in Hongkong ausschließlich Importware. An den abendlichen Rennveranstaltungen am Mittwoch, Samstag und manchmal am Sonntag werden Milliarden-Wettumsätze gemacht. Das Rennsystem besteht aus sechs Handicap-Klassen. Die Hauptrennen sind der Hongkong International Cup und die International Bowl, zwei Einladungsrennen über 1800 und 1400 m für alle Altersklassen, die 1988 ins Leben gerufen wurden.

Die Rennbahn von Sha Tin in Hongkong wurde 1978 erbaut und die Tribünen 1985 erweitert. 70 000 Besucher finden hier Platz.

Packendes Duell um den Ball: nichts für zarte Gemüter.

DAS VOLLBLUT IN DER POLOPFERDEZUCHT

7

Polopferde sind Vollblüter oder vom Vollblut geprägt. Sie sind klein, zäh und wendig. Albert Darboven, ehemaliger Kapitän der Polo-Nationalmannschaft, schreibt über den rasanten Sport auf schnellen Pferden.

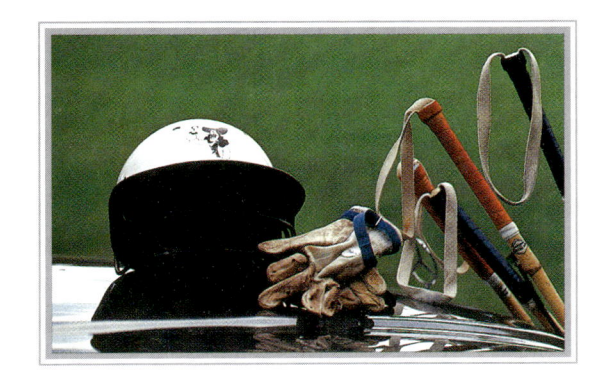

DAS VOLLBLUT IN DER POLOPFERDEZUCHT

Bereits vor 2700 Jahren spielten die Perser auf ihren Urpferden Polo. Der Begriff stammt aus der tibetischen Sprache und bezeichnet das Material, aus dem der Poloball damals hergestellt wurde: Bambusholz. Zu einem geregelten Wettkampfspiel auf pfeilschnellen Pferden, wie wir es heute kennen, reifte der Polosport erst im 19. Jahrhundert in Argentinien heran. Die Pferde im Polospiel sind – wie sollte es anders sein – vom Vollblut geprägt.

Der Polosport verbreitete sich im 3. Jahrhundert von Persien aus über den ganzen Orient. Im 7. Jahrhundert begeisterten sich die Chinesen für das Spiel und importierten die besten Polopferde aus Turkestan. In Japan und Korea fand das Polospiel im 9. Jahrhundert seine Anhängerschaft. Von dort schwappte die Welle der Begeisterung dann nach Indien über, wo die Hindukaiser Spaß an dem schnellen Kampfspiel fanden. Auch in Byzanz traten die Kaiser als Polospieler an. Im 16. Jahrhundert entstanden die ersten großen Poloanlagen – im vorderen Orient, in Indien, China und Japan. Vor allem die Inder feilten den Polosport aus. Als die Engländer Indien kolonisierten, begeisterten sie sich sofort für das schnelle Spiel, brachten es ins Mutterland und später auch nach Lateinamerika. 1859 wurde in Silchar/Manipur (Indien) der erste englische Poloclub gegründet. Zehn Jahre später legten die Engländer die Poloregeln erstmals schriftlich fest.

Zentrum des Polosports ist heute Argentinien, in dessen Hauptstadt Buenos Aires bereits im Jahre 1893 eine Landesmeisterschaft ausgetragen wurde. Die Argentinier entwickelten ein besonderes Talent in diesem draufgängerischen Sport. In den zwanziger Jahren begannen sie die Nordamerikaner zu überflügeln. Bis heute kommen die besten Spieler und die besten Pferde aus dem Land der weiten Pampas.

Je nach Spielstärke wird das Handicap der Spieler festgelegt. Bei Handicap-Turnieren erhalten spielschwächere Teams eine Torvorgabe, die sich aus der Handicapdifferenz der Mannschaften (jeweils vier Spieler) errechnet. Das Spielfeld ist 280 x 180 m groß (Originalgröße), das Tor 7,50 m breit. Das Bandagieren der Pferde ist genauso Pflicht wie das Hochbinden der Schweife.

Polo ist ein harter, aber fairer Sport. Ohne Teamgeist, ohne Harmonie zwischen Mensch und Tier funktioniert das Spiel nicht, denn 70 bis 80 Prozent des Erfolgs hängt vom Pferd ab. Ein gutes Polopferd hat den Ball genau im Blick und reagiert blitzschnell auf die Hilfen des Reiters. Zuverlässigkeit und Gehorsam sind genauso erforderlich wie das selbständige Mitdenken des Pferdes. Ein Polopferd muß bedingungslos bereit sein, den Gegner von der geraden Linie abzudrängen. Das bedeutet, daß ein Pferd in einem gut und schnell gespielten Chukker (Abschnitt) 15 bis 20 Bodychecks (Berührungen) physich und psychisch verkraften muß. Selbstverständlich legen die Regeln den Winkel genau fest. Ein sogenanntes Riding Off (Abreiten) ist jedoch keine Streicheleinheit. Regelverstöße, wie zum Beispiel die Nichtachtung des Wegerechts, werden streng geahndet – etwa mit dem Penalty, der dem Strafstoß beim Fußball ähnelt. Er wird von der gegnerischen Mannschaft aus 55 m (60 Yards), 36,5 m (40 Yards) oder 27,5 m (30 Yards) geschossen.

Das Polospiel ist in vier bis acht Chukker aufgeteilt, die je siebeneinhalb Minuten dauern. Nach jedem Chukker

Beim „Ride Off" kommt es zu unsanften Berührungen. Da bleiben nur Draufgänger am Ball.

Rechts: Der Einsatz im Polospiel fordert für acht Minuten die gesamte Kraft des Pferdes.

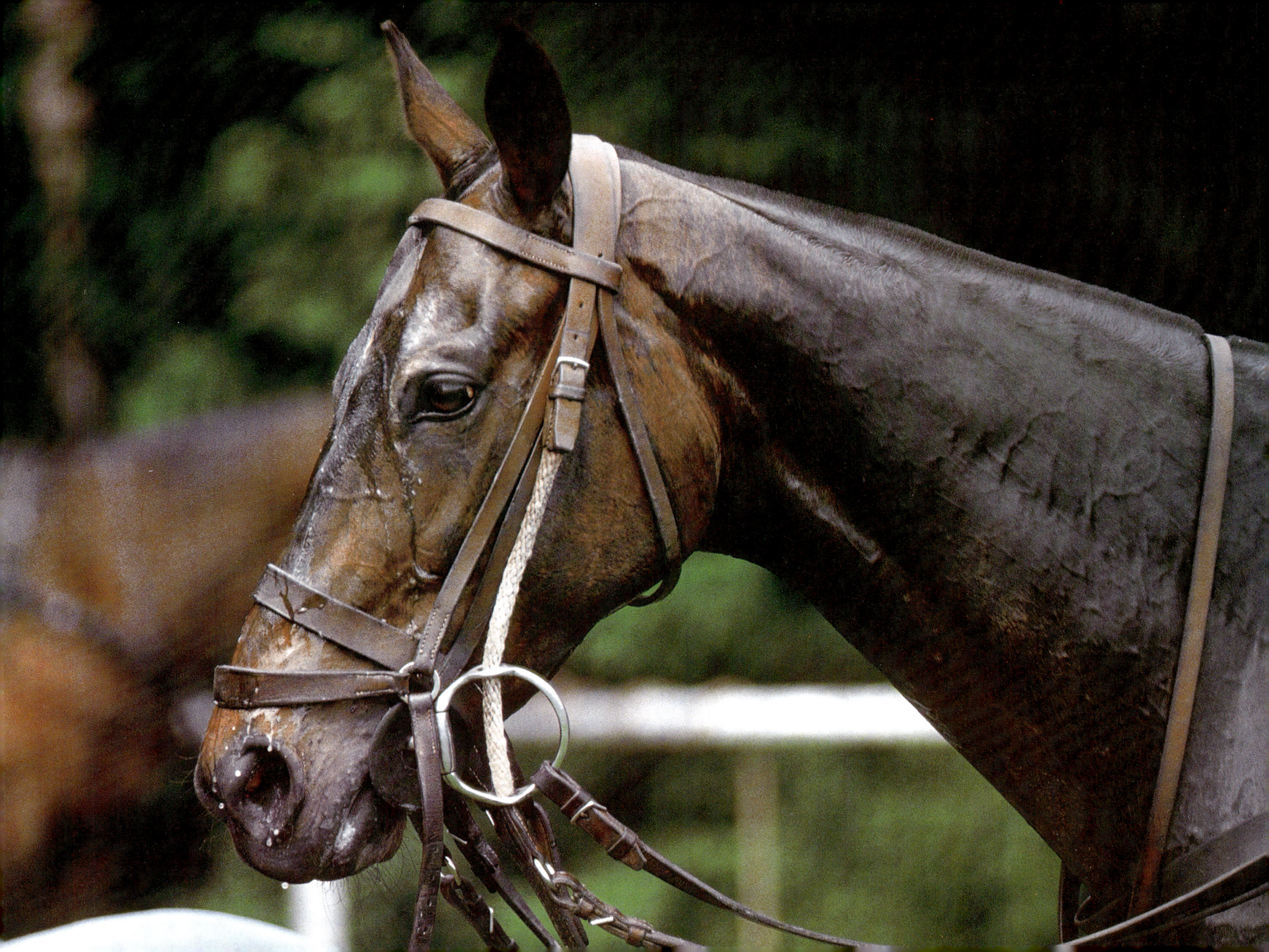

DAS VOLLBLUT IN DER POLOPFERDEZUCHT

Albert Darboven am Ball: Der Hamburger Kaffeeröster ist erfolgreicher Rennpferde- und Polopferdezüchter.

Nur ausgeglichene Pferde stehen so ruhig und verträglich nebeneinander: Die Polopferde warten auf ihren Einsatz im nächsten Chukker.

findet eine zirka fünfminütige Pause statt, in der die Pferde ausgetauscht werden. Ein Pferd geht nicht mehr als zwei Chukker pro Tag – und die auch nur mit Unterbrechung. Die Spieler und vor allem die Grooms (Pferdepfleger) sorgen akribisch für das Wohl ihrer Pferde, die schließlich die Basis des Sports sind.

Hengste sind im Spiel nicht zugelassen. Sie lassen sich durch rossige Stuten ablenken und werden mit zunehmendem Alter zu schwer. Wallache dagegen sind manchmal etwas wehleidig und schwierig zu handhaben – man hat ihnen eben ein entscheidendes Stück Natur genommen. Die Pferde-Ladies sind hartnäckiger und zäher und somit am stärksten auf dem Polofeld vertreten. Sie sind es auch, die in der Zucht die speziellen Poloeigenschaften weitergeben. Vollbluthengste frischen diese durchgezüchtete Pferderasse immer wieder mit dem nötigen Speed auf. Auch reine Vollblutstuten bewähren sich im Polospiel. Bestes Beispiel ist die Schlenderhaner Stute Arletta (v. Nandino a. d. Amoureuse), die im Internationalen Polo High Goal Goldpokal 1997 in Hamburg-Flottbek unter dem Reiter Thomas Winter zum Sieg des Bank-Leu-Teams beitrug. Im Prinzip aber darf jedes Pferd am Poloturnier teilnehmen. Jeder kann sein Polopferd züchten, wie er möchte. Es gibt keine Bestimmungen wie im Renn- und Turniersport. Das Pferd muß nur belastbar, intelligent, reaktionsschnell und gesund sein.

Führend in der Zucht der Polopferde sind die Argentinier. Seit mehr als 100 Jahren züchten sie diese kleinen, robusten Pferde, eine Kreuzung zwischen Englischem Vollblut und einer argentinischen Landrasse, den Criollo-Pferden. Ihr Stockmaß liegt zwischen 1,48 und 1,60 m; sie sind kräftig gebaut, muskulös und haben einen starken Rücken, auf dem sie auch schwere Reiter problemlos in den schnellen Bewegungen ausbalancieren können. In den Weiten der argentinischen Pampa werden die Pferde, die inzwischen als Polo Argentino in der ganzen Welt begehrt sind, nicht nur gezüchtet, sondern auch ausgebildet. Zwei Jahre lang führen sie ein Leben wie im Paradies, auf Weiden, die bis an den Horizont reichen.

Als Zwei- bis Dreijährige dann werden die Polopferde in Argentinien eingeritten. Ein halbes Jahr werden sie auf Hilfen trainiert und dabei auch ganz vorsichtig an den Poloschläger, den 1,30 m langen Stick, gewöhnt. Das dauert meistens ein Jahr. Nach Europa kommen sie erst im Alter von fünf bis sechs Jahren, im Schnitt zu einem Preis von rund 20 000 Mark. Für einen Sieger der Palermo Open in Argentinien werden allerdings auch schon mal bis zu 100 000 Mark geboten.

Zweimal pro Tag werden die Pferde trainiert, je eine Stunde lang: kurze, schnelle Galopps, Stoppen, wieder abspringen, blitzschnell auf der Hinterhand drehen, wieder vorpreschen. Einige Übungen erinnern an das Westernreiten, zum Beispiel an den Sliding Stop. Das fertig ausgebildete, professionell trainierte Polopferd ist ein Hochleistungssportler, muskulös und ohne ein Gramm Fett zuviel. Der Erhalt der Fitneß des Pferdes und seiner sensiblen, beanspruchten Gliedmaßen ist oberstes Gebot für jeden Spieler. Zuerst die Pferde, dann die Reiter, so heißt die Devise. Stürzt ein Pferd, so wird das Spiel unterbrochen, stürzt ein Reiter und ist unverletzt, wird weitergespielt.

Im Polospiel liefern sich zwei Spieler bei der Verfolgung des Balls oft ein richtiges, kleines Rennen. Da ist der Vollblüter in seinem Element und anderen Rassen überlegen. „Die weltbesten Spieler in Buenos Aires brauchen ganz andere Pferde als die Spieler in Deutschland", erklärt der argentinische Pferdepfleger

Argentinische Gauchos werden wegen ihres Know Hows im Umgang mit Vollblütern gern von Europäern als Pfleger angeheuert.

Daniel Tiseira, „die müssen viel schneller und ausdauernder sein – sie sind noch mehr Vollblutpferde". Die nötige Gelassenheit jedoch bringen vor allem die Pferde aus Südamerika mit. Für sie ist es kein Problem, vor dem Spiel und in den Pausen im Dutzend nebeneinander, lose angebunden am Feldrand zu stehen und auf ihren Einsatz zu warten.

Polopferde bleiben ungefähr bis zum Alter von 14 bis 16 Jahren im Sport. Anschließend finden die charakterlich und nervlich einwandfreien Pferde häufig ein neues Betätigungsfeld im Freizeit- und Behindertensport.

DAS VOLLBLUT IM REITSPORT

8

*Vollblüter setzen sich auch als Reitpferd
immer mehr durch. Besondere Bedeutung kommt
ihnen in der Vielseitigkeitsreiterei zu.
Aber auch im Freizeitsport und sogar in der
hohen Dressur beeindrucken Vollblüter durch
Gelehrigkeit und Intelligenz.*

Links: Natiello entpuppte sich nach Beendigung seiner Rennkarriere als Dressurtalent. Oben: Monica Theodorescu mit Vollblüter Arak in der Piaffe.

DAS VOLLBLUT IM REITSPORT

Monica Theodorescu hat geschafft, wovon viele träumen:

einen Vollblüter bis zur höchsten Dressurklasse auszubilden. Von der Rennbahn ins Dressurviereck –

Monica erzählt, wie Arak xx zum Grand Prix-Pferd wurde.

Täglich 2000 m im zügigen Canter oder full speed bei Trainer Wilfried Schütz über die Sandbahn, alle vier bis fünf Wochen auf die Rennbahn zum Wettkampf, so begann Araks Leben. Dann kam für den damals fünfjährigen Wallach der große Schnitt in seinem Leben. Er mußte lernen, genau das zu drosseln, was ihm drei Jahre lang abverlangt wurde: wie eine Rakete loszuschießen, sich lang zu machen und möglichst schnell zu galoppieren. Das Ziel hieß, schneller als die anderen zu sein, was ihm auch einige Male gelang. Arak, ein Sohn von Rocket, war kein Gruppe-Pferd, aber ein ordentliches Rennpferd, das brav seinen Hafer verdiente. Aber seine Karriere wurde jäh beendet: Arak erlitt Nasenbluten, wurde aus dem Training genommen und an eine Familie weitergegeben, wo er als Freizeitpferd geritten wurde. Über unseren Schmied hörte ich von dem Wallach, fuhr hin und ließ ihn an der Hand vorführen. Arak zeigte hervorragende Bewegungen und hatte nicht den bei Vollblütern weitverbreiteten Nähmaschinentrab. Mit seinem freundlichen und ausgeglichenen Charakter nahm mich der wunderschöne dunkelbraune Wallach sofort für sich ein. Er war ein echter Gentleman. Meine Eltern kauften Arak für 8000 Mark, auf Vorbehalt. Er blieb – bis er leider im Alter von 16 Jahren an einer Kolik einging.

Durch meine Eltern, die viel von Vollblütern halten, kam ich bereits im Alter von sechs Jahren in Kontakt zu diesen Pferden. Mein erstes Pferd war eine Vollblutstute. Sie hat mir auf ihre Weise alles beigebracht, was man als Kind im Umgang mit Pferden lernen muß: Verständnis, Geduld, Partnerschaft, Vorsicht, aber auch Durchsetzungsvermögen im richtigen Augenblick.

Der erste Kontakt mit diesen sensiblen, aufmerksamen, aber auch nichts verzeihenden Tieren blieb prägend für meinen weiteren Werdegang in der professionellen Reiterei. Meine herausragenden Erfolge hatte ich mit Warmblütern, mit Pferden, die über Generationen hinweg auf Dressur gezüchtet worden waren. Dennoch war das Verhältnis zu Arak intensiver. Vollblüter sind viel ansprechbarer, gelehriger und feinfühliger. Er hatte einen außergewöhnlichen Charakter. Er war sanft und menschenbezogen. Da war nichts Boshaftes, nichts Abweisendes, statt dessen eine Sensibiltät, die ich nie bei anderen Pferden in dem Maße gefunden habe.

Araks Ausbildung bedeutete für mich eine besondere Herausforderung und die Erfolge mit ihm eine große Freude. Der Anfang der Ausbildung war sehr mühsam. Sicher hätten viele Reiter an den schwierigen Punkten frustriert aufgegeben. Aber meine entspannte Einstellung – mal sehen wie weit wir kommen – half mir sehr, die nötige Ruhe und Gelassenheit für die große Umstellung des Pferdes mitzubringen.

Die ersten Turniere waren für uns beide sehr aufregend. Unter Hunderten skeptischer Blicke mußte ich Arak davon überzeugen, daß das Turnier kein Wettrennen war. Mit gespitzten Ohren beobachtete er das Publikum. Alle Muskeln seines athletischen Körpers spannten sich an, und die fliegenden Galoppwechsel wurden zu fliegenden Sprints. Dennoch, Arak machte Eindruck, selbst bei eingefleischten Vollblutgegnern. Mit viel Ausdruck, mit Eleganz und Charme absolvierte er seine ersten S-Dressuren nach knapp vier Jahren harter Arbeit.

Ich habe Arak direkt in der S-Klasse eingesetzt. Die kleinen Prüfungen haben wir ausgelassen. Es hätte ihn unnötig Nerven gekostet. Ich gab dem Pferd viel

Zeit und wartete geduldig, bis er für die großen Prüfungen reif war. Dafür mußte er erst einmal die nötige Ruhe und Gelassenheit finden. Die Galopp-Pirouette (quasi ein Galopp auf der Stelle) war natürlich seine Schwäche. Aber Arak war außergewöhnlich gelehrig. Was er einmal gelernt hatte, vergaß er nicht mehr. Es machte viel Freude, mit diesem Pferd zu arbeiten. Arak bot ein hervorragendes Sitzgefühl und eine Durchlässigkeit, wie man sie bei einem schweren, grob-knochigen Warmblutpferd nie findet. Vollblüter sprechen auf feinste Hilfen an. Eine leichte, einfühlsame Hand ist die Voraussetzung für den Erfolg mit ihnen.

Zehnjährig begann Arak große Fortschritte zu machen. Wir übten Zick-Zack-Traversalen im Trab und im Galopp, fliegende Galoppwechsel von Sprung zu Sprung, Passagen und schließlich Piaffen. Als Arak elf Jahre alt war, kam der Durchbruch in den S-Prüfungen Intermediaire I und II und Prix St. Georg. Bereits ein Jahr später etablierte sich Arak in der Grand Prix-Klasse. Wir hatten es geschafft. Am 17. September 1994, Arak war damals 12 Jahre alt, siegten wir im Grand Prix in Donaueschingen vor erlesener Konkurrenz. 1995 zeigte er sein ganzes Können, seine große Ausstrahlung, Anmut und Eleganz im Grand Prix Spezial, den er am 18. Juni in Modena gewann. Seine beiden zweiten Plätze auf den großen internationalen Turnieren in Belgien unterstrichen seine Konstanz und seine bewundernswerte Loslösung von seiner Vergangenheit. 14jährig machte ich Arak mit der Kür vertraut. 1996 hatten wir eine hervorragende Welt-Cup-Saison.

Arak hatte im Alter von sechs Jahren, nach intensivem Renntraining, dort begonnen, wo dreijährige rohe Dressurpferde stehen, die unvoreingenommen von der Koppel in die Reithalle wechseln. Mit insgesamt vier Siegen auf höch-

---

Die größten Erfolge von Arak xx

Arak xx: v. Rocket xx a. d. Adele xx, gezogen 4.5.1982 von Wilfried Schütz
Erfolge in der Dressur: 6 Siege in S-Dressuren, St.Georg, Intermediaire I und II, Grand Prix und im Grand Prix Spezial, 8 zweite Plätze, davon einer in der Kür, 15 dritte Plätze, 11 vierte Plätze und 16 fünfte Plätze. Bei den German Masters in Stuttgart 1997 erreichte Arak in der Grand Prix Kür den 3.Platz.

---

stem Level belohnte mich das Pferd, das mir so sehr ans Herz gewachsen war. Ich möchte gerne wieder einen Vollblüter ausbilden – hätte gern vier oder fünf von der Sorte, aber ich würde sie lieber direkt vom Gestüt kaufen, wenn sie noch keine Rennbahn betreten haben.

Vita und Erfolge von Monica Theodorescu:

Geboren: 2.3.1963, Eltern: Dressursportler, Vater gebürtiger Rumäne. Ausbildung: Fremdsprachen-Korrespondentin, Wohnort: Sassenberg
1988 Mannschafts-Olympiasiegerin mit Ganimedes, 1989 Mannschafts-Europameisterin mit Ganimedes
1990 Mannschafts-Weltmeisterin und Deutsche Meisterin mit Ganimedes, 1992 Olympiasiegerin mit Grunox, 1993 Mannschafts-Europameisterin und Sieg im Weltcup mit Ganimedes,
1993 Sieg im Weltcup mit Ganimedes, 1996 Mannschafts-Olympiasiegerin mit Grunox, 1997 6. Platz im Weltcup-Finale mit Arak xx.

Tips für den Kauf und die Ausbildung eines Vollblüters

Die Ausbildung eines Vollblüters zum Reitpferd ist auf jeden Fall etwas für fortgeschrittene Reiter. Wichtigste Voraussetzung sind Sensibilität, Geduld und die Liebe zum edlen Pferd, das wesentlich feinfühliger und nachtragender ist, als ein Warmblüter. Auch für zarte Mädchen im Alter von zwölf bis 15 Jahren kann ein Vollblüter der ideale Partner sein, denn um das Temperament und die Galoppierfreudigkeit dieser Pferde unter Kontrolle zu halten, bedarf es nicht unbedingt Kraft und Größe. Das Pferd sollte allerdings gut ausgebildet sein.

Pferde die aus dem Rennstall kommen, haben zunächst Probleme, das Gebiß in der Versammlung anzunehmen. Sie sind es vor allem nicht gewöhnt, im Schritt am Zügel zu gehen und fangen oft an zu trippeln. Mit der weitverbreiteten Unart, das Pferd zusammenzustellen, ohne vorherige Lockerung und ohne Schwung aus dem Rücken, mit Hilfzügeln und Ausbindern, wird man jedoch bei der Ausbildung eines Vollblüters nicht weiterkommen. Souveränität und Gelassenheit sind die besten Eigenschaften für den Erfolg. Der versammelte, ruhige Galopp auf engen Zirkeln, das Sich-Biegen und das Durch-das-Genickge-

DAS VOLLBLUT ALS REITPFERD

Die schwierigste Lektion für das Ex-Rennpferd ist der ruhige Galopp.

hen ist ihnen fremd. Hier bedarf es besonderer Geduld und Ruhe. Lieber anfangs die Zügel länger lassen, das Pferd lockern, langsam durch sanften Schenkeldruck zum Untertreten bringen und nach und nach die Versammlung fordern. Vorsicht mit den Schenkeln – es gibt Vollblüter, die lange Bügel und Schenkeldruck überhaupt nicht kennen. Sporen sollte man erst bei fortgeschrittenem Ausbildungsstand einsetzen, wenn überhaupt. Will man nicht gerade in die hohe Dressur, so wird man auf jeden Fall ohne diese Hilfsmittel auskommen, da Vollblüter von sich aus einen ausgeprägten Vorwärtsdrang haben. Longenarbeit kann bei Pferden mit schwachem Rücken hilfreich sein, am besten auch über Stangen, so daß die Pferde das Treten und das Heben der Beine lernen. Viele Vollblüter schlurfen nämlich regelrecht durch die Gegend.

Beim Einspringen eines Vollblüters, der von der Rennbahn kommt und eventuell sogar in Hindernisrennen gelaufen ist, heißt es, vorsicht vor dem Tempo. Die Pferde können regelrecht ins Rasen kommen, vor allem, nachdem sie das erste Hindernis übersprungen haben. Dann kommen sie so richtig in Fahrt und würden die Hindernisse am liebsten mit langen, flachen Sprüngen im Renntempo überfliegen. Also immer wieder das Tempo drosseln, zwischendurch auf den Zirkel gehen, versammeln und wieder neu an das Hindernis heranreiten. Auf jeden Fall klein anfangen, am besten mit Absprungstangen auf dem Boden, so daß die Pferde nicht zu dicht an den Sprung herangaloppieren. Vollblüter springen lieber weit als hoch und haben, bedingt durch ihre raumgreifende Galoppade, anfangs Schwierigkeiten mit engen Bögen.

Beginnt man das Springtraining mit Freispringen, so sollte man eher beruhigende Worte als eine Peitsche bereit haben, damit das Unterfangen nicht im wilden Chaos endet. Besonders wichtig sind Ruhe, Geduld und Steigerung der Lektionen in kleinen Schritten. Die Pferde brauchen eine Weile, um sich auf das andere Tempo, die andere Art zu springen und die Disziplin umzustellen. Sie müssen Schritt für Schritt Bascule und Versammlung lernen.

Auf keinen Fall sollte man die Pferde überfordern. Wenig ist mehr. Was einmal verstanden ist, sollte nicht zu oft hintereinander wiederholt werden. Vollblüter vergessen nicht, was sie einmal richtig gelernt haben. Sie vergnügen sich auch gern zwischendurch auf der Koppel und können, wenn man ihnen das Winterfell läßt, auch bei Minusgraden den Tag im Freien verbringen.

Im Gelände reagieren Vollblüter auf alles sehr schnell und mit größtem Interesse, aber haben sie einmal verstanden, daß von den unbekannten Dingen keine Gefahr ausgeht, so beruhigen sie sich ganz schnell wieder.

Die beste Zeit um einen Vollblüter aus dem Rennstall zu kaufen, ist der Herbst, dann nämlich verlassen die weniger erfolgreichen Pferde die Trainingsquartiere um Platz zu machen für die Jährlinge. In dieser Zeit wird sicher jeder ein gesundes Pferd in einem der großen Trainingsställe in Köln, Dortmund, Krefeld, Mülheim, Hoppegarten, Hannover, Bremen und Iffezheim finden. Die Preise liegen zwischen 3000 und 8000 Mark. Wer jedoch einen Vollblüter kaufen möchte, der noch keine Rennbahn betreten hat, also ein rohes, unvoreingenommenes Pferd, der hat gute Chancen, auf der Kölner Spätlese einen Jährling oder einen Zweijährigen zu ersteigern, der preislich auch für den Freizeitreiter erschwinglich ist. Die Angebote beginnen bei 6000 Mark.

Wer einen Vollblüter aus einem Rennstall kauft, der sollte sich das Pferd auf jeden Fall im Schritt und Trab vorführen lassen. Der Schritt sollte möglichst raumgreifend und fließend sein, der Trab taktrein und gleichmäßig. Hat man die Möglichkeit das Pferd auf einem Paddock oder in der Reithalle auszuprobieren, so sollte man es kurz galoppieren lassen. Hier wird sich dann schnell die Spreu vom Weizen trennen, denn ein Pferd, das bereits gelernt hat, sich im ruhigen Galopp auszubalancieren und vorwärts-abwärts durchs Genick zu gehen, ist erheblich leichter auf die Dressurlektionen umzustellen. Außerdem sieht man, was vom Termperament her auf einen zukommt. Keine Angst jedoch vor ersten Temperamentsausbrüchen. Rennpferde sind vollgepumpt mit Kraftfutter und stehen unter Anspannung, bedingt durch das Hochleistungstraining. Die Pferde verändern sich durch Ruhe, Weidegang und die Umverteilung der Futterration. Den Hafer sollte man sparsam dosieren, wenn man keine große Anforderungen an die körperliche Leistung stellt. Mehr Heu, etwas Gerste und Mais bringen etwas Fleisch auf die Rippen der manchmal mageren Rennpferde.

Eine Ankaufuntersuchung vom Tierarzt, möglichst vom Pferdespezialisten, sollte auf jeden Fall vorgenommen werden. Die häufigsten Gesundheitsprobleme bei Rennpferden sind Sehnenschäden und Rückenprobleme. Die bei Reitpferden gefürchtete und weit verbreitete Hufrollenentzündung kommt bei Vollblütern so gut wie nicht vor. Leichte Sehnenschäden heilen aus, wenn man den Pferden mehrere Monate Ruhe gibt und Rückenprobleme können über korrektives Reiten duch einen nicht zu schweren Reiter behoben werden. Der erfahrene Tierarzt wird Ihnen sagen können, ob der Kauf ratsam ist oder nicht.

Schritt- und Trabarbeit über Bodenstangen fördert Takt und Balance.

DAS VOLLBLUT IN DER MILITARY

Vielseitigkeit ist die zweite Bezeichnung für die Krone der Reiterei, die Military. Die vielseitigen Veranlagungen der Vollblüter, ihr Mut, ihre Ausdauer und ihre Leistungsbereitschaft sind vor allem in der Kernprüfung, dem Cross Country, gefragt.

Am treffendsten ist der französische Ausdruck „Concours Complet d'Équitation" (Wettbewerb der kompletten Reiterei) für diese Reitsportdisziplin. Der Name Military hat seinen Ursprung in den Distanzritten, die Ende des 19. bis Anfang des 20. Jahrhunderts beim Militär durchgeführt wurden. Der heutige Aufbau einer Vielseitigkeitsprüfung besteht seit den Olympischen Spielen 1924 in Paris. Die Engländer sagen „Three Day Event", denn eine große Military erstreckt sich über drei Tage. Erster Tag: Dressurprüfung, zweiter Tag: Wegestrecke über 10 bis 13 km und Querfeldeinritt über Distanzen zwischen 5000 bis 7000 m im 570 m/min-Tempo als Kernstück des Wettbewerbs, im Anschluß an den Galopp auf der Rennbahn über Steeple Chase-Hindernisse. Der dritte Tag schließt die Prüfung mit dem Parcoursspringen ab.

Hier sind Pferde gefragt, die körperlich und psychisch alle Voraussetzungen für einen Allroundeinsatz erfüllen. Sie müssen sich im Dressurviereck losgelassen, schwungvoll und gehorsam präsentieren und einen Tag später auf der Rennbahn und im Gelände maximale Kondition, Fitness und Konzentration mitbringen, um die Marathon-Strecke über mächtige, feste Hindernisse unbeschadet zurücklegen zu können. Am letzten Tag der Prüfung müssen sich die Pferde noch frisch und springfreudig im Parcours zeigen.

Bruce Davidson mit dem irischen Vollblüter Eagle Lion im Cross der Weltmeisterschaft in Den Haag.

Großrahmige, schwungvolle Bewegungen sind in diesem Sport ebenso gefragt wie eine energische, leichtfüßige und raumgreifende Galoppade, kombiniert mit Springvermögen, Mut und Ausdauer. Pferde, die all diese Fähigkeiten in sich vereinen, müssen über einen hohen Vollblutanteil verfügen oder reine Vollblüter sein.

„Das moderne Geländepferd ist der Vollblüter, für den selbst technische Kurse kein Problem sind und den man mit leichter Hand aufnehmen und schnell wieder auf Tempo bringen kann", konstatiert der Military-Star Andrew Nicholson aus Neuseeland. Blyth Tait reitet fast ausschließlich reine Vollblüter und sagt dazu: „Warum soll man sich mit einem Halbblüter abmühen, wenn man es mit einem Vollblüter viel leichter haben kann." Tait siegte mit dem neuseeländischen Vollblutfuchs Aspyring (v. Ring The Bell) 1994 in Boekelo und in Bramham sowie im Juli 1997 in Luhmühlen im CCI***. Mit Ready Teddy xx (v. Brilliant Invader) gewann er bei den Olympischen Spielen in Atlanta 1996 und beim CCI*** in Pratoni del Vivaro. Der Australier Philip Dutton, der seit 1992 in den USA reitet und trainiert, gehörte mit True Blue Girdwood xx (v. Loosen Up xx) 1996 zum Goldteam der Olympischen Spiele in Atlanta, und Bettina Overesch wurde mit dem englischen Vollblüter Watermill Stream 1997 Europameisterin

Vollblüter springen leichtfüßig und geschickt.

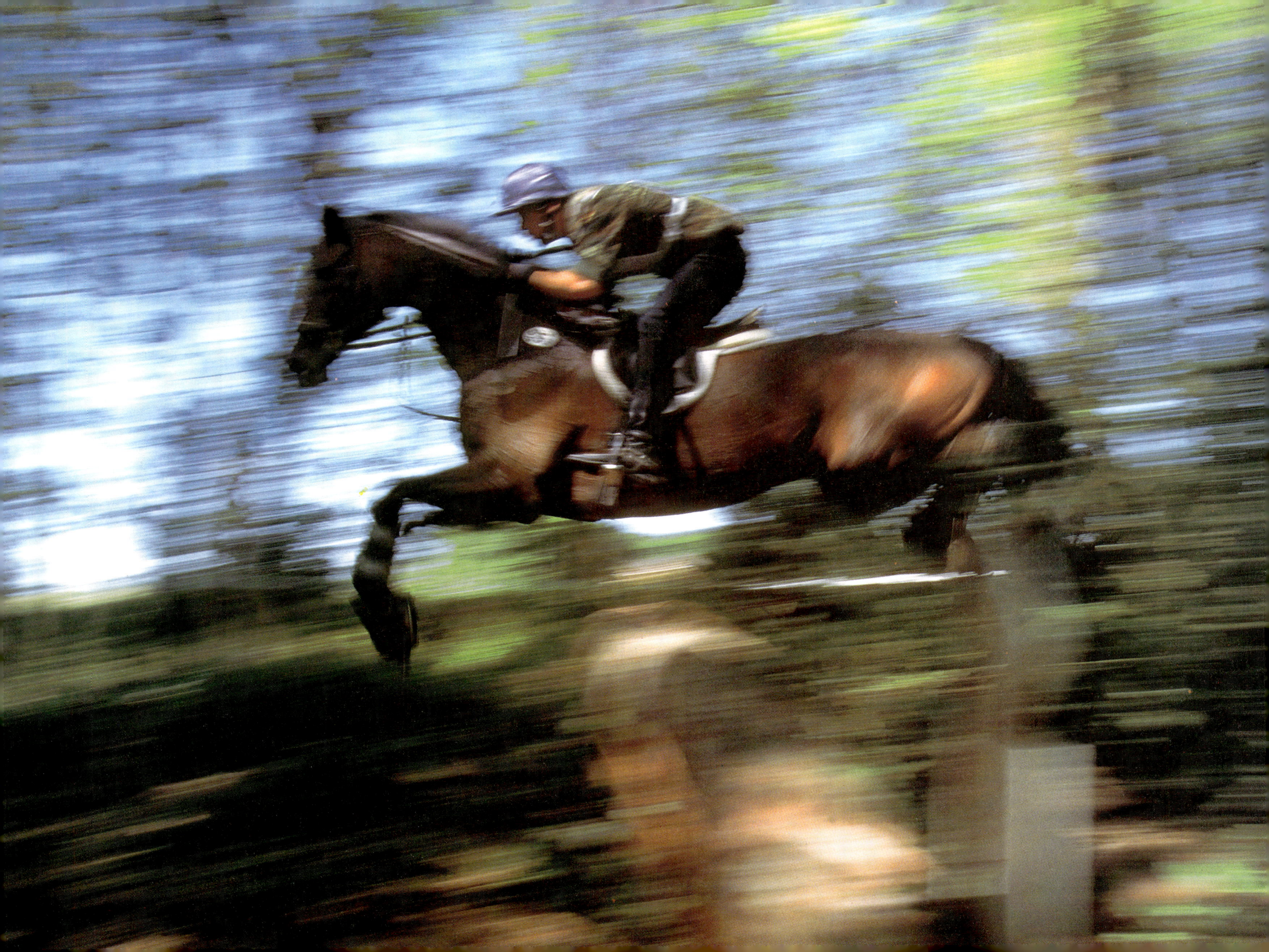

DAS VOLLBLUT IN DER MILITARY

in Burghley. Der Wallach war 1997 das gewinnreichste Vielseitigkeitspferd in Deutschland.

Die Rennleistung eines Vollblüters ist für den erfolgreichen Einsatz in der Military nebensächlich. Erfolge auf der Rennbahn weisen lediglich auf eine überdurchschnittliche Leistungsbereitschaft hin. Bei den Hengstschauen in Newmarket/England erfolgt die Auswahl für die Verwendung als Reitpferd ausschließlich nach Gebäude, Charakter und Bewegung. Vollblüter setzten sich erst nach dem Zweiten Weltkrieg auf breiter Basis in der Military durch. Früher waren Trakehner führend, die selbst vom Vollblut geprägt sind. Die Iren setzten Vollblüter zuerst im Geländesport und in der Jagd ein. Anfang der fünfziger Jahre machten die Engländer das Vollblut im internationalen Sport „salonfähig". Bei den Olympischen Spielen 1956 in Stockholm holten sie die Goldmedaillen in der Mannschafts- und Einzelwertung ausschließlich mit irischen Vollblütern. Bei der harten Vielseitigkeitsprüfung 1960 in Rom, bei der es zu schweren Stürzen kam, waren es die Vollblüter von der Grünen Insel und aus Australien, die sich ohne Probleme und in hervorragender Zeit durch den halsbrecherischen Kurs schlugen. 1964 in Tokyo beherrschten diese Pferde abermals das Geschehen. Die italienische Equipe holte mit ihren irischen Blütern Mannschafts- und Einzelgold. Eines der herausragenden Pferde dieser Zeit war St. Finnbar, der unter Harry Freeman-Jackson in Burghley 1963 die Military gewann. Der vielseitige Wallach nahm auch an Point To Point-Rennen und an Jagden in Irland teil.

In den siebziger Jahren waren die Amerikaner Bruce Davidson und Michael Plumb mit ihren US-Vollblütern auf dem Vormarsch, während sich die Franzosen mit Halbblütern profilierten. Irland, England, Neuseeland und Australien sind heute führend in der Zucht von hoch im Blut stehenden Pferden für die Military. Der irische Halbblüter Sam The Man verhalf Bodo Battenberg 1997 in Luhmühlen zur Deutschen Meisterschaft. Er ist eines der gewinnreichsten Vielseitigkeitspferde in Deutschland.

Blyth Tait war mit dem Vollblüter Chesterfield in aller Welt erfolgreich.

Auch in der Zucht der Irischen Hunter, die gern in der Vielseitigkeit eingesetzt werden, dominiert das Vollblut. Das Prinzip in der Hunterzucht ist die Kreuzung eines Vollbluthengstes mit einer Draught- oder Kaltblutstute, was den Schwergewichtshunter ergibt. Vollbluthengst mit Halbblutstute ergibt den Mittelgewichtshunter, Vollbluthengst mit Dreiviertelblutstute den Leichtgewichtshunter. Mit Kaltblutstuten wird heute kaum noch gezüchtet. Statt dessen geht der Trend hin zum kalibrigen Vollbluthengst, der mit den entsprechenden Stuten gepaart wird.

Bei vielen großen Militarypferden aus England, Irland oder Neuseeland ist die Abstammung nicht genau nachvollziehbar. Man weiß nur, daß Vater oder Mutter irgendein Vollblüter oder 7/8-Blüter war. Eine systematische Erfolgszucht betreibt jedoch der Engländer Sam Barr in seinem Welton Stud. Der berühmte Hengst Welton Gameful ist nie in Rennen gestartet. Er entstammt jedoch einer hervorragenden Mutterlinie des Aga Khan. Barr legt großen Wert auf den Einsatz von Stuten aus besten Familien. Welton Louis und Welton Crackerjack, von Barr gezogen, stehen ganz oben auf der Liste der erfolgreichen Väter guter Buschpferde.

Ein herausragender Vererber guter Militarypferde war auch Nickel King xx. Zu seinen erfolgreichen Nachkommen zählt u. a. King William, der unter der Engländerin Mary King 1991 zum Siegerteam der European Championships in Punchestown gehörte, 1992 das CCI**** in Badminton gewann und 1994 zum Sieg des englischen Teams der World Championships beitrug, 1995 die Mannschafts-EM in Pratoni des Vivaro gewann und in der Einzelwertung dritter wurde.

In der deutschen Militaryzucht spielte der Hengst Vollkorn xx eine entscheidende Rolle. Auch er ist ein Beispiel für Vererberklasse ohne große Leistung auf der Rennbahn. Sein berühmtester Sohn war der Oldenburger Volturno, der 1980 unter seinem Besitzer Otto Ammermann die Deutsche Vielseitigkeitsmeisterschaft gewann.

Weitere gute Erzeuger von Militarypferden waren Cardinal xx, Der Löwe xx, Praefectus xx, Velten xx, Wiesenbaum xx, Sable Skinflint xx und Follywise xx. Heute sind es Narew xx, Neuquen xx und Sir Shostakovich xx. Die Halbblutstute Jelly Lorum (von Lehnsherr aus einer Stute von Cardinal xx) war 1994 das gewinnreichste Vielseitigkeitspferd in Deutschland. Point To Point (von Praefectus xx) war mit Elmar Lesch erfolgreich.

Ein Großteil der im Vielseitigkeitssport eingesetzten Pferde sind 7/8-Blüter, wie zum Beispiel Connection, das Olympiapferd von Ralf Ehrenbrink. Ein Prototyp dieser hochblütigen Tiere war der unter dem Neuseeländer Mark Todd so berühmt gewordene Wallach Charisma. Todd beschreibt sein Pferd als Idealtyp für die Vielseitigkeit: eine tiefe Brust mit viel Raum für Lunge und Herz, eine gute Nierenpartie, Kaliber, eine raumgreifende Galoppade, Springtalent und ein ausgeglichener Charakter. Auch Broadcast News war ein Pferd dieser Kategorie. Mark Todd gewann mit ihm 1997 das CCI**** in Burghley.

Martin Plewa, der leitende Bundestrainer der Vielseitigkeitsreiter, appelliert an die deutschen Pferdezüchter, geeigneten Nachwuchs für die Military zu stellen: „Ein hoher Vollblutanteil ist beim Vielseitigkeitspferd eine Voraussetzung. Die Vorteile des Vollblüters liegen vor allem im Galoppiervermögen und einer konditionellen Stabilität. Härte, Lernfähigkeit, Geschicklichkeit und Wendigkeit sind seine geschätzten Eigenschaften. In der Regel vermag ein Vollblüter auch besser mit sportlichen Anforderungen, wie Reisen bzw. Transport, Umstellung auf neue Umwelt- und Klimabedingungen, zurechtzukommen. Der Vollbluteinsatz in der Warmblutzucht ist für alle Sparten des Reitsports dringender denn je, vor allem wegen der gestiegenen Anforderungen an Sensibilität und Reaktionsvermögen für die schnelleren Lektionsfolgen in der Dressur sowie das Springen mit den Stechen auf Zeit. Im Exterieur bringen Vollbluthengste bzw. die entsprechend selektierten Stuten mehr Adel, Härte und eine verbesserte Markanz im Körperbau: Textur, vor allem mehr Widerrist, Gurtentiefe, verbesserte Hinterhandanatomie (schräges, längeres Becken mit abfallender Kruppe und tieferem Schweifansatz)."

Andreas Dibowski, Berufsreiter, Ausbilder und aufstrebender Vielseitigkeitsreiter, ist der Überzeugung, daß ein Militarypferd mindestens 50 Prozent Vollblutanteil haben sollte. Seine reiterlichen Erfolge in Luhmühlen, Achselschwang und Burghley hatte er mit 7/8- und 3/4-Blütern, die in Deutschland gezogen wurden.

DAS VOLLBLUT IN DER MILITARY

Andreas Dibowski sagt:
„Viele Reiter sind immer noch der Meinung, daß die Arbeit mit Vollblütern oder hoch im Blut stehenden Pferden zu schwierig sei, weil sie zu nervös und zu verrückt wären, als daß man konsequent mit ihnen arbeiten könne. Ich bin der Ansicht, daß man die Reiterei als Kunst und nicht als Handwerk verstehen muß. Ein guter Reiter muß in der Lage sein, sich auf die verschiedensten Pferdetypen und Charaktere einzustellen. Dabei wird es immer Probleme geben, und es ist unsere Aufgabe, diese in den Griff zu bekommen.

Vollblüter sind oft etwas nerviger und temperamentvoller als Warmblüter. Das macht aber ihren Reiz aus. Alle Pferde, die ich im Training hatte oder habe, weisen einen hohen Vollblutanteil auf: Amadeus, Annabell, Andora, Ginger (V.: Gardeulan II, M. v.: Waidmannsdank xx - Jonkheer xx), Scarborough Fair (V.: Winston, M. v.: Cardinal xx) Leonas Dancer (V.: Solo Dancer xx, M. v.: Basalt xx), Newcomer (V.: Neuquen xx, M. v.: Darling), Fisherman (V.: Forrest xx, M. v.: Dynamo - Cardinal xx), Match Winner (V.: Marquisard xx, M. v. Pasteur xx), um hier die wichtigsten zu erwähnen. Alle diese Pferde haben eines gemeinsam: Sie haben einen starken Willen und Durchhaltevermögen – und sie haben Spaß an der Arbeit, geben sich Mühe, auch die Dinge zu lernen, die ihnen nicht so leicht fallen. In der Vielseitigkeit kann man kein Pferd zwingen, etwas zu tun. Es ist ein großer Trugschluß zu glauben, einem Pferd den Willen brechen zu müssen, damit es im Gelände über alles springt, was sich ihm in den Weg stellt. Das mag bei einzelnen Aufgaben und Hindernissen funktionieren, aber niemals über einen ganzen Geländekurs und schon gar nicht über ein schweres Championatsgelände. Hier ist jeder noch so gute Reiter auf die Mitarbeit seines Pferdes angewiesen. Intelligenz, Ehrgeiz, Selbstvertrauen und gute Nerven sind im Gelände gefragt. Ich habe immer wieder festgestellt, daß ein Pferd, das über einen hohen Vollblutanteil verfügt, am besten mit all diesen Anforderungen fertig wird. Der Reiter muß allerdings das nötige Feingefühl mitbringen, um mit diesen Pferden zurechtzukommen. Ist das der Fall, dann wird er kaum noch andere Pferde reiten mögen."

Andreas Dibowski mit der 7/8-Blüterstute Andora bei der offenen Europameisterschaft in Burghley.

Der Vollblüter Arakai gewinnt unter Ian Stark in Burghley in der Mannschaftwertung.

DAS VOLLBLUT IN DER WARMBLUTZUCHT

9

Das moderne Sportpferd ist vom Einfluß des Englischen Vollbluts geprägt. Es ist leichter, eleganter und ausdrucksvoller als sein Vorgänger.

Gigolo (links), Spitzen-Dressurpferd, und Rembrandt, das ehemalige Olympia-Dressurpferd, sind vom **Vollblut** geprägt.

DAS VOLLBLUT IN DER WARMBLUTZUCHT

"Blut ist der Saft, der Wunder schafft!". Dieser Satz steht über dem Eingang zu dem sächsischen Traditionsgestüt Graditz. Selbst wenn sich mit Vollblütern keine Wunder vollbringen lassen – die moderne Landespferdezucht kommt nicht ohne sie aus. Kaum ein Sportpferde-Pedigree ist frei von der Vollblutkennzeichnung xx.

Bereits die Normannen im England des 11. Jahrhunderts kreuzten Arabische Vollblüter in ihre schweren Schlachtrosse, um lebhafte und ausdauernde Pferde für die Jagd zu erhalten. Die wohldosierte Zufuhr von Edelblut verleiht dem zur Trägheit neigenden Warmblüter des alten Schlags die nötige Leistungsbereitschaft. Der Wettkampf auf der Rennbahn als unbestechliches Selektionsprinzip hat eine zähe, kämpferische Pferderasse hervorgebracht. Ein edles und ausdrucksvolles Erscheinungsbild, Ausdauer, gute Nerven, Galoppiervermögen und Mut zählen zu den geschätzten Charakteristika, die der Vollblüter vererbt.

So wie sich bei den Menschen das Schönheitsideal über die Jahrhunderte gewandelt hat, besitzt auch das ideale Pferd für die meisten Reiter nicht mehr barocke Formen, sondern einen athletischen und muskulösen Körper, den der Vollblüter mitbringt. Er ist ein Sportler durch und durch „Ein Halbblüter gibt niemals auf", heißt es in der Military. Aber auch in der hohen Dressur hat sich seine Einkreuzung bewährt. Die herausragenden Erfolge des Halbblüters Ahlerich (v. Angelo xx) unter Reiner Klimke in den achtziger Jahren, mit drei Olympia-Goldmedaillen, zeigt, daß die geschickte Kombination von Vollblut und Warmblut, in allen Sparten des Pferdesports, zu großen sportlichen Erfolgen führt. Leider trauen sich viel zu wenige gute Reiter an hoch im Blut stehende Pferde heran, so daß es immer nur vereinzelte Beispiele gibt.

Unter den insgesamt 349 Beschälern in Deutschland mit positiver Dressurvererbung laut Zuchtwertschätzung, finden sich neben 75 Hengsten aus Veredlerrassen weitere 57 Söhne von Veredlerhengsten aus Warmblutstuten. Damit besitzen 37,8 Prozent der guten Dressurvererber mindestens 50 Prozent Erbgut der Edelrassen. Die Erfolge der Grand Prix-Pferde Rembrandt, Gigolo, Rubinstein und Sir Lennox belegen, daß gerade Dressurpferden ein gehöriger Schuß Vollblut

Der Löwe xx wurde fast 30 Jahre alt und war ein Garant für Leistung.

guttut. Mit dem Oldenburger Bonfire (v. Welt As, aus einer Stute von Praefectus xx) wurde Anky van Grunsven 1994 in Den Haag Kürweltmeisterin für die Niederlande und 1997 Vize-Europameisterin. Auch Monika Theodorescus Multi-Champion Ganimedes entstammt der Tochter eines Vollblüters, nämlich Fidalgo. Der Warendorfer Landbeschäler Fernblick, Siegerhengst seiner Hauptkörung 1983, hat eine Fidalgo-Stute zur Mutter.

Die Trakehner Zucht, die älteste Sportpferdezucht, setzte das Englische und Arabische Vollblut bereits im 19. Jahrhundert ein. Die züchterischen Grundlagen wurden vornehmlich im Hauptgestüt Trakehnen geschaffen. Der Landstallmeister des Hauptgestüts Trakehnen, Graf Lindenau, erklärte Ende des 18. Jahrhunderts

Angelo xx ist Vater von Ahlerich und der Mutter von Rembrandt.

Top-Springpferdevererber in der Holsteiner Zucht: Ladykiller xx.

die Veredelung zum neuen Zuchtziel. In den nächsten Jahrzehnten wurden dementsprechend Stuten der Landespferdezucht mit Orientalen, Englischen Vollblütern und deren Söhnen gepaart. Zwölf Nachfahren des im Friedrich-Wilhelm-Gestüt in Neustadt an der Dosse aktiven Turk Main Atty erwiesen sich als sehr erfolgreiche Sportpferde.

Bahnbrechend war der Import des Vollblüters Perfectionist, Sohn des Derby- und St.Leger-Siegers Persimmon von St. Simon. Mit Perfectionist in der Trakehner Zucht zeigte sich, wie positiv sich der Vollbluteinfluß auf die Qualitäten der Ostpreußenpferde in bezug auf Rittigkeit, Charakter und Temperament auswirkte. Von seinen männlichen Nachkommen wurden 56 gekört. Zu ihnen gehörte der 1905 geborene dunkelbraune Hengst Tempelhüter, der die Trakehner Zucht wie kein anderer geprägt hat.

Bereits im Jahre 1926 hatte man in Zwion, einem Vorwerk des ostpreußischen Landgestüts Georgenburg, die Hengstleistungsprüfungen eingeführt. Eines der erfolgreichsten Sportpferde aus der ostpreußischen Zucht war damals der Trakehner Gimpel von Wandersmann xx. Er gehörte 1936 zur Siegermannschaft der Dressurreiter bei den Olympischen Spielen in Berlin. Landstallmeister Burchard von Oettingen verkündetete: "Wir wollen in Trakehnen eine Art Vollblut produzieren". Durch ihn begann im Reitsport die konsequente Umstellung auf ein mittelschweres, edles und vielseitig verwendbares Warmblutpferd.

DAS VOLLBLUT IN DER WARMBLUTZUCHT

Trakehner sind bis heute die am stärksten vom Vollblut geprägten Warmblutpferde. Schließlich gelten auch sie als Reinzucht. Das Stutbuch wurde 1966 endgültig geschlossen. Nur Anglo-Araber und Vollblüter, Englische wie Arabische, sind als Fremdrasse zur Zucht zugelassen. Im Jahre 1996 waren 25 Vollbluthengste als Deckhengste für die Trakehner Zucht anerkannt. Das sind 10,5 Prozent des Hengstbestandes in Deutschland. Die Trakehner Zucht basierte immer schon auf dem Einsatz guter Vollblutstuten. Arogno, Balzflug, Bukephalos, Friedensfürst und Parforce führten allesamt Vollblut über ihre Mütter. Bei der zentralen Eintragung in das Trakehner Stutbuch für dreijährige und ältere Stuten im Mai 1997 wurde Colleen beste Stute. Sie führt in ihrem Pedigree mehr als 80 Prozent Vollblut. Ihre Mutter Fora xx stellte mit ihrer Tochter Famous Finora M außerdem eine Reservesiegerin. In der jüngeren Geschichte der Trakehner Zucht hatten vor allem Swazi xx, Pasteur xx und Patricius xx großen Einfluß. Pasteur xx lieferte der Trakehnerzucht die beiden Spitzenhengste Mahagoni und Michelangelo.

Die Veredelung in der Landespferdezucht begann vor rund 45 Jahren, als das Pferd in der Landwirtschaft durch Maschinen ersetzt wurde. Die Züchter, insbesondere die klassischen Karossierzüchter Holsteins und Oldenburgs, mußten sich auf die Zucht moderner Reitpferde umstellen. Sie setzten auf breiter Basis Vollblüter ein, und der Erfolg gab ihnen recht: Leistung und Exterieur schlugen wesentlich mehr durch als beim Einsatz von Trakehnern und Arabern.

Vollbluthengste müssen als Voraussetzung für die Körung ein GAG (Generalausgleichsgewicht) von mindestens 80 Kilogramm für Flachrennen oder von mindestens 85 Kilogramm für Hindernisrennen erreicht haben. Bringen sie ein GAG von bis zu fünf Kilogramm weniger mit, so können sie dennoch in der Warmblutzucht eingesetzt werden, wenn sie mindestens 20 Starts in drei Rennzeiten absolviert haben. Darüber hinaus stellen die Körkommissionen höchste Ansprüche an das Exterieur und die Bewegungen der Vollbüter. Nicht selten kommt es vor, daß ein Hengst mit guter Rennleistung, aber unzureichender Qualität des Körperbaus nicht den erhofften Segen der Körkommission erhält. Große Rennleistung ist kein Freifahrtschein in die Warmblutzucht.

In den letzten Jahren haben einige Vollbluthengste erfolgreich an den Hengstleistungsprüfungen teilgenommen und so ihre Qualifikation zum Einsatz in der Warmblutzucht erbracht. Hierzu zählen: Chromatic, Narew, Langata Express, Prince Thatch, Just Spectacular, Foxiland und Red Patrick. Prince Thatch profiliert sich immer stärker über seine Nachkommen in Sport und Zucht. Seine Tochter Passau ist Siegerstute der Dreijährigen bei der Hannoveraner Stutenschau und der Stutbuchaufnahme im kanadischen Spruce Meadows.

Der Erfolg von Vollblutvererbern mit mittlerer Rennleistung belegt immer wieder, daß am GAG des Hengstes nicht mehr als das allgemeine Leistungsvermögen ablesbar ist. Marlon zeigte auf der Rennbahn keine Klasse, entwickelte sich jedoch in der Warmblutzucht als Vererber von Weltformat. Der ebenfalls in Holstein stationierte Ladykiller xx brachte gerade 80,5 Kilogramm von der Rennbahn mit und wurde trotzdem einer der bedeutendsten Linienbegründer der Nachkriegszeit. Der in Irland gezogene Schimmel The Monk xx deckte 1965 mit zunächst als ausreichend anerkanntem GAG eine Saison in Olden-

Busoni xx: Vater von Dressur-Champion Gigolo.

burg, dann revidierten die Engländer seine Rennleistung, und er kam unter die in Deutschland geforderte 80-Kilogramm-GAG-Marke, womit er abgekört war. Dennoch hat er mehrere später gekörte Söhne, Staatsprämienstuten und Spitzenpferde für Military- und Springsport gezeugt.

Die Verbandsbeauftragten werfen auch auf die Vollblutstuten ein kritisches Auge, bevor sie diese in die Zuchtbücher eintragen. Im Zuchtgebiet Hannover nehmen beispielsweise nur Vollblutstuten am Aufnahmeverfahren teil, die hinsichtlich ihres Körperbaus und der Gangartenqualität in der höchsten Kategorie des Zuchtbuchs, dem Hauptstutbuch, eintragungsfähig sind. Die untergeordneten Abteilungen – Stutbuch, Vorbuch I und II – sind für sie tabu. Verwendet ein Züchter dennoch eine abgelehnte Vollblutstute, so erhalten deren Nachkommen lediglich eine Geburtsbescheinigung mit Eintragung der Abstammung. Die Nachkommen aus solchen Anpaarungen können nur im Vorbuch eingetragen werden.

Oldenburg

Mit dem Einsatz des Schlenderhaner Vollblüters Adonis (v. Magnat) vollzog sich in den sechziger Jahren in der Oldenburger Zucht eine entscheidende Wende vom Wirtschafts- zum modernen Sportpferd. Der grobknochige, kalibrige Oldenburger wurde durch den Einsatz von Englischen und Arabischen Vollblütern deutlich verfeinert.

Adonis, der die Stute Aster (v. Oleander) zur Mutter hatte, war der erste Vollblüter, der im Oldenburger Zuchtgebiet eingesetzt wurde. Der 1952 geborene Braune zeugte 160 eingetragene Stuten, davon 15 Staatsprämienstuten und 14 gekörte Söhne. Nach seiner Karriere in Oldenburg, die von 1959 bis 1963 währte, stand der vielseitige Hengst

Mentor, hier unter Otto Becker, ist der gewinnreichste Nachkomme von Marlon xx.

als Landbeschäler in Dillenburg / Hessen. Sein Sohn Aleksander deckte 2500 Stuten und erreichte das stattliche Alter von 30 Jahren.

Wie kein anderer prägt der Ire Furioso xx über seinen grandiosen Sohn Furioso II die moderne Oldenburger Sportpferdezucht. Furioso II geht über den Hurry-On-Zweig auf den berühmten Matchem, den Enkel des Godolphin Arabian, zurück. Der in Frankreich gezogene Halbblüter mit dem Kaliber eines Warmbluts alten Schlags und dem Chic und Temperament eines Vollblüters war ein Hengst der Superlative. Er überzeugte sowohl in seiner Leistung als auch als Vererber von Pferden der Spitzenklasse. In der Hengstleistungsprüfung in Westercelle 1968 war Furioso II mit einem überdurchschnittlichen Springtalent bester Oldenburger Hengst. Er ist ein Beispiel für die erfolgreiche Paarung von grobknochigen, kalibrigen Warmblutstuten mit Vollbluthengsten. Seine Nachkommen erreichten eine Gewinnsumme von rund 4 530 000 Mark. Der Hengst brachte sage und schreibe über 50 gekörte Söhne und über 80 Staatsprämienstuten hervor. Futuro, der Halbbruder von Furioso II, entstammte einer ähnlichen Paarung. Er wurde 1969 aus Frankreich eingeführt und war Siegerhengst bei der Körung 1971.

Vollkorn war einer der Stempelhengste unter den Vollblütern. Der 1961 im Gestüt Ravensberg geborene Dunkelbraune war kein großer Renner. Mit einem bescheidenen GAG von 86,5 Kilogramm wechselte er vom Rennstall in die Beschälerbox. Er bestach vor allem durch seine imposante Statur und seine erstklassige Abstammung. Neckar xx war sein Vater. Seine Kinder profilierten sich besonders im Vielseitigkeitssport. Vollkorn stellte 1982 die gewinnreichsten Buschpferde. Sein bekanntester Sohn war der Hengst Volturno, der auch

DAS VOLLBLUT IN DER WARMBLUTZUCHT

mütterlicherseits Vollblut in sich trägt. Volturno brachte es zu internationalen Erfolgen in der Vielseitigkeit unter Otto Ammermann und gewann 1980 die Deutsche Meisterschaft. Seine Erfolge im Sport setzte er als Beschäler fort. Vollkorn war 1982 außerdem der zweitbeste Dressurpferdevererber unter den Vollblütern, noch vor Angelo xx.

Der bildschöne braune Hengst Noble Roi xx, 1982 geboren, war auf der Rennbahn eher ein unscheinbares Pferd. Als Veredler in der aktuellen Sportpferdezucht jedoch hat er eingeschlagen wie kaum ein anderer. Nach der FN-Zuchtwertschätzung ist er der erfolgreichste Vollblutvererber in der deutschen Warmblutzucht. Noble Rois Nachwuchs erreichte auf der PSI-Auktion '94 Spitzenpreise: Noble House ging für 330 000 Mark aus dem Ring, und Nostradamus erreichte den stolzen Preis von 260 000 Mark. Seine Nachkommen machen in allen Reitsportdisziplinen Furore, allen voran der gekörte Hengst Noble Champion. Er ist unter Hauke Luther im internationalen Springsport erfolgreich und gilt als eines der vielversprechendsten deutschen Nachwuchspferde. Sein Hannoveraner-Sohn Nobilis (Mutter von Busoni xx) erreichte im Finale des Bundeschampionats für fünfjährige Dressurpferde den vierten Platz.

Narew xx, ein Hengst ganz im Typ seines herausragenden Vaters Athenagoras, vererbt Eleganz und Springvermögen und war lange in Hannover aktiv. Er selbst war auch in Hindernisrennen erfolgreich. Seine gekörten Söhne glänzen durch Eigenleistung. Nagano, zweimaliger Finalist im Bundeschampionat des Deutschen Springpferdes in Warendorf, erzielte auf der PSI-Auktion '96 mit einer Million Mark den Spitzenpreis. Den dritten Platz beim Bundeschampionat des Deutschen Reitpferdes 1997 belegte Hohenzollern, der aus einer Stute von Narew xx gezogen ist.

Hoffnungsträger: Derbysieger Luigi.

Luigi, der im bayerischen Gestüt Ammerland aufwuchs und 1988 das Deutsche Derby gewann, wurde 1993 in München gekört und ist auch für die Vollblutzucht zugelassen. Der hübsche schwarzbraune Hengst geht auf die Spitzenvererber Hyperion und Nasrullah zurück. Er deckt heute in Oldenburg und gibt Anlaß zu großen Hoffnungen. Sein Nachwuchs glänzte auf den Fohlenchampionaten in Bayern mit Traumnoten zwischen 9 und 10 und stellte damit den höchstbewerteten Jahrgang aller bayerischen Hengste.

Weitere in Oldenburg erfolgreiche Vollblüter waren und sind: Kronprinz, Makuba, More Magic, Miracolo, Manolete, Vierzehnender, Adrian, Apollo, Ballyboy, Barsoi, Bukephalos, Cardinal, Ecuador, Lord Beri, Nachtflug, Praefectus, Strohmann, Thymian und Venator.

Holstein
Die Holsteiner Zucht ist stark geprägt von den Vollblütern: Cottage Son, Ladykiller und Marlon. Bei der Verbandskörung 1996 gingen acht gekörte Hengste auf Ladykiller und zwei auf Cottage Son zurück.

1997 waren in Holstein 17 Vollblüter im Deckeinsatz. Der Hengst Anblick xx bereitete ihnen den Weg in die Landespferdezucht. Er war zunächst elf Jahre im niedersächsischen Landgestüt Celle tätig, konnte hier jedoch nur wenige Spuren hinterlassen. Sein Stern stieg, als er 1954 im Alter von 16 Jahren erstmals Holsteiner Stuten deckte. In elf Zuchtjahren brachte er 14 gekörte Söhne und 49 eingetragene Töchter sowie eine ganze Reihe erfolgreicher Sportpferde. Anblicks Töchter Antoinette und Venetia kamen unter Josef Neckermann zu Olympia-Ehren, und die populäre Holsteiner Stute Feine Dame (v. Diplomat xx) glänzte unter Herbert Blöcker in der Vielseitigkeit. Aus der anfänglich blühenden Anblick-xx-Linie wanderte 1972 mit

Aldato, Muttervater des Jahrhundertvererbers Landgraf I, der letzte Sproß in Richtung Ungarn ab. Dafür haben sich Anblicks weibliche Nachkommen nachhaltiger vererbt und wurden wiederum Partnerinnen für Vollblüter wie Cottage Son, Ladykiller, Manometer, Marlon und deren Nachkommen.

Cottage Son xx, der Engländer aus der Dark Ronald-Linie, deckte nur fünf Jahre und war nach Anblick xx der zweite aktive Vollblüter nach dem Zweiten Weltkrieg im Land zwischen den Meeren. Als er 15jährig seine Beschälertätigkeit in Deutschland aufnahm, hatte er sich in England bereits profiliert. In Holstein dann brachten es seine Kinder zu sportlichen Höchstleistungen. Über Capitol I und II und deren Nachzucht sowie über Ramiro, der eine Cottage Son-Stute zur Mutter hat, ist diese springorientierte Linie heute sehr verbreitet.

Der 1961 in England gezogene Ladykiller xx kam 1965 in Holstein zum Einsatz. Er war der richtige Hengst zur richtigen Zeit. Ladykiller xx brillierte mit ausdrucksvollen Nachkommen, die sich im Parcours und in der Vielseitigkeit bewährten. Er entstammte der berühmten Hyperion-Linie. Sein Exterieur war wie zugeschnitten für die Warmblutzucht: großer Rahmen, eine ausgezeichnet gewinkelte Schulter und eine hervorragende Halslinie. Ladykiller galt unter den Vollblütern als der Springpferdemacher schlechthin. Zu seinen besten Nachkommen im Sport zählen: Landgräfin, erfolgreich unter Hugo Simon, Ladalco, (1978 unter Helmut Rethemeyer Silber und Bronze bei der Vielseitigkeits-Weltmeisterschaft in Lexington), Ladad (unter Herbert Blöcker bei der Vielseitigkeits-Weltmeisterschaft 1982 in Luhmühlen Mannschafts-Silber) und Elki F., Mutter von Cosinus, der sich zu einem der führenden Vererber Deutschlands entwickelt hat. Zu seinen 38 gekörten Söhnen gehören vor allem die Topvererber Landgraf I und II.

Ein Vollblüter mit Springtalent: Beschäler Exorbitant.

Landadel, Sohn von Landgraf I, ist einer der gewinnreichsten Deckhengste in der deutschen Landespferdezucht. Bereits 48 seiner Söhne sind im Deckeinsatz. Seine Tochter Heideblume wurde zum Holsteiner des Jahres 1996 gewählt.

Marlon xx vererbte seine Qualitäten in allen Disziplinen. Bedauerlicherweise sind nur noch wenige seiner dressurtalentierten Nachkommen im Einsatz.

In den letzten Jahren hat sich unter den in Holstein eingesetzten Vollblütern vor allem Grundyman xx hervorgetan. Er gehört zu den Vollblütern mit dem höchsten Zuchtwert in Holstein. Auch die Nachkommen von Barnaul xx und Exorbitant xx haben sich sehr positiv entwickelt. Der Exorbitant-Sohn Explorer siegte überlegen bei der Hengstleistungsprüfung in München-Riem 1997 mit einem Gesamtindex von 142,65 Punkten (Springen 136,23/ Dressur 143,49).

Der in der Trakehner Zucht sehr erfolgreiche Sir Shostakovich xx kam 1991 nach Holstein. Er konnte zunächst im Norden nicht überzeugen und wurde 1996 nach Süddeutschland verkauft – vielleicht ein Fehler. Seine springbegabten gekörten Söhne berechtigen zu großen Hoffnungen: Couleur-Fürst ist im Springsport aktiv, und Sir Chamberlain war Sieger der Hengstleistungsprüfung im Rheinland. Zenturio und Zampano erreichten das Finale im Bundesreitpferde-Championat und Sir Shostakovichs Trakehnersohn Donaumonarch deckt erfolgreich auf dem Klosterhof in Medingen.

Hannover
In der hannoverschen Zucht haben sich vor allem die Vollblüter Der Löwe, Pik As, Marcio, Waidmannsdank, Wiesenbaum, Black Sky und Cardinal hervorgetan.

Der Löwe ist einer der bekanntesten Vollbüter in der Landespferdezucht. Der Sohn des berühmten Wahnfried

DAS VOLLBLUT IN DER WARMBLUTZUCHT

xx wurde 1944 im Gestüt Röttgen gezogen. Über seine Mutter Winnica führt er das Blut der ungarischen „Wunderstute" Kincsem. Der Löwe brachte gewaltige Impulse für die Hannoveraner Zucht. Sein Temperament entsprach seinem Namen: Nur sattelfeste Reiter vermochten auf seinem Rücken zu bleiben.

1951 wurde Der Löwe an das Landgestüt Celle verkauft und begann seine Beschälerlaufbahn auf der Traditionsstation Großenwörden im Landkreis Stade. Er ist ein Paradebeispiel dafür, daß körperliche Größe – er maß gerade mal 1,58 m – auch in der Warmblutzucht keine zwingende Voraussetzung für den Erfolg darstellt. Auf der Rennbahn lief der Dunkelbraune immerhin 101 400 Reichsmark ein und lieferte später Leistungspferde in allen Disziplinen, bis er 29jährig starb. Insbesondere über seine Hengstsöhne Lugano I und Lugano II bleibt sein Einfluß bis weit über Hannovers Grenzen hinaus erhalten. Populärster Vertreter der Linie ist Lanthan, der seit 1982 im Deckeinsatz steht und die vielseitigen Vererberqualitäten des Löwen weitergibt.

Der Hengst Marcio xx, der keine besondere Rennleistung vorweisen kann, ist trotz seiner geringen Größe ein Reitpferdetyp par Exellence. Er war ein Dressurpferdemacher großer Klasse mit hervorragendem Charakter. Sein gewinnträchtigster Sohn wurde Marzio, der unter seiner Reiterin Inge Theodorescu über 40 000 Mark verdiente und dreimal hintereinander das Dressur-Derby gewann. Marcios Sohn Mazepa war unter Josef Neckermann in S-Dressuren siegreich. Sein Sohn Madras errang unter Uwe Schulten-Baumer jr. internationale Siege und die Europameisterschaft von 1981. Leider vererbte Marcio seine Vollbluteigenschaften nur über eine Generation hinweg, dann waren sie verschwunden. Zu spät erkannten Züchter, daß sie gute Ergebnisse erzielen konnten, wenn seine ausdrucksstarken Söhne Stuten mit hohem Vollblutanteil deckten.

Pik As xx wirkte von 1953 bis '69 im Landgestüt Celle und prägte die Hannoveraner Zucht mit korrektem Erscheinungsbild, Leistungsbereitschaft und Härte. Der kleine Braune strotzte vor Kraft und Energie. Auf Hengstschauen beeindruckte er durch Imponiergehabe und Spritzigkeit. Pik König, sein bester Hengstsohn, lieferte Spitzenpferde für alle Diszplinen und zeugte mit Pik Bube I und II sowie Picard drei Topvererber.

Perser xx, der Vollbruder von Pik As xx, lieferte Spitzenpferde, allen voran Presto und Patras. Presto brachte in Ostfriesland Springpferde der Sonderklasse mit viel Temperament hervor. Aus derselben Linie stammen auch Pindar xx, der in der Trakehner Zucht zum Einsatz kam, und der noch junge Warendorfer Landbeschäler Playmate xx.

Busoni xx hat sich aktuell über seinen Enkel Gigolo profiliert, mit dem Isabell Werth unter anderem zweifache Olympiasiegerin in Atlanta '96 wurde. Der Hannoveraner steht in der Weltrangliste der Dressurpferde an sechster und in Deutschland an zweiter Stelle.

Lauries Crusador xx ist seit 1990 im Deckeinsatz im Niedersächsischen Landgestüt Celle. Der elegante Hengst aus England ist mit einer Größe von 1,69 m eine imposante Erscheinung. Er errang 1988 einen dritten Platz im Royal Gold Cup in Ascot (Gr. I), Englands bedeutendstem Steherrennen, das über 4000 m führt, und erreichte ein GAG von 90.5 Kilogramm. Lauries

Top-Vollblutbeschäler Lauries Crusador.

Crusador geht väterlicherseits auf den großen Vererber Hyperion und, wie Ladykiller xx und Marlon xx, auf Fairway zurück. Über Fair Trial verfügt er über Blutanschluß zu den bewährten Holsteiner Vererbern Exorbitant xx, Bold Indian xx und Barnaul xx. Mütterlicherseits trägt der Dunkelbraune die Erfolgsgene von High Top xx. Bereits im ersten Jahr seines Deckeinsatzes zählte Lauries Crusador zu den begehrtesten Hengsten im hannoverschen Zuchtgebiet, mit zwei gekörten Söhnen. 1994 erhielten von seinen 13 gekörten Söhnen sechs die Zulassung als Deckhengste, und bei der Körung in Verden 1997 zeigte sich seine Vererberstärke über seinen Sohn, den Körungssiegers Londonderry, der durch Eleganz und viel Bewegung beeindruckte. Londonderry ist mütterlicherseits mit dem Topvererber Weltmeyer verwandt, aber in seiner Erscheinung von seinem Vollblutvater geprägt: athletisch, markant und selbstbewußt. Fünf von Lauries Crusadors 1997 in Verden vorgestellten Hengsten wurden gekört. Londonderry und Lörke gingen ins Celler Landgestüt. Heute profilieren sich die Nachfahren des stattlichen Vollblüters auch im Sport: Sein Hannoveraner-Sohn Laurentianer siegte im 100-Tage-Test der Hengstleistungsprüfung in Münster-Handorf. Sein Sohn Longchamp, 1994 gekört, war 1995 und '96 im Bundeschampionat des Deutschen Reitpferdes in den Hengstklassen zweiter und dritter. In der Zuchtwertschätzung der fünf- bis sechsjährigen Hengste liegt Lauries Crusador an sechster Stelle.

Shogun xx hinterließ in Hannover hauptsächlich über seine Töchter Spuren. Vor allem seine Tochter Shamrock triumphierte unter Matthias Baumann im internationalen Vielseitigkeitssport. Die Braune gehörte 1988 zum Goldmedaillenteam in Seoul. Sie brachte drei Fohlen, bevor sie zwanzigjährig an einer Kolik einging. Beim hannoverschen Fohlenchampionat, anläßlich der Dressur-Europameisterschaft 1997 in Verden, ging ein Hengst aus einer Shogun-Stute als Champion hervor.

Wie sehr sich selbst erfahrene Züchter in der Beurteilung eines Hengstes irren können, zeigte sich in Hannover Anfang der sechziger Jahre: Der Vollbluthengst Velten wurde nach nur fünfjähriger Decktätigkeit aus dem Celler Hengstbestand ausgemustert. Zu früh, wie sich herausstellen sollte, denn seine Nachkommen erreichten in allen Disziplinen olympisches Niveau. Seine Töchter Vaibel und Virginia verhalfen dem deutschen Nationalteam 1974 unter den Reitern Kurt Mergler und Martin Plewa zum Gewinn der Goldmedaille bei der Europameisterschaft in Kiew. Insgesamt verdienten die Velten-Nachkommen im Sport fast 200 000 Mark – nicht mitgerechnet die Preise des hauptsächlich im Ausland siegreichen, gekörten Nachkommen Velten Sohn. Velten Sohn und Van Eick (Besitzer: Josef Neckermann) waren Dressurpferde von Weltrang. Ersterer wurde trotz der Degradierung seines Vaters vor der hannoverschen Körkommission als Beschäler anerkannt. Veltens Blut blieb der hannoverschen Zucht über seinen Sohn Von Velten erhalten.

Der lange in der hannoverschen Zucht aktive Julius Cäsar xx machte sich als Vater eisenharter Spring- und Vielseitigkeitspferde einen Namen. Züchterisch ist so gut wie nichts von ihm übrig geblieben. Lediglich im Pedigree

Noble Roi besticht durch sein perfektes Exterieur. Er gehört zu den besten Vollblutvererbern in der Warmblutzucht.

DAS VOLLBLUT IN DER WARMBLUTZUCHT

von Franke Sloothaaks Erfolgspferd Walzerkönig taucht er auf und als Muttervater des guten, aber verkannten Hengstes Windsor. Wäre da nicht der Hengst Julier gewesen, der 1958 geboren und über den Verdener Hengstmarkt nach Radegast in die DDR verkauft wurde, würde sich heute keiner mehr an Julius Cäsar erinnern. Über seinen einzigen gekörten Sohn Julier aber wurde Julius Cäsar zum Linienbegründer in den neuen Bundesländern und hinterließ hier 15 gekörte Söhne.

Der Vollblutbeschäler Aarking erfreute sich in der Hannoveraner Zucht sofort größter Beliebtheit. Seine gekörten Söhne absolvierten alle überdurchschnittliche Hengstleistungsprüfungen. Sein Sohn Acatenango, Bundeschampionats-Finalist der dreijährigen Reitpferde in Mannheim, war mit 180 000 Mark eines der teuersten Pferde der Verdener Herbstauktion 1993.

Ein Spitzenvollblüter, dessen Qualität zu spät erkannt wurde, ist der Schimmel Neuquen xx, der zuerst nur in der Trakehner Zucht und begrenzt im Rheinland eingesetzt wurde. Seine gekörten Söhne sind der Trakehner Saint Cloud (Vize-Champion bei der Hengstleistungsprüfung in München, in der Dressur bis Klasse S erfolgreich) und der Hannoveraner Newcomer, der sich 1996 und '97 das niedersächsische Geländepferdechampionat holte.

Weitere in der Hannoveraner Zucht interessante Vollblüter sind: Augustinus, Forrest, Lemon, Thatch, Roncalli, Star Regent. Neue Vollblüter in Celle sind: Sunset Boulevard (v. Red Sunset a.d. Carcajou v. High Top) aus der berühmten Linie des Nasrullah/Nearco sowie Sugunas, der elegante Hengst aus Deutschlands Topadresse Gestüt Fährhof, der auf der Rennbahn 700 000 Mark zusammengaloppiert hat. Auch er geht auf Tudor Melody zurück, der bereits bei Lauries Crusador für Qualität sorgte.

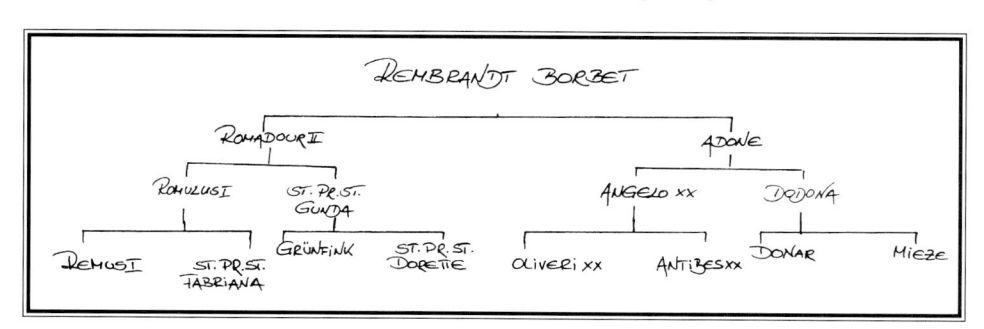

Westfalen
In Westfalen hatten es Vollblüter schwer, sich durchzusetzen. Die bedeutendsten Linienbegründer waren der 1949 in England geborene Pluchino xx, aus dessen Familie die Springpferdemacher Pilot und Polydor entstammen und Papayer xx, der Spitzenpferde für alle Disziplinen lieferte: so beispielsweise Privatier, der unter Ruth Klimke in der Dressur erfolgreich war, und Panama 4, die unter Peter Schmitz im Springsport internationale Erfolge hatte. Papayer zeugte die populären Hengste Paradox I und II. Vor allem Paradox I, der vor Temperament und Energie strotzte, wurde zum Springpferdevererber von Weltrang. Sinus xx (geb. 1950 v. Ticino xx), Landbeschäler in Warendorf von 1958 bis '74 war ein hervorragender Buschpferdevererber. Sinus-Stuten bewährten sich in der Hauptsache in der Paarung mit Hengsten aus der Frühling-Linie. Sein Sohn Sioux war eines der erfolgreichsten Militarypferde seiner Zeit. Fidalgo xx hat sich über den Landbeschäler Fernblick und über seine Töchter hervorgetan und Aar xx hat mit Alabaster ein Top-Vielseitigkeitspferd geliefert.

Der züchterisch bedeutendste Vollbluthengst in Westfalen war Angelo. Mit einem GAG von 87 Kilogramm verließ der 1962 geborene Neckar-Enkel die Rennbahn und wechselte fünfjährig ins Landgestüt Warendorf. Angelo beeindruckte die Warmblutzüchter sofort durch sein harmonisches Exterieur und sein Stockmaß von 1,69 m. Seine Eigenschaften leben über seine Hengstsöhne Apart, Anmarsch und Angriff, zahlreiche Töchter sowie über seine Nachkommen im Dressur- und im Springsport weiter, die Angelo mit 1,3 Millionen Mark zur höchsten Nachkommen-Lebensgewinnsumme unter den Vollblütern in der Reitpferdezucht verhalfen. Sohn Ahlerich war unter Reiner Klimke eines der erfolgreichsten Dressurpferde aller Zeiten, Vollbruder Amon glänzte ebenfalls im

```
                    REMBRANDT BORBET
                   /                \
            ROMADOUR II            ADONE
           /          \           /      \
      ROMULUS I    ST.PR.ST.   ANGELO xx   DODONA
      /      \      GUNDA      /      \    /    \
   REMUS I  ST.PR.ST. GRÜNFINK ST.PR.ST. OLIVER xx  ANTIBES xx  DONAR  MIEZE
            FABRIANA            DORETTE
```

internationalen Viereck, und Armani sprang im Parcours zum Erfolg. Deutschlands Superstar Rembrandt wurde mit Nicole Uphoff-Becker zum vierfachen Olympiasieger und Publikumsliebling. Über seine Mutter, eine Tochter von Angelo xx, ist er vom Vollblut geprägt. Rubinstein, Rosario, Royal Angelo I und II haben ebenfalls Mütter, die von Angelo abstammen. Mit dem u. a. von Paul Schockemöhle und Karsten Huck gerittenen Alvaro stellte Angelo damals eines der besten Springpferde. Die beiden Warendorfer Landbeschäler Golf und Regress und der Privathengst Frühlingsstern haben ebenfalls Angelo-Mütter.

Auch Blauspecht xx, der vor allem mit Bariton einen Top-Springpferdevererber zeugte, und der Schimmel Ben Shirin xx sowie dessen bester Sohn Bengale prägten die westfälische Zucht nachhaltig.

Die Zuchtgebiete Westfalen und Rheinland im Bundesland Nordrhein-Westfalen werden von demselben Landgestüt mit Hengsten versorgt. Trotzdem gibt es züchterische Unterschiede: Die rheinische Stutenbasis ist unter anderem von Trakehnerhengsten geprägt, während die westfälische Zucht eher auf das Englische Vollblut baut. Prägend waren hier vor allem Akitos, Antar, Bream, Bumerang, Fontanus, Massud, Octavo, Pernod, Sacramento, Sonnenkönig, Usurpator.

Wichtige Vollblutbeschäler im Rheinland waren: Neuquen, Pasteur und Maquisard, wichtige Vollblutbeschäler in Rheinland-Pfalz/Saar: Arato, Praefectus, Germanist, Rubicon.

Auch in den Zuchtgebieten Mecklenburg, Hessen und Bayern haben Vollbluthengste erfolgreich gewirkt. Die Mecklenburger Züchter haben schon immer erfolgreich Vollblüter eingesetzt. Vor allem der dunkelbraune Modus xx lieferte Spitzenspringpferde. Seine besten Söhne waren Dorn, Monsun x, Mistral I und II sowie Montano. Grollus xx und Feldberg xx brachten erstklassige Vielseitigkeits- und Springpferde in den neuen Bundesländern hervor.

In Hessen hat sich Adonis xx als Veredler der schweren Wirtschaftspferde besonders durchgesetzt. Aus Westfalen kam Usurpator xx und brachte viele gute Spring- und Buschpferde. Praefectus xx hat in Dillenburg viele harte, leistungsfähige, zuweilen schwierige Pferde gezeugt. Einer seiner besten Nachkommen ist der Halbblüter Point To Point, der unter Elmar Lesch erfolgreich in der Military ging. Der irische Privathengst Chromatic xx glänzt bisher nur durch Schönheit und Eigenleistung. Der Hengst mit drei Derbysiegern im Pedigree schloß die Hengstleistungprüfung in Medingen mit 120,24 Punkten ab und wurde Sieger der Teilprüfung „Gelände". Im Oktober '97 wurde sein Sohn Concord dritter beim Bundeschampionat des Geländepferdes für sechs- und siebenjährige Pferde.

Stan The Man xx, 1993 aus Irland nach Baden-Württemberg importiert, war kein großes Rennpferd, hat sich als Vererber aber bereits in der Heimat einen Namen gemacht, vor allem über Sam The Man, mit dem Bodo Battenberg 1996 Deutscher Meister und bester Reiter des Atlanta-Olympiateams wurde sowie über das international erfolgreiche Springpferd May Eve. Heraldik xx war 1993 auf internationalem Parkett im Springsport siegreich und deckt seit 1995 in Baden-Württemberg.

In Bayern waren die Vollbluthengste Wildpark, Nardus und Mordskerl erfolgreich. Vielversprechend ist der 1993 in Marbach gekörte Acatenango-Sohn Kanudos, gezogen auf Deutschlands Top-Vollblutgestüt Fährhof. Der große Dunkelbraune verfügt über ein Spitzenpedigree: Nebelwerfer, Königskrönung, Ticino und Birkhahn sind die berühmtesten seiner Ahnen.

Was wird von einem Veredler – einem Vollbluthengst in der Warmblutzucht erwartet:
- *Vererbung von Leistungsbereitschaft, Adel, Eleganz, Intelligenz, Ausdauer, Leichtfuttrigkeit, Robustheit, eine Verbesserung der Sattellage, ein kleiner Kopf mit großen, ausdrucksvollen Augen.*
- *Eine Vergrößerung des Rahmens, Verlängerung der Linien, Entgegenwirken einer Schwerfälligkeit in Exterieur und Interieur, Verbesserung der Muskulatur.*
- *Bei der Auswahl des passenden Veredlers sollte der Züchter kennen: die Zuchtlinie, Leistungsvererbung, spezielle Veranlagungen.*
- *Damit die Effekte der Veredelung stark genug durchschlagen, sollten zwei Vollblüter hintereinander in den Stutenstamm eingekreuzt werden. Beispiel: Der Supervererber Landgraf.von Ladykiller xx entstammt einer Stute von Aldato. Aldato ist ein Sohn des Vollblüters Anblick.*

DAS ENGLISCHE VOLLBLUT IN DER ANGLO-ARABERZUCHT

8

Das Englische Vollblut hat seinen Ursprung im arabischen Pferd. Es war naheliegend, diese beiden Edelrassen zusammenzuführen. Das Ergebnis ist ein elegantes, ausdrucksstarkes Sportpferd.

Der Vollblüter Hill Hawk hatte nachhaltigen Einfluß auf die Anglo-Araberzucht.

DAS ENGLISCHE VOLLBLUT IN DER ANGLO-ARABERZUCHT

Der Anglo-Araber ist keine alte, bodenständige, weltweit verbreitete Rasse, sondern eine Züchtung, die als ein hippologischer Paukenschlag bezeichnet wurde und international für Aufsehen sorgte. Der Direktor der französischen Gestütsverwaltung, der geniale Tierarzt Eugène Gayot, vollbrachte 1843 eine spontane züchterische Leistung und begründete – gleichsam auf dem Reißbrett – eine neue Pferderasse, der er den Namen L' Angloarabe gab.

Zwei betagte arabische Hengste, der Syrer Massoud und der Türke Aslan, eine anglo-arabische Stute und zwei Englische Vollblutstuten waren die genetische Ausgangsbasis der neuen Zucht. Um eine intermediäre reine Rasse zwischen dem Arabischen und dem Englischen Vollblut zu schaffen, wurden Kreuzungen zwischen beiden vorgenommen. Die Paarung der Nachkommen untereinander begründeten Linien, die eine neue Rasse, nämlich den Anglo-Araber, hervorbrachten. Exterieur und Eigenschaften dieser Pferderasse konnten als vollends befriedigend betrachtet werden.

Der Anglo-Araber hat längere Linien, mehr Wuchs, Rahmen- und Knochenstärke als der Araber. Er ist weniger flach in der Muskulatur, schmaler und langgestreckter als der Englische Vollblüter, weniger empfindlich in seiner Konstitution, nicht so sensibel und eignet sich besonders für den Einsatz in der Vielseitigkeit (Military).

Von Anfang an unterschied man zwischen Kreuzungen der Ursprungsrassen und der Reinzucht von Anglo-Arabern. Heimat der neuen Rasse war und ist bis heute der Südwesten Frankreichs, wo sich um das Staatliche Haupt- und Landgestüt Pompadour als Zuchtzentrum und die Landgestüte Pau und Tarbes herum zahlreiche private Zuchten und Gestüte entwickelten. Vor allem Hindernisrennen, aber auch Spring-, Dressur- und Vielseitigkeitsprüfungen des nationalen und internationalen Turniersports dienen als Selektion in der Anglo-Araberzucht. Von Frankreich aus gelangte die neue Zucht schnell in andere Länder – nach Polen, Italien, Spanien, Deutschland, Holland und England, aber auch in die USA und nach Japan, wo heute eine sehr große Zahl von Anglo-Arabern besonders im Rennsport Verwendung findet. Auch in Australien und einigen

Der Vollblüter Cardinal war in der Anglo-Araber- und in der Warmblutzucht ein wahrer Stempelhengst.

Ländern des Vorderen und Mittleren Orients werden mit viel Engagement Anglo-Araber gezüchtet – vornehmlich als Gebrauchskreuzung zur Lieferung von harten, leistungsfähigen Sport- und Rennpferden.

In den letzten Jahren hat auch die deutsche Warmblutzucht den Anglo-Araber als Veredler entdeckt. Hier ist vor allem der polnische Landbeschäler Ramzes als ein unübertroffener Erfolgshengst in der deutschen Sportpferdezucht der Nachkriegszeit hervorzuheben. Er wurde 1937 geboren, gezeugt von dem Englischen Vollblüter Rittersporn xx und der Araberstute Jordi. Vor allem in den

Zuchtgebieten Holstein, Westfalen, Hessen und in der Trakehnerzucht war Ramzes sehr aktiv. Zunächst brachte die Veredelung mit ihm vorwiegend Spitzenpferde des Springsports hervor, später jedoch auch eine große Zahl von Pferden mit hoher Dressurbegabung. Kein anderer Hengst hat laut Weltstatistik so viele Gewinner olympischer Einzel- und Mannschaftsmedaillen gezeugt wie er.

In der deutschen Warmblutzucht und in der Trakehnerzucht fungierten inzwischen eine Reihe exzellenter Anglo-Araberhengste als Veredler. Die Nachkommen zeichnen sich durch folgende Eigenschaften aus: Chic, Eleganz und Harmonie der Körperproportionen, gutes Temperament, angenehmes Wesen, Umgänglichkeit, Leichtrittigkeit, Gesundheit, Robustheit, gute Fruchtbarkeitsleistung und vielseitige sportliche Veranlagung.

Besonders gefragte und erfolgreiche Anglo-Araberhengste sind:
Arystokrat, Bouquet/Schleswig-Holstein; Inschallah (+), Dorpas/Oldenburg; Matcho (+), Mont Du Chantal, Lavauzelle, Sektor x /Hannover bzw. Niedersachsen; Kallistos x (+), Tallis x, Monsieur, Upan La Jarthe, Charmant, Cacir/Westfalen; Katanga, Noiret, Burlay Bey/Hessen; Too Much/Baden-Württemberg; Beau Fast, Le Tigre x, Taragas x/ Bayern; Panchero, Eros /Rheinland-Pfalz, Saar.

Die Population des Anglo-Arabers ist im Zuchtgebiet Deutschland im Vergleich zu den anderen arabischen Rassen wie dem Arabischen Vollblut oder den Shagya-Arabern verhältnismäßig klein. Mit etwa 300 aktiven Stuten, 30 gekörten und leistungsgeprüften Hengsten sowie zirka 150 Fohlen pro Jahr ist sie aber durchaus international konkurrenzfähig.

In der Trakehnerzucht schätzt man besonders das Springtalent der Anglo-Araber. Stark vertreten sind hier die Einflüsse der Hengste Bouquet, Matcho, Upan La Jarthe, Veritas und Dorpas. Der Hengst Panchero glänzt mit einem Leistungs-Springindex von 147,58 Punkten. Der Zuchtwert von Matcho liegt bei 128 Punkten. Die besten Nachkommen des Pancho II-Sohnes im Sport sind Maurice und Mon Senjoeur. Vollblüter und Anglo-Araber haben besonders auf die Springanlagen der Trakehner einen starken Einfluß. Von den 21 vom Trakehnerverband zugelassenen und noch aktiven Hengsten, also solchen, die bei der Hengstleistungsprüfung einen Springindex von mindestens 120 Punkten erreicht haben, gehören 38 Prozent zu den Edelrassen, 25 Prozent stellen allein die Anglo-Araber (Stand: 1996).

Matcho AA war einer der Topvererber in der Anglo-Araberzucht. Er war Sieger der Hengstleistungsprüfung in Adelheidsdorf 1992.

In der Holsteinerzucht, deren Schwerpunkt im Springsport liegt, hat sich Cor de la Bryère als Topvererber erwiesen. Der 1968 geborene Hengst mit dem hervorragenden Temperament bestach durch Leichtrittigkeit und sensationelle Springmanier. Er wurde Stempelhengst der modernen Holsteiner Sportpferdezucht. Seine Nachkommen gewannen im Turniersport über zwei Millionen

DAS ENGLISCHE VOLLBLUT IN DER ANGLO-ARABERZUCHT

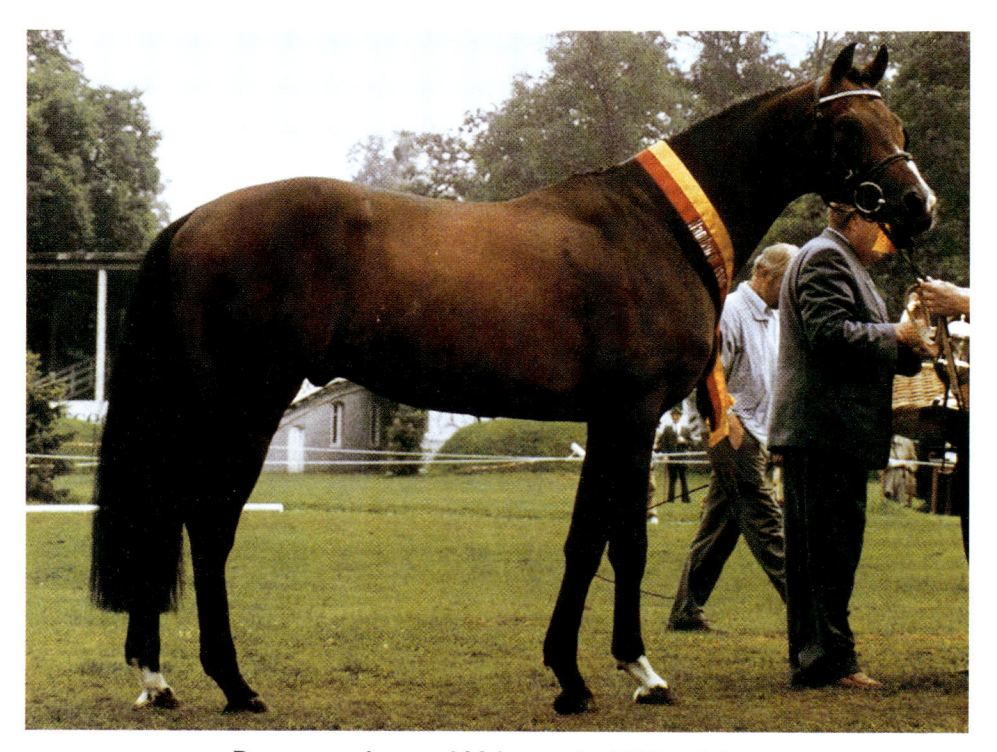

Dorpas, geboren 1984, wurde 1987 gekört.

Mark. Cor de la Bryère zeugte über 50 Staatsprämienstuten und über 40 gekörte Söhne. Die fünf Vollbrüder Calypso I - V brachte er in sieben Zuchtjahren hervor. Calypso I und II wurden Spitzenvererber in der Holsteiner- und Hannoveranerzucht.

Sowohl in Sportprüfungen aller Disziplinen als auch auf nationalen und internationalen Zuchtschauen erreichen Anglo-Araber aus deutscher Zucht hervorragende Resultate. Das Ziel ist ein edles, harmonisches und leistungsfähiges Reitpferd, das die positiven Eigenschaften des arabischen Pferdes und des Englischen Vollblüters in sich vereint. Erwünscht ist das Erscheinungsbild eines eleganten, großlinigen Reitpferdes mit einem harmonischen, für Reitzwecke jeder Art geeigneten Körperbau. Die Prägung durch das Edelblut (arabisches Blut und Englisches Vollblut) soll in einem markanten und ausdrucksvollen Kopf, großen Augen, gut geformter Halsung, plastischer Bemuskelung sowie klaren, korrekten und trockenen Gliedmaßen zum Ausdruck kommen.

In der Zucht unterscheidet man zwischen dem etwas edleren und eleganteren anglo-arabischen Vollblüter und dem Anglo-Araber. Der anglo-arabische Vollblüter geht ausschließlich auf die Vollblutrassen (Arabisches Vollblut und Englisches Vollblut) zurück, wobei der Mindestanteil jeweils 25 Prozent – zu ermitteln in der vierten Generation – betragen muß. Diese Pferde tragen den Buchstaben „x" hinter ihrem Namen. Der Anglo-Araber ist etwas großrahmiger und kalibriger. Auch hier ist das Englische Vollblut mit einem Mindestanteil von 25 Prozent Voraussetzung. Das arabische Blut muß jedoch nicht vom Arabischen Vollblüter stammen, sondern wird zumeist über den Shagya-Araber oder Araber in die Zucht gebracht. Auch hier ist der Mindestanteil an arabischem Blut mit 25 Prozent festgesetzt. Zusätzlich erlaubt die Anglo-Araberzucht einen Anteil an fremdem Blut mit einem Ahnen in der vierten Generation. Dieser fremdblütige Ahne muß jedoch über eine nachgewiesene Abstammung verfügen und der modernen Reitpferdezucht entstammen. Ausgeschlossen sind Ponys, Cobs beziehungsweise kaltblütige Pferde. Auf diese Rassedefinitionen oder Abstammungsbeschreibungen hat man sich mittlerweile weltweit im Rahmen einer internationalen Anglo-Araber-Konferenz geeinigt.

Bei aller Bedeutung der Konsolidierungszucht, das heißt der Anpaarung von Anglo-Arabern untereinander, ist es immer wieder notwendig, Spitzenpferde der beiden Ausgangsrassen, also Englische Vollblüter beziehungsweise arabische Pferde, einzusetzen. Vom Englischen Vollblut erwartet man in der Anglo-Araberzucht eine Vergrößerung des Rahmens, eine Verstärkung des Kalibers, eine pointiertere Sattellage und eine kräftigere Muskulatur der Hinterhand. Von dem Araber wünscht man sich Feinsinn, Gesundheit, robuste Konstitution, Fruchtbarkeit, Regenerationsfähigkeit und einen Charakter, der eine starke Menschenbezogenheit beinhaltet.

Grundvoraussetzungen für die Auswahl zum Zuchthengst sind laut Vokabular der Körkommission: Trockenheit, Ausstrahlung, Korrektheit des Fundaments und taktreine, raumgreifende, elastische Grundgangarten. Selektiert werden die Hengste über die Körung und die Leistungsprüfung, den 100-Tage-Test oder über den Sport. Die Stuten werden aufgrund der Bewertung bei der Zuchtbucheintragung und der Stutenleistungsprüfung ausgesucht.

In der modernen Zucht des Anglo-Arabers haben sich folgende Englische Vollbluthengste besonders hervorgetan:

1. Hill Hawk xx, Schimmel, geb. 1972, v. Sea Hawk II xx a. d. Sally Of The Hills. Der imposante Schimmel des Landgestüts Celle ist mittlerweile aus der Zucht ausgeschieden. Der Hengst hinterließ der deutschen Anglo-Araberzucht einige bedeutende Söhne und hochprämierte Töchter. Für den Sport lieferte er 74 erfolgreiche Nachkommen. Hill Hawk machte sich vor allem einen Namen als guter Dressurpferdevererber, was sich auch in seinem recht hohen Dressurindex bei der Zuchtwertschätzung niederschlägt.

2. Maquisard xx, Rappe, geb. 1977, v. Sigebert xx a. d. Matutinale xx. Der Rapphengst war ein Vererber von hervorragendem Springtalent und lieferte der deutschen Anglo-Araberzucht erfolgreiche Söhne und elegante Töchter.

3. Oglio xx, dunkelbraun, geb. 1981, v. Athenagoras xx a. d. Orellana xx. Der elegante Hengst aus bester Zoppenbroicher Linie wirkte in der Anglo-Araberzucht nur kurz, lieferte jedoch außerordentlich schöne und rittige Pferde mit hoher Leistungsbereitschaft.

4. Don Pedro xx, Rappe, geb. 1972, v. Pentathlon xx a. d. Dolce Vita.xx Der markante Rapphengst beeinflußte die Anglo-Araberzucht, indem er Nachkommen mit viel Rahmen, Substanz und guter Veranlagung für alle sportlichen Disziplinen zeugte. Der Schlenderhaner Hengst ist inzwischen aus der Zucht ausgeschieden.

5. Cardinal xx, dunkelbraun, geb. 1964, v. Off Key xx a. d. Chevaller's Star xx. Der bildschöne Blüter war prägend für die Anglo-Araberzucht und die Warmblutzucht. Er lieferte elegante Reitpferde mit herrlichem Aufriß, genügend Rahmen und schwungvollem Bewegungsablauf.

6. Black Sky xx, schwarzbraun, geb. 1966, v. Blast xx a. d. Madrilene xx. Dieser noble Hengst vererbte hohe Dressurveranlagung, Rittigkeit, gutes Temperament und hinterließ der Anglo-Araberzucht einige hübsche Töchter, darunter die Stute Dunka (a. d. Duna von O'Bajan XIII,) die aufgrund besonderer züchterischer Leistungen in das Leistungsstutbuch der FN eingetragen wurde. Sie lieferte 14 Fohlen in 16 Zuchtjahren, wovon drei Hengste gekört wurden.

Die Vorzüge des Englischen Vollblüters wurden hauptsächlich über die Vaterseite in die Zucht hineingetragen. Im Laufe der letzten Jahre haben sich jedoch auch zwei Englische Vollblutstuten durch ihre Vererbungsleistungen einen großen Namen in der Anglo-Araberzucht gemacht:

1. Thalia xx, braun, geb. 1967, v. Odysseus xx a. d. Persephone xx. Diese großrahmige Stute lieferte in der Anpaarung mit dem Vollblutaraberhengst Akbar den gekörten und leistungsgeprüften Taragas x, der 1978 geboren wurde. Ein Jahr später wurde seine Vollschwester Tropica x geboren, die in München DLG-Siegerstute wurde und eine Vielzahl nationaler und internationaler Championatstitel errang. Beide haben eine starke Vererbungskraft und fanden nicht nur Eingang in die Anglo-Araberzucht, sondern auch in die Warmblutzucht. Zur Zeit ist die Stute Tropica x ebenso wie ihre Schwester Tanagra x (von Le Tigre x) an das bayrische Haupt- und Landgestüt Schwaiganger verpachtet.

2. Märchenfee xx, schwarzbraun, geb. 1966, v. Vierzehnder xx a. d. Mara-vika xx. Sie lieferte zwei gekörte und leistungsgeprüfte Hengste sowie vier hochprämierte Stuten, die zum Teil selbst wieder leistungsstarke Hengste hervorbrachten. Ihr Sohn Opal (v. O'Bajar) wurde in der Pony- und Kleinpferdezucht eingesetzt. Sein Sohn Bouquet ist anerkannt im Trakehner- und Holsteinerverband.

Quarter-Horses sind über die Viertelmeile schneller als Vollblüter.

DAS ENGLISCHE VOLLBLUT IN DER QUARTER-HORSE-ZUCHT

11

Auch die amerikanischen Quarter-Horses sind im Rennsport aktiv – in den „Short Races". Und auch diese Pferderasse wurde vom Englischen Vollblut mitgeprägt.

DAS ENGLISCHE VOLLBLUT IN DER QUARTER-HORSE-ZUCHT

Die Entstehung der Quarter-Horse-Rasse ist fest verknüpft mit der frühen Besiedlung Nordamerikas. Nachkommen der Pferde, die von den spanischen Konquistadoren mit in den Südwesten des nordamerikanischen Kontinents gebracht wurden, bildeten den Grundstock für diese Rasse. Doch ebenso bedeutend war der Einfluß des englischen Vollbluts für die Entwicklung dieses Pferdetyps. Die Vollblutpferde kamen mit den englischen Einwanderern und mit ihnen die Leidenschaft für Pferderennen. Neben Galopprennen nach englischem Vorbild wurden in den Grenzregionen des Westens Kurzstreckenrennen populär. Mit unseren heutigen Rennveranstaltungen hatte das jedoch nichts zu tun. Was hier stattfand, waren improvisierte, offene Rennen. Da man keine Rennbahnen hatte, verlegte man das Geschehen kurzerhand auf die Hauptstraßen der kleinen Pionierstädte und um die Rodeo-Arenen herum. Die „short races", die Kurzstreckenrennen, waren geboren. Gewettet wurde dabei meist um einen Jackpot. Die Besitzer zahlten einen bestimmten Betrag ein, und der Sieger bekam das ganze Geld. Diese Veranstaltungen wurden schnell wichtiger Bestandteil des Lebens in den Kolonien und Grenzstädten, und mit vorrückender Zivilisation hielten sie auch im Westen Einzug. Bald war die Quarter Mile, die Viertelmeile, die bevorzugte Distanz, und die Pferde, die sich hierfür besonders eigneten, erhielten nach dieser Strecke später den Namen Quarter Horses.

Ein Zuchtbuch wurde allerdings für diese Pferde lange Zeit nicht geführt. Erst Ende der dreißiger Jahre dieses Jahrhunderts beschäftigten sich einige enthusiastische Züchter mit der Einrichtung eines Zuchtbuches, in das Pferde mit überlieferter Quarter Horse oder Steel-Dust-Abstammung (so genannt nach einem legendären Gründerhengst) eingetragen wurden. 1940 wurde die Züchtervereinigung, die aus diesen Anfängen hervorging - die American Quarter Horse Association (AQHA) - gegründet. Sie ist heute der größte Züchterverband weltweit. Quarter Horses sind klein, muskulös und bullig. Angetrieben von einer kräftigen Hinterhand schießen sie aus den Startboxen wie Kanonenkugeln.

1940 wurde ein Pferd geboren, das auf die Quarter-Horse-Rasse in ihrer heutigen Form wie kein anderes Einfluß hatte. Es war der Vollbluthengst Three Bars TB (Thouroughbred). Er hinterließ seinen Stempel in allen drei Abteilungen der American Quarter-Horse-Association, im Racing (Rennen), im Halter (Zuchtklassen) und in den Arena-Disziplinen wie z.B. Cutting (Rinderarbeit)

Die Vorfahren von Three Bars waren erfolgreiche Vollblut-Rennpferde. Der Vater, Percentage, gewann 19 Rennen, darunter einige Stakes-Rennen und Handicaps (Ausgleiche). Seine Mutter, Myrtle Dee, stellte einen Bahnrekord über 1100 m in Cincinnati auf. Myrtle Dees Vater, Luke McLuke, gewann 1914 die Belmont Stakes. Three Bars Rennkarriere begann allerdings mit Anlaufschwierigkeiten: In einem Quarter-Horse-Journal aus dem Jahre 1957 berichtet Jack Goode, einer der drei Partner, die Three Bars als Zweijährigen auf die Rennbahn schickten, daß der Fuchs offensichtlich zwar sehr schnell war, aber unter schweren Muskelverspannungen litt. Die Tierärzte diagnostizierten eine Arterienverstopfung aufgrund von Blutwurm-Schäden. Ob das Blutversorgungsproblem gelöst wurde, oder ob er nach dem Besitzwechsel trotzdem lief, ist nicht überliefert. Three Bars gewann 1943 nur ein Maiden-Rennen in Churchill

Three Bars, der Vollblüter, der die Quarter-Horse-Zucht prägte.

Downs – sein einziges Rennen als Dreijähriger. Ein Jahr später siegte er in drei von vier Rennen. Das letzte Mal startete er in einem „Claiming Race" (Verkaufsrennen) in Detroit, nachdem er für ganze 2000 Dollar verkauft wurde. Die neuen Besitzer Todd Haggard und Stan Snedigar nahmen ihn mit nach Phoenix, Arizona.

Sidney Vail von der Dart Ranch in Douglas, Arizona, sah den Hengst und war sofort überzeugt, das perfekte Pferd gefunden zu haben. Alles an dem Tier stimmte: die Farbe, das Exterieur, das Wesen - einfach perfekt. „Wer Three Bars nicht gesehen hat, der hat noch nie ein Pferd gesehen", schwärmte Vail. Der Rancher zahlte im Jahre 1945 10 000 Dollar für Three Bars, ließ ihn ein paar Stuten decken und schickte ihn 1946 zurück auf die Rennbahn. Als Sechsjähriger gewann der Hengst acht von 17 Rennen, darunter eines mit acht Längen Vorsprung beim Agua Caliente Speed Handicap in Tijuana. Auf der Rennbahn von Phoenix Fairgrounds stellte er einen Bahnrekord über 1000 m auf.

Mit sieben Jahren lief Three Bars immer noch Rennen, aber er brachte nicht mehr die volle Leistung. Vail stellte ihn 1948 wieder als Deckhengst auf, in demselben Jahr, in dem seine ersten Fohlen sich auf der Rennbahn bewährten. Die Decktaxe des Tieres stieg von 1945 bis 1963 von 100 auf 10 000 Dollar. Walter Merrick, ein Quarter Horse Züchter aus Oklahoma, wußte, daß er den richtigen Riecher hatte, als er begann, Stuten mit Three Bars anzupaaren. Er überredete Vail, ihm den Hengst für drei Decksaisons, von 1952 bis 1954, zu verpachten. Anstatt zwölf oder 15 Stuten im Jahr deckte Three Bars plötzlich 70. Nach Ablauf der Pachtzeit fuhr Merrick auch weiterhin seine besten Stuten überall dorthin, wo Three Bars stand. „Ich wurde scharf angegriffen, weil ich ein Vollblut in die Quarter-Horse-Zucht brachte", erzählte Merrick. „Manche Leute dachten, daß das die Rasse ruinieren würde."

Von 1945 - '63 zeugte Three Bars 554 Fohlen. Zu seinen Vollblut-Nachkommen gehören Lena`s Bar, die Mutter von Easy Jet, Lucky Bar, der Vater von Impressive, und Rocket Bar, der Großvater von Dash For Cash. Zu seinen Quarter-Horse-Söhnen zählen Doc Bar, Sugar Bars, Gay Bar King, Barred, Cee Bars, Zippo Pat Bars, Triple Chick, Goldseeker Bars, Three Chicks und Tonto Bars Gill.

Das von der American Quarter Horse Association geführte Leistungsregister, unterteilt in die Kategorien Halter und Racing, macht den Stellenwert dieses Hengstes besonders deutlich: Betrachtet man die 20 führenden Vererber auf dieser Liste, so stellt man fest, daß die Mehrzahl von ihnen auf Three Bars zurückzuführen ist. 17 der 20 besten Rennleistungsvererber, 18 der 20 führenden Performancevererber und alle Pferde der 20 führenden Haltervererber stammen von dem Ausnahmehengst ab.

Die Diskussion über die endgültige Eintragung der Nachkommen von Three Bars und anderer Vollblüter in den fünfziger Jahren führte zum schärfsten Konflikt, den die AQHA bisher auszustehen hatte. Die „Bulldog"-Männer, die den ursprünglichen Quarter-Horse-Typ der „Steel-Dust"-Pferde vertraten, und von denen einige an der Formulierung der ursprünglichen Beschreibung des Quarter Horse beteiligt gewesen waren, akzeptierten mit einigem Murren die Aufnahme von Vollblut-Nachkommen, nachdem die Befürworter von Three Bars deutlich machten, daß sie sonst ihr eigenes Zuchtbuch gründen würden. Heute ist dieser Zwist längst Vergangenheit.

Noch immer können Vollblüter ins Vorbuch des Verbandes eingetragen werden, wenn zumindest ein Elternteil bereits im Hauptbuch geführt wird und das andere beim Jockey Club of North America oder bei einem der anerkannten Vollblutzuchtverbände registriert wurde. Die Eintragung im Vorbuch, dem Appendix, berechtigt zur Teilnahme an allen Sportveranstaltungen oder Rennen der AQHA. Wenn ein dort geführtes Pferd sich durch seine Leistungen für ein „Register of Merit" (ROM/Leistungsverzeichnis) qualifiziert hat, so kann es aufrücken und im Hauptbuch der AQHA eingetragen werden. Das Tier ist dann ein vollwertiges Quarter Horse. So erfolgt die Blutzufuhr englischen Vollbluts in die Quarter Horse-Rasse bis zum heutigen Tag.

Der deutsche Sandbahnspezialist Cheraky steht seit 1998 den Quarter Horses der Deutschen Quarter Horse Association als Beschäler in der Zucht von Renn-Quarters zur Verfügung. Cheraky war ein solides Handicap-Pferd der guten Klasse und verließ die Rennbahn mit einer Gewinnsumme von 169 700 Mark.

VOLLBLUTHENGSTE IN ENGLAND, IRLAND, FRANKREICH, DEUTSCHLAND 1998

Die Top-100 und die neuen Hengste in England und Irland
Alhaarth (IRE) b. 1993, v. Unfuwain a. d. Irish Vally, Derrinstown Stud, Irland
Alzao(USA) b. 1980, v. Lyphard a. d. Lady Rebecca, Coolmore Stud, Irland
Aragon b. 1980, v. Mummy's Pet a. d. Ica, Hunsley House Stud, East Yorkshire
Ashkalani (IRE) F. 1993, v. Soviet Star a. d. Ashtarka, Irish National Stud, Irland
Barathea (IRE) b. 1990, v. Sadler's Wells a. d. Brocade, Rathbarry Stud, Irland
Be My Chief (USA) b. 1987, v. Chief's Crown a. d. Lady Be Mine, The National Stud, Suffolk
Be My Guest (USA) F. 1974, v. Northern Dancer a. d. What A Treat, Coolmore Stud, Irland
Beveled (USA) F. 1982, v. Sharpen Up a. d. Sans Arc, College Farm, Berkshire
Bijou D'Inde (GB) F. 1993, v. Cadeaux Genereux a. d. Pushkar, The Elsenham Stud, Hertfordshire
Bishop Of Cashel (GB) b. 1992, v. Warning a. d. Ballet Classique, Cheveley Park Stud, Suffolk
Bluebird (USA) b. 1984, v. Storm Bird a. d. Ivory Dam, Coolmore Stud, Irland
Blues Traveller (IRE) b. 1990, v. Bluebird a. d. Natuschka, Tally-Ho Stud, Irland
Bob Back (USA) db. 1981, v. Roberto a. d. Toter Back, Ballylinch Stud, Irland
Broken Hearted b. 1984, v. Dara Monarch a. d. Smash, Irish National Stud, Irland
Cadeaux Genereux F. 1985, v. Young Generation a. d. Smarten Up, Whitsbury Manor Stud, Hampshire
Caerleon (USA) b. 1980, v. Nijinsky a. d. Foreseer, Coolmore Stud, Irland
Catrail (USA) b. 1990, v. Storm Cat a. d. Tough As Nails, Irish National Stud, Irland
Charnwood Forest (IRE) b. 1992, v. Warning a. d. Dance of Leaves, Rathbarry Stud, Irland
Common Grounds b. 1985, v. Kris a.d. Sweetly, Yeomanstown Stud, Irland
Cyrano De Bergerac b. 1983, v. Bold Lad a. d. Miss St. Cyr, The Barleythorpe Stud, Leicestershire
Danehill (USA) b. 1986, v. Danzig a.d. Razyana, Coolmore Stud, Irland
Darshaan db. 1981, v. Shirly Heights a. d. Delsy, Gilltown Stud, Irland
Distant Relative b. 1986, v. Habitat a. d. Royal Sister, Whitsbury Manor Stud, Hampshire
Distinctly North (USA) b. 1988, v. Minshaanshu Amad a. d. Distinctiveness, Kilsheelan Stud, Irland
Doyoun b. 1985, v. Mill Reef a. d. Dumka, Gilltown Stud, Irland
Efisio b. 1982, v. Formidable a.d. Eldoret, Side Hill Stud, Suffolk
Ela-Mana-Mou b. 1976, v. Pitcairn a. d. Rose Bertin, Airlie Stud, Irland
Elmaamul (USA) F. 1987, v. Diesis a. d. Modena, Eagle Lane Farm, Suffolk
Emarati (USA) b. 1986, v. Danzig a. d. Bold Example, The National Stud, Suffolk
Ezzaud (IRE) b. 1989, v. Last Tycoon a. d. Royal Sister, The Royal Stud, Norfolk
Fairy King (USA) b. 1982, v. Northern Dancer a. d. Fairy Bridge, Coolmore Stud, Irland
Fayruz b. 1983, v. Song a. d. Friendly Jester, Rossenarra Stud, Irland
First Trump (GB) F. 1991, v. Primo Dominie a. d. Valika, The National Stud, Suffolk
Flying Spur (AUS) b. 1992, v. Danehill a. d. Rolls, Irish National Stud, Irland
Forzando b. 1981, v. Formidable a. d. Princely Maid, Throckmorton Court Stud, Worcestershire
Green Desert (USA) b. 1983, v. Danzig a. d. Foreign Courier, Nunnery Stud, Norfolk
Halling (USA) F. 1991, v. Diesis a. d. Dance Machine, Dalham Hall Stud, Suffolk
Hamas (IRE) b. 1989, v. Danzig a. d. Fall Aspen, Derrinstown Stud, Irland
Hector Protector (USA) F. 1988, v. Woodman a. d. Korveya, The National Stud, Suffolk
Hernando (FR) b. 1990, v. Niniski a. d. Whakilyric, Lanwades Stud, Suffolk
Hurricane Sky (AUS) b. 1991, v. Star Watch a. d. Dancing Show, Meddler Stud, Suffolk
Idris (IRE) b. 1990, v. Ahonoora a. d. Idara, The Irish National Stud, Irland
Imp Society (USA) F. 1981, v. Barrera a. d. Trotta Sue, Tweenhills Farm and Stud, Gloucestershire
In The Wings b. 1986, v. Sadler's Wells a. d. High Hawk, Kildangan Stud, Irland
Indian Ridge F. 1985, v. Ahonoora a. d. Hillbrow, Irish National Stud, Irland
Kahyasi b. 1985, v. Ile de Bourbon a. d. Kadissya, Gilltown Stud, Irland
King's Theatre (IRE) b. 1991, v. Sadler's Wells a. d. Regal Beauty, Ballylinch Stud, Irland
Kris F. 1976, v. Sharpen Up a. d. Doubly Sure, Plantation Stud, Suffolk
Lahib (USA) b. 1988, v. Rivermann a. d. Lady Cutlass, Derrinstown Stud, Irland
Lion Cavern (USA) F. 1989, v. Mr. Prospector a. d. Secrettame, Dalham Hall Stud, Suffolk
Lycius (USA) F. 1988, v. Mr Prospector a. d. Lypatia, Kildangan Stud, Irland
Machiavellian (USA) b. 1987, v. Mr Prospector a. d. Coup de Folie, Dalham Hall Stud, Suffolk
Magic Ring (IRE) b. 1989, v. Green Desert a. d. Emaline, Whitsbury Stud, Hampshire
Marju (IRE) db. 1988, v. Last Tycoon a. d. Flame of Tara, Derrinstown Stud, Irland
Mark Of Esteem (IRE), b. 1993, v. Darshaan a. d. Homage, Dalham Hall Stud, Suffolk
Most Welcome F. 1984, v. Be My Guest a. d. Topsy, Queensberry House, Suffolk
Mtoto b. 1983, v. Busted a. d. Amazer, Aston Upthorpe Stud, Oxfordshire
Muhtarram (USA) b. 1989, v. Alleged a. d. Ballet de France, Nunnery Stud, Norfolk
Mujadil (USA) b. 1988, v. Storm bird a. d. Vallee Secrete, Rathasker Stud, Irland
Mujtahid (USA) F. 1988, v. Woodman a. d. Mesmerize, Derrinstown Stud, Irland
Nashwan (USA) F. 1986, v. Blushing Groom a. d. Height of Fashion, Shadwell Stud, Norfolk
Night Shift (USA) b. 1980, v. Northern Dancer a. d. Ciboulette, Coolmore Stud, Irland
Old Vic b. 1986, v. Sadler's Wells a. d. Cockade, M. C. Hickey Sunnyhill Stud, Irland
Overbury (IRE) db. 1991, v. Caerleon a. d. Overcall, Helshaw Grange Stud, Shropshire
Pennekamp (USA) b. 1992, v. Bering a. d. Coral Dance, Kildangan Stud, Irland
Persian Bold db. 1975, v. Bold Lad a. d. Relkarunner, Corbally Stud, Irland
Petong Sch. 1980, v. Mansingh a. d. Iridium, Barleythorpe Stud, Oakham
Petorius b. 1981, v. Mummy's Pet a. d. The Stork, Curragh Bloodstock Agency, Irland
Pharly (FR) F. 1974, v. Lyphard a. d. Comely, The Stanly Estate and Stud, Suffolk
Piccolo (GB) b. 1991, v. Warning a. d. Woodwind, Lavington Stud, Sussex
Pivotal (GB) F. 1993, v. Polar Falcon a.d. Fearless Revival, Cheveley Park Stud, Suffolk
Polar Falcon (USA) b. 1987, v. Nureyev a. d. Marie d'Argonne, Cheveley Park Stud, Suffolk
Polish Precedent (USA) b. 1986, v. Danzig a. d. Past Example, Dalham Hall Stud, Suffolk
Primo Dominie b. 1982, v. Dominion a. d. Swan Ann, Cheveley Park Stud, Suffolk
Prince Sabo b. 1982, v. Young Generation a. d. Jubilee Song, Cheveley Park Stud, Suffolk
Priolo (USA) b. 1987, v. Sovereign Dancer a. d. Primevere, Corbally Stud, Irland
Pursuit Of Love (GB) b. 1989, v. Groom Dancer a. d. Dance Quest, Plantation Stud, Suffolk
Rainbow Quest (USA) b. 1981, v. Blushing Groom a. d. I Will Follow, Banstead Manor Stud, Suffolk
Red Sunset b. 1979, v. Red God a. d. Centre Piece, Rathasker Stud, Irland
Reprimand b. 1985, v. Mummy's Pet a. d. Just You Wait, Queensberry House, Suffolk
Robellino (USA) b. 1978, v. Roberto a. d. Isobelline, Biddesgate Farm, Dorset
Royal Academy (USA) b. 1987, v. Nijinsky a. d. Crimson Saint, Coolmore Stud, Irland
Royal Applause (GB) b. 1993, v. Waajib a. d. Flying Melody, The Royal Stud, Norfolk
Rudimentary (USA) b. 1988, v. Nureyev a. d. Doubly Sure, Cheveley Park Stud, Suffolk
Saddlers' Hall (IRE) b. 1988, v. Sadler's Wells a. d. Sunny Valley, Cheveley Park Stud, Suffolk
Sadler's Wells (USA) b. 1981, v. Northern Dancer a. d. Fairy Bridge, Coolmore Stud, Irland
Salse (USA) b. 1985, v. Topsider a. d. Carnival Princess, Side Hill Stud, Suffolk

Selkirk (USA) F. 1988, v. Sharpen Up a. d. Annie Edge, Lanwades Stud, Suffolk
Shaamit (IRE) b. 1993, v. Mtoto a. d. Shomoose, The National Stud, Suffolk
Shareef Dancer (USA) b. 1980, v. Northern Dancer a. d. Sweet Aliance, Dalham Hall Stud, Suffolk
Shernazar b. 1981, v. Busted a. d. Sharmeen, Beechbrook Stud, Irland
Slip Anchor b. 1982, v. Shirley Heights a. d. Sayonara, Plantation Stud, Suffolk
Suave Dancer (USA) b. 1988, v. Green Dancer a. d. Suavite, The National Stud, Suffolk
Thatching b. 1975, v. Thatch a. d. Abella, Grange Stud, Irland
Tirol db. 1987, v. Thatching a. d. Alpine Niece, Castlehyde Stud, Irland
Unfuwain (USA) b. 1985, v. Northern Dancer a. d. Height of Fashion, Shadwell Stud, Norfolk
Vettori (IRE) b. 1992, v. Machiavellian a. d. Air Distingue, New England Stud, Suffolk
Wolfhound (USA) F. 1989, v. Nureyev a. d. Lassie Dear, Dalham Hall Stud, Suffolk
Zafonic (USA) b. 1990, v. Gone West a. d. Zaizafon, Banstead Manor Stud, Suffolk
Zilzal (USA) F. 1986, v. Nureyev a. d. French Charmer, Lanwades Stud, Suffolk

Die Top-25 und die neuen Hengste in Frankreich
Always Fair (USA) b. 1985, v. Danzig a. d. Carduel, Haras du Val-Henry
Anabaa (USA) b. 1992, v. Danzig a. d. Balbonella, Haras du Quesnay, Normandie
Bering, F. 1983, v. Arctic Tern a. d. Beaume, Haras du Quesnay, Normandie
Caerwent (IRE) b. 1985, v. Caerleon a. d. Marwell, Haras du Logis St Germain, Normandie
Double Bed (FR) b. 1983, v. Be My Guest a. d. Claire's Slipper, Haras de la Tuilerie, Normandie
Exit To Nowhere (USA) b. 1988, v. Irish River a. d. Coup de Folie, Haras de Fresnay le Buffard, Normandie
Garde Royal (FR) db. 1980, v. Mill Reef a. d. Royal Way, Haras du Pin, Normandie
Green Tune (USA) F. 1991, v. Green Dancer a. d. Soundings, Haras d'Etreham, Normandie
Heros Honor (USA) b. 1980, v. Northern Dancer a. d. Glowing Tribute, Haras du Petit-Tellier, Normandie
Highest Honor (FR) Sch. 1983, v. Kenmare a. d. High River, Haras du Quesnay, Normandie
Homme De Loi (IRE) b. 1989, v. Law Society a. d. Our Village, Haras du Mezeray, Normandie
Jeune Homme (USA) b. 1990, v. Nureyev a. d. Alydariel, Haras d'Etreham, Normandie
Kaldoun (FR) Sch. 1975, v. Caro a. d. Katana, Haras d'Etreham, Normandie
Kendor (FR) Sch. 1986, v. Kenmare a. d. Belle mécène, Haras de la Reboursière, Normandie
Lesotho (USA) b. 1983, v. Lyphard a. d. Sealy, Haras des Granges, Süd-West
Linamix (FR) Sch. 1987, v. Mendez a. d. Lunadix, Hara du Val Henry, Normandie
Midyan (USA) b. 1984, v. Miswaki a. d. Country Dream, Hars du Thenney, Frankreich
Poliglote (GB) b. 1992, v. Sadlere's Wells a. d. Alexandrie, Haras d'Etreham, Normandie
River Mist (USA) F. 1982, v. Irish River a. d. Principle, Haras de Préaux, Normandie
Sanglamore (USA) F. 1987, v. Sharpen Up a. d. Ballinderry, Haras du Quesnay, Normandie
Saumarez db. 1987, v. Rainbow Quest a. d. Fiesta Fun, Haras du Quesnay, Normandie
Septieme Ciel (USA) b. 1987, v. Seattle Slew a. d. Maximova, Haras d'Etreham, Normandie
Sicyos (USA) F. 1981, v. Lyphard a. d. Sigy, Haras du Petit-Tellier, Normandie
Sillery (USA) b. 1988, v. Blushing Groom a. d. Silvermine, Haras du Quesnay, Normandie
Snurge F. 1987, v. Ela-Mana-Mou a. d. Finlandia, Haras du Val Henry, Normandie

Alle anerkannten Vollbluthengste in Deutschland (anerkannt gem.Nr.51 ZBO; Stand 13.1.1998)
Acatenango F. 1982, v. Surumu a. d. Aggravate, Gestüt Fährhof, Tel.04264/530
Alkalde schwb.1985, v. Königsstuhl a. d. Astra, Gestüt Erftmühle, Tel.02271/93364
Alwasmi b. 1984, v. Northern Dancer a. d. Height of Fashion, Union-Gestüt, Tel.02243/3832
Alwuhush b.1985, v. Nureyev a. d. Bride, Union-Gestüt, Tel.02243/3832
Andrang F. 1973, v. Amboss a. d. Anonyma, A.Noah, Tel.02661/8793
Antheus b. 1982, v. Northern Dancer a. d. Apachee, Gestüt Helenenhof, Tel.039404/50214
Aratikos db. 1991, v. Königsstuhl a. d. Aratika, Gestüt Buschhof, Tel.05173/6225
Armistice Day schwb. 1976, v. Rheingold a. d. Peace, M.Schwinn, Tel.06835/2960
Aspros b. 1977,v. Sparkler a. d. Antwerpen, Gestüt Röttgen, Tel.0221/9861132
Astico db. 1985, v. Priamos a. d. Aviatik, H. D.Beyer, Tel.0221/7603313
Baba Karam b. 1984, v. Persian Bold a. d. Lady Pavlova, Gestüt Sachsen, Tel.034363/51221
Baylis b. 1987, v. Sadler's Wells a. d. Noblanna, H. Kirsch, Tel.04484/1255
Big Shuffle b. 1984, v. Super Concorde a. d. Raise Your Skirts, Gestüt Auenquelle, Tel.05746/1430
Camp David b. 1990, v. Surumu a. d. Capitolina, Gestüt Quenhorn, Tel.05245/18942
Chato db. 1992, v. Local Talent a. d. Quick Blush, Gestüt Harzburg, Tel.05322/81565
Chief Singer schwb. 1981, v. Ballad Rock a. d. Principia, Gestüt Graditz, Tel.03421/902781
Colon b. 1989, v. Acatenango a. d. Comprida, J. F. Hüner, Tel.04262/2275
Contrast db. 1982, v. M-Lolshan a. d. Concordia, A.Heinzel, Tel.03686/301565
Dashing Blade b. 1987, v. Elegant Air a. d. Sharp Castan, Gestüt Etzean, Tel.06068/1323
Daun b. 1981, v. Authi a. d. Dirndl, Gestüt Ebbesloh, Tel.05204/2258
Dictator's Song b. 1987, v. Seattle Song a. d. Buck's Dame, Gestüt Ohlerweiherhof, Tel.06858/403
Diu Star F. 1980, v. Star Appeal a. d. Diu, Gestüt Hoffmannsmühle, Tel.06783/2990
Elektrant, F. 1978, v. Dschingis Khan a. d. Elektra, Gestüt Wittekindshof, Tel.02952/1537
Erminius F. 1991, v. Highest Honor a. d. Ermione, Gestüt Rietberg, Tel.05244/77332
Fast Eddy F. 1991, v. Sharpo a. d. Miller's Creek, Frau Y.Dude, Tel.04101/25549
Feenpark F. 1985, v. Park Romeo a. d. Feenlied, Gestüt Olympia, Tel.02802/7270
Gato Del Sol Sch 1979, v. Cougar a. d. Peacefully, Frau P.Paulick, Tel.033053/70473
General Assembly F. 1976. v. Secretariat a. d. Exclusive Dancer, Gestüt Olympia, Tel.02802/6050
Gold and Ivory b. 1981, v. Key to the Mint a. d. Ivory Wand, Gestüt Erftmühle, Tel.02271/93364
Gold Crest db. 1982, v. Mr.Prospector a. d. Northernette, Schloßgestüt Deitermann, Tel.02364/8772
Gonzales db. 1977, v. Vaguely Noble a. d. Gazala, Gestüt Erftmühle, Tel.02271/93364
Goofalik db. 1987, v. Lyphard a. d. Alik,Gestüt Brümmerhof, Tel.05190/203
Greinton db. 1981, v. Green Dancer a. d. Crystal Queen, Gestüt Görlsdorf, Tel.033334/331
Guardi b. 1968, v. Dschingis Khan a. d. Gisa, H.Bolte, Tel.05484/676
Helikon b. 1983, v. Königsstuhl a. d. Hallig, Frau R.Focken, Tel.04463/307
Highland Chieftain b. 1983, v. Kampala a. d. La Primavera, Gestüt Howdy, Tel.05846/9343
Homing b. 1975, v. Habitat a. d. Heavenly Thought, Gestüt Haus, Tel.05204/88210
Hondo Mondo b. 1988, v. Caerleon a. d. Hone, Gestüt Ammerland, Tel.08177/93130
Imperial Fling db. 1976, v. Northern Dancer a. d. Royal Dilemma, Frau W.Meyer, Tel.04240/1058
In A Tiff b. 1989, v. Caerleon a. d. Tifrums, Gestüt Graditz, Tel.03421/902781
Indian Forest F. 1984, v. Green Forest a. d. Chic Nell, Gestüt Hof Boxberg, Tel.03622/67078
Irish Stew b. 1988, v. Dalsaan a. d. Ich dien, G.Hoogen, Tel.02825/241
Java Gold b 1984, v. Key to the Mint a. d. Javamine, Gestüt Ammerland, Tel.08177/93130

VOLLBLUTHENGSTE IN ENGLAND, IRLAND, DEUTSCHLAND 1998

Kamiros II db. 1982, v. Star Appeal a. d. Kandia, Union-Gestüt, Tel.02243/3832
Kind of Hush b. 1978, v. Welsh Pageant a. d. Sauceboat, Gestüt Albuch, Tel.02225/17353
Kings Lake b. 1978, v. Nijinsky-Fish a. d. Fish-Bar, Gestüt Schlenderhan, Tel.02271/94966
Komtur F. 1990, v .Magesterial a. d. Kaiserfahrt, Dr.W.Spangler, Tel.05826/1686
Kondor b. 1984, v. Cagliostrox a. d. Kingsi, Gestüt Kleeblatt, Tel.02291/2443
Kornado F. 1990, v. Superlative a. d. K-Sera, Gestüt Friedrichsruh, Tel.02831/1056
Lagunas db. 1981, v. Ile de Bourbon a. d. Liranga, Union-Gestüt, Tel.02243/3832
Lando b. 1990, v. Acatenango a. d. Laurea, Gestüt Hof Ittlingen, Tel.02389/533775
Laroche db. 1991, v. Nebos a. d. Laurea, Gestüt Auenquelle, Tel.05746/1430
Lavirco schwb. 1993, v. Königsstuhl a. d. La Virginia, Gestüt Fährhof, Tel. 04264/530
Law Society db. 1982, v. Alleged a. d. Bold Bikini, Gestüt Isarland, Tel.08151/89209
Lead on Time db. 1983, v. Nureyev a. d. Alathea, Gestüt Rietberg, Tel.05244/77332
Lecroix b. 1992, v. Assert a. d. Las Palmas, Gestüt Etzean, Tel.06068/1323
Legal Bid F. 1984, v. Spectacular Bid a. d. Bold Bikini, Gestüt Queen's Glory, Tel.05401/86390
Leone b. 1988, v. High Line a. d. Locarno, Gestüt Ammerland, Tel.08177/93130
Litron Sch. 1989, v. Grauer Wicht a. d. Livre, Gestüt Aesculap, Tel.02358/1263
Local Suitor, b. 1982, v. Blushing Groom a. d. Home Love, Gestüt Evershorst, Tel.0511/734466
Lomitas F. 1988, v. Ninisky a. d. La Colorada, Gestüt Fährhof, Tel.04264/530
Los Santos, db. 1978, v. Caracol a. d. Loanda, H.Rossberg, Tel.034361/52250
Macanal b. 1992, v. Northern Flagship a. d. Magnala, Gestüt Pfauenhof, Tel.02676/603
Maelstrom Lake b. 1979, v. Auction Ring a. d. Skyway, Gestüt Görlsdorf, Tel.033334/331
Mandelbaum db. 1987, v. Königsstuhl a. d. Mandriale, Gestüt Neffeltal, Tel.02234/56464
Mantelano F. 1980, v. Ercolano a. d. Mantequilla, Hof Ahorn, Tel.06728/732
Masterplayer db. 1992, v. Alzao a. d. Majorität, Gestüt Weserhof, Tel.04202/63120
Master Speaker b. 1985, v. Master Willie a. d. Speak up now, Gestüt Queen's Glory, Tel.05401/86390
Medicus R. 1984, v. Königsstuhl a. d. Minza, Gestüt Atlanta, Tel.04260/423
Meinberg db. 1971, v. Alpsee a. d. Marienburg, Frau M.Roschen, Tel.04208/1291
Milesius b. 1984, v. Alleged a. d. Mindy Malone, R.Reutershan, Tel.02253/3565
Mister Rock's schwb. 1978, v. Rocket a. d. Marchinka, Gestüt Ohlerweiherhof, Tel.06858/403
M-Lolshan db. 1975, v. Levmoss a. d. Supreme Lady, Gestüt Westerberg, Tel.06130/428
Mondrian F. 1986, v. Surumu a. d. Mole, Gestüt Röttgen, Tel.0221/9861132
Monsagem b. 1986, v. Nureyev a. d. Meringue Pie, Gestüt Franken, Tel.09221/83911
Monsun db. 1990, v. Königsstuhl a. d. Mosella, Gestüt Schlenderhan, Tel.02271/94966
Motley db. 1984, v. Best Turn a. d. Tipping Time, Gestüt Westerberg, Tel.06130/428
Nandino, db. 1980, v. Experte a. d. Niala, Frau K.Poll, Tel.05164/8397
Navarino, b. 1977, v. Madruzzo a. d. Nachtviole, Frau J.Behrens, Tel.05447/573
Nebos b. 1976, v. Caro a. d. Nostrana, Gestüt Westerberg, Tel.06130/428
Neshad Sch. 1984, v. Sharpen Up a. d. Nasseem, Gestüt Görlsdorf, Tel.033334/331
New Moon schwb. 1981, v. Kaiseradler a. d. Night blue, Gestüt Albuch, Tel.02225/17353
Nityo F. 1986, v. Forli a. d. Norette, Gestüt Ebbesloh, Tel.05204/89444
Northjet F. 1977, v. Northfields a. d. Jellatina, Gestüt Wieselborner Hof, Tel.06375/1762
Ordos db. 1980, v. Frontal a. d. Ordinale, Köhlerhof, Tel.04231/63147
Paris-Turf F. 1983, v. Northfields a. d. Miss Paris, Hof Sassenberg, Tel.0521/21191
Peking Opera b. 1988, v. Sadler's Wells a. d. Braneakins, Gestüt Quellenhof i.Ts., Tel.06486/7304

Perceive Arrogance b. 1985, v. Stop the Music a. d. Stellar Envoy, Gestüt Lindenhof, Tel.040/6071549
Platini F. 1989, v. Surumu a. d. Prairie Darling, Gestüt Römerhof, Tel.02235/5226
Protektor, b. 1989, v. Acatenango a. d. Priorität, Gestüt Olympia, Tel.02802/7270
Readily db. 1980, v. Salt Marsh a. d. Ready Money, Gestüt Weserhof, Tel.04202/63120
Royal Solo b. 1992, v. Sadler's Wells a. d. Sharp Castan, Gestüt Evershorst, Tel.0511/734466
Sand Ship Sch. 1983, v. Ela-Mana-Mou a. d. Desert Nymph, Gestüt Wieselborner Hof, Tel.06375/1762
San Vicente b. 1974, v. Priamos a. d. Santa Vittoria, U.Schwinn, Tel.06832/382
Second Set, b. 1988, v. Alzao a. d. Merriment, Gestüt Zoppenbroich, Tel.02166/16023
Secret'n Classy F. 1987, v. Secretariat a. d. Classy's Smart, Gestüt Simmenach, Tel.06541/6264
Seigneur Bsch. 1977, v. Caro a. d. Stoa, Gestüt Brügel, Tel.02056/6241
Seratino, F. 1983, v. Lombard a. d. Serwina, Gestüt Am Glan, Tel.06383/336
Sharp Prod F. 1990, v. Sharpo a. d. Gentle Persuasion, Gestüt Graditz, Tel.03421/902781
Sir Felix b. 1986, v. Vision a. d. Neptuna, Gestüt Martinushof, Tel.02445/8297
Solford b. 1980, v. Nijinsky a. d. Fairness, G.Bell, Tel.035243/52382
Solo Dancer b. 1978, v. Green Dancer a. d. Sheba, Reiterhof Börner, Tel.05196/2145
Sternkönig. Bsch. 1990,v. Kalaglow a. d. Sternwappen, Gestüt Röttgen, Tel.0221/9861132
Super Abound db. 1987, v. Superbity a. d. Damask Cheek, R.Reutershan, Tel.02253/3565
Surako schwb. 1993, v. Königsstuhl a. d. Surata, W.E.Feldmann, Tel.02843/2964
Surumu F. 1974, v. Literat a. d. Surama, Gestüt Fährhof, Tel.04264/530
Sylvan Point b. 1991, v. Reference Point a. d. Sovereign Dona, Gestüt Westerberg, Tel.06130/428
Taishan, db. 1986, v. Armistice Day a. d. Triade, Gestüt Ohlerweiherhof, Tel.06858/403
Tempeltanz db. 1986, v. Surumu a. d. Traumlady, Bayerisches Staatsgestüt Schwaiganger, Tel.08841/40018
Temporal F. 1988, v. Surumu a. d. Theresa, Gestüt Harzburg, Tel.05322/81565
Three Coins Up F. 1988, v. His Majesty a. d. Sonja, Gestüt Queen's Glory, Tel.05401/86390
Ti amo db. 1978, v. Kaiseradler a. d. Tiarella, Gestüt Wieselborner, Tel.06375/1762
Top Waltz b. 1987, v. Top Ville a. d. Imperial Dancer, Gestüt Westerberg, Tel.06130/428
Torgos F. 1976, v.Upper Case a. d. Traumspiel, Gestüt Queen's Glory, Tel.05401/86390
Twen db. 1991, v. Königsstuhl a. d. Thea, Gestüt Quenhorn, Tel.05245/18942
Vincenzo b. 1989, v. Orofino a. d. Vangelis, Frau B.Radner, Tel.02337/2326
Windwurf b. 1972, v. Kaiseradler a. d. Wiesenweihe, Gestüt Ravensberg, Tel.05241/51411
Winged Love, b. 1992, v. In The Wings a. d. J'ai deux amours, Gestüt Karlshof, Tel.06258/2095
Young Daniel b. 1988, v. Turkoman a. d. Grandma Lind, Gestüt Queen's Glory, Tel.05401/86390
Zaizoom db. 1984, v. Al Nasr a. d. Plumovent, R.Reutershan, Tel.02253/3565
Zampano F. 1984, v. Rocket a. d. Zauberin, Gestüt Buschhof, Tel.05173/6225
Zigeunerheld b. 1980, v. Antrieb a. d. Zigeunerart, L.Lupke, Tel.034296/43336
Zinaad db. 1989, v. Shirley Heights a. d. Time Charter, Gestüt Graditz, Tel.03421/902781

VOLLBLUTHENGSTE IN DER LANDESPFERDEZUCHT 1998

Pferdezuchverband Baden-Würtenberg
Justinian db. 1985, v. Kronenkranich, Besamungsstation Ostalb, Tel.: 07966/508
Kanudos b. 1989, v. Acatenango, Gestüt Schloßacker, Tel.:0782/93150
Pacajas schwb. 1992, v. Acatenango, Haupt-und Landgestüt Marbach, Tel.: 07385/1314
Stan the man F. 1982, v. Tachypous, Haupt-und Landgestüt Marbach, Tel.: 07385/1314

Landesverband Bayerischer Pferdezüchter e.V.
Aberglaube b. 1977, v. High Game, Station Steiner, Tel.: 08687/342
Alex b. 1977, v. Experte, Haupt- und Landgestüt, Tel.: 08841/61360
Belmont Park b. 1985, v. Rocket, Heil'sche Gutverwaltung, Tel.. 08232/4145
Legal Legend b. 1986, v. Solford, Station Bachl. Tel.: 08561/1400
Leone b. 1988, v. High Line, Gestüt Ammerland, Tel.: 08177/931313
Lokator b. 1987, Surumu, W. Stieglmaier, Tel.: 09171/5668
Mark schwb. 1980, v. Rocket, Gestüt Bergwiese, Tel.: 07343/6142
Montepulciano F. 1989, Haupt- und Landgestüt, Tel.: 08841/61360
New Wonder schwb. 1985, v. Windwurf, Station Dr. Heuschmann, Tel.: 09231/4691
Seigneur d'Allery db. 1987, v. Miliar, Station Rasch, Tel.: 08104/7755
Tempeltanz db. 1986, v. Surumu, Lehr- und Versuchsanstalt für Tierhaltung, Tel.: 09324/2302
Zigeuerherheld b. 1980, v. Antrieb, Gestüt Frankenhof, Tel.: 09562/8222

Pferdezuchtverband Berlin-Brandenburg e.V.
Abasko db. 1983, v. Aveiro, Brandenburgisches Haupt-und Landgestüt, Tel.: 03370/13444
Domenico b. 1982, v. Santamess, Brandenburgisches Haupt-und Landgestüt, Tel.: 03370/13444
Longo F. 1986, v. Dixieland, Thomas Welting, Tel.: 033875/31103
Marocain F. 1984, v. Gidron, Brandenburgisches Haupt-und Landgestüt, Tel.: 03370/13444
Sandor Sch. 1982, v. Carolus, Brandenburgisches Haupt-und Landgestüt, Tel.: 03370/13444

Verband hannoversche Warmblutzüchter e.V.
Aarking b. 1979, v. Authi, Jens Meyer, Tel.: 04742/922143
Alantas b. 1989, v. Anatas, Gestüt Kronenhof, Tel.: 05831/2550
Amerigo Vespucci db. 1982, v. Akari, Niedersächsisches Landgestüt Celle, Tel.: 05141/9294-0
Augustinus db. 1976, v. Kronzeuge, Niedersächsisches Landgestüt Celle, Tel.: 05141/9294-0
Colway Bold b. 1989, v. Never So Bold, Niedersächsisches Landgestüt Celle, Tel.: 05141/9294-0
Concinales db. 1991, v. Acatenango, Niedersächsisches Landgestüt Celle, Tel.: 05141/9294-0
Lauries Crusador b. 1985, v. Welsh Pageant, Niedersächsisches Landgestüt Celle, Tel.: 05141/9294-0
Nandino db. 1980, v. Experte, Hubertus Poll, Tel.: 05164/8397
Natiello db. 1989, v. Sicyos, Niedersächsisches Landgestüt Celle, Tel.: 05141/9294-0
Ordos db. 1980, v. Frontal, Kroneichenhof-Borstel, Tel.: 04231/63147
Papi's Boy b. 1975, v. Irish Ball, Niedersächsisches Landgestüt Celle, Tel.: 05141/9294-0
Prince Thatch db. 1982, v. Thatch, Niedersächsisches Landgestüt Celle, Tel.: 05141/9294-0
Renomee db. 1988, v. Wauthi, Niedersächsisches Landgestüt Celle, Tel.: 05141/9294-0
Rubico F. 1991, v. Rubicon, Niedersächsisches Landgestüt Celle, Tel.: 05141/9294-0
Solo Dancer b 1978, v. Green Dancer, Reiterhof Börner, Tel.: 05196/1350
Sugunas db. 1988, v. Lagunas, Niedersächsisches Landgestüt Celle, Tel.: 05141/9294-0

Sunlight schwb. 1986, v. Tarim, Iris u. Karl-Heinz Jonetat, Tel.: 04778/414
Sunset Boulevard b. 1984, v. Red Sunset, Niedersächsisches Landgestüt Celle, Tel.: 05141/9294-0
Waldstar db. 1987, v. Athenagoras, Johann Löhden, Tel.: 04287/2010
Watermill Bridge db. 1986, v. Man in the Moon, Dr. M. Herbst, Tel.: 05846/554

Verband Hessischer Pferdezüchter e.V.
Elimcal b. 1982, v. Feroce, Gestüt "Im Niedern", Tel.: 06045/1865
Ildefonso db. 1985, v. Priamos, Gestüt Altefeld, Tel.: 05654/6563
Mity Wind b. 1983, v. Lasting Wind, Gestüt Tannenhof, Tel.: 06124/4321
Pageno schwb. 1979, v. Luciana, R. Freund, Tel.: 06059/399
Rasanto F 1982, v. Athenagoras, P. Steinmann, Tel.: 06254/537
Star Regent db 1975, v. Prince Regent, Hofgut van Kaick, Tel.: 06108/67373
Unhold b 1986 v. Wauti, Hessische Landgestüt, Tel.: 02771/89830

Verband der Züchter des Holsteiner Pferdes e.V.
Amigo db. 1989, v. Intervall, Verbandshengst, Tel.: 04121/49790
Barnaul b. 1985, v. Club House, Eutin, Tel. : 04521/5640
Casino Boy, b. 1974, v. Levanter, Friedrichskoog, Tel.: 04854/240
Exclusive b. 1988, v. Seclusive, Lasbek, Tel.: 04534/8122
Exorbitant Sch. 1984, v. Final Straw, Klein Offenseth, Tel.: 04126/435
Feenspross b. 1984, v. Aspros, Verbandshengst, Tel.: 04121/49790
Heraldik b. 1982, v. Caramel, Verbandshengst, Tel.: 04121/49790
Julio Mariner b. 1975, v. Blakeney, Verbandshengst, Tel.: 04121/49790
King Milford db. 1985, v. Milford, Hemdingen, Tel. : 04106/5741
Niclas db. 1986, v. Cagliostro, Nahe, Tel.:04535/591581
Oglio db. 1981, v. Athenagoras, Verbandshengst, Tel.: 04121/49790
Painters Row b. 1992, v. Royal Academy, Verbandshengst, Tel.: 04121/49790
Parco b. 1986, v. Kafu, Verbandshengst, Tel.: 04121/49790
Salute db. 1991, v. Luigi, Eutin, Tel.: 04521/5640
Sir Dancer, b. 1982, v. Green Dancer, Wöhrden, Tel.: 04839/9060
Sir Shostakovich b. 1979, v. Rheingold, Verbandshengst, Tel.: 04121/49790
Zarewitsch db. 1975, v. Arjon, Gestüt Nordland, Tel. : 04604/308

Verband der Pferdezüchter Mecklenburg-Vorpommern e.V.
Ibar db 1982, v. Carolus, Landgestüt Redefin, Tel.: 038854/205
Marlesko db. 1984, v. Dorfbub, Landgestüt Redefin, Tel.: 038854/205
Matador Sch. 1986, v. Gidron, Landgestüt Redefin, Tel.: 038854/205
Mongolfier db. 1983, v. Noble Quillo, Landgestüt Redefin, Tel.: 038854/205
Readily schwb. 1980, v. Salt Marsh, Agrarprodukt eG. Pötenitz-Harkensee, Tel.: 038826/80321
Ussuri R. 1982, v. Aveiro, Landgestüt Redefin, Tel.: 038854/205
Zünftiger b. 1978, v. Frontal, Zuchthof Gadebusch, Tel.: 03886/712981

Zuchtgebiet Nordrhein-Westfalen
Aralino F. 1982, v. Lord Udo, Ilona Ludewig, Tel.: 02132/3133

VOLLBLUTHENGSTE IN DER LANDESPFERDEZUCHT 1998

Bormio schwb. 1985, v. Ti Amo, Nordrhein-Westfälischen Landgestüt, Tel.: 02581/636926
Christian Prince db. 1978, v. Rajah Sahib, Gestüt St.Ludwig, Tel. : 02436/39030
Concepcion db. 1990, v. Acatenango, Nordrhein-Westfälischen Landgestüt, Tel.: 02581/636926
Condrieu b. 1987, v. Top Ville, Holger Bintig, Tel.: 02387/1270
Feuerfunke b. 1979, v. Frontal, Nordrhein-Westfälischen Landgestüt, Tel.: 02581/636926
First Hello b. 1992, v. Nebos, Nordrhein-Westfälischen Landgestüt, Tel.: 02581/636926
Foxiland schwb. 1983, v. Falkland, Wilhelm Rüscher-Konermann, Tel.: 02571/2284
Irish Stew b. 1988, v. Dalsaan, Gestüt Vogelsangshof, Tel.: 02825/241
Laudator b. 1986, v. Esclavo, Josef Werres, Tel.: 02267/4265
Narrador db. 1981, v. Arratos, Alois Pollmann-Schweckhorst, Tel.: 02207/2279
Northern Sound db. 1984, v. Northern Treat, Nordrhein-Westfälischen Landgestüt, Tel.: 02581/636926
Ocos db. 1980, v. Frontal, Heinz-Jörg Jansen, Tel.: 0281/8110531
Prince Orac F. 1983, v. Good Times, Hans-Jürgen Busse, Tel.: 02174/30488
Rio Grande b. 1990, v. Windwurf, Karl-Ludwig Lackner, Tel.: 05425/6570
Tempelherr db. 1991, v. Lagunas, Karl-Heinz Thöne, Tel.: 02154/40888
Templer b. 1987, v. Local Suitor, Dr.Günter Gliem, Tel.: 02426/4433

Zuchtgebiet Oldenburg
Bündheimer Sch. 1986, v. Authi, Gestüt Albrechtshof, Tel.: 04452/1728
Helikon b. 1983, v. Königsstuhl, Hengststation Immerwarfen, Tel.: 04463/307
Just Spectacular b. 1992, v.Mytens, Josef Kathmann, Tel.: 04446/228
Kalu db. 1986, v. Surumu, Horst Bührmann, Tel.: 04487/452
Likoto schwb. 1993, v. Fit to Fight, Deckstation Schockemöhle, Tel.: 04442/1263
Luigi db. 1985, v. Home Guard, Zuchthof Klatte, 04472/947510
Malachit db. 1987, v. Lou Piguet, Station Bümmerstede, Tel.: 0441/41921
Noble Roi b. 1982, v. Windwurf, Heinz Osterloh, Tel.: 04406/6772
Really Fabulous b. 1980, v. Le Fabuleux, Zuchthof Mansie, Tel.: 04488/4319
Painter's Row b. 1992, v. Royal Academy, Ludwig Kathmann, Tel.: 04447/474
Rivero F. 1992, v. Surumu, Ludwig Kathmann, Tel.: 04447/474
Roncalli db. 1978, v. Priamos, Deckstation Bramlage, Tel.: 04443/1295
Seratino F. 1983, v. Lombard, Station Meiners, Tel.: 04404/2277
Sevillano db. 1984, v. Alpenkönig, Deckstation Böckmann, Tel.: 04472/1211
Tananarivo b. 1993, v. Sharpo, Hengststation Vorwerk, Tel.: 04478/233
Narev schwb. 1981, v. Athenagoras, Paul Schockemöhle, Tel.: 05492/3991

Pferdezuchtverband Rheinland-Pfalz-Saar e.V.
Ocamonte F. 1989, v. Surumu, Landgestüt Zweibrücken, Tel.: 06332/903088
Nordos schwb. 1991, v. Ordos, Franz Janetzky, Tel.: 06561/3341
Cassis schwb. 1982, v. Athenagoras, Antje Stach-Rasmussen, Tel.: 06383/5517
Lysippos b. 1979, v. Kronzeuge, Helmut Bauermeister, Tel.: 06805/2783

Pferdezuchtverband Sachsen-Anhalt e.V.
Ajan db. 1982, v. Gidron, Gestüt Gottburgsen u. Partner, Tel.: 034955/20235
Da Ponte schwb. 1980, v. Tamerino, Jürgen Lemme, Tel.: 039383/231

Domenico b. 1982, v. Santamoss, GOW Klemens Jüttner, Tel.: 03473/816742
Rienzi db. 1986, v. Wildschütz, Landgestüt Radegast, Tel.: 034956/22980
Severus db. 1983, v. Priamos, Horst Lösche, Tel.: 035387/42360
Windhauch b. 1981, v. Frontal, Wolfgang Heuser, Tel.: 039003/607

Pferdezuchtverband Sachsen e.V.
Andino schwb. 1990, v. Nandino, Sächsisches Landgestüt Moritzburg, Tel.: 0351/2561001
Baba Karam b. 1984, v. Persian Bold, Gestüt Sachsen, Tel.: 034363/51221
Chief Singer db. 1981, v. Ballad Rock, Sächsisches Landgestüt Moritzburg, Tel.: 0351/2561001
Legal Legend b. 1986, v. Solford, Hans-Heinrich Wittig, Tel.: 03727/91968
Melotto Sch. 1986, v. Gidron, Sächsisches Landgestüt Moritzburg, Tel.: 0351/2561001
Pesus Sch. 1984, v. Fierant, Sächsisches Landgestüt Moritzburg, Tel.: 0351/2561001
Remolus b. 1983, v. Tiron, Sächsisches Landgestüt Moritzburg, Tel.: 0351/2561001

Trakehner
Akademos F. 1986, v. Windwurf, Hengststation Stach, Tel.: 06372/91170
Beg db. 1982, v. Gelikon, Gestüt Hörstein, Tel.: 06023/1641
Cupric F. 1988, v. Solo Dancer, Dr. U. Mittermayer, Tel.: 02403/6885
Elan schwb. 1973, v. Wiesenklee, Gestüt Kesselfeld, Tel.: 07942/3155
Intervall schwb. 1974, v. Perseus, E. Steiner, Tel.: 09077/400
Katamaran b. 1981, v. Priamos, U. Focken, Tel.: 04463/307
M - Lolshan schwb. 1975, v. Levmoss, Gestüt Westerberg, Tel.: 06130/428
Monarch db. 1977, v. Prince Ippi, L. Buschmann, Tel.: 034298/61221
Odeur schwb. 1984, v. Athenagoras, U. Deisenroth, Tel.: 06675/1508
Red Patrick b. 1993, v. Red Sunset. O. Langels, Tel.: 05155/8573
Solo db. 1980, v. Lord Udo, Gestüt Bahren, Tel.: 03437/919107
Strohmann b. 1981, v. Manado, H. Henke, Tel.: 05841/2362
Tagant db. 1987, v. Nandino, Gestüt am Wartenberg, Tel.: 07704/420

Aarking siehe Hannover, Alantas siehe Han, Baba Karam siehe Sachsen, Elimcal siehe Hessen,
Heraldik siehe Holstein, Kanudos siehe Baden-Württemberg, King Milford siehe Holstein, Luigi siehe Oldenburg,
Nandino siehe Hannover, New Wonder siehe Bayern, Niclas siehe Holstein, Noble Roi siehe Oldenburg,
Pageno siehe Hessen, Roncalli siehe Oldenburg, Seratino siehe Oldenburg, Tempeltanz siehe Bayern,
Templer siehe Nordrhein-Westfalen, Zigeunerheld siehe Bayern.

Die aufgelisteten Vollbluthengste für die Warmblutzucht sind zum Teil
in mehreren Zuchtverbänden zugelassen.
Eine genaue Auskunft erteilt der jeweilige Zuchtverband.

Deckhengst Sea Hero freut sich seines Lebens.

INDEX

Pferde

A
A.P. Indy 165, 167, 167, 168, 245, 246, 251
Aar 282
Aarking 282
Abary 64, 205, 239
Academy Award 155
Acatenango 23, 31, 34, 64, 64, 65, 66, 71, 74, 75, 205, 237, 239, 240, 282,
Accadia 70
Adieu 91
Admise 82
Adonis 277, 283
Adrian 278
Affirmed 140, 147, 180, 245, 246, 248
Aggravate 64
Agio 42
Agnelli 70
Ahlerich 274, 275, 282
Ahonoora 116
Ajano 45
Ajdal 108
Ajina 247
Akarad 93, 125
Akiyda 125
Al Bahathri 236
Al Nasr 88, 158
Alabaster 282
Alba 38, 47
Alchimist 23, 31, 33, 39, 57, 66, 239
Aldato 278, 283
Aleksander 277
Alex 43
Alfred 31
Ali-Royal 135, 136
Alkalde 49
All Along 239, 251
All Dancing 88
All My Dreams 119
Alleged 131, 164, 172, 189, 237
Allegretta 42, 55, 89
Allen's Alydar 228
Allez France 239
Allgäu 42, 47
Almahmoud 222
Alpenkönig 34, 41, 43, 44, 205, 239, 240
Alpenlerche 43, 44
Alphabet Soup 160, 249, 251
Alte Zeit 66, 75, 239
Althea 198
Alvaro 283
Alvéole 34
Alveradis 49
Always Fair 93
Always Loyal 237
Alwuhush 170
Alydar 140, 143, 147, 148, 149, 167, 180, 245, 246, 248
Alydeed 140, 163
Alysheba 148, 167, 168, 242, 245, 246, 251
Alywow 167
Alzao 49, 55, 88, 134, 136
Amadeus 270
Ambra 49
American Order 92
Amethysta 34
Amon 283
Anabaa 85, 128, 154
Anandar 228
Anatas 79
Anblick 278, 279, 283
Andora 270
Angelo 275, 278, 282, 283
Angriff 282
Anmarsch 282
Anna Paola 59
Annabell 270
Anständige 59
Antioquia 64
Antoinette 278
Anzille 55
Apart 282
Apollionios 44
Apollo 278
Apple Tree 91, 92, 240
Aragosta 70, 71

Arak 261, 262, 263
Arakai 271
Aralia 42
Arastou 66, 70
Arato 283
Arazi 165, 228, 237, 249
Arborea 34
Arcangues 251
Archimadia 111
Ard Patrick 31
Ardross 212
Aréole 34
Arkona 59
Arletta 258
Armani 283
Armed 149
Armiger 112
Arogno 276
Arratos 69
Artaius 131
Artan 240
Artic Tern 82
Arystokrat 285
Ascona 43
Ashkalani 118, 125, 237
Aslan 284
Aspros 59, 74
Aspyring 266
Assault 245, 246
Assert 119, 237
Aster 38, 277
Asterblüte 42, 89, 239
Asterios 33, 38, 42, 52
Astylos 44, 39
Athanasie 50
Athanasius 50, 52
Athenagoras 47, 50, 71, 239, 240, 278, 289
Athene 50
Atticus 165, 170
Au Point 88
Au Roi 91
Aubergine 42
Augustinus 282
Avenida 47

Aventin 57
Aveole 70
Aviatik 44
Awad 252

B
Bad Bertrich 205
Bahamian Bounty 105
Bahram 103, 124, 180, 233
Bahri 140, 236
Baiser Vole 237
Balanchine 135, 233, 237
Balbonella 85
Bald Eagle 151, 155
Ball Park 116
Ballyboy 278
Ballymoss 111
Balzflug 276
Barathea 112, 127, 236, 251
Bariton 283
Barnaul 279, 281
Barood d'Honneur 84
Barsoi 278
Baryshnikov 88, 89
Basalt 270
Bates Motel 155, 160, 213, 242
Battle Dore 84
Bayrika 125
Be My Chief 105
Be My Guest 75, 119, 133, 134, 136, 225
Be My Native 118, 136
Beau Fast 285
Beau Sultan 84
Beaugency 82
Beaune 82, 84
Before Dawn 146
Beldale Flutter 111
Believe It 155
Bella Paola 52, 95
Belle de Retz 82, 87
Bellman 82
Bellypha 82, 88, 93
Belmez 78, 78, 127, 212, 236
Belong To Me 168

Ben Shirin 283
Bengale 283
Benny The Dip 155, 230, 233
Bering 82, 84, 84, 128, 237
Bewitch 149
Big Game 103, 115
Big Shuffle 120
Bigstone 135, 136
Bikala 91, 93, 119, 237
Biobelle 82
Birkhahn 23, 31, 33, 42, 43, 66, 70, 239, 283
Birthday Love 55
Bishop Of Cashel 100
Black Cherry 118
Black Perfume 87
Black Sky 279, 289
Blakeney 105
Blandford 103, 115, 118
Blast 289
Blauspecht 283
Blaze 140
Blenheim 103, 124, 144
Blue Duster 154
Bluebird 95, 133, 136
Blushing Flame 101
Blushing Groom 85, 101, 112, 124, 125, 157, 160, 165
Bojar 75
Bold Bidder 155
Bold Indian 281
Bold Lad 127
Bold Ruler 34, 151
Bon Mot 82
Bonfire 274
Bonna 74
Borgia 23, 64, 74, 74, 75, 205, 235, 237, 239, 240, 249
Bosra Sham 135, 213, 232
Boubledogdare 155
Bougainvillea 74
Boundary 155
Bouquet 285, 289
Bourbon 82

Bridget 232
Brief Truce 119, 136
Brier Creek 78
Brigadier Gerard 232, 234,236
Brigata 70
Bright Generation 112
Brigida 43, 44
Britannia 74, 205, 240
Broad Brush 160, 242
Broadcast News 269
Brocco 168, 245, 249
Brockton Boy 223
Buckpasser 152, 154
Buenos 75
Buisson Rose 91
Bekuphalos 276, 278
Bull Dog 144
Bull Lea 143, 144, 147
Bupers 223
Burlay Bay 285
Busoni 280
Busted 93
Bustino 74, 180, 236

C
Cabremont 87
Cacir 285
Cadeaux Genereux 100, 105
Cadland 97
Caerleon 34, 89, 133, 134, 152, 237
Cahill Road 160
Caitano 205, 240
Calumet Butler 144
Calypso I 288
Calypso II 288
Calypso III 288
Calypso IV 288
Calypso V 288
Canonero 155
Cape Verdi 232
Capitol I 279
Capitol II 279
Capote 164, 165, 198, 249
Captain Bodgit 247

Captain Cuttle 98
Caracol 64, 69, 240
Caran d'Ache 58
Cardinal 269, 278, 279, 284, 289
Carling 252
Carlton 70
Carnac 92
Carnegie 78, 91, 127, 134, 239
Caro 71
Caroll House 116, 239, 240
Carwhite 120
Catnip 50
Catrail 213
Celtic Swing 105, 237
Chain Bracelet 88
Challenger 103
Chanteur II 111
Charge d'Affaires 95
Charisma 271
Charlottesville 123
Charmant 285
Cheraky 293
Cherry Lass 115
Chesterfield 268
Chevalier 62
Chevaller's Star 289
Chief Bearhart 245
Chief Singer 34, 234
Chief's Crown 105, 154, 155, 164, 247
Christmas Past 155
Chromatic 276, 283
Cigar 138, 140, 146, 168, 180, 226-229, 242, 248, 249, 251
Cil 34
Citation 143, 144, 146, 147, 149, 151, 180, 223, 229, 245, 246
Classic Cliché 236
Classic Park 236
Clodora 93
Coaltown 149
Cobra King 160
Collage Chapel 136
Colombo 98, 111
Colonial Affair 160, 163, 168, 246

Commanche Run 136
Commander In Chief 212, 233
Comprida 65, 239
Concern 160, 251
Concord 283
Connaught 64
Connection 269
Conquistador Cielo 143, 154, 155
Contessina 38
Cor de la Bryère 285, 288
Coral Dance 128
Corrida 50, 239
Cortez 47, 49
Cosinus 279
Cottage 131
Cottage Son 278, 279
Couleur-Fürst 279
Count Fleet 223, 245, 246
Countess Diana 249
Cox Ridge 155
Cozzene 160, 251
Crape Band 62, 64
Crash Course 118
Creator 127
Crepello 62, 211, 233
Criminal Type 148, 198
Crudwell 180

D
Dadarissime 84
Dahar 88, 158
Dahlia 155
Dalnamein 100
Damascus 152
Damister 154
Dance A Dream 98
Dance Act 25
Dance Design 119, 120, 134
Dancing Brave 29, 74, 84, 88, 112, 158, 232, 236
Dancing Spree 152
Danehill 112, 118, 130, 134, 136, 154
Danewin 105, 252
Danhill Dancer 135, 136

Danseuse Du Nord 125
Danseuse Du Soir 237
Dante 43
Danubia 37
Danzig 93, 143, 151, 154, 155
Danzig Connection 143, 154, 246
Dare and Go 229
Dark Ronald 18, 23, 31, 37, 39, 59, 62, 66
Darshaan 125, 234, 237
Davona Dale 146, 149
Dylami 237
Dayjur 140,154
Dazzle 98, 99
De La Rosa 143
Dear Doctor 78, 79
Deep Run 131
Dehere 135, 136
Demons Begone 155
Deploy 112
Deputy Minister 25 140, 143
Der Löwe 269, 274, 279, 280
Derring Do 98
Desert King 116, 131, 135, 136, 233, 237
Desert Waves 167
Desidera 59
Devil's Bag 153, 154
Diamond Mix 93
Diaisprina 59
Diesis 100, 140, 236
Diomed 233
Distinctly North 136
Dixieland Band 167, 168
Djebel 87
Djebellica 87
Dolce Vita 289
Dolphin Street 135, 136
Don Giovanni 43, 205
Don Pedro 289
Don't Forget Me 116
Donaumonarch 279
Dorn 283
Dornrose 38
Dorpas 285, 288
Doyoun 124, 125, 211, 232

Dr Devious 116, 131, 135, 136, 172, 233, 236
Dramatic Gold 164
Drum Taps 167
Dschingis Khan 49, 66, 70, 205, 239
Duna 289
Dunhill 75
Dunka 289
Dynaformer 165

E
Eagle Eyed 136
Eagle Lion 266
East Of The Moon 237
Eastern Echo 168
Easy Goer 148, 155, 246
Eclipse 13, 18, 19, 20, 180
Ecuador 278
El Fabulous 88
El Gran Senor 78, 133, 135, 136, 225, 232, 237
El Prado 134
El Salto 44
Ela Mana Mou 93, 234
Elki F. 279
Elle Danzig 205, 239
Elmhurst 249
Emarati 105
Encore Belle 95
Entrepreneur 98, 99, 131, 134, 135, 136, 211, 212, 232
Épervier Bleu 78, 93, 237
Erminius 84
Eros 287
Esclavo 205
Esdale 88
Esprit du Nord 82, 88, 158, 240
Evansville Slew 172
Even Money 131
Exclusive Native 99
Exclusive Order 92, 99
Executive Perk 120, 136
Exorbitant 279, 281
Explorer 279

INDEX

F
Fabius 149
Fabulous Dancer 88, 225
Fabulous la Fouine 88, 252
Fabulous Noble 88
Faburola 88
Fair Trial 281
Fairway 281
Fairy Bridge 134, 154
Fairy King 134, 136, 154, 225
Family Style 198
Famous Finora M 276
Fanfar 50, 54
Fappiano 154
Fastness 160
Faultless 149
Favorite Trick 172, 249, 251
Feine Dame 278
Feldberg 283
Ferdinand 152, 155, 251
Fernblick 274, 282
Ferrara 172
Festa 23, 70
Fidalgo 274, 282
Fiesta Gal 172
Filia Ardross 205, 239
First Class 70
First Love 70
First Trump 98, 100, 105
Fisherman 270
Fit To Fight 168
Flaming Page 224
Flanders 198, 249
Flemensfirth 136
Florentine 33
Fly So Free 165, 245, 249
Flying Childers 13, 18, 19
Flying Dutchman 18
Flying Spur 118
Follywise 269
Fora 276
Forlorn River 98
Forrest 282
Fortinal 131

Fortino 71
Forty Niner 29, 153, 154, 155
Forward Pass 147, 149
Fourstars Allstars 136
Foxiland 276
Fragant Mix 93
France Enchantée 92
Freedom Cry 78
French Deputy 165
Friar's Daughter 124
Friedensfürst 276
Frühlingsstern 283
Funambule 88
Furioso 78, 277
Furioso II 78, 277
Futuro 277

G
Gainsborough 18
Gallant Fox 151, 246
Galtee More 31, 38
Gamely 155
Ganimedes 274
Garde Royal 78
Gay Médène 82
Generous 131, 233, 237
Gentlemen 172
Genuine Risk 246
Germanist 283
Germany 205, 240
Gigolo 272, 274, 280
Gimpel 275
Ginger 270
Giolla Mear 116
Glacial Storm 136
Gladiateur 81, 233
Glasson Lady 43
Gloriosa 84
Go And Go 119, 120, 172
Go For Gin 153, 155, 245
Go For Wand 249
Godolphin Barb s.a. The Godolphin Arabian 18
Godolphins Swain 250

Gold Fever 168
Gold River 82
Golden Attraction 193
Golden Derby 245
Golden Fleece 152, 233
Goldneeyev 82
Golf 283
Gondola 55, 71, 240
Gone West 112, 140, 154
Goofalik 88
Gorego 155
Gorgeous 163, 164
Gothland 82
Graf Isolani 50
Gran Alba 101
Gran Slam 193
Grand Lodge 135, 136, 234, 236
Grape Tree Road 89, 131, 237
Graviers 91
Great Nephew 108
Great Palm 88
Great Prospector 245
Great Tune 88
Green Dancer 82, 128, 152, 157, 159, 160
Green Desert 154
Green Rosy 95
Green Tune 237
Greinton 159, 242
Grenzen 120
Grey Dawn 82
Grey Risk 95
Grey Sovereign 71, 160
Grindstone 198, 245
Grollus 283
Grundy 105, 108, 180, 233, 234, 237
Grundyman 279
Gulch 154, 167, 168, 198

H
Halling 109
Hamada 82
Hansel 246
Happy Valentine 99
Hatoof 160, 232

Heavenly Prize 155
Hector Protector 105, 237
Heideblume 279
Height Of Fashion 28
Helikon 49, 205
Helissio 116, 134, 237, 239
Hellenic 125
Hello 128
Hennessy 136, 193
Heraldik 283
Hernando 91, 237, 252
Herold 19, 31, 33, 66, 240
Herod 20
Hickman Creek 172
High Top 213, 232, 281
Highest Honour 84, 84
Hill Gail 149
Hill Hawk 289, 285
Hill Prince 151
Hill Rise 223, 224
Hishi Amazon 252
Hobglobin 19
Hoist The Flag 155, 172
Holly 70
Hollywood Dream 70, 239, 240
Holy Bull 245
Homme de Loi 91, 237
Hondo 75
Honeyway 108
Honorius 45
Honour And Glory 131, 136
Hours After 172
Housamix 93
Houston 172
Hyperion 19, 28, 29, 64, 66, 165, 180, 204, 213, 222, 233, 278

I
Idris 116
Idrissa 44
Igma 82
Ile de Bourbon 29, 65, 111, 234
In A Million 212
In A Tiff 34

In The Wings 127, 128, 134, 219, 233, 236, 251
Indian Ridge 116, 118
Indian Skimmer 237
Indiana 108
Inschallah 287
Intrepidity 127
Investment 230
Irish Edition 120
Irish Order 92
Irish River 87, 88, 93, 158, 159, 160
Irish Star 87
Irish Wings 128
Iron Liege 149
Isinglass 97, 101, 111, 115, 233
Ivanjica 82, 239

J
Jade Robbery 154
Jaipur 151
Java Gold 75
Jeanne Jones 163
Jelly Lorum 269
Jet Pilot 151
Jeune Homme 88
Jodami 118
Johann Quatz 95
John Henry 140
Johnstown 151
Jolypha 237
Jongheer 270
Jordi 284
Joyeuse Entre 95
Julier 282
Julius Casar 281, 282
Just Spectacular 276

K
Kahal 109
Kahyasi 125, 233, 237
Kaiseradler 47
Kaiserblume 55
Kaiserfreude 49
Kaiserstuhl 47

Kaiserwürde 47, 49
Kaiserzeit 49
Kalaglow 60, 236
Kalamoun 125
Kaldoun 88
Kallista 70
Kallistos 287
Kamiros 64, 240
Kanudos 283
Karabas 43, 213
Karloff 205
Kaschira 43
Katanga 287
Kelso 152, 180
Kendor 95, 237
Kenmare 84
Kettwig 49
Key Change 125
Kincsem 10, 279
King Of Kings 131, 134, 232
King William 269
King's Bench 98
King's Theatre 212, 236
Kingmambo 154, 167, 168, 234, 237
Kings Lake 44, 45
Knight's Baroness 112
Known Fact 111
König Oskar 58
Königsblüte 49
Königskrönung 283
Königsrose 49
Königsstuhl 23, 45, 47, 48, 49, 54, 66, 239, 240
Kooyonga 239
Kotashaan 125
Kris 34, 100, 109, 212, 236
Kronprinz 278
Kronzeuge 47
Ksar 237

L
La Blue 205, 239
La Colorada 65
La Crise 92

La Dorada 62
La Prevoyante 155
La Tour 43
La Virginia 66
Ladad 279
Ladalco 279
Lady Angela 28, 222
Lady Carla 213
Lady's Secret 198
Ladykiller 275, 276, 278, 279, 283
Lagunas 44, 65, 111, 205, 239
Lake Coniston 136
Laland 50
Lammtarra 29, 78, 109, 152, 233, 236, 239
Lamp Chop 155
Lancia 70
Landadel 279
Landaluce 198
Landgraf 239, 283
Landgraf I 275, 278, 279
Landgraf II 279
Landgräfin 279
Lando 23, 31, 50, 61, 64, 69, 70, 71, 75, 202, 205, 239, 240, 252
Langata Express 276
Lanthan 280
Laroche 69, 70, 71, 204, 205, 239
Lashkari 125
Last Tycoon 74, 134, 135, 136, 251
Lath 19
Latin American 172
Laurea 70
Laurentianer 281
Lauries Crusador 280, 280, 281, 282
Lavande 87
Lavandin 87
Lavauzelle 287
Lavirco 45, 49, 66, 174, 239, 240
Law Society 91, 237
Le Fabuleux 82
Le Glorieux 91, 239, 252
Le Moss 212
Le Nain Jaune 78
Le Paillon 82

Le Tigre 287
Lead On Time 82, 87
Lear Fan 91, 160
Lebos 71, 205, 239
Lemon 282
Leonas Dancer 270
Lepanto 43
Lesotho 88
Leticia 65
Lettre De Chachet 95
Liberty 70
Licita 70
Life's Magic 198
Lillac Dance 49
Linamix 93, 237
Lion Cavern 109
Lirung 64, 205, 239
Literat 31, 62, 64, 66, 70, 239
Lolita 34
Lombard 40, 42, 43, 44, 111, 205, 239, 240
Lomitas 62, 65, 66, 67, 75, 191, 201, 239, 240
Londonderry 281
Longa 65
Longchamp 281
Lord Avie 168
Lord Beri 278
Lord Gayle 116
Lord Udo 54, 58
Lorelei 34
Lörke 281
Louis Quatorze 136, 246
Loup Sauvage 91
Loup Solitaire 91, 237
Louveteri 92
Love In 62
Low Key Affair 120
Lucky Dip 82
Lugano I 280
Lugano II 280
Luigi 72, 239, 278
Lure 136, 153, 154, 251
Luso 74, 239, 240

Lustige 52, 239
Luth d'Or 92
Luth Enchantée 92
Luthier 88
Lycius 128, 154
Lydian 88
Lyphard 88, 128, 157, 158, 225
Lyphard's Wish 29, 88

M
Macanal 65, 191
Machiavellian 108, 109, 154
Madeleine's Dream 237
Madras 280
Madrilene 289
Magical Wonder 118
Magnat 23, 52
Mahagoni 276
Mahmoud 124, 157, 222
Maid of Money 118
Maintenon 81
Majestic Light 155
Majorien 95, 109
Majorität 49, 55, 239
Makuba 278
Man O'War 140, 180, 222
Mandelbaum 49
Manila 88, 158, 251
Manna 111
Manolete 278
Manometer 278
Maquisard 283, 289
Maravika 289
Masarika 237
Märchenfee 289
Marcio 279, 280
Marduk 50, 54, 58, 239, 240
Maria 37
Marie de Ken 95
Mark Of Esteem 109, 125, 232, 236
Market Booster 120, 159, 239
Marlene Kelly 70
Marlon 276, 277, 278, 279, 281
Maroof 154

Marzio 280
Mashaalah 213, 240
Massoud 284
Masterplayer 55
Match Winner 270
Matchem 19, 20, 277
Matcho 287, 287
Matiara 84
Matutinale 289
Maurice 287
May Eve 283
Mazepa 280
Medaaly 84
Medicus 49, 205
Meld 109
Mentor 277
Mercurius 54
Messyar 125
Michelangelo 276
Miesque 165, 170, 180, 232, 237, 251
Miesque's Song 165
Might And Honor 251
Milesius 172
Mill Native 219
Mill Reef 34, 78, 82, 103, 104, 105, 124, 125, 128, 232, 233, 234, 236, 239
Miner's Mark 168
Mining 154
Minoru 103, 115, 118
Miracle 111
Miracolo 278
Miss Alleged 172, 251
Miss Manon 87
Mister Baileys 232
Mistral I 283
Mistral II 283
Mistral Dancer 228
Miswaki 42, 154
Moccasin 152
Modus 283
Mogambo 154
Mohr 47
Mon Senjoeur 287
Monamira 55

INDEX

Mondo 75
Mondrian 59, 60, 66, 239, 240
Monsieur 287
Monsun 44, 45, 45, 60, 71, 205, 240, 283
Mont Du Chantal 287
Montano 283
Montenica 87
Monteverdi 88, 158
Moonlight Dance 167
Mordskerl 283
More Magic 278
Mosella 45
Mouktar 124, 125
Mr. Brooks 98
Mr. Prospector 108, 109, 112, 128, 151, 152, 153, 154, 155, 165, 167, 168, 172,
Mt. Livermore 160
Mt. Sassafras 160
Mtoto 127, 236
Muhtarram 172
Mumtaz Begum 124
Mumtaz Mahal - "the flying filly" 124
Munaaji 120
Music Boy 97, 98
My Swallow 232

N
Nachtflug 278
Nadir 155
Nagano 278
Nardus 283
Narew 269, 276, 278
Nashua 151
Nashwan 29, 98, 232, 233, 236
Nasram 47
Nasrullah 28, 91, 112, 116, 124, 151, 158, 160, 278
Natalma 222
Natiello 260
Native Dancer 112, 160, 222
Natroun 93, 125
Nearco 18, 28, 43, 44, 71, 116, 151, 154, 165, 222, 223
Nearctic 28, 221, 222, 224

Nearctic Flame 98, 99, 101
Nearula 111
Nebelwerfer 47, 283
Nebos 23, 49, 50, 54, 71, 240
Nec Plus Ultra 95
Neckar 47, 50, 52, 58, 239 277
Negofol 81
Nella da Gubbio 50, 53, 71
Nelly Flag 146
Nereide 23, 38, 50, 52, 53, 71, 180, 239
Neuquen 269, 282, 283
Never Bend 151, 155, 160
Never Say Die 105
Newcomer 270, 282
Nica 87
Nicholas 143
Nickel King 269
Nicolotte 136
Niederländer 50, 52
Night Shift 134, 136
Nijinsky 10, 26, 34, 44, 45, 65, 75, 105, 133, 152, 153, 180, 224, 225, 232, 233, 234, 236, 237, 239
Nikos 95
Nishapour 125
Noble Champion 278
Noble House 278
Noble Princess 49
Noble Roi 278, 281
Noir Et Or 91
Noiret 287
Nombre Premier 95
Nordlicht 38, 50, 52
North Sider 198
Northern Dancer 16, 28, 45, 75, 100, 112, 118, 119, 128, 134, 135, 148, 160, 164, 167, 168, 170, 180, 204, 220-225, 227, 228, 245
Northern Park 160
Northern Spur 78, 134, 251
Northern Taste 29
Nostradamus 278
Nuage 31
Nuas 59

Nuccio 82
Numbered Account 155
Nureyev 34, 100, 140, 152, 168, 170, 172, 172, 225, 245
Nuvolari 38, 52, 53

O
O'Bajan XIII 289
Ocana 65
Octagonal 85, 118, 251
Odysseus 289
Off Key 289
Oglio 287
Oh So Fair 109
Oh So Sharp 109, 212, 232, 233, 236
Old Vic 134, 212, 237
Oleander 22, 23, 37, 38, 42, 52
Olympiade 38
Omaha 151, 246
One For All 224
Opal 289
Open Mind 198
Opera House 127, 134, 211, 233, 236
Or Royal 91
Orator 58
Oraza 69
Orby 18
Orchidee II 37, 38
Ordenstreue 47
Ordinale 47
Ordos 49, 239, 240
Orellana 289
Orofino 49, 70, 239
Orsenigo 38
Orsini 50, 52, 53, 54, 239
Ortszeit 69
Oscar 136
Oscar Schindler 135, 237
Our Emblem 155
Our Mims 146
Our Village 91
Owington 44
Oxalagu 65, 74, 205, 239, 240

P
Padang 65
Palace Music 227
Palastpage 57
Palazzo 43
Pampabird 91
Panama 4 282
Panchero 287
Papayer 282
Paradise Creek 160, 163
Paradox I 282
Paradox II 282
Parforce 276
Park Appeal 116
Park Express 116
Party Politics 101
Pas de Reponse 154
Passau 276
Pasteur 276, 283
Patras 280
Patricius 276
Peacetime 268
Peaks And Valleys 160
Pearl Bracelet 88, 237
Peintre Célèbre 134, 136, 170, 219, 234, 235, 237, 239
Pennekamp 84, 127, 128, 232, 236
Pensive 146, 149
Pentathlon 69, 70, 289
Percentage 292
Perfectionist 275
Periander 38
Persephone 289
Perser 280
Persian Heights 74, 111, 234
Persimmon 275
Personal Ensign 155
Personal Hope 136, 245
Perugino 136
Peter Davies 84
Petit Loup 82, 154
Petite Etoile 123, 125, 211
Petoski 105
Phalaris 98, 160

Pharis 42
Pharly 158
Pharos 222
Philantrop 109
Picard 280
Pideon Voyageur 91
Pik As 279, 280
Pik Bube I 280
Pik Bube II 280
Pik König 49, 239, 280
Pilot 282
Pilsudski 29, 109, 211, 235, 239, 240, 249, 251, 252
Pindar 280
Pine Bluff 168
Pink Flower 38
Pinot 71, 205
Pistol Packer 82
Pistolet Bleu 88
Pivotal 98, 100, 210
Place d'Honneur 91
Platini 66, 205, 239
Playmate 280
Pleasant Colony 168
Pleasant Tap 168
Pluchino 282
Point To Point 271, 283
Polar Falcon 98, 100, 170
Polar Prince 240
Poliglote 89
Polish Precedent 109, 154
Polydor 282
Polynesian 222
Pomme d'Ebène 91
Pomme Rose 91
Pomme Royale 91
Ponder 146, 149
Poplar Bluff 78
Port Lucaya 98
Potrimpos 31
Praefectus 269, 274, 278, 283
Prairie Neba 71, 240
Precise 157
Predappio 74

Premier Amour 70
Presto 280
Pretty Polly 109
Priamos 34, 41, 43, 205
Primo Dominie 97, 100, 101
Prince Chevalier 98
Prince Palatine 115
Prince Regent 43
Prince Sabo 100
Prince Simon 151
Prince Thatch 276
Princequillo 151, 160
Princess Nana 205, 239
Private Terms 155
Privatier 282
Procida 154
Prunus 37, 38
Puissance 105
Pulpit 167
Pure Grain 252
Purple Rain 143

Q
Quebrada 65, 191, 205, 239
Queenie 193
Quest For Fame 112, 233

R
Ragusa 127
Rahy 165
Rainbow Quest 84, 112, 233, 239
Raintrap 112
Raise A Native 147
Rambler 131
Ramiro 279
Ramzes 284, 287
Rathenau 75
Ravier 84
Ready Teddy 266
Real Delight 149
Real Quiet 245, 246
Rebecca Sharp 109, 234
Red Camellia 99
Red Patrick 276

Red Rum 180
Reference Point 105, 108, 212, 233, 237, 236
Regress 283
Regret 157, 246
Relaxing 155
Relianace II 64
Rembrandt 273, 274, 275, 282, 283
Reprimand 104, 105
Rescousse 95
Resless Kara 93, 237
Revoque 237
Rhoda 97
Rhythm 136, 154, 249
Ribot 75, 103, 160, 165, 172, 180, 234, 237
Ridan 155
Ridgewood Ben 118
Ridgewood Pearl 118, 234, 236, 251
Risen Raven 65, 172, 191, 205
Risen Star 172, 246
Rittersporn 284,
Riva Ridge 155
River Lady 87
Riverman 82, 88, 93, 157, 158
Riverqueen 82, 87
Riviere D'Or 88
Roakarad 93
Roar 153, 168
Roberto 92, 165, 233
Rocket 262
Rodrigo De Triano 232, 236
Romulus 108
Roncalli 282
Rosa de Caerleon 91
Rosario 283
Rose Amore 34
Rose Venitier 91
Rotina 95
Round Table 151
Rousillon 105
Roxana 19
Royal Academy 92, 135, 136, 152, 251
Royal Angelo I 283

Royal Angelo II 283
Royal Charger 116
Royal Gait 127
Royal Indy 167
Royal Native 170
Royal Palace 105
Rubiano 168
Rubicon 283
Rubimentary 100
Rubinstein 274, 283
Ruby Tiger 116
Ruffian 152, 155
Running Rein 233
Runup The Colors 167
Rupert 95

S
Sabera 42
Sabin 143, 168
Sable Skinflint 269
Sacahuista 198
Saddler's Hall 100, 233
Sadler's Wells 34, 95, 98, 99, 100, 120, 128, 133, 134, 135, 136, 154, 204, 225, 236
Sagace 45, 70, 239
Saint Cloud 282
Saint Créspin 82
Saint Cyrien 82
Saint Estèphe 91
Sallust 116
Sally Of The Hills 289
Salsabil 99, 116, 134, 232, 233, 236
Salt Lake 172
Salvo 111
Sam The Man 268, 283
Samos 124
San Vicente 43
San San 54, 82, 239
Sanglamore 84, 85, 112, 237
Saphir 37
Sapience 124
Saquiace 70
Saratoga Springs 131
Sarto 42

Sassafras 237, 239
Saumarez 84, 93, 112, 237, 239
Scarborough Fair 270
Scenic 134
Schönbrunn 45, 239
Schwarz-Grün 70
Schwarzblaurot 42
Schwarzgold 22, 23, 33, 37, 38, 39, 43, 47, 180, 239
Schwarzliesel 38
Schwarzmeer 45
Sceptre 157
Sea Bird 180, 239
Sea Hawk II 289
Sea Hero 168, 169, 245
Sea Sick 81
Seattle Slew 89, 140, 164, 165, 166, 167, 172, 180, 227, 245, 246
Second Empire 116, 131, 237
Second Set 49
Secretariat 151, 152, 172, 180, 180, 245, 246
Secreto 148, 225, 233
Seeking The Gold 154, 155
Sektor 287
Septieme Ciel 89
Serena's Song 165, 193
Serrant 84
Shaadi 59, 127, 154, 234, 236
Shaamit 103
Shadayid 232
Shadeed 152
Shahrastani 124, 125, 152, 164, 211, 237
Shaiybara 125
Shamadara 125
Shamrock 281
Shantou 172, 236, 240
Shantung 111
Shareef Dancer 109, 211, 225, 237
Sharpen Up 84, 157, 213
Sharpman 87, 93
Shergar 108, 125, 211, 233, 234, 237
Shermaran 125
Sheshoon 123, 124, 240
Shirley Heights 34, 105, 125, 233, 237

Shogun 281
Sicyos 88
Sieger 37, 239
Sigebert 289
Signe Divin 84
Silent Lake 45
Sillery 82, 84, 85
Silver Charm 242, 245, 246, 247, 249
Silvermine 82, 85
Single Empire 240
Singspiel 88, 109, 128, 211, 233, 242, 251, 252
Sinus 282
Sioux 282
Sir Barton 246
Sir Cat 160
Sir Chamberlain 279
Sir Gallahad III 151
Sir Gaylord 82, 85
Sir Harry Lewis 172
Sir Ivor 152, 233
Sir Lennox 274
Sir Shostakovich 269, 279
Ski Paradise 88
Skip Away 249, 251
Sleepytime 135, 232
Slenderella 42, 239
Slew O'Gold 155, 164
Slip Anchor 45, 212, 233
Smart Strike 168
Smoke Glacken 160
Snaafi Dancer 16, 224
Snurge 93, 116, 236, 251
Solar Slew 227
Solo Dancer 270
Solon 42
Sommerblume 47
Sonntag 31
Sophonisbe 45
Sorcery 97
Sought Out 112
Southern Halo 136
Southern Rhythm 172
Southern Seas 45

INDEX

Soviet Line 98
Soviet Star 118, 170, 237
Special Price 84
Spectacular Bid 245
Spectacular Joke 92
Spectatrice 92
Spectrum 112, 136, 236
Spindrifter 210
Spinning World 135, 136, 170, 236, 249, 251
Sri Pekan 136
St. Finnbar 268
St. Jovite 168, 236, 237
St. Paddy 211
St. Simon 18, 160, 180, 233, 275
Stan The Man 283
Star Appeal 59, 105, 239
Star King früher Star Kingdom 103
Star Regent 282
Star Standard 172
Stardust 103
Steamer Duck 84
Steinlen 45, 198, 251
Sterna 59, 60
Sternina 59
Sternkönig 59, 60, 71, 239
Sternwappen 59, 60
Stop The Music 143, 160
Storm Bird 118, 133, 135, 136, 160, 225, 236
Storm Cat 140
Storm Song 249
Strike Oil 88
Strike The Gold 149, 245
Strohmann 278
Strong Gale 116
Sturmvogel 58
Stuyvesant 42, 43, 44, 205
Style For Life 95
Suave Dancer 105, 159, 172, 237, 239
Subotica 85, 91, 92, 95, 237, 239
Sudan 47
Sudden Love 95
Sudden Spirit 95

Sugunas 282
Sulty Song 155
Sumayr 125
Sumitas 65
Summer Squall 168, 246
Sun Chariot 109, 115, 118, 180
Sun Princess 116
Suncourt 64
Sunday Silence 29, 245, 246, 251
Sunset Boulevard 282
Sunshack 112
Supreme Court 111
Supreme Leader 136
Supremo 168
Surako 49, 66
Surama 64
Surumu 31, 45, 60, 62, 63, 64, 65, 66, 74, 75, 239
Swain 242
Swale 152, 153, 245, 246
Swaps 223
Swazi 42, 276

T
Tabasco Cat 140, 168, 193, 198, 246
Take Me Out 155
Tale Of The Cat 136
Talkin Man 172
Tallis 287
Tamerlane 44, 66
Tanagra 289
Tantième 237
Tap On Wood 116
Taragas 287, 289
Ta Rib 237
Tarim 69, 74
Tate Gallery 134
Tchad 81
Teenoso 233, 237
Tel Quel 93, 240
Tempelhüter 275
Temporal 65, 66, 75, 205
Tenerani 103
Tennyson 82

Teresina 124
Terre de Feu 91, 95
Texas City 172
Thalia 289
Thanks Prospect 154
Thatch 282
Thatching 133, 134, 136
The Byerley Turk 18, 20
The Darley Arabian 17, 18, 19, 20, 108
The Godolphin Arabian s.a. Godolphin Barb 18, 20, 277
The Minstrel 112, 131, 180, 225, 233, 234, 236, 237
The Monk 276
The Scoundrel 223, 224
The Tetrarch 180
Theatrical 140, 170, 251
Three Bars 292
Three Troikas 82, 88, 239
Thunder Gulch 135, 136, 167, 168, 198, 245, 246
Thymian 278
Ticino 23, 50, 52, 71, 239, 283
Tikkanen 55, 160, 251
Tim Tam 143, 147, 149
Timarida 239
Timber Country 29, 159, 193, 198, 246, 251
Time For A Change 163
Timpani 92
Tin King 108
Tirol 232, 236
Titus Livius 109
Tomisue's Delight 167
Too Much 287
Top Flight 157
Top Ville 78, 88, 91, 125, 237
Topanoora 116, 136
Torbella 87
Touch Gold 246, 249
Trempolino 34, 92, 160, 239
Trephine 92
Trevillari 82
Trient 43
Trigo 103

Tristan 62
Trojan Sea 84
Trollius 38, 47
Tropica 289
True Blue Girdwood 266
Try My Luck 34
Tudor Melody 69, 74, 105, 116, 282
Tudor Minstrel 74
Tudor Music 116
Tulyar 116
Turk Main Atty 275
Turkoman 148
Turtle Island 131, 135, 136, 237
Twen 55
Twilight Agenda 120
Twilight Ridge 249
Twilight Tear 146, 149
Two Lea 146, 149

U
Ultima Ratio 55
Unaccounted For 168
Unbridled 155, 245, 251
Unbridled's Song 245, 251
Ungaro 240
Uomo 58
Upan La Jarthe 287
Upper Case 111
Urban Sea 42, 55, 70, 89, 239
Urgent Request 112, 189
Ustina 59
Usurpator
Utika 55
Utrillo 53

V
Vaguely Noble 119, 157, 239
Vaguely Pleasant 88
Vaibel 281
Valanour 95, 237
Van Eick 281
Vayrann 124
Velten 269, 281
Velten Sohn 281

Venator 278
Venetia 278
Verglas 84
Veritas 287
Verso II 87
Vertical Speed 84
Very Bright 70
Vereva 125, 237
Vice Regent 225
Viceregal 224, 225
Victoria Regina 224
Victory Note 237
Victory Speech 131, 136
Vierzehnender 278, 289
Ville Eternelle 92
Vincenzo 240
Vintage Crop 237, 251
Violot Gold 70
Virginia 281
Vollkorn 269, 277, 278
Volodyovski 210
Voltigeur 18, 233
Volturno 269, 277, 278
Von Velten 281

W
Wacholdis 52, 58
Wahnfried 279
Waidmannsdank 270, 279
Waidwerk 52
Wajima 155
Wald On Mix 93
Waldcanter 58, 59
Waldfried 23
Wallenstein 37, 38
Walzerkönig 282
Wandersmann 275
War Admiral 223, 246
Warning 29, 100, 112, 236
Watermill Stream 266
Weißdorn 38
Weltmeyer 281
Welton Crackerjack 269
Welton Gameful 269

Welton Louis 269
West By West 172
Wettcoup 58
What A Pleasure 152
What A Treat 119
Whirlaway 124, 143, 146, 147, 149, 157, 223, 245, 246
Whitewater Affair 109
Wiener Walzer 47
Wiesenbaum 269, 279
Wild Again 165, 251
Wildcard 75
Wilderer 52
Wildbahn 59
Wildpark 283
Windfang 53
Windsor 282
Windsor Lad 103
Winged Love 128, 237
Winnica 279
Winning Colours 198, 245, 246
Wistfull 146, 149
Wolf Power 160
Wolfhound 109, 127, 170, 213
Wollow 111
Woodman 135, 136, 154
Wrekin 131
Wurftaube 240

X
Xaar 112, 236

Y
Youth 155

Z
Zabeel 85
Zafonic 110, 111, 232, 236
Zagreb 45, 237
Zalaiyka 237
Zalucca 70
Zampano 279
Zank 52
Zauberer 205

Zayyani 125
Zeddaan 125
Zenturio 279
Zieten 127, 154
Zigeunerkind 33
Zigeunersohn 33
Zinaad 34
Zohar 70, 71

*Gestüte, Renn- Turnier-
und Eventingplätze*

A
Aga Khan Studs 122-125
Achselschwang 269
Agua Caliente Speed Handicap 293
Aiglemont 125
Aland, Société 87
Allgemeines Deutsches Gestütbuch 22, 185
Altefeld, Gestüt 33
Ammerland, Gestüt 72-75, 239, 278
Aral-Pokal 44, 54, 64, 93, 240
Ascot 234
Ascot Gold Cup 97, 115, 123, 167, 180, 234
Ashford Stud 131, 133, 134, 135, 137, 140
Aston Upthorpe Stud 107
Atlanta 266
Auenquelle, Gestüt 70, 120
Ausgleichsrennen (Handicap) 185
Australian Derby, Randwick 251

B
Baden-Baden 239, 240
Badminton 269
Ballymany Stud 127
Banstead Manor Stud 110-114
Baronrath Stud 59, 116
Barton Stud 28
Bayerische Zuchtrennen 65
Beech House Stud 28
Belmont Park, New York 165, 228, 245
Belmont Stakes 119, 120, 146, 151, 153, 163, 165, 167, 172, 180, 198, 224, 229, 246, 248, 292

Benson and Hedges Gold Cup 119
Blackhall Stud 127
Blaues Band 44, 47, 49, 50, 52, 53, 58
Blue Grass Stakes 167, 223
Boekelo 266
Bonneval, Gestüt 124
Bons, Gestüt 204
Bosque Bonita Farm 167
Bramham 266
Braunes Band 50
Breeder's Cup 45, 74, 78, 91, 109, 120, 125, 128, 135, 153, 155, 157, 164, 167, 198, 211, 219, 225, 229, 232, 246, 249
Brookdale Farm 140
Brookside Farm 138, 140, 227, 228
Burghley 268, 269, 270, 271

C
Calumet Farm 140, 141-149, 163, 167
Canadian International Stakes 128, 251
Carleton Stakes 223
Celle, Landgestüt 289
Champagne Stakes 165
Champion Stakes 52, 93, 109
Chantilly 215-219, 234, 237
Cheltenham Gold Cup 118
Cheveley Park Stud 97-102, 213
Church Hall Farm 107
Churchill Downs 245, 292
Claiborne Farm 140, 151-155, 163
Clark Handicap 245
Compton Park Stud s. a. Sandley Stud 103, 108
Coolmore Stud 49, 55, 99, 111, 112, 116, 118, 119, 120, 130-137, 140, 153
Coral Eclipse Stakes 134
Corbally Stud 127
Cork and Orrery Stakes 120
Coronation Cup 91, 123, 125, 128, 223, 233, 234

D
D. Wayne Lukas Racing Stables 192
Dalham Hall Stud 97, 107-109, 125, 127

Darley Stud 107, 128
Dart Ranch 293
Deauville 29
Derby, australisches 247
Derby, DDR 33
Derby, Deutsches 22, 31, 49, 50, 52, 55, 57, 64, 66, 67, 69, 70, 72, 237, 239, 278
Derby, englisches (Epsom) 17, 28, 103, 109, 112, 115, 116, 125, 148, 164, 179, 211, 222, 225, 230, 239
Derby, französisches 78, 81, 82, 84, 87, 93, 112, 119, 123, 125, 153, 225, 234, 237
Derby, irisches 45, 112, 119, 125, 127, 128, 135, 164, 211, 225, 233, 237
Derby, italienisches 34, 93, 240
Derby Stakes 233
Derby Trial Stakes 223
Derisley Wood Stud 107
Deutscher-Herold-Preis 70
Deutschland Preis 239
Dewhurst Stakes, Newmarket 128, 133, 135, 237
Direktorium für Vollblutzucht und Rennen e.V. (DVR) 185
Doberan 22
Donn Handicap 229
Dubai World Cup 16, 74, 109, 128, 211, 229, 242, 243, 244

E
Ebbesloh, Gestüt 23, 59
Eclipse Stakes 59, 116, 131
Ecole Professionelle des Haras Nationaux 77
Ellerslie Farm 151
Emirates Park Stud 105
Epsom s. englisches Derby
Erlengrund, Gestüt 54, 55
Erlenhof, Gestüt 23, 50-55
Europa-Preis, Köln 43, 240
Evry, Rennbahn 213

F
Fährhof, Gestüt 44, 49, 62-67, 111, 204, 282

"Fips", Vollblutagentur 95
Flag Is Up Farm 172, 188-191
Flamingo Stakes 223
Florida Derby 153, 167, 223, 245
Fort Erie Rennbahn 222
Fountain Of Youth Stakes 167
Fürstenberg-Rennen 38, 43, 55

G
Gainesborough Farm 140
Gainesborough Stud 140
Gainesway Farm 88, 93, 140, 156-160, 163, 189, 245
General Stud Book 21
Generalausgleich (GAG) 185
Georgenburg, Landgestüt 275
Gerling-Preis 43, 50
Gewicht 185
Gewichtserlaubnis 185
Gilltown Stud 122, 124, 125
Gimcrack Stakes 98
Godolphin-Team 99, 109
Golden Gate Handicap 128
Golden Slipper Stakes 118
Goldene Peitsche 143
Görlsdorf, Gestüt 33
Graditz, Gestüt 22, 23, 30-35, 204, 274
Gran Premio del Jockey Club e Coppa d'Oro, Mailand 49, 71, 240
Gran Premio di Milano 71, 93, 240
Grand Criterium 52, 237
Grand National 180
Grand Prix de Deauville 45, 93
Grand Prix de Paris 84, 91, 123, 237
Grand Prix de Saint-Cloud 64, 91, 93, 123, 125, 128
Greentree Farm 159
Grinstead Stud 105
Großer Dallmayr-Preis (Bayr. Zuchtrennen) 239
Großer Hansa-Preis 50, 57
Großer Preis der Badischen Wirtschaft 75, 78
Großer Preis der Continentale 240
Großer Preis der Wirtschaft 65, 240

INDEX

Großer Preis von Baden 38, 44, 47, 50, 54, 64, 71, 74, 109, 123, 240
Großer Preis von Berlin 38, 54, 57, 64
Großer Preis von Düsseldorf 43
Großer Preis von Nordrhein-Westfalen 42, 43, 44, 47, 54, 58
Grunewald 22
Gruppe-Rennen 185
Gulfstream Park Handicap 229

H
Hadrian Stud 107
Hamburg-Horn 23, 43
Happy Valley, Rennbahn in Hongkong 250
Haras d'Etreham 86-89, 93
Haras de la Réboursière et de Montaigu, "R & M" 29, 95-96
Haras de St. Trespin 124
Haras du Mezeray 90-92
Haras du Pin 76-79
Haras du Quesnay 80-85
Haras du Val Henry 29, 93-94
Haras le Petit Tellier 92
Henckel-Rennen, s.a. Mehl-Mülhens-Rennen 239
Henkel-Rennen, German 1000 Guineas 239
Hillsdown Cherry Hinton Stakes 99
Hindernisrennen 185
Hollywood Derby 167, 228
Hollywood Gold Cup Derby 229
Hongkong International Cup 250
Hoppegarten 22, 37, 57
Huisache Farm 167

I
Idee, Gestüt 239
Idee-Hansa-Preis 43, 44, 67, 70, 71
International Bowl 252
International Stakes, Woodbine 93
Irish Champion Stakes 109
Irish Grand National 118
Irish National Stud 115-118
Irish Oaks 120, 237
Irish St. Leger 237

Isarland, Gestüt 45
Ittlingen, Gestüt 69, 204

J
Japan Cup 71, 78, 88, 109, 120, 128, 205, 211, 252
Jim Beam Stakes 153, 168
Jockey Club 17, 21, 105
Jockey Club Gold Cup 152, 229, 246
Joe McGrath Memorial Stakes 45
Jonabell Farm 140
Juddmonte Farms 111, 112, 140
July Course 105

K
Keeneland Sales 16, 138, 140
Kenirey Stud 163
Kennelot Stables 143
Kentucky Derby, Louisville 135, 146, 147, 148, 153, 165, 167, 168, 169, 172, 180, 193, 198, 223, 224, 225, 232, 245, 246, 247
Kentucky Oaks 245
Kilgandan Stud 115, 126-129
King George VI and Queen Elizabeth Stakes 47, 52, 78, 98, 103, 116, 180, 211, 234
King's Plates 17, 19
King's Stand Stakes 100
Klassische Rennen 185
Königsforst, Gestüt 33
Krone, dreifache (Triple Crown) 186

L
La Bergerie 77
Lane's End Farm 140, 153, 167-169
Las-Vegas-Slenderella-Rennen 70
L'Institut du Cheval 78
Longchamp, Rennbahn 81, 237
Loughtown Stud 127
Ludwig-Goebels-Erinnerungsrennen 70
Luhmühlen 266, 268, 269

M
Maisons-Laffitte 237
Massachusetts Handicap 229

Meadowlands-Cup 120
Mehl-Mülhens-Rennen (früher Henckel-Rennen 43, 47, 49, 52, 54, 59, 65, 69, 239, 240
Melbourne Cup 232, 246, 250, 251
Mill Ridge Farm 140
Moyglare Stud 119-120, 134

N
Nad Al Sheba, Rennbahn in Dubai 242, 243
Nashwan Stud 140
National Stud, Newmarket 17, 26, 28, 59, 103-105, 112, 232
National Stud Farm, kanadische 221
Neustadt (Dosse), Preußisches Hauptgestüt 26, 31, 275
Nunthorpe Stakes 100
Nyra Mile Handicap 229

O
Oak Tree 167
Oaklawn Handicap 165, 229
Oaks 52, 115, 232,
Oaks, kanadische 224
Oaks Stakes 233
Old Connell Stud 127
Oleander-Rennen 74
Olympia-Preis 43
Olympische Spiele 266

P
Pacific Classic 229
Pau, Landgestüt 286
Phoenix Champion Stakes 134
Phoenix Fairgrounds 293
Pimlico Special Handicap 229
Pistol-Packer-Farm s. Haras du Quesnay
Point To Point-Rennen 268
Pompadour, Staatliches Haupt- und Landgestüt 286
Poule d'Essai des Poulains 93, 125, 165, 168, 237
Pratoni des Vivaro 266, 269
Preakness Stakes, Pimlico/Baltimore 146, 147, 165, 167, 172, 198, 246
Preis der Diana 42, 47, 55, 59, 70, 74, 239
Preis der Düsseldorfer Industrie und Wirtschaft 43
Preis der Privatbankiers Merck, Fink & Co. 49, 60, 71
Preis von Europa 49, 54, 64, 125
Premio Presidente della Repubblica 240
Prestonwood Farm 189
Pretty Polly Stakes 120
Prix de Diane, 82, 93, 95, 125, 237
Prix de la Nonette 82
Prix de L'Arc de Triomphe 38, 42, 45, 50, 52, 54, 59, 70, 71, 74, 78, 82, 84, 88, 89, 91, 93, 95, 103, 105, 109, 112, 116, 124, 125, 131, 134, 172, 189, 219, 235, 237, 239
Prix de la Salamandre 128
Prix Djebel 168
Prix Dollar, Longchamp 43
Prix d'Ispahan 82
Prix du Jockey Club s. französisches Derby
Prix du Moulin de Longchamps Great Nephew 108, 168
Prix Jacques le Marois, Deauville 43, 64
Prix Jean Prat 85
Prix l'Abbaye de Longchamp 69
Prix Saint-Alary 82
Prix Vermeille 52, 82
Punchestown 269

Q
Queen Anne Stakes 234
Queen Elizabeth II Stakes 236
Queen's Plate Stakes 224, 251
Quenhorn, Gestüt 69

R
Ragusa Stud 126-129
Ratibor-Rennen 62
Ravensberg, Gestüt 52, 277
Remsen Stakes 223
Rietberg, Gestüt 65
Rockingham Yard 107

Römerhof, Gestüt 24
Rösler, Gestüt 62
Röttgen, Gestüt 23, 33, 57-61, 116
Rowley Mile 232, 233
Royal Gold Cup 280
Royal Mares 17
Royal Studs 28
Rutland Stud 107

S
Sallymount, Gestüt 124
Sandley Stud früher Compton Park Stud 103, 108
Sandwich Stud 98
Sanssouci-Rennen in Baden-Baden 34
Santa Anita Derby 165, 167, 228, 245
Santa Anita Handicap 242
Santa Ynez Valley 199
Saucer Stakes 223
Schlenderhan, Gestüt 22, 36-45, 204
Schwaiganger, Haupt- und Landgestüt 289
Selle Francais 77
Sha Tin, Rennbahn in Hongkong 252, 253
Shadwell Estate Company 140
Shadwell Farm 140
Shadwell Stud 28, 29
Sheffield Farm 163
Sheshoon Stud 125
Silvercrest Farm 159
Sir Gaylord Purse-Meilenrennen 223
Someries Stud 107
Spreti-Rennen 43
St. Cloud 237
St. James's Palace Stakes 49, 111, 119, 123, 168, 234
St. Leger 39, 42, 43, 47, 49, 74, 93, 100, 111, 116, 127, 236, 240
Stall Hanse 60
Strawberry Hill Stud 98
Summerset Chase 180
Sussex Stakes 45, 49, 123, 131
Swettenham Stud 131, 134

T
Tarbes, Landgestüt 286
Tattersalls December Sales 120
Taylor Made Farm 189
The Curragh 115, 124, 236, 237
1000 Guineas 52, 115, 120, 206, 232
Three Chimneys Farm 140, 163-166
Tokyo, Rennbahn 248
Totes Rennen 186
Tracewood Farm 164
Trakehnen, Gestüt 31, 274
Tremont Stakes 245
Triple Crown 39, 47, 49, 97, 109, 111, 119, 133, 144, 146, 147, 148, 165, 180, 198, 223, 224, 232, 233, 239, 246, 248, 249,
Turf Classic Invitational 78
2000 Guineas 45, 111, 112, 115, 116, 125, 128, 134, 135, 206, 232

U
Union-Gestüt 43, 65
Union-Klub 22
Union-Rennen 22, 49, 55, 57

V
Valley Farm 170
Venture VII. 123
Victoria Derby, Flemington 251

W
Waldfried, Gestüt 22
Walmac International Farm 89, 170-172
Warren Stud 107
Washington D.C. International 52
Welton Stud 269
Westerberg, Gestüt 71
White House Acres Farm 164
White Lodge Stud 107
William Hill Dante Stakes 84
Windfields Farm 221, 222, 224, 225
Windsor Castle Stakes 99
Windsor Great Park, Gestüt 19
Woodbine 221, 249
Woodbine Million 251

Woodlands Stud 28
Woodward Stakes 229

Y
York 16
Yorkshire 16

Z
Zoppenbroich, Gestüt 47-49

Leute

Abdullah, Prinz Khalid 28, 111, 112, 140, 213
Adenauer, Konrad 57
Aethelstan, König 97
Aga Khan, Prinzen 28, 29, 43, 82, 87, 88, 93, 95, 116, 118, 123, 125, 127, 144, 157, 164, 211, 215, 269
Alafi, Peter 48
Ammermann, Otto 269, 277
Anne, Königin 234
Arcaro, Eddie 146
Arnull, George 37
August der Starke 31

B
Bailey, Jerry 179
Barr, Sam 269
Barton, Donna 197
Batthyany, Margit Gräfin von 53, 58, 71, 95
Baumann, Matthias 281
Baumbach, Ernst von 55
Becher, Michael 60
Beck, Graham J. 93, 159
Benson, Martin 28
Biel, Gottlieb von 21, 26
Biel, Wilhelm von 21, 26
Black, Sir Alec 108
Blöcker, Herbert 278, 279
Blume, Hans-Albert 59
Boetticher, Dietrich von 72, 72-75

Bollow, Hein 55
Borcke, Adrian von 52, 54
Bothendorf, Steffen 33
Boussac, Marcel 125, 146
Boyd-Rochfort, Cecil 212
Bresges, Alexandra 48, 49
Bresges, Anne-Clair 49
Bresges, Astrid 49
Bresges, Hella 47, 48, 49
Bresges, Kurt 47, 49
Bresges, Walther 47
Bscher, Nicola 49
Buchner, Markus 33, 34
Bunbury, Sir Charles 233
Burrell, Peter 105
Byerlei, Robert 18

C
Carson, Willie 58
Carter 215
Cecil, Henry 210, 212
Chambure, Hubert Graf de 87
Chambure, Marc Graf de 88
Chambure, Roland Graf de 87
Charles I., König 209
Charles II., König 17, 209
Cinnamon 147, 148
Clarke, John 115
Clay, Robert N. 163, 164, 213
Cosgrove, Stan 120
Cumani, Luca 210
Cumberland, Herzog von 19
Cunnington 215

D
Darboven, Albert 49, 239 255, 258
Darley, Thomas 18
Davidson, Bruce 266, 268
Dawson, George 210
Dawson, Mat 210
Depré, Francois 42
Derby, 16. Earl von, auch Lord Derby 28, 213
Derby, 12. Earl von 232, 233

Dibowski, Andreas 269, 270
Dilschneider, Adele 153
Doyle, Tommy 213
Drion, Ghislain 124
Dubai, Scheich von 229
Dupre, Francois 125
Dutton, Philip 266

E
Edward VII., König 103, 115
Ehrenbrink, Ralf 269
Elizabeth I., Königin 17, 28
Elizabeth II. Königin 191, 212
Engelbrecht-Bresges, Winfried 49
Engelhard, Charles 108, 133

F
Fabre, André 78, 92, 217, 218, 219
Farish III, William S. 167, 213
Forien, Aliette 29, 94, 95
Forien, Gilles 95
Foy, Familie 87, 88
Foy, Sebastian Graf de 87
Freeman-Jackson, Harry 268

G
Gaines, Clarence 157
Gaines, John 157, 245
Gayot, Eugène 77, 286
George VI., König 212
George IV., König 234
Godolphin, Earl of 19
Gosden, John 213
Gosden, Towser 213
Grieper, Theo 58, 59
Grunsven, Anky van 274
Guggenheim, Harry, F. 151

H
Haefner, Walter 119, 120
Haggard, Todd 293
Hall-Walker, William 103, 115
Hancock, Nancy, geb. Clay 151
Hancock, Seth 152, 153, 154

Hancock Sr., Arthur Boyd (Bull) 151, 152
Hartington, Lord 213
Haustein, Werner 66
Hayworth, Rita 123
Head, Alec 81, 82, 87
Head, Christiane "Criquette" 82, 215, 217
Head, Familie 29, 82
Head, Ghislaine, geb. van de Poële 81, 85
Head, Martine 82, 85
Head, Willy 82
Heinrich VIII., König 17
Huck, Karsten 283
Huggins, Jack 210

J
Jacobs, Andreas 66
Jacobs, Walther Johann 62-66, 191
Jennings, Tom 81, 215
Jentzsch, Heinz 43, 44, 64, 66, 71, 202, 203, 204, 205, 248
Jones, Ben Allyn 144, 146, 147
Jones, "Jimmy" 146, 147
Jones, John T. L. 170
Jones, Tom 211

K
Kelly, Pat 116
King, Mary 269
Klimke, Reiner 274, 275, 282
Klimke, Ruth 282
Kwiatkowski, Henryk de 143, 149

L
Lambton, George 213
Lautner, Peter 45
Lehndorff, Georg Graf von 31
Lehndorff, Manfred Graf von 58
Lepa, Kurt 58
Lepel, von 55
Lesch, Elmar 269, 283
Leve-Ostermann, Janet 69, 69, 70, 248
Liebrecht, Hubertus 54, 55
Lindenau, Graf 274
Ludwig XV., König 18

INDEX

Lukas, D. Wayne 120, 193-199, 202, 204
Lundy, J. T. 147, 148
Luro, Horatio 222
Luther, Hauke 278

M
Mäder, Erika 55
Magnier, John 131, 154
Magnier, Susan 99
Makomber 81
Maktoum, Sheikh Ahmed Al 107, 210
Maktoum, Sheikh Hamdan Al 28, 29, 107, 140, 148
Maktoum, Sheikh Maktoum Al 34, 95, 107
Maktoum, Sheikh Mohammed Al, Kronprinz von Dubai 16, 28, 29, 78, 85, 92, 97, 99, 107, 108, 109, 126, 127, 133, 140, 148, 154, 210, 213, 224, 242, 252
Markey, Gene 147
Markey, Lucille s.a. Wright, Lucille 147
Marokko, Sultan von 18
McCalmont, Harry 111
McCalmont, Henry 97
McIvain, Robert Wallace 170
Mehl, Rudi 58, 59
Mehl-Mülhens, Maria 58, 59
Mergler, Kurt 281
Meyer zu Düte 42
Milford, Jim Philipps 108
Milford, Lord 108
Mirza, Sheikh 18
Mitzlaff, Sven von 48
Moormann, Arnold 69
More O'Ferrall, Dominic 127
More O'Ferrall, Roderic 127
Morriss, Henry 111
Mott, Bill 228, 229
Moussac, Charles-Henri 91
Moussac, Paul de 91
Mülhens, Ferdinand 57
Mülhens, Peter 57
Mülhens-Klemm, Beatrix 59
Murless, Julia 211, 212
Murless, Sir Noel 211

N
Napoleon 237
Neckermann, Josef 278, 281
Niarchos, Stavros 109, 152, 168
Nichelson, Andrew 266

O
O'Brien, Vincent 131, 133, 134, 213
O'Reilly, Chryss 116
O'Rourke, Liam 107
Oettingen, Burchard von 31, 275
Oppenheim, Eduard von 37
Oppenheim, Gabrielle Baronin von 39, 42, 44
Oppenheim, Simon von 37
Oppenheim, Simon Alfred von 37
Oppenheim, Waldemar von 37, 39, 42
Oppenheimer, Moritz James 50
Osborne, Michael 115
Ostermann, Fredy 69
Ostermann, Manfred 69, 70
Overesch, Bettina 266, 268
Oxx, John 124

P
Paffendorf, Ludwig 57
Paul, Günter 59
Paulson, Allen 138, 140, 227, 228, 229
Paulson, Madeleine 229
Pavenstedt, Johann Th. 60
Pejacsevich, Janos Graf 58
Perry, William Haggin 153
Perry Gorman, Nicole 153, 154
Persien, Resa Schah von 39
Pferdmenges, Heinz 49
Phipps, Henry Carnegie 151
Phipps, Ogden 152
Piggott, Lester 53, 62, 172, 210
Plessen-Ivenack, Graf 31
Plewa, Martin 269, 281
Plumb, Michael 268
Pöppelmann, Mathäus Daniel 31
Pratt, George 180
Prescott, Sir Marc 210, 211

R
Rau, Peter 66
Rethemeyer, Helmut 279
Richards, Sir Gordon 211
Roberts, Monty 10, 65, 66, 131, 170, 172, 189-191, 193, 195
Rohan, Pat 211
Rosenberg, Dan 163
Rothenberger, Günther 55
Rothenberger, Sven 55
Rothschild, Baron de 29, 78, 215
Rutherford, Mike 213
Rutland, Herzog von 97, 111

S
Saint-Martin, Yves 123
Salman, Prinz Fahd 210
Sanan, Satish 120
Sangster, Robert 131, 133, 134, 153, 172, 213, 225
Scheel, Walter 49
Schiergen, Peter 45, 66, 203, 204
Schmitz, Peter 282
Schockemöhle, Paul 283
Schulten-Baumer jr., Uwe 280
Schütz, Andreas 205
Schütz, Bruno 74, 204, 205
Schütz, Wilfried 262
Seaman, Cecil 227
Seymour, Lord 215
Sharif, Omar 64
Sherwood, Robert 97
Simon, Hugo 279
Sloothaak, Franke 282
Smith, Doug 211
Somerset, Duke of 234
Soraya, Kaiserin 39
Sponeck, Kurt Graf von 38
St. Leger, Anthony 232
Stafford-Smith, Albert 98
Stanley, F. A., 16. Earl of Derby 213
Starke, Andrasch 204
Stokes, Simon 66
Stoltefuß, Uwe 205
Stoute, Michael 99, 211, 213
Suroor, Saeed Bin 212

T
Tabor, Michael 99, 131, 154
Tait, Blyth 266, 268
Taylor, Edward Plunket 221, 222
Tesio, Federico 28, 50, 103, 176, 179, 180, 222, 240
Theodorescu, Monica 261, 262, 274
Thompson, David 98, 213
Thompson, Patrizia 101
Thyssen, August 50
Thyssen, Fiona 54
Thyssen, Hans Heinrich 52, 54
Thyssen, Heinrich 50, 52, 53
Tiseira, Daniel 259
Todd, Mark 269
Tsiu, David 89
Tunis, Bey von 18
Tylicki, Andrzey 71

U
Ullmann, Georg von 42, 44, 45, 65
Ullmann, Karin Baronin von 42, 44
Uphoff-Becker, Nicole 274, 283

V
Vail, Sidney 293
Vanderbilt, William K. 81
Veitch, John 147, 148

W
Waugh, Jack 210
Walden, Lord Howard de 45
Weatherby, James 21
Weinberg, Brüder von 22
Weld, Dermot 120
Werth, Isabell 280
Wertheimer, Familie 82, 215
Wertheimer, Pierre 87
Wetting 215
Whitely 148

Whitney 157
Wildenstein, Daniel 45, 78, 89, 215
Winter, Thomas 258
Wöhler, Andreas 66
Woodward 151
Wragg, Geoffrey 211
Wright, Cindy 147
Wright, Lucille 146
Wright, Warren 144, 146
Wright jr. Warren 146, 147
Wright, William 144

Y
Yoshida, Teruya 89

Z
Zeitelhack, Waldemar 58, 59

AUTORIN

Die Autorin **Jutta Besser-Lahtz** wurde in Essen geboren und wuchs in Hamburg auf. Als Tochter des Journalisten Klaus Besser wurde ihr das Interesse an den Printmedien schon in die Wiege gelegt. Nach Abschluß ihres Studiums des Kommunikations-Designs arbeitete die diplomierte Grafik-Designerin in verschiedenen Verlagen und Agenturen, bevor sie sich selbständig machte. Ihr zweites Standbein wurden die Fotografie und der Pferdesport. Ausstellungen als Fotografin in Hamburg und Wien komplettierten den Werdegang. Ihre Tätigkeiten als Texterin, Grafikerin, Fotografin und Reiterin flossen konsequenterweise zu einem Gesamtwerk zusammen. Als Trainerin ihrer eigenen Rennpferde ist die Autorin dem Galoppsport eng verbunden. Nach einem Aufenthalt auf den Flag Is Up Farms von Monty Roberts reitet sie ihre Pferde nach seiner Methode ein. Die Vollblüter, die aus dem Rennsport ausgeschieden sind, hat sie für den Freizeitsport in Dressur und Springen ausgebildet.

Ihre Recherchen für verschiedene Zeitschriften und für dieses Buch führten die begeisterte Reiterin nach England, Frankreich und Amerika. Besuche der großen Rennbahnen, Gestüte und Trainingsställe bis hin zur Rinderarbeit auf einer Cowboy-Ranch in der Wildnis von Arizona, erweiterten ihren Erfahrungsschatz mit dem Rennsport und Pferden aller Rassen.

Jutta Besser-Lahtz

Die Autorin (links) auf der hier dreijährigen Stute Glowing Love beim Trainingsgalopp, daneben die zweijährige Be My Song.

QUELLENNACHWEIS

Album des deutschen Rennsports: Stoof GmbH & Co. KG, Verlagsgruppe, Köln
Auerbach, Ann Hagedorn: Wild Ride, Henry Holt and Company, New York 1994
Basche, Arnim: Geschichte des Pferdes, Stürtz Verlag, Würzburg 1984
Beall, Wilma: Horse Farms and Horse Tales: Sunshine Publication, Lexington/Kentucky 1994
Beaulieu, F. Charles: Vollblut, Kornett Verlag, Verden/Aller 1960
Bowen, Edward L: Thoroughbred Racing in Amerika, Bulfinch Press Book, New York 1994
Burch, Preston M.: Training Thoroughbred Horses, The Russell Meerdink Company, Ltd., Menasha/WI. 1992
Direktorium für Vollblutzucht und Rennen: Die Vollblutzucht der Welt, Podzun-Verlag, Dorheim 1970
Eylers, Bernd /Schridde, Claus: Ausgewählte Hengste 98/99, Eylers Vertriebs GmbH, Hude
Hovdey, Jay: Cigar, America's Horse, The Blood Horse, Inc, Lexington/Kentucky 1996
Knoll, Lore: Das Englische Vollblut, Franckh-Kosmos, Stuttgart 1990
Lennox, Muriel Anne: Northern Dancer, Beach House Books, Toronto 1995
Meyer, John: Stätten des Triumphs, Müller Rüschlikon Verlags AG, Cham/Schweiz 1993
Onslow, Richard: Headquarters, Great Ouse Press, Cambridge 1983
Palm, Rolf Wunderhengst Nijinsky, Bertelsmann GmbH, Gütersloh 1975
Schridde, Claus: Adel verpflichtet, Beate Danker-Verlag, Friedberg 1992
Siemen, Harald: Faszination Galopp, Hamburger Renn-Club e.V. 1994
Staaden, Ross: Winning Trainers, Headway International Publishing, Lexington/Kentucky 1991
The Channel Four Book Of Racing, Sean Magee, Hamlyn, Sidgwick & Jackson Limited, 1995
The International Museum Of The Horse: Internet, USA
The Spur: Three Chimneys Farm, Ruthie Bowen
Thibault, Guy: L'Épopée de Gladiateur
Thompson, Laura: Quest for Greatness, Michael Joseph Ltd., London 1996,
Walker, Alan Yuill: Thoroughbred Studs of Great Britain, Weidenfeld and Nicolson, London 1991
Weatherbys Publication: The Stallion Book 1998